Biblioteca "História, Exploração e Descobertas" - 01
VOLUMES PUBLICADOS:

1. História dos Povos de Língua Inglesa .... Winston Churchill
2. A Revolução Russa .... Alan Moorehead
3. Memórias de Montgmorey .... Mal. Montgomery
4. Jornal do Mundo .... Vários
5. História das Orgias .... Burog Partridge
6. Os Sonâmbulos .... Arthur Koestker
7. A Revolução Francesa .... Georges Lefreve
8. As Grandes Guerras da História .... H. Lidell Hart
9. Nova Mitologia Clássica .... Mário Meunier
10. História dos Gregos .... Indro Montanelli
11. História de Roma .... Indro Montanelli
12. Hernan Cortez .... S. de Madariaga
13. Pequena História da Ciência .... W. C. Dampier
14. De Adão à ONU .... René Sédillot
15. Rendição Secreta .... Allen Dulles
16. A Angústia dos Judeus .... E. H. Flannery
17. Idade Média: Trevas ou Luz? .... Indro Montanelli e R. Gervaso
18. Itália: Os Séculos Decisivos .... Indro Montanelli e R. Gervaso
19. Itália: Os Séculos de Ouro .... Indro Montanelli e R. Gervaso
20. Hitler e a Rússia .... Tumbull Higgins
21. Síntise Histórica do Livro .... J. Barbosa Mello
22. Ruínas Célebres .... Herman e Georg Schreiber
23. Impérios Soterrados .... Herman e Georg Schreiber
24. Romance e Arqueologia .... P. E. Cleator
25. Autobiografia de Benjamin Franklin .... Benjamin Franklin
26. A Declaração de Independência .... Carl L. Becker
27. Hitler: Autodestruição de Uma Personalidade .... H. D. Rïhrs
28. Israel: Do Sonho à Realidade .... Chaim Weizmann
29. A Conspiração Mundial dos Judeus: Mito ou Realidade? .... Norman Cohn
30. A Longa Marcha .... Simone de Beauvoir
31. De Leste a Oeste .... Arnold Toynbee
32. A Manipulação da História no Ensino e Meios
    de Comunicação .... Marc Ferro
33. Japão - Passado e Presente .... José Yamashiro
34. História da Cultura Japonesa .... José Yamashiro
35. Os Astrônomos Pré-Históricos do Ingá ....F. C. Pessoa Faria
36. Choque Luso no Japão dos Séculos XVI e XVII .... José Yamashiro
37. João Paulo II .... Jean Offredo
38. História da Bíblia .... G. S. Wegener
39. A Papisa Joana .... Rosemary e Darrol Pardoe
40. História dos Samurais .... José Yamashiro
41. A Língua de Camões .... José Verdasca
42. Raízes da Nação Brasileira .... José Verdasca

HISTÓRIA DOS POVOS DE LÍNGUA INGLESA
Winston S. Churchill

C488h CHURCHILL, Winston S., Sir; 1874-1965
História dos Povos de Língua Inglesa - Winston Churchill,
Tradução de Aydano Arruda - São Paulo: IBRASA, 2006
376p. (Biblioteca História, Explorações e Descobertas; 1)

Bibliografia
ISBN 85-348-0283-1

1. História   2. Reino Unido   3. Inglaterra   I. Título   II. Série

CDU   942

Índice para Catálogo Sistemático:
1. História da Inglaterra: 942
2. História do Reino Unido: 942

Maria José Oliveira
Bibliotecária CRB 5641/8

WINSTON S. CHURCHILL

HISTÓRIA
DOS POVOS DE LÍNGUA INGLESA

Volume III
A Era da Revolução

Tradução de:
Aydano Arruda

IBRASA - Instituição Brasileira de Difusão Cultural Ltda.
São Paulo - SP

Título original:
A History of the English Speaking Peoples, vol. III

Direitos desta edição reservados à
IBRASA
Instituição Brasileira de Difusão Cultural Ltda.
Rua 13 de Maio, 446
Tel/Fax: (0xx11) 3284-8382
e-mail: ibrasa@ibrasa.com.br
home page: www.ibrasa.com.br

Copyright © by
Emery Reves; 157 Route de Florissant, Genebra

Nenhuma parte desta obra poderá ser reproduzida, por
qualquer meio, sem prévio consentimento dos editores.
Excetuam-se as citações de pequenos trechos
em resenhas para jornais, revistas ou outro
veículo de divulgação.

Capa:
Antonio Carlos Ventura

Editoração Eletrônica:
Alpha Design

Revisão:
Cristina Vilarinho
Maria Inez de Souza

Produção Editorial:
Tania Jorge

Publicado em 2006

IMPRESSO NO BRASIL - PRINTED IN BRAZIL

AGRADECIMENTOS

Desejo expressar meus agradecimentos aos Srs. F.W. Deakin e G. M. Young por sua assistência antes da Segunda Guerra Mundial na preparação desta obra; ao Dr. J.H. Plumb, do Christ's College, Cambridge, ao Sr. Steven Watson, do Christ Church, Oxford, ao Professor Asa Briggs, da Leeds University, ao Professor Frank Freidel, agora na Stanford University, Califórnia, que analisaram o texto à luz dos subseqüentes desenvolvimentos do conhecimento histórico; e aos Srs. Alan Hodge, Denis Kelly e C. C. Wood. Devo também agradecer a muitos outros que gentilmente leram estas páginas e as comentaram.

Nos capítulos iniciais deste volume segui, com permissão de George G. Harrap and Co. Ltd., a orientação de meu **Marlborough: His Life and Times (1933-38)**, resumindo quando necessário, mas também utilizando a fraseologia e fazendo citações.

Por terem permitido incluir na obra várias citações, devo agradecimentos aos seguintes editores: Jonathan Cape, Ltd. **(The Rise of American Civilisation)**, Eyre and Spottiswoode, Ltd., **(History of Europe)**, e Macmillan and Co., Ltd. **(A Short History of British Expansion)**.

Prefácio

Durante o período descrito neste volume, isto é, de 1688 a 1815, três revoluções influíram profundamente na humanidade. Ocorreram no espaço de cem anos e todas deram origem à guerra entre ingleses e franceses. A Revolução Inglesa de 1688 expulsou o último rei católico das Ilhas Britânicas e finalmente entregou a Inglaterra a uma feroz luta com o último grande Rei da França, Luís XIV. A Revolução Americana de 1775 separou os povos de língua inglesa em dois ramos, cada qual com mentalidade e atividade diferentes, mas ainda fundamentalmente unidos pela mesma língua, assim como por tradições e direito comum. Em 1789, por força das armas e do violento esforço, não igualado quanto aos seus efeitos até a Revolução Bolchevista de 1917, a França proclamou à Europa os princípios da igualdade, liberdade e direitos do homem. Sob essas sublevações políticas, e em grande parte despercebidas na época, outras revoluções na Ciência e na manufatura assentavam os alicerces da Era Industrial em que hoje vivemos. Haviam afinal declinado as convulsões religiosas da Reforma. Daí por diante a Inglaterra ficou dividida, praticamente, por partidos e não credo e daí por diante a Europa passou a disputar questões de poder material e proeminência nacional. Enquanto as antigas concepções tinham visado a uma unidade religiosa, agora se abriam lutas européias para engrandecimento nacional, nas quais as correntes religiosas desempenhavam precário papel.

Quando esta narrativa começa, a Revolução Inglesa acaba de ocorrer. O Rei Jaime II fugira e o Príncipe de Orange, holandês, que logo seria o Rei Guilherme III, chegara à Inglaterra. Envolve-se logo em mortal combate com a França. Esta tentou novamente enquadrar a

Europa, sob uma hegemonia que Carlos Magno não chegara a atingir, e de que só encontraremos exemplo nos tempos romanos. Essa veemente aspiração francesa corporificou-se em Luís XIV. Favoreceram suas ambições a ruína da Alemanha pela Guerra dos Trinta Anos e a decadência da Espanha.

Nesse entretempo a ascensão da República Holandesa fizera nascer um Estado Protestante que, apesar de numericamente pequeno, era por seu valor, seu poderio marítimo e seu comércio uma das grandes potências do Continente. A aliança da Inglaterra com a Holanda formou o núcleo da resistência à França. Ajudados pelo interesse político do Sagrado Império Romano, os dois países marítimos do Mar do Norte enfrentaram o gênio e a glória que tinham por centro Versalhes. O poder de Luís XIV foi abatido pelas espadas de Guilherme III, Marlborough e Príncipe Eugênio. A partir de então a Inglaterra, sob a dinastia de Hanover, estabeleceu-se pela aceitação das concepções "whig". Estas recolheram toda a herança inglesa fundamental da Magna Carta e dos tempos primitivos e delinearam em sua forma moderna as relações do Estado com a Religião e a subordinação da coroa ao Parlamento.

Durante todo esse tempo cresceu a expansão das possessões ultramarinas inglesas. Unidas, as Ilhas Britânicas, embora inferiores em número, exerceram notória influência orientadora na Europa. Mas tiveram desenvolvimento separado e distinto do Continente. Sob Pitt, o Velho, conseguiram-se vastos domínios no Novo Mundo e na Índia e assim surgiu o primeiro Império Britânico.

A crescente força das colônias americanas, mal compreendidas pelos governos ingleses, deu origem à separação da Mãe-Pátria. Por meio da Guerra da Independência, mais conhecida por Guerra da Revolução entre os americanos, fundaram-se os Estados Unidos. A França e a Europa Ocidental uniram-se contra a Inglaterra e, embora não destruído o domínio dos mares pela Ilha, chegou ao fim o primeiro Império Britânico.

Sobre essas alterações no poderio mundial surgiu o seguinte e decisivo movimento liberatório, depois da Reforma. A Reforma estabelecera a liberdade de consciência em largas áreas. A Revolução Francesa procurou proclamar a igualdade do homem e pelo menos estabeleceu o princípio da igualdade de oportunidade, sem consideração pela posição e pela riqueza. Durante a grande guerra contra Napoleão a Inglaterra lutou contra quase toda a Europa e até com os Estados Unidos da América. Napoleão não conseguiu fundar os Estados Unidos da Europa. A Batalha de Waterloo, um Tratado de Paz de larga visão e a Revolução Industrial na Inglaterra firmaram a Grã-Bretanha, durante um século, no topo, ou quase, do mundo civilizado.

W.S.C.
Chartwell Westerham Kent

24 de dezembro de 1956

Sumário

AGRADECIMENTOS 7

PREFÁCIO 9

LIVRO VII
A Marcha da Inglaterra
para o Poderio Mundial

GUILHERME DE ORANGE 19

A GUERRA CONTINENTAL 31

A SUCESSÃO ESPANHOLA 43

MARLBOROUGH: BLENHEIM E RAMILLIES 53

OUDENARDE E MALPLAQUET 77

O TRATADO DE UTRECHT 95

LIVRO VIII
O Primeiro Império Britânico

A CASA DE HANOVER 113

SIR ROBERTO WALPOLE 123

A SUCESSÃO AUSTRÍACA E OS "QUARENTA E CINCO" 135

AS COLÔNIAS AMERICANAS 147

A PRIMEIRA GUERRA MUNDIAL 157

A DISPUTA COM A AMÉRICA 171

A GUERRA DA INDEPENDÊNCIA 189

OS ESTADOS UNIDOS 205

O IMPÉRIO INDIANO 219

LIVRO IX
Napoleão

PITT, O MOÇO 239

A CONSTITUIÇÃO AMERICANA 253

A REVOLUÇÃO FRANCESA 267

A FRANÇA É ENFRENTADA 283

TRAFALGAR 297

O IMPERADOR DOS FRANCESES 307

A GUERRA PENINSULAR E A QUEDA DE NAPOLEÃO 321

WASHINGTON, ADAMS E JEFFERSON 337

A GUERRA DE 1812 349

ELBA E WATERLOO 359

Mapas

Os Países Baixos 1689 - 1714 35

A Sucessão Espanhola 45

Marcha de Marlborough rumo ao Danúbio, 1704 65

Batalha de Blenheim 67

Movimentos na Batalha de Ramillies 70

A Espanha durante a Guerra da Sucessão Espanhola 75

Batalha de Oudenarde 93

Batalha de Malplaquet 94

Europa após o Tratado de Utrecht 100

As Colônias Americanas em 1755 110

América, Teatro Norte da Guerra 1775-1783 150

América, Teatro Sul da Guerra 1775-1783 152

Índia ao tempo de Clive e Hastings 194

A Campanha de Trafalgar – 1805 212

O Império Napoleônico em 1810 215

A Espanha durante a Guerra Peninsular 224

Linhas de Torres-Vedras – 1810-1811 296

A Campanha de Waterloo 302

A Europa após o Congresso de Viena – 1815 325

Livro VII

A Marcha da Inglaterra para o Poderio Mundial

CAPÍTULO I

GUILHERME DE ORANGE

Desde seus primeiros anos, o extraordinário príncipe que, no interesse geral, roubou de seu padrasto o trono britânico, viveu em condições árduas e severas. Guilherme de Orange não tinha pai, não teve filhos. Sua vida foi sem amor. Seu casamento foi ditado pelas razões de Estado. Criado por uma avó rabugenta, em sua mocidade, orientado por um comitê holandês após outro. Sua infância foi infeliz e sua saúde era má. Tinha um pulmão afetado pela tuberculose. Era asmático e quase aleijado. Contudo, dentro desse arcabouço fraco e defeituoso, ardia um fogo impiedoso, atiçado pelas tempestades da Europa e intensificado pela sombria compressão de seu ambiente. Suas maiores ações iniciaram-se antes que completasse vinte e um anos. A partir dessa idade, lutou constantemente no campo de batalha e lidou com todas as intrigas da política interna holandesa e do cenário europeu. Durante quatro anos, foi o chefe da conspiração inglesa contra o rei católico Jaime II.

As mulheres significavam para ele pouca coisa. Durante muito tempo tratou com indiferença sua adorável e fiel esposa. Mais tarde, quase no fim de seu reinado, quando viu como a rainha Maria o ajudara na esfera inglesa de sua política, mostrou-se sinceramente grato a ela, como a um fiel amigo ou oficial de gabinete que tivesse sustentado o governo. Seu pesar por ocasião da morte da rainha não foi fingido.

Em religião, era naturalmente calvinista, mas não parece ter encontrado muito conforto espiritual nas proibitivas doutrinas da seita. Como soberano e comandante, era inteiramente desprovido de preconceitos religiosos. Nenhum agnóstico poderia ter demonstrado maior imparcialidade filosófica. Temia e odiava o catolicismo gaulês, menos por lhe parecer idólatra do que por ser francês. Empregava oficiais católicos sem hesitação sempre que pudessem servir aos seus propósitos. Utilizava-se das questões religiosas como trunfos em suas combinações políticas. Ao mesmo tempo que batia o tambor protestante na Inglaterra e na Irlanda, exercia poderosa influência junto ao Papa, com quem suas relações foram sempre um modelo de total habilidade política. Quase parecia um ser criado para o exclusivo propósito de resistir ao domínio da França e de seu "Grande Rei".

Era conseqüência natural de tal criação e de tal missão que Guilherme fosse implacável. Embora não tenha participado da conspiração para o assassínio dos estadistas holandeses, os de Witts, em 1672, rejubilou-se com ela, aproveitou-se dela, protegeu e deu pensão aos assassinos. Oferecera-se para ajudar Jaime II contra o Duque protestante de Monmouth, mas não se deu ao trabalho de impedir que Monmouth partisse de seu refúgio na Holanda. A mancha mais negra em sua memória viria da Escócia. Um clã de Highlanders cujo chefe tardara em manifestar sua submissão foi condenada à destruição em ordem assinada por Guilherme. Tropas foram enviadas a Glencoe para "extirpar aquele covil de ladrões". O horror com que este episódio sempre foi visto resulta, porém, da traiçoeira violação das leis de hospitalidade através da qual se concretizou. Os soldados reais viveram durante semanas no vale com os membros do clã, gozando de sua rude hospitalidade sob o disfarce da amizade. Repentinamente, numa noite gelada de inverno, voltaram-se contra seus anfitriões e mataram-nos às dezenas, enquanto eles dormiam ou fugiam de suas cabanas. O rei não havia recomendado o método, mas sobre ele recai a vergonha indelével do ato.

Guilherme era frio, mas não era pessoalmente cruel. Não perdia tempo com pequenas vinganças. Sua única disputa era com Luís XIV. Apesar de toda a experiência que adquiriu desde jovem na chefia de exércitos e apesar de seu intrépido coração, nunca foi um grande comandante. Não tinha traços daquela visão intuitiva do campo de batalha que é a marca do gênio militar. Não era mais do que um homem resoluto e dotado de bom senso, a quem o acidente do nascimento levara à conduta da guerra. Sua inspiração estava na esfera da diplomacia. Raramente foi superado em sua sagacidade, paciência e discrição como estadista. As combinações que fez, as dificuldades que venceu, a habilidade com que se utilizou do fator tempo ou se aproveitou das fraquezas alheias, seu infalível senso de proporção e a capacidade de atribuir aos objetivos suas verdadeiras prioridades, tudo isso o qualificava para a mais alta fama.

Seu supremo interesse foi pela grande guerra que estava então começando em toda a Europa e pela imensa confederação que ele criou. Considerava a aventura inglesa como uma divagação, um dever necessário mas cansativo, que precisava ser cumprido para uma finalidade maior. Não gostou nunca da Inglaterra, nem se interessou por seus negócios internos. O que conhecia era o lado pior da Inglaterra. Pretendia a riqueza e a força da Inglaterra, por terra e por mar, para usá-las na guerra européia e veio buscá-las pessoalmente. Utilizou-se para seus próprios fins dos homens públicos ingleses que se haviam tornado seus aliados e recompensava-os por seus serviços, mas, como raça, considerava-os inferiores em fibra e fidelidade aos holandeses.

Uma vez firmemente sentado no trono inglês, pouco se preocupou em disfarçar esses sentimentos. Não era de surpreender que tais maneiras e, ainda mais, a disposição de que evidentemente surgiam, ofendessem profundamente, pois os ingleses, embora submissos à nova autoridade que haviam sentido ser-lhes necessária, eram tão orgulhosos quanto qualquer outra raça da Europa. A ninguém agrada ser objeto de aversão e desprezo, especialmente quando essas afrontas são naturais, espontâneas e sinceras. Os grandes nobres e os parlamentares que haviam feito a Revolução e ainda estavam rigidamente aferrados a seus propósitos não podiam deixar de recordar a fácil alegria e graça da Corte de Carlos II. A disposição insociável de Guilherme, sua voracidade na mesa, seu silêncio e sua grosseria quando em companhia de outras pessoas, sua indiferença pelas mulheres, sua aversão a Londres, tudo isso o prejudicava perante a sociedade bem educada. As damas classificaram-no como "um inferior urso holandês". O Exército Inglês também estava perturbado em sua alma. Nem oficiais nem soldados podiam deixar de experimentar um sentimento de humilhação diante dos aspectos militares da Revolução. Não lhes agradava ver todos os comandos mais importantes confiados a holandeses. Olhavam com azedume para a infantaria holandesa que desfilava incessantemente diante das guaritas de sentinelas de Whitehall e St. Jame's, e comparavam seus desalinhados uniformes azuis com a pompa escarlate dos 1st Guards e dos Coldstreamers, então banidos de Londres. Enquanto continuava a guerra na Irlanda ou sempre que havia ameaça de uma invasão francesa, esses sentimentos eram reprimidos; mas em todas as outras ocasiões, eles se manifestavam com contida cólera. O emprego de tropas britânicas no Continente tornou-se impopular e era incessante a pressão exercida sobre Guilherme para que afastasse seus guardas holandeses e seus favoritos holandeses.

* * *

Logo que soube, na tarde de 23 de dezembro de 1688, que, com a fuga do rei Jaime, se havia tornado senhor indiscutível da Inglaterra, o príncipe de Orange adotou a medida para a qual havia atravessado o mar. O embaixador francês recebeu o prazo de vinte e quatro horas para deixar a Ilha e a Inglaterra aderiu à coligação geral contra a França. Isso deu início a uma guerra que, com um inquieto intervalo, dominou a Europa durante vinte e cinco anos e que estava destinada a arrasar o poder de Luís XIV.

Toda a nação britânica estivera unida na expulsão de Jaime. Contudo, depois disso, não existia nenhum governo legal de qualquer espécie. Um Parlamento de Convenção foi convocado pelo príncipe, a conselho dos estadistas que haviam feito a Revolução. Logo após ter sido eleito, o Parlamento envolveu-se em questões de propriedade constitucional; e a coligação nacional não-partidária, que fora responsável por chamar Guilherme para a Inglaterra, ruiu sob o esforço de criar um governo estabelecido para o país. Ambições pessoais e crenças partidárias irrompiam através das complicadas manobras que levaram aos arranjos constitucionais finais. O ex-ministro do rei Carlos, conde de Danby, tinha muito a esperar dessas semanas de caos. Fora ele quem criara o Partido Tory com elementos da classe nobre anglicana e da Igreja Estabelecida, depois do colapso da Cabala. As intrigas de Carlos com a França e a conspiração papista haviam destruído sua carreira política. Para salvá-lo da fúria de seus inimigos, o rei encarcerava-o confortavelmente na Torre. O conde de Danby, fora libertado no fim do reinado e agora, na Revolução de 1688, via a oportunidade de refazer sua fortuna. Sua posição como grande proprietário de terras do Norte, permitiu-lhe levantar a classe rica e criar uma considerável força militar num momento crítico e decisivo. Tendo a apoiá-lo o prestígio dessa realização, chegou a Londres. Tories leais sentiram-se alarmados diante da perspectiva de violação do Direito Divino na sucessão dos Stuart. Danby entrou em contato com a princesa Maria. Uma solução evidente, que agradaria a muitos "tories", era a ascensão de Maria ao trono por seu próprio direito. Dessa maneira, a base essencial do credo "tory" poderia ser preservada e em favor disso Danby lutou então nos debates entre os Lordes apressadamente reunidos. Todavia, outros "tories", inclusive o tio de Maria, conde de Clarendon, eram favoráveis à nomeação de Guilherme para regente, permanecendo Jaime como rei titular. Essa divisão de idéias contribuiu para a prevalência dos "whigs".

Os whigs, de sua parte, encaravam a Revolução como a confirmação de sua crença política na idéia de um contrato entre a Coroa e o povo. Cabia agora ao parlamento estabelecer a sucessão. Toda a situação girava em torno da decisão de Guilherme. Contentar-se-ia ele com o simples título de consorte honorário de sua esposa? Nesse caso, a consciência dos "tories" não seria violada e o papel dos "whigs" na Revolução ficaria obscurecido. Os próprios "whigs" haviam perdido seus líderes na Conspiração de Rye House e foi um único político que fez o jogo deles e venceu, enquanto eles colhiam os benefícios.

Jorge Savile, marquês de Halifax, o "Oportunista", como se sentia orgulhoso de ser chamado, foi o mais sutil e o mais solitário dos estadistas de seu tempo. Sua força nessa crise residia no seu conhecimento da intenção de Guilherme. Ele havia sido enviado por Jaime para negociar com o príncipe invasor nos dias anteriores à fuga do rei. Sabia que Guilherme chegara para ficar, que os holandeses precisavam de uma posição segura e soberana na Inglaterra, a fim de enfrentar a crescente ameaça de agressão francesa na Europa. A sugestão no sentido de Guilherme tornar-se regente em nome de Jaime foi rejeitada nos Lordes, mas apenas por 51 votos contra 49. Depois de prolongados debates na Convenção, foi aceita a opinião de Halifax, de que a Coroa fosse investida juntamente nas pessoas de Guilherme e Maria. Seu triunfo foi completo e foi ele quem entregou a Coroa e a Declaração de Direitos aos dois soberanos em nome de ambas as Câmaras. Entretanto, sua concepção de política era hostil ao crescente desenvolvimento partidário. Em uma época de grave crise, ele pôde desempenhar um papel decisivo. Não tinha a apoiá-los uma falange de adeptos. Seu momento de poder foi breve, mas o Partido Whig deveu a ele a revivescência que teve nos anos que se seguiram.

Passo a passo, a confusão se esclarecera. A conselho particular de João e Sara Churchill, a princesa Ana, irmã mais nova de Maria, abdicou em favor de Guilherme a seu direito de sucessão ao trono caso Maria falecesse antes dela. Assim, Guilherme ganhou, sem luta, a coroa em caráter vitalício. Aceitou esta decisão parlamentar com boas graças. Por ocasião da coroação, muitas honrarias e promoções recompensaram os líderes revolucionários. Churchill, embora nunca tenha feito parte do círculo mais chegado a Guilherme, foi confirmado em seu cargo de tenente-general e empregado virtualmente como comandante-chefe para reconstituir o Exército Inglês. Foi feito conde de Marlborough e, em maio de 1689, quando se declarou oficialmente a guerra contra a França, enquanto Guilherme estava retido na Inglaterra e, mais tarde, atrapalhado na Irlanda, Marlborough comandou o contingente inglês de oito mil homens contra os franceses na Flandres.

As Ilhas Britânicas entravam então em uma perigosíssima crise de guerra. O exilado Jaime foi recebido por Luís com todas as mostras de consideração e simpatia que o orgulho e a política do Grande Rei podiam imaginar. A Irlanda apresentava-se como o centro evidente de ação imediata. Jaime, apoiado por um disciplinado contingente francês, muitos oficiais franceses e grandes suprimentos de munição e dinheiro franceses, desembarcou na Irlanda em março. Foi recebido como um libertador. Reinou em Dublin, ajudado por um Parlamento irlandês, e foi logo defendido por um exército católico que talvez tenha chegado a contar cem mil homens. Toda a ilha, exceto as povoações protestantes do Norte, passou para o controle dos jacobitas, como foram chamados a partir de então. Enquanto Guilherme olhava para leste, para a Flandres e para o Reno, os olhos de seu Parlamento estavam voltados para o lado oposto. Quando recordava a Europa ao Parlamento, este veementemente chamava sua atenção para a Irlanda. O rei cometeu o velho erro de atender de maneira inadequada a ambas as necessidades. A defesa de Londonderry e seu socorro pelo mar foi o único episódio glorioso da campanha de 1689.

Brechas começaram a aparecer rapidamente na textura do Governo Nacional original. Os "whigs" consideravam que a Revolução lhes pertencia. Seu julgamento, sua conduta, seus princípios haviam prevalecido. Não era justo que a eles coubessem todos os cargos? Guilherme, porém, sabia que jamais poderia ter conquistado a coroa da Inglaterra sem o auxílio dos Cavaleiros e do Alto Clero, que formavam o sustentáculo do Partido Tory. Ademais, a essa altura, como rei, apreciava os modos dos "tories". Ali estava a Igreja dedicada à monarquia hereditária. Guilherme sentiu que os princípios "whigs" conduziriam por fim à República. Sob o nome de Stadtholder, ele era quase rei da Holanda; não desejava, sob o nome de rei, ser apenas Stadtholder da Inglaterra. Estava por isso pronto para dissolver o Parlamento de Convenção que lhe dera a coroa, quando, como diziam os "whigs", "seu trabalho estava todo inacabado". Na eleição de fevereiro de 1690, os "tories" venceram.

Talvez pareça estranho que o novo rei se tenha voltado para a personalidade impenetrável do conde de Sunderland, que fora o principal conselheiro do rei Jaime. Contudo, Jaime e Sunderland estavam então irremediavelmente brigados e os jacobitas consideravam o conde como o principal responsável pela Revolução. Sunderland inclinou-se daí por diante para o interesse de Guilherme e seu conhecimento do cenário político europeu foi inapreciável para os desígnios do soberano. Depois de um breve intervalo, Sunderland reapareceu na Inglaterra e conquistou surpreendente influência. Não ousou procurar cargos para si, mas fez e desfez as maiores fortunas. O governo efetivo foi confiado a estadistas de opinião média — o duque de Shrewsbury, Sidney Godolphin, Marlborough e, embora então, como sempre, permanecendo um pouco afastado de todos os partidos, Halifax. Todos eles haviam servido ao rei Jaime. Sua noção de partido era a de aproveitar-se de ambas ou de qualquer das facções para conservar-se acima da água e promover o serviço real. Cada um deles se apoiava em outros. "Shrewsbury era geralmente como unha e carne com Wharton; Godolphin e Marlborough trocavam confidências com o almirante Russell"[1]. Desses homens, foi Godolphin quem, durante os vinte anos seguintes, permaneceu mais chegado a Marlborough. Nele, grande habilidade política combinava-se com escrupuloso desprendimento. Nunca se adiantou em busca do poder, mas raramente esteve fora do governo. Serviu sob quatro soberanos e com vários colegas, mas ninguém duvidou de sua lealdade. Sabia como usar um oportuno pedido de demissão ou ameaça de demissão para provar sua integridade. Desajeitado, reservado, sonhador por natureza, tinha apesar disso o coração e a alma absorvidos pelos negócios do governo.

* * *

Se Guilherme tivesse empregado todo o seu poderio na Irlanda em 1689, teria ficado livre para transferi-lo para o Continente em 1690. Todavia, no ano novo viu-se forçado a ir pessoalmente à Irlanda com sua força principal e, no verão, assumiu no campo de batalha o comando de trinta e seis mil homens. Assim, todo o poderio da Inglaterra foi desviado do principal teatro de guerra. O príncipe de Waldeck, comandante de Guilherme nos Países Baixos, sofreu uma esmagadora derrota nas mãos hábeis do marechal Luxembourg na Batalha de Fleurus. Ao mesmo tempo, a Esquadra Francesa conquistava uma vitória sobre as Esquadras combinadas da Inglaterra e da Holanda ao largo de Beachy Head. Dizia-se em Londres que "os holandeses ficavam com a honra, os franceses com a vantagem e os ingleses com a vergonha.". O domínio do Canal passou temporariamente para os franceses, sob o comando do almirante Tourville, que pareciam poder ao mesmo tempo desembarcar um exército invasor na Inglaterra e impedir que Guilherme voltasse da Irlanda.

O Conselho da rainha Maria, do qual Marlborough era membro, precisou enfrentar uma perspectiva alarmante. Foi sustentado pela lealdade e pelo espírito da nação. Todo o país tomou as armas que pôde encontrar. Com um núcleo de cerca de seis mil soldados regulares, a

---

[1] K. G. Feiling – "A History of the Tory Party, 1640-1714" (1924).

milícia e a força de voluntários apressadamente improvisada, Marlborough aprontou-se para resistir à invasão. Entretanto, em 11 de julho o rei Guilherme conquistou uma vitória decisiva em Boyne e expulsou o rei Jaime da Irlanda, obrigando-o a voltar para a França. Os apelos do monarca derrotado, que pedia um Exército Francês para conquistar a Inglaterra, não foram ouvidos por Luís. O rei da França tinha seus olhos voltados para a Alemanha. As ansiosas semanas de julho e agosto passaram sem danos mais sérios do que o incêndio de Teignmouth por incursores franceses. Quando chegou o inverno, a Esquadra Francesa estava desmantelada e as Esquadras Inglesa e Holandesa estavam reparadas e de novo no mar. Assim, passou o perigo. Apesar do adiantado da estação, Marlborough foi comissionado pelo Conselho da rainha Maria e pelo rei Guilherme para comandar uma expedição na Irlanda e, numa curta e brilhante campanha, conquistou Cork e Kensale, e dominou todos os condados da Irlanda do Sul. O fim do ano de 1690 viu portanto terminada a guerra da Irlanda e reconquistado o domínio dos mares. Guilherme estava assim, depois de dois anos, livre para seguir pessoalmente para o Continente com forças poderosas e assumir o comando dos principais exércitos da Aliança. Levou Marlborough consigo no comando das tropas inglesas. Contudo, nenhum papel independente foi dado ao gênio de Marlborough, que já se distinguia entre os capitães dos aliados, e a campanha, embora na maior escala, permaneceu indecisa.

Surgiu depois uma divergência entre o rei e Marlborough. Quando foram distribuídos os comandos para a campanha do ano seguinte, Guilherme propôs-se levar Marlborough para Flandres como tenente-general adido à sua própria pessoa. Marlborough fez objeções a essa posição indefinida. Não desejava ser levado para Flandres como simples conselheiro, oferecendo conselhos que não seriam seguidos e suportando a responsabilidade pelos malogros que se seguissem. Pediu que o deixassem na Inglaterra, a menos que fosse chamado a comandar as tropas britânicas, como no ano anterior. Mas o rei havia oferecido esse comando a um de seus generais holandeses, o barão Ginkel, que saía das vitórias de Aughrim e Limerick, na Irlanda. Nos Comuns havia um movimento em favor de uma moção sobre o emprego de estrangeiros. Sabia-se que Marlborough era simpático a esse movimento e ele próprio se ofereceu para apresentar moção semelhante na Câmara dos Lordes. Encontrou amplo apoio e parecia mesmo, em certa ocasião, que a moção seria aprovada por maioria em ambas Câmaras. Além disso, as atividades de Marlborough não se limitavam ao Parlamento. Era o maior general britânico e muitos oficiais de várias patentes recorriam a ele e expressavam abertamente seu ressentimento pelos favores concedidos aos holandeses.

Nesse tempo, quase todos os homens importantes na Inglaterra haviam restabelecido relações com Jaime, então residindo em Saint-Germain, nas proximidades de Paris. Godolphin também abrigava sentimentos de respeitosa afeição pela rainha exilada. Shrewsbury, Halifax e Marlborough passaram a manter correspondência com Jaime. O rei Guilherme tinha conhecimento disso. Continuava ainda a empregar esses homens em altos cargos do Estado e de sua confiança pessoal. Admitia sua duplicidade como um elemento necessário numa situação de perplexidade sem precedentes. Tolerava o fato de seus principais conselheiros estarem se protegendo contra uma queda de seu governo ou sua morte no campo de batalha. Sabia, ou pelo menos suspeitava, que Shrewsbury estava em contato com Saint-Germain através de sua mãe. Apesar disso, insistia em mantê-lo nos mais altos cargos. Sabia que o almirante Russell fizera as pazes com Jaime; apesar disso conservava-o no comando da Esquadra. Se brigava com Marlborough certamente não era devido às relações familiares que o general mantinha com seu sobrinho, o duque de Berwick, filho do rei Jaime, ou a que a esposa do general, Sara, mantinha com sua irmã, a jacobita duquesa de Tyrconnel. O rei provavelmente sabia que Marlborough recebera o perdão de Jaime por ter convencido a princesa Ana a enviar uma mensagem respeitosa a seu pai. Falava-se na substituição de Guilherme e Maria por Ana e, ao mesmo tempo, a influência dos Churchills junto à princesa Ana continuava a ser dominante. Qualquer atrito entre Ana e sua irmã, a rainha Maria, poderia agravar as já sérias divergências entre o rei e Marlborough. As desavenças entre as personagens reais desenvolviam-se rapidamente. Guilherme tratava com o maior desprezo o marido de Ana, príncipe Jorge da Dinamarca. Excluía-o de toda participação nas guerras. Não o levou consigo a Flandres, nem lhe permitia sair para o mar com a Esquadra. Ana, que amava muito seu marido, sentia-se enfurecida com essas afrontas.

Como sempre acontece nas disputas entre altas personalidades, o peso recaiu sobre um subordinado. A rainha exigiu que Sara Churchill fosse afastada da casa de Ana. Ana recusou com toda a obstinada força de seu caráter. A conversa entre ambas transformou-se em altercação. Os cortesãos afastaram-se aflitos. As duas irmãs separaram-se dominadas pela fúria de um mortal desentendimento. Na manhã seguinte, às 9 horas, Marlborough, renunciando às suas funções de Gentleman of the Bedchamber, entregou ao rei as vestes distintivas do cargo e Guilherme manteve sua habitual impassividade. Duas horas mais tarde, o conde de Nottingham, secretário do Estado, entregava a Marlborough uma ordem escrita para que renunciasse a todos os cargos que ocupava, civis e militares, e se considerasse a partir daquela data afastado do Exército e de todo emprego público, e proibido de entrar na Côrte. Nenhuma razão foi apresentada oficialmente para esse importante golpe. Marlborough aceitou sua demissão com despreocupação. Seus principais colegas, os mais altos conselheiros do rei, sentiram-se ofendidos. Shrewsbury tornou conhecida a sua desaprovação; Godolphin ameaçou afastar-se do Governo. O almirante Russell, então comandante-chefe da Marinha, chegou a censurar o rei face a face, por ter demonstrado ingratidão para com o homem que "pusera a coroa sobre sua cabeça". A rainha proibiu então Sara de entrar na Corte e Ana respondeu retirando-se também. Abandonou seus apartamentos no Cockpit, em Whitehall, e retirou-se para Syon House, que lhe foi oferecida pelo duque de Somerset. Nenhuma pressão induziria Ana a separar-se de sua querida amiga e no fogo dessa adversidade e quase perseguição forjaram-se laços dos quais dependeriam os destinos da Inglaterra.

C
A
P
Í
T
U
L
O

II

A GUERRA CONTINENTAL

ão logo o rei Guilherme se lançou à Guerra Continental, a ameaça iminente de invasão recaiu sobre a Ilha, que ele deixara desprovida de tropas. Luís XIV planejava então um desembarque na Inglaterra. Era preciso dar ao rei Jaime uma oportunidade de reconquistar o trono. A Corte jacobita exilada em Saint-Germain vinha há dois anos fazendo pressão sobre o Ministério da Guerra francês com sua afirmação de que a Inglaterra estava madura e pronta para uma restauração. Um exército de dez mil desesperados irlandeses e dez mil soldados regulares franceses foi reunido ao redor de Cherburgo. Toda a Esquadra Francesa, com uma multidão de transportes e navios de abastecimento, foi concentrada nos portos normandos e bretões.

Somente em meados de abril de 1692 os desígnios franceses se tornaram conhecidos do governo inglês. Realizaram-se então febris mas vigorosos preparativos para a defesa por terra e por mar. Da mesma forma que quando da aproximação da Armada espanhola, toda a Inglaterra ficou em estado de alerta. Tudo, porém, dependia do almirante. Russell como Marlborough, havia conversado com os agentes jacobitas: Guilherme e Maria temiam, e Jaime fervorosamente acreditava que ele seria o traidor de seu país e de sua profissão. Entretanto, fontes jacobitas

31

admitiam que Russell havia dito claramente a seus agentes que, por mais que amasse Jaime e odiasse o governo de Guilherme, se se encontrasse com a Esquadra Francesa no mar, faria tudo ao seu alcance para destruí-la, "ainda que o próprio rei Jaime estivesse a bordo". Cumpriu sua palavra "Se vossos oficiais forem falsos para convosco", disse ele aos marinheiros no dia da batalha, "lançai-os ao mar, e eu em primeiro lugar."

Em 19-20 de maio, as Esquadras Inglesa e Holandesa encontraram Tourville com a principal força naval francesa no Canal da Mancha, ao largo do Cabo La Hogue. A esquadra de Russell, que levava quarenta mil homens e sete mil canhões, tinha uma vantagem de noventa e nove navios contra quarenta e quatro. Ambos os lados lutaram denodadamente e Tourville foi decisivamente derrotado. Russell e seus almirantes, todos os quais constavam das listas jacobitas como dedicados e fiéis adeptos do rei Jaime, perseguiram a Marinha derrotada até seus portos. Durante cinco dias consecutivos as belonaves fugitivas foram fustigadas, ao alcance das baterias de costa, por flotilhas de barcos a remo ingleses. Todo o aparelhamento de invasão foi destruído sob as próprias vistas do ex-rei que por ele deveria ser levado à sua terra natal.

A Batalha do Cabo La Hogue, com as ações conseqüentes, apagou a lembrança de Beachy Head. Anulou decisivamente para todas as guerras de Guilherme e Ana quaisquer pretensões francesas à supremacia naval. Foi a Trafalgar do século XVII.

Em terra, a campanha de 1692 desenvolveu-se na Holanda Espanhola, que hoje conhecemos como Bélgica. Iniciou-se com um brilhante êxito francês. Namur caiu diante dos exércitos franceses. Mas o pior estava por acontecer. Em agosto, Guilherme marchou à noite com todo o seu exército para atacar o marechal Luxembourg. Os franceses foram surpreendidos perto de Steinkirk às primeiras horas da manhã. Suas tropas avançadas foram dominadas e postas em fuga; durante uma hora reinou a confusão em seu campo. Todavia, Luxembourg esteve à altura da emergência e conseguiu formar uma linha de batalha ordenada. A Infantaria Britânica constituía a primeira linha de ataque aliado. Oito esplêndidos regimentos, sob o comando do general Mackay, atacaram e empenharam-se com os suíços numa luta mais feroz do que todas de que se tinha memória na Europa. Luxembourg lançou então as tropas da guarda real da França contra a divisão britânica, já cansada por seus esforços, e depois de uma luta furiosa, travada principalmente à arma branca, forçou-a a recuar. Entrementes, por todos os lados, os franceses avançavam e seus reforços começavam a chegar ao campo. O conde Solms, oficial holandês e parente de Guilherme, que substituíra Marlborough no comando do contingente britânico, já havia conquistado a cordial aversão de seus oficiais e soldados. Com a observação: "Veremos agora o que fazem os buldogues!" recusou enviar o auxílio que Mackay pedia. Os britânicos perderam dois de seus melhores generais, e metade de seus homens foi morta ou ferida; não teriam escapado se não fosse a ação de um general holandês subordinado, Overkirk, que depois se tornou famoso nas campanhas de Marlborough. Guilherme, que se mostrava incapaz de controlar a batalha. derramava amargas lágrimas ao observar a carnificina e exclamava: "Oh, meus pobres ingleses!" Ao meio-dia, todo o exército aliado estava em retirada e, embora as perdas de sete ou oito mil homens fossem iguais em ambos os lados, os franceses proclamaram sua vitória por toda a Europa.

Esses acontecimentos enfureceram o Parlamento inglês. Os mais acesos debates foram travados com respeito à conduta do conde Solms. A Câmara dos Lordes aprovou uma moção no sentido de que nenhum general inglês deveria ser subordinado a um holandês, fosse qual fosse a sua patente. Foi com dificuldade que os porta-vozes do governo convenceram os Comuns de que não havia oficiais ingleses em condições de serem generais numa campanha continental. Contra grande oposição, aprovou-se a remessa de suprimentos para outro mal dirigido e desastroso ano de guerra. Em julho de 1693, travou-se a grande Batalha de Landen, cujo morticínio não foi durante duzentos anos igualado na Europa, a não ser em Malplaquet e Borodino. Os franceses tinham grande superioriade de forças. Apesar disso, o rei decidiu resistir ao seu ataque e construiu, quase da noite para o dia, um sistema de fortes trincheiras e paliçadas no terreno protegido ao longo da corrente do Landen, dentro das curvas do Geet. Depois de uma heróica resistência, os aliados foram expulsos de sua posição pelos franceses, com uma perda de quase vinte mil homens, tendo os atacantes perdido menos de metade desse total. Guilherme concentrou os remanescentes de seu exército, reuniu reforços e, tendo Luxembourg deixado de completar sua vitória, conseguiu manter-se no campo. Em 1694, Guilherme planejou uma expedição contra Brest e, segundo os jacobitas, Marlborough denunciou este plano ao inimigo. Seja como for, Tollemache, o comandante britânico em terra, foi recebido por intenso fogo de posições preparadas e forçado a voltar para seus navios, com grandes perdas. Morreu posteriormente dos ferimentos recebidos na batalha. Não há dúvida de que a carta em que se baseia a acusação contra Marlborough é uma falsificação. Não há prova de que ele tenha dado qualquer informação aos franceses e, por outro lado, existe certeza de que estes estavam perfeitamente informados através de outras fontes.

* * *

As primitivas finanças do Estado Inglês dificilmente podiam suportar o peso de uma guerra européia. Nos dias de Carlos II, a Inglaterra era forçada a desempenhar, nos negócios externos, um papel sem importância e às vezes ignominioso, principalmente por falta de dinheiro. As aventuras continentais de Guilherme III forçaram os estadistas ingleses a uma reconstrução do crédito e das finanças do país.

O primeiro governo de guerra, formado pelo recém-organizado Partido Whig, possuía na pessoa de Carlos Montagu um financista de primeira categoria. Foi sobre ele que recaiu a responsabilidade de enfrentar esse grande problema. As tropas inglesas que combatiam no Continente estavam sendo pagas dia a dia. As reservas de ouro esgotavam-se rapidamente e os agentes financeiros ingleses mostravam-se obcecados pelo temor de um colapso completo. O primeiro passo essencial era a criação de um organismo nacional de crédito. Os holandeses possuíam desde alguns anos antes um Banco Nacional, que operava em estreita colaboração com seu governo, e a íntima união dos dois países naturalmente chamou a atenção dos "whigs" para esse exemplo. Em colaboração com o banqueiro escocês Guilherme Paterson, Montagu, então chanceler do Erário, fundou o Banco da Inglaterra em 1694 como sociedade privada. Esta instituição, embora mantivesse os princípios da iniciativa individual e os métodos de uma sociedade privada por ações, devia trabalhar em colaboração com o governo e fornecer os meios necessários para sustentar o crédito governamental.

Montagu não se contentou apenas com isso. Com o auxílio do filósofo João Locke e de Guilherme Loundes, do Tesouro, planejou uma completa revolução na cunhagem da moeda. Em dois anos a recunhagem estava completada e, com esse sistema financeiro solidamente reconstruído, o país pôde no futuro, não apenas suportar o peso das guerras do rei Guilherme, mas também enfrentar a prolongada provação de um conflito em torno da Sucessão Espanhola. Foi essa talvez uma das maiores realizações dos "whigs".

Em fins de 1694, a rainha Maria contraiu a varíola e, em 28 de dezembro, morreu sem se reconciliar com sua irmã Ana, chorada por seus súditos e deixando um vazio permanentemente sentido pelo rei Guilherme. Até então, a expectativa natural era de que Maria sobrevivesse ao seu marido, sobre cuja vida frágil e feroz havia convergido tantos ataques de doença, guerra e conspiração. Uma rainha protestante inglesa reinaria então por seu próprio direito. Ao invés disso, a coroa ficou vitaliciamente só para Guilherme, devendo em seguida passar para Ana. Isso alterou toda a posição da princesa e, com ela, a dos respeitáveis Churchills, que eram seus dedicados amigos e campeões. A partir do momento em que a rainha soltou o seu último suspiro, os interesses de Marlborough não mais divergiram dos de Guilherme. O grande general partilhou da decisão de Guilherme de destruir o poderio da França; concordou com todo o caráter e propósito de sua política externa. Marlborough permaneceu por mais quatro anos excluído de todos os empregos, militares ou civis, na frente de batalha ou no interior do país; mas com seu profundo dom de paciência e previsão da direção dos acontecimentos, passou então a dar firme apoio a Guilherme.

Em 1695, o rei obteve sua única vitória. Reconquistou Namur, arrebatando-a dos exércitos franceses. Esse acontecimento permitiu que a guerra chegasse a um final indefinido, em 1696, após ter-se prolongado por mais de sete anos. A Inglaterra e a Holanda — as Potências Marítimas, como eram chamadas — e a Alemanha haviam se defendido com êxito, mas estavam esgotadas pela luta. A Espanha mostrava-se ainda belicosa, mas impotente, e somente o imperador Leopoldo, dos Habsburgos, com seus olhos voltados para a sempre iminente vacância do trono espanhol, estava disposto a manter viva a confederação antifrancesa. A Grande Aliança começou a cair aos pedaços e Luís, que durante tanto tempo sentira o peso de uma luta em muitas frentes, estava então disposto para a paz. Guilherme foi incapaz de resistir ao movimento pela paz, tanto de seus amigos como de seus inimigos. Via que a disputa ainda não estava resolvida; seu único desejo era prolongá-la. Mas não podia lutar sozinho.

* * *

O Tratado de Ryswick assinalou o término do primeiro período dessa guerra mundial. Na realidade, foi uma trégua. Apesar disso, havia possibilidades de que a trégua se transformasse numa solução duradoura. Guilherme e Luís trocaram expressões do mais alto respeito mútuo. A Europa estava temporariamente unida contra a agressão turca. Muitos se sentiam conformados com a esperança de que Ryswick tivesse levado a luta contra o exorbitante poderio da França a uma situação de equilíbrio. Essa perspectiva foi arruinada pelos "tories" e seus aliados. A fim de conseguir uma paz duradoura, era vital que a Inglaterra estivesse forte e bem armada, capacitada assim a enfrentar Luís em termos de igualdade. Contudo, os "tories" estavam então numa de suas disposições de violenta reação contra a intervenção continental. Resmungando contra os impostos, impacientes diante de qualquer restrição, os Comuns empenharam-se numa campanha de economia e desarmamento. No momento em que relaxou a pressão da guerra, não tiveram outra idéia senão a de jogar fora suas armas. A Inglaterra saíra da guerra com um exército de oitenta e sete mil soldados regulares. O rei considerava que trinta mil homens e um grande número adicional de oficiais eram o mínimo capaz de garantir a segurança e o interesse públicos. Seus ministros não ousaram pedir mais de dez mil e a Câmara dos Comuns aprovou apenas sete mil. A Marinha foi reduzida, um pouco menos severamente. Oficiais e soldados foram jogados às ruas ou levados à ilegalidade nos campos. A Inglaterra, após ter feito todo o sacrifício e executado prodígios de força e valor, caía então na fraqueza e imprevidência, quando um pouco mais de perseverança a teria tornado, senão suprema, pelo menos segura.

A aparente confusão política durante todo o reinado de Guilherme foi em grande parte devida à relutância do rei em pôr-se à disposição de qualquer dos dois principais grupos partidários. Ele desejava uma coligação nacional para apoiar um esforço nacional contra a França e era constitucionalmente avesso a comprometer-se. Com o passar dos meses, porém, foi obrigado a perceber a diferença de atitudes dos "whigs" e "tories" com relação à guerra continental, e um padrão familiar de política inglesa começou a surgir. Os "whigs" eram sensíveis ao perigo da agressão francesa na Europa. Compreendiam a natureza profunda da luta. Apesar do tratamento grosseiro e leviano que dispensavam a Guilherme, estavam preparados para formar, em muitas ocasiões, um governo de guerra efetivo e eficiente. Os "tories", por outro lado, ressentiam-se do envolvimento do país em compromissos continentais e expressavam o tradicional isolacionismo do povo. A história política do reinado é assim um contínuo vaivém. Os "whigs" governavam durante dois ou três anos de guerra e, depois, os "tories" voltavam ao poder numa crescente onda de cansaço da guerra. Os homens ricos do campo, a classe que em grande parte financiava a guerra através do imposto territorial, voltam-se inevitavelmente contra um governo de guerra e os frutos da guerra são incontinentemente postos fora. A fundação do Banco da Inglaterra despertou fortemente as suspeitas dessa classe. Seus membros previam encontrar um sério rival para influência política na classe dos comerciantes, então enriquecida por uma formidável instituição de crédito. O Banco fora uma criação dos "whigs". O Banco sustentara os empréstimos do governo e obtivera lucros com a guerra. Ali estava uma plataforma admirável. Em 1697, a administração "whig" foi afastada do poder dentro desses temas e, com tal programa, Roberto Harley, então a crescente esperança do "toryismo", firmou seu poder e sua posição na Câmara dos Comuns.

Esta figura singularmente moderna que hoje todos podem compreender, nascida e criada no seio de uma família puritana, originariamente "whig" e dissidente, tornou-se rapidamente senhora das táticas e processos parlamentares. Compreendeu, segundo nos asseguram, a arte de "encompridar" os debates, de "confundir" as questões e de encampar e explorar as reivindicações populares. No processo de oposição à Corte, gradualmente se transformou de "whig" em "tory" e de dissidente em adepto do Alto Clero, a ponto de oportunamente tornar-se um importante agente dos "tories" tanto na Igreja como no Estado. Já em 1698, estava se tornando virtualmente o seu líder na Câmara dos Comuns. Foi ele quem dirigiu o impiedoso movimento em favor da redução das forças armadas.

Foi ele quem procurou enfrentar o Banco da Inglaterra "whig" com um Banco Territorial "tory". Durante todo o tempo, porém, ele sonhava com o dia em que pudesse subir acima das manobras parlamentares e desempenhar um papel no grande palco mundial da guerra e da diplomacia. Harley era apoiado por Sir Eduardo Seymour, o preeminente "falso bom rapaz" da época, que dirigia os poderosos "tories" de Cornwall e do West. Nos Lordes, Harley era auxiliado por Nottingham e pelo conde de Rochester. Juntos, esses quatro homens exploravam aquelas disposições indignas que de tempos em tempos dominavam o Partido Tory. Prejudicaram e lançaram na pobreza os soldados veteranos e os fiéis oficiais huguenotes. Obrigaram Guilherme a dispensar seus guardas holandeses. Fizeram tudo quanto puderam para deprimir e minar o poderio de seu país. Em nome da paz, da economia e do isolacionismo, prepararam terreno para uma renovação ainda mais terrível da guerra. Sua ação tem sido em grande parte imitada em nossos tempos. Não existe na história, paralelo mais aproximado do que o apresentado pela conduta "tory" nos anos de 1696 a 1699 com sua conduta semelhante nos anos de 1932 a 1937. Em cada um dos casos, opiniões estreitas, agradáveis ao espírito do partido, perniciosas aos interesses nacionais, aniquilaram todo o propósito do Estado e prepararam um fatal reinício da luta principal. Esses repetidos ataques de mesquinhez na história do Partido Tory representam um triste contrapeso aos muitos e grandes serviços por ele prestado à nação nos seus momentos de disposição mais nobre e mais desinteressada.[2]

* * *

Guilherme ficou tão abatido com a onda de abjeto isolacionismo que dominou as classes governantes da Ilha que chegou a cogitar de abdicar e regressar à Holanda. Abandonaria o odioso e intratável povo cuja religião e instituições ele havia preservado e cuja fama erguera ao topo da Europa. Responderia ao seu ódio aos estrangeiros com um gesto de inexprimível desprezo. Dominar essas emoções foi uma difícil vitória. Contudo, se refletirmos em suas numerosas falhas de tato, de conduta e

---

[2] Escrito em princípios de 1939 – W.S.C.

de lealdade nos primeiros dias de seu reinado, nos indesculpáveis favores que prodigalizara a seus holandeses, nas injustiças feitas aos comandantes ingleses, em sua incompreensiva aversão pelo povo de seu novo reino, não podemos deixar de pensar que nem toda a culpa estava de um só lado. Sua angústia presente pagava suas dívidas dos anos anteriores. Quanto aos ingleses, bem logo iriam redimir suas loucuras com sangue e labor.

As aflições de Guilherme levaram-no a procurar de novo Marlborough, a quem o futuro já parecia pertencer em grande escala. A vida e o vigor do rei estavam decaindo. Ana certamente o sucederia e, com a ascensão de Ana, deveria começar o virtual reinado de Marlborough. Este aguardava pacientemente o desenvolver dos acontecimentos. Guilherme libertava-se lentamente de uma animosidade tão profunda a ponto de levá-lo, certa vez, a dizer que, fosse ele uma pessoa privada, Marlborough e ele só poderiam ter resolvido suas diferenças em combate pessoal. Outra causa de abrandamento pode ser percebida. O rei havia se ligado profundamente a um jovem cortesão holandês chamado Keppel, que em poucos anos transformara de pajem em detentor de dominante posição no Estado. Pouco tempo antes, fizera-o conde de Albemarle. Havia entre eles uma afinidade honrosa, mas sutil e estranha. O monarca solitário e sem filhos tratava Keppel como se este fosse um amado filho adotivo. Keppel mostrava-se muito amistoso com Marlborough e, sem dúvida, desempenhou um papel em sua reconciliação com o rei. O único filho sobrevivente de Ana, o duque de Gloucester, tinha então nove anos de idade, e julgava-se conveniente dar ao futuro herdeiro presuntivo da Coroa um tutor de alto respeito e com posição própria. No verão de 1698, Guilherme convidou Marlborough para ser tutor do príncipe infante. "Ensinai-o, meu lorde", disse ele, "apenas a conhecer o que sois, e meu sobrinho não terá falta de realizações." Ao mesmo tempo, Marlborough teve restabelecida sua posição no Exército e no Conselho Privado.

Rompido o gelo de um longo inverno, o rei sentiu em suas numerosas dificuldades o conforto da personalidade serena, prática e adaptável de Marlborough. Em julho de 1698, Marlborough foi nomeado um dos nove Lords Justice incumbidos de exercer o poder soberano quando Guilherme estivesse ausente do reinado. A partir de então, Guilherme parece ter-se voltado cada vez mais para o homem de cujo auxílio se privara durante os anos mais críticos de seu reinado. Utilizou na paz o soldado que desprezara na guerra; e Marlborough, embora marcado desde sua juventude pela profissão das armas, tornou-se nos últimos anos do reinado um político importante e poderoso. Ao mesmo tempo em que auxiliava o rei por muitos meios, tinha o maior cuidado em manter domínio sobre o Partido Tory, porque sabia que, apesar de seus numerosos vícios, era a maior força da Inglaterra e representava alguns dos mais profundos traços do caráter inglês. Estava certo de que nenhuma política exterior efetiva poderia ser mantida sem o apoio do Partido Tory. Não tinha o desejo de tornar-se mero dependente do favor do rei. A princesa Ana era também uma intransigente "tory" e mulher de igreja. Assim, nos últimos anos do reinado de Guilherme, Marlborough ficou ao mesmo tempo bem com o rei e com o Partido Tory, que hostilizava tão acirradamente o rei. Acima de tudo, apoiava Guilherme em seus esforços no sentido de impedir uma redução injusta do Exército e, com efeito, orientou a Câmara dos Lordes nesse sentido. A morte prematura, em 1700, do pequeno duque de Gloucester, que sucumbiu vítima do fatal flagelo da varíola, então prevalecente, privou Marlborough de seu cargo. Contudo, permaneceu ainda intimamente ligado a Sidney Godolphin e no próprio centro do sistema político.

Não havia mais então herdeiro protestante direto aos tronos da Inglaterra e Escócia. Por um *Act of Settlement*, a Casa de Hanover, descendente da alegre e atraente filha de Jaime I, que durante breve período fora rainha da Boêmia, foi declarada sucessora mais próxima depois de Guilherme e Ana. O *Act* estabelecia que, no futuro, todo soberano deveria ser membro da Igreja da Inglaterra. Declarava também que nenhum monarca nascido no estrangeiro poderia empenhar-se em guerras continentais sem a aprovação do Parlamento; não deveria também viajar para o estrangeiro sem consentimento; e nenhum estrangeiro deveria ter assento no Parlamento ou no Conselho Privado. Assim foram registrados em lei os agravos ingleses contra Guilherme III. O Parlamento cuidara de fazer com que a casa de Hanover ficasse mais rigidamente circunscrita do que acontecera a Guilherme. Mas avançara muito também no sentido de garantir a Sucessão Protestante.

CAPÍTULO III

A SUCESSÃO ESPANHOLA

Nenhum grande conflito foi jamais iniciado com maior relutância de ambas as partes do que a Guerra da Sucessão Espanhola. A Europa estava exausta e desiludida. Os novos contatos estabelecidos entre Guilherme e Luís expressavam os sentidos desejos dos povos das Potências Marítimas e da França. Contudo, acima deles e de todo o resto da Europa pendia a vacância da Coroa da Espanha, há tanto tempo retardada, há tanto tempo temida e sempre próxima. Guilherme estava profundamente cônscio de sua fraqueza. Estava convencido de que nada faria a Inglaterra lutar de novo e, sem a Inglaterra, a Holanda nada poderia esperar além da subjugação. Por isso, o rei empenhou-se em uma política de partição do Império Espanhol, que incluía o sul da Holanda, muito da Itália e grande parte do Novo Mundo. Havia três pretendentes, cujas pretensões estão expostas no quadro anexo.

O primeiro era a França, representado pelo Delfim ou, se não fosse possível unir as coroas francesa e espanhola, por seu segundo filho, duque de Anjou. O seguinte era o Imperador, que reclamava o máximo que pudesse, mas estava disposto a transferir suas reivindicações a seu segundo filho, de sua segunda esposa, o arquiduque Carlos. Em terceiro lugar, havia o neto do Imperador, de seu primeiro matrimônio, o Príncipe Eleitoral da Baviera. A essência do novo Tratado de Partição, de 24 de setembro de 1698, era dar a maior parte do Império Espanhol ao candidato que, senão o mais forte pelo direito, fosse pelo menos o mais fraco em poderio. Luís e Guilherme prometeram ambos reconhecer o Príncipe Eleitoral como herdeiro de Carlos II da Espanha. Importantes compensações foram oferecidas ao Delfim. Este plano concertado entre Luís XIV e Guilherme III encontrou oposição por parte do Imperador.

Quando se tornou conhecido, provocou também feroz reação na Espanha. A sociedade espanhola mostrava então que se preocupava acima de tudo com a integridade dos domínios espanhóis, e que considerava secundária a questão do príncipe que sobre eles reinasse. Ao término da longa luta, o sentimento espanhol adotou exatamente a opinião contrária, mas naquele momento sua única inspiração era por um Império Espanhol indiviso. No entanto, parecia que Luís e Guilherme conseguiriam vencer todas as resistências e impor sua solução.

Ocorreu, porém, um acontecimento surpreendente. O Tratado da Partição havia sido assinado no palácio de Guilherme, em Loo, na Holanda, em setembro de 1698. Em fevereiro de 1699. Em fevereiro de 1699, o Príncipe eleitoral da Baviera, herdeiro de prodigiosos domínios, criança em cujas mãos gorduchas os maiores Estados haviam decidido depor o mais esplêndido dote, morreu repentinamente. Por que e como morreu naquele momento são coisas que não deixam de despertar as mais sombrias suspeitas. Todavia, este fato pairou sombriamente sobre o mundo: era preciso começar de novo todas aquelas complicadas e perigosas conversações. Com grandes esforços, Guilherme e Luís concertaram em 11 de junho de 1699 um segundo Tratado de Partição, pelo qual o arquiduque Carlos se tornava o principal herdeiro. A ele foram destinadas a Espanha, as colônias de ultramar e a Bélgica, com a condição de jamais se unir ao Império. O Delfim ficaria com Nápoles e a Sicília, a região milanesa e outras possessões Italianas.

Enquanto isso ardia cada vez com menor intensidade a fraca luz da vida do rei da Espanha, monarca sem filhos. Às devastações da deformidade

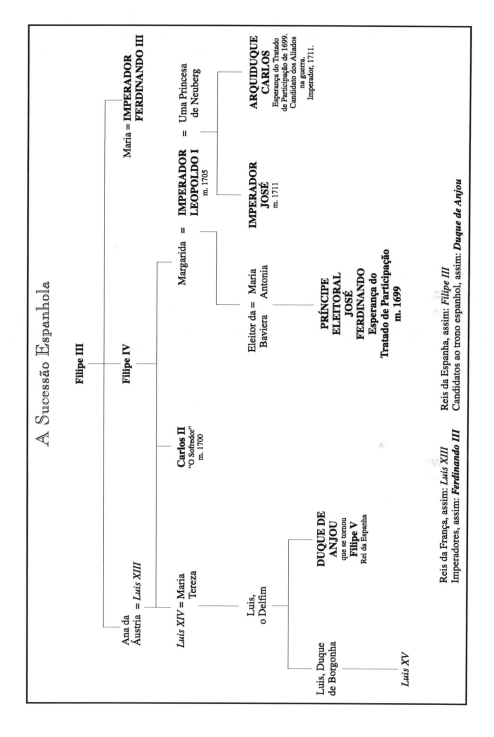

e da doença juntaram-se as mais danosas aflições da mente. A real vítima acreditava-se possuída pelo demônio. Seu único conforto era a mórbida contemplação do túmulo. Todas as nações aguardavam ansiosas, preocupadas com seu pulso cada vez mais frágil e sua mania cada vez mais profunda. Ele se conservara, todavia, à beira da morte durante mais de trinta anos e, um a um, os grandes estadistas da Europa que aguardavam esse desenlace foram sendo tragados pelas trevas da noite. Carlos chegava agora ao fim de seus tormentos. Contudo, dentro de sua estrutura doentia, de sua mente nublada, de sua alma supersticiosa, tremendo nas fronteiras da eternidade, resplandeceu um pensamento imperial — a unidade do Império Espanhol. Estava decidido a proclamar com seu último suspiro que seus vastos domínios deviam ser transferidos intactos e inteiros a um príncipe e exclusivamente a um. Os interesses rivais lutaram pelo acesso ao seu leito de morte. No final, ele foi persuadido a assinar um testamento deixando seu trono ao duque de Anjou. O testamento foi completado em 7 de outubro e mensageiros galoparam com as notícias desde o Escorial até Versalhes. Em 1º de novembro, Carlos II expirava.

Luís XIV chegava agora a uma das maiores encruzilhadas da história da França. Deveria rejeitar o testamento, sustentar o tratado e juntar-se à Inglaterra e à Holanda para fazê-lo executar? Mas a Inglaterra se movimentaria? Por outro lado, deveria repudiar o tratado, apoiar o testamento e defender as reivindicações de seu neto no campo de batalha contra todos os antagonistas? A Inglaterra opor-se-ia a ele? Pondo de parte a boa fé e acordos solenemente assinados, sobre os quais mal secara a tinta, a escolha, como tantas escolhas momentosas, estava perfeitamente equilibrada. O Imperador recusara subscrever o Segundo Tratado de Partição. Seria ele válido? Luís via-se em dificuldades para decidir. Em 8 de novembro, nos aposentos de Madame de Maintenon, realizou-se uma conferência, na qual se decidiu repudiar o tratado e sustentar o testamento. Em 16 de novembro, uma cena famosa foi representada em Versalhes. Luís XIV, em sua audiência, apresentou o embaixador espanhol ao duque de Anjou, dizendo: "Podeis saudá-lo como vosso rei." o embaixador deu vazão a sua célebre indiscrição: "Não existem mais Pirineus."

Colocado diante deste acontecimento, Guilherme sentiu-se constrangido a reconhecer o duque de Anjou como Filipe V, da Espanha. A Câmara dos Comuns estava ainda com uma disposição muito afastada das realidades européias. Nenhum partido acreditava que pudesse ser obrigado a uma guerra contra a sua decisão — e ainda menos que a sua decisão pudesse mudar. Acabavam de completar o desarmamento da Inglaterra. Aceitaram avidamente a garantia de Luís XIV no sentido de que, "satisfeito com seu poder, não procuraria aumentá-lo às custas de seu neto". Um príncipe Bourbon tornar-se-ia rei da Espanha, mas permaneceria completamente independente da França. Iludida por essa promessa fácil, a Câmara dos Comuns considerou o testamento de Carlos II preferível a qualquer dos Tratados de Partição. Era de fato sobre esses superados instrumentos que se concentrava o ódio dos "tories". Os tratados não apenas haviam sido denunciados como mal-avisados por si sós e como traiçoeiros aos aliados, mas também o fato de terem sido negociados e assinados em segredo foi declarado como uma violação constitucional. Os "tories" procuraram mesmo decretar o impedimento dos ministros responsáveis.

* * *

Entretanto, uma série de desagradáveis incidentes externos afetou a febril complacência da política inglesa. Foi encontrada nas malas de correspondência inglesa uma carta de Melfort, o secretário de Estado jacobita em Saint-Germain, revelando um plano para a invasão imediata da Inglaterra pelos franceses, em favor da causa jacobita. Guilherme apressou-se em apresentar esse documento ao Parlamento como prova de perfídia. Mais ou menos no mesmo tempo, o Parlamento começou a perceber que a linguagem e a atitude do rei da França com referência à separação das coroas da França e da Espanha eram no mínimo ambíguas. Parecia que os espanhóis haviam oferecido a uma companhia francesa o direito exclusivo de importar escravos negros na América do Sul. Isso afetava bastante os proprietários de navios ingleses, embora dificilmente como um ponto de honra. Tornou-se também evidente que a liberdade do comércio britânico no Mediterrâneo estava ameaçada. Todavia, o acontecimento supremo que levou toda a Inglaterra a compreender o que realmente acontecera na virtual união das coroas da França e da Espanha foi uma vasta operação militar executada sob o disfarce de descarada legalidade.

Filipe V havia sido aclamado em Madri. A Holanda Espanhola rejubilou-se com a sua ascensão ao trono. Uma linha de fortalezas na Bélgica, guarnecida por holandeses por direitos de tratado, constituía a principal barreira da Holanda contra uma invasão francesa. Luís resolveu assegurar para si essas fortalezas da barreira. No mês de fevereiro de 1701, poderosas forças francesas chegaram diante de todas as cidades belgas. Os comandantes espanhóis receberam-nas de portas abertas. Lá haviam ido, afirmava-se, apenas para ajudar a proteger as possessões de Sua Majestade Católica. As guarnições holandesas, intimidadas pela força e não ousando romper a paz, foram internadas. Antuérpia e Mons, Namur — a famosa e solitária conquista do rei Guilherme — Leau, Venloo e uma dúzia de fortalezas secundárias, todas passaram, em poucas semanas, sem que se disparasse um tiro, apenas com o erguer de alguns tricórnios, para as mãos de Luís XIV. Outras, como Liège, Huy e as cidades vizinhas, caíram sob seu controle, através da adesão à França de seu governante, o príncipe-bispo de Liège. Cidadelas defendidas durante todos os anos da guerra geral, na qual a perda ou captura de uma única delas teria sido proclamada como fruto de árdua campanha, foram arrebatadas em um mês. Tudo quanto a Grande Aliança de 1689 havia defendido nos Países Baixos em sete anos de guerra derreteu-se como a neve no começo da primavera.

Vimos em nosso próprio tempo semelhantes e terríveis perdas, aceitas pelo povo inglês porque sua disposição no momento era pacífica e seus interesses se desviavam dos negócios europeus. Em 1701 a reação foi rápida. A Europa despertou e, finalmente, a Inglaterra movimentou-se. Mais uma vez, os homens combatentes recuperaram sua posição. Os exércitos recém-dissolvidos, os oficiais tão levianamente demitidos e desdenhados, tornaram-se de novo importantes. Mais uma vez os tambores começaram a soar, e comerciantes presumidos e políticos espertos voltaram-se para a classe militar, que pouco tempo antes haviam afrontado e suprimido. No começo do verão, o Partido Whig sentiu-se apoiado pelo crescente sentimento da nação. Os proprietários de terras de Kent apresentaram aos Comuns uma petição, no sentido de a Câmara conceder suprimentos capazes de permitir ao rei ajudar seus aliados "antes que seja muito tarde". A Câmara mandou para a prisão os cavalheiros que haviam apresentado a petição, ato que mostra que o Parlamento podia ser tão despótico quanto um rei. Dia a dia, porém, a ameaça da França tornava-se mais clara. A estrutura insular em que a Inglaterra procurara abrigar-se abria-se sob seus pés. Em junho, a Câmara dos Comuns autorizou o rei a procurar aliados; dez mil homens seriam, em qualquer caso, garantidos à Holanda. Guilherme sentiu que a maré se voltara a seu favor. Em meados do ano, os partidos que lhe fizeram oposição em seus dois reinos, a maioria "tory" na Câmara dos Comuns e a poderosa burguesia de Amsterdã, estavam ambos implorando-lhe que fizesse tudo quanto "julgasse necessário para a preservação da paz da Europa" — isto é, para a guerra.

Este processo uniu Guilherme e Marlborough. Juntaram suas forças. Nem era desigual sua parceragem, pois embora o rei Guilherme visse que podia mais uma vez desembainhar a espada da Inglaterra, sentia também a melancólica convicção de que ele próprio nunca mais a empunharia. Para nenhuma das partes era esse o tempo de meias-confidências ou velhos agravos. Alguém precisava assumir o comando. Em seu íntimo, o rei sabia que havia um único homem. Em 31 de maio proclamou Marlborough comandante-chefe das forças inglesas concentradas na Holanda. Em junho, nomeou-o embaixador extraordinário junto às Províncias Unidas. Foi-lhe conferida a faculdade não apenas de negociar, mas, se necessário, também de concluir tratados sem consulta ao rei ou ao Parlamento. Ainda que as oportunidades do reinado tivessem sido prejudicadas ou perdidas por suas disputas e incompreensões, os dois estadistas-guerreiros estavam finalmente unidos. Embora muita coisa tivesse sido perdida, tudo poderia ser recuperado. A formação da Grande Aliança havia começado.

* * *

Foi então, nessa atmosfera mortal, que se verificou o relâmpago que produziu a explosão britânica. Em 16 de setembro de 1701, Jaime II morreu. Luís visitou oficialmente sua Câmara mortuária em Saint-Germain e anunciou à Corte fantasma que reconhecia o filho de Jaime como rei da Inglaterra e sustentaria sempre os seus direitos. Logo mais iria ficar aturdido pelas conseqüências de seu ato. Toda a Inglaterra ergueu-se diante do insulto à sua independência. O *Act of Settlement* havia decretado a sucessão da Coroa. Pelo Tratado de Ryswick Luís se comprometera, não apenas em termos formais, mas por um acordo entre cavalheiros, a reconhecer e a não molestar Guilherme II como rei. A lei doméstica da Inglaterra fora ultrajada pela arrogância e seus direitos de tratado violados pela perfídia de déspota francês. "Whigs" e "tories" rivalizaram-se no Parlamento em repudiar a afronta. Toda a nação tornou-se disposta para a guerra. Os tratados de Marlborough, elaborados e apresentados com grande conhecimento das suscetibilidades parlamentares, foram aclamados. Amplos suprimentos foram colocados à disposição da Coroa. O rei Guilherme pôde romper relações diplomáticas com a França. O Imperador já havia declarado guerra e seu famoso general, príncipe Eugênio de Savóia, estava lutando no norte da Itália.

Contudo, Guilherme, contra o conselho de Marlborough, cometeu o erro de dissolver o Parlamento. Não pôde resistir à tentação de arrastar os "tories", tão entontecidos pelos acontecimentos, até diante do tribunal do eleitorado. Esperava uma esmagadora maioria "whig". Os "tories", porém, embora mal dirigidos e não mais seguros de si, ainda assim ofereceram uma forte resistência partidária. Apesar de seu passado, mostraram-se suficientemente fortes para levar de novo Harley à cadeira da Presidência no novo Parlamento, por uma maioria de quatro votos. Esqueceram suas próprias faltas, mas nunca perdoaram o rei. Este havia aplicado um golpe partidário contra eles e o golpe falhara. Ansiavam por sua morte. Apesar disso, uniram-se aos "whigs" para apoiar a sua guerra. A despeito das mudanças eleitorais, Marlborough continuou na direção da política externa inglesa e tudo se movimentou para frente, em armamentos e diplomacia, para uma luta contra o poderio da França.

A Segunda Grande Aliança então formada deveria parecer uma aventura desesperada para aqueles cujo espírito estava obscurecido pelos infortúnios de guerra de sete anos de Guilherme. A França, sem disparar um tiro, conquistara todas as fortalezas e territórios tão obstinadamente disputados. O mais vasto império do mundo retirara-se da Aliança e juntara-se aos recursos de seus antagonistas. A Espanha mudara de lado, e com a Espanha não apenas as Índias, a América do Sul e grande parte da Itália, mas também a arena da Europa — a Bélgica e o Luxemburgo. A Savóia, uma desertora, ainda permanecia com a França, embora seu maior príncipe fosse um general austríaco. O Arcebispado de Colônia era agora também aliado da França. A Baviera, fiel até o fim na última guerra, ficaria com a França na nova luta. As Potências Marítimas mal tinham um porto amigo entre seus litorais. O Novo Mundo, exceto no norte, estava fechado a elas. O Mediterrâneo transformara-se com efeito num lago francês. Ao sul de Plymouth nenhuma baía fortificada estava aberta aos navios ingleses e holandeses. Possuíam esquadras superiores, mas não tinham bases que lhes permitissem levá-las ao mar interior.

Em terra, toda a barreira holandesa havia passado para as mãos dos franceses. Ao invés de ser o baluarte da Holanda, tornara-se o posto avançado da França. Luís, tendo ocupado as cidades de Colônia e Treves, era senhor do Meuse e do Baixo Reno. Dominava todos os portos do Canal e entrincheirara-se desde Namur, através de Antuérpia, até o mar. Suas posições de inverno revelavam sua intenção de, na campanha da primavera, renovar a invasão da Holanda ao longo das mesmas rotas que quase haviam conduzido à sua subjugação em 1672. Uma terrível frente de fortalezas, eriçada de canhões, repleta de tropas e suprimentos, prenunciava a carnificina em aproximação. Os holandeses abrigavam-se por trás de inundações e das fortalezas que lhes restavam. Finalmente, a passagem da Baviera para o lado da França deixou o próprio coração dos domínios dos Habsburgos aberto à invasão francesa. Os húngaros estavam em revolta contra o domínio austríaco e os turcos novamente em ação. Em todo elemento de estratégia, por mar ou por terra, assim como na extensão de território e na população, Luís estava, no começo da Guerra da Sucessão Espanhola, duas vezes mais forte do que na época da Paz de Ryswick. Até mesmo o Papado havia mudado de lado. Clemente XI abandonara a política de Inocêncio XI e esposara a causa do Grande Rei e de seus gigantescos exércitos. Tal era, como parecia, a perspectiva de esmagadora adversidade que se abria diante do povo inglês, em grande parte como resultado de sua divisão e de suas disposições volúveis.

Neste momento, a morte atingiu o rei Guilherme. "O pequeno cavalheiro vestido de veludo preto", herói durante algum tempo de tantos brindes entusiásticos dos jacobitas, entrou em ação. Em 20 de fevereiro de 1702, Guilherme estava dando um passeio pelo parque ao redor de Hampton Court, cavalgando Sorrel, um cavalo favorito. Sorrel tropicou e o rei foi jogado ao chão. O osso que lhe quebrou no pescoço bem poderia ter sido consertado, mas em sua frágil saúde o acidente abriu as portas para uma corte de inimigos ocultos. Ocorreram complicações e, depois de uma quinzena, tornou-se evidente para ele e para todos que o viam que a morte estava próxima. Guilherme cuidou de negócios até o fim. Seu interesse pelo drama mundial diante do qual estava para abrir-se a cortina iluminou seu espírito enquanto as sombras o envolviam. Lamentou abandonar os temas e as combinações que haviam sido o trabalho e a paixão de sua vida. Mas viu o aproximar-se de um reinado e um governo na Inglaterra que sustentariam a causa em que fora gasto o seu vigor. Viu o único homem a quem, na guerra ou na política, nas intrincadas complicações da diplomacia européia, no turbilhão partidário da Inglaterra ou em meio aos azares do campo de batalha, ele podia legar a tarefa terrível, mas inevitável. Havia feito deliberadamente seus preparativos para transferir sua liderança a um novo campeão da fé protestante e das liberdades da Europa. Em seus últimos anos, havia envolvido Marlborough em todo o tecido de suas combinações e de sua política. Em suas últimas horas, recomendou-o a seu sucessor como o homem mais capaz no reino para orientar seus conselhos e dirigir seus exércitos. Guilherme morreu aos cinqüenta e dois anos, esgotado por seus trabalhos. Marlborough, com a mesma idade, caminhou para frente contra tremendas dificuldades através de dez anos de ininterrupta vitória, que levou a nação britânica a um apogeu como nunca antes conquistara no mundo.

Capítulo IV

Marlborough: Blenheim e Ramillies

A era de Ana é com razão considerada como das maiores manifestações do poderio da Inglaterra até então conhecidas. O gênio de Marlborough no campo de batalha e sua sagacidade na política permitiram que o crescente poder da nação exercesse todo o seu efeito sobre a Europa. As íntimas amizades desenvolvidas durante tanto tempo no círculo do Cockpit encontravam agora sua expressão no menor e mais eficiente executivo que jamais governara a Inglaterra. Sara dirigia a rainha, Marlborough dirigia a guerra e Godolphin dirigia o Parlamento. Durante cinco gloriosos anos, a rainha entregou-se com felicidade e confiança a essas mãos capazes e, como no tempo de Cromwell, mas com fundamento mais amplo e mais vigoroso, toda a força da Inglaterra foi aplicada na liderança do mundo então conhecido.

Havia naquela época uma extraordinária riqueza de capacidade na classe governante inglesa. Não apenas a nobreza, mas também a gente rica do campo, produzia uma superabundância de homens das mais altas qualidades de espírito e de corpo. Todos os cargos do Estado, militares ou políticos, poderiam ter sido preenchidos duas ou três vezes por personalidades capazes, vigorosas, ousadas e ambiciosas. Foi também a Era Augusta das letras inglesas. Addison, Defoe, Pope, Steele e Swift são nomes que resplandecem até hoje. Houve uma veemente efusão de livros, poemas e panfletos. A arte e a ciência floresceram. O trabalho da Real Sociedade, fundada no reinado de Carlos II, produzia agora uma abundância de frutos. Sir Isaac Newton, na Matématica, na Física e na Astronomia, completou a revolução de idéias que se iniciara com a Renascença. A arquitetura foi levada a nobres realizações por Wren e a maciços monumentos por Vanbrugh.

Durante todo o tempo a controvérsia atingia os extremos. As paixões religiosas dos anos anteriores fluíam agora para os canais da divisão política. Nunca antes a luta dos grupos partidários fora tão acalorada, tão ferozmente sustentada ou mais inescrupulosa. Homens e partidos, conscientes de sua mensagem e da magnitude da oportunidade, lutavam furiosamente entre si pelo controle do Estado e pela participação em seu governo. Levavam sua rivalidade a todos os extremos, mas nos primeiros anos do reinado havia um propósito comum de derrotar a França. Não era pequeno empreendimento, pois naquela época a Inglaterra tinha apenas cinco milhões de habitantes, enquanto a dominadora monarquia francesa era senhora de quase vinte milhões, unidos sob o Grande Rei. Além disso, durante as guerras do rei Guilherme, as despesas haviam sido grandes e os resultados mesquinhos. Luís XIV erguia-se triunfante e, consoante parecia, nos umbrais de um domínio sem medidas. Iria ser então derrotado e humilhado, e os últimos anos do reinado de Ana foram consumidos principalmente com disputas em torno dos termos que lhe seriam impostos.

Tudo apresentava, porém, um aspecto muito diferente quando, em março de 1702, Ana subiu ao trono. Apresentou-se às Câmaras do Parlamento com trajes e insígnias que faziam lembrar a rainha Elizabeth. "Sei que meu coração é inteiramente inglês", disse ela. Ana aceitou o impulso de Marlborough em toda a política do Estado. Nos primeiros e momentosos dias de seu reinado, ele era não apenas seu chefe, mas seu único guia. Ambos os partidos admiravam-no por seus dotes e, durante algum tempo, ele permaneceu acima das lutas partidárias. Sabia-se no Exército que, tivesse ele poder suficiente, prosseguiria inabalavelmente a política protestante e guerreira do rei Guilherme III. O poderoso fluxo de convicção cromwelliana e puritana que corria pela nação reforçava os sentimentos patrióticos e nacionalistas. O novo reinado iniciou-se numa explosão de lealdade. Foi o "dia de sol" pelo qual a princesa Ana durante tanto tempo esperara com plácida atenção.

Marlborough foi feito general-capitão de seus exércitos no país e no exterior. Entrou em ação imediatamente. Tão logo a rainha reuniu o Conselho Privado, em 8 de março, ele comunicou ao embaixador imperial, Wratislaw, que a rainha, como o falecido rei, apoiaria inabalavelmente os interesses do Imperador. Naquela mesma noite, enviou uma mensagem pessoal de reafirmação a Antonio Heinsius, o Grande Pensionário ou Ministro Chefe da Holanda, oferecendo em nome da rainha decidido prosseguimento da guerra e adesão aos tratados. E no primeiro momento de que dispôs, partiu para Haia.

Esse foi o grande período da República Holandesa. A união das sete províncias, forjada nas fogueiras da perseguição espanhola e temperada pela heróica guerra em terra contra a França e no mar contra a Inglaterra, tornava-se agora maravilhoso instrumento e força na Europa. Todavia, a morte de Guilherme abalara toda a estrutura da oligarquia holandesa. Ele não deixara herdeiro direto da casa de Orange, a quem todas as Províncias Unidas aceitassem como seu Stadtholder dirigente. Quem conduziria seus exércitos contra os inimigos que se reuniam? Quem preservaria a causa comum das Potências Marítimas? "Quando receberam as primeiras notícias da morte do rei", escreveu o bispo Bumet, dos Estados Gerais, "eles se reuniram imediatamente; olharam uns para os outros como homens assombrados; abraçaram-se uns aos outros e prometeram que permaneceriam unidos e defenderiam os interesses de seu país." Logo depois da notícia da morte de Guilherme, chegou a mensagem de Marlborough.

Pouco depois Marlborough estava entre eles. Sob o rei Guilherme, ele já havia negociado a rede de tratados em que se estruturara a Grande Aliança. Todos os fios estavam em suas mãos e imediatamente foram dadas àquele extenso e variado corpo de Estados, grandes e pequenos, e de interesses muitas vezes colidentes, uma unidade e coerência que nem mesmo a autoridade real de Guilherme conseguira obter.

A rainha Ana abrigava a idéia de fazer de seu marido, o príncipe Jorge, generalíssimo dos exércitos das Potências Marítimas. Havia na Holanda forças que pensavam em um comandante nativo para as suas tropas. Tudo, porém, recaiu nas mãos de Marlborough. O cargo de Stadtholder e Comandante-Chefe foi deixado em vacância e Marlborough nomeado General-Capitão Delegado da Holanda. Ficou assim no comando supremo dos exércitos das duas Potências Ocidentais. A Prússia, que se tornara pouco antes um reinado, e os Estados Germânicos do Reno naturalmente logo se associaram a esse sistema. Entretanto, embora o general inglês tivesse o mais alto título e gozasse da deferência geral, sua autoridade só podia firmar-se, em cada fase, por infinita paciência e capacidade de persuasão. Nunca esteve em posição que lhe permitisse dar ordens indiscutíveis, como fazia Napoleão. Para quase todo ato precisava procurar assentimento de interesses diversos e muitas vezes divergentes, e estabelecer sua ascendência por métodos sutis e mesmo variados. Ademais, nunca foi chefe do governo em Londres. Marlborough e o competente Lorde Tesoureiro, Godolphin, que exercia muitas das funções de um primeiro-ministro, trabalhavam em íntima e harmoniosa colaboração. Contudo, ao elaborarem seus planos, ambos precisavam considerar as disputas partidárias em Westminster e a poderosa influência exercida no país pelos grandes da política. Nunca lhes foi concedida autoridade indiscutível; precisaram sempre caminhar cautelosamente. A reputação de Marlborough como soldado era boa no Continente, mas até então ele nunca comandara um grande exército e subordinada a ele devia agora trabalhar uma dúzia de generais holandeses e alemães que haviam prestado muito mais serviços nas recentes guerras. O General do Império, príncipe Eugênio, que nessa época desenvolvia sua vitoriosa campanha na Itália, destacava-se como o maior soldado dos Aliados.

* * *

No ano de 1702, Luís decidira jogar seu mais poderoso exército contra a Holanda. Conhecia a divisão e a incerteza em que fora lançada a República com a morte do rei Guilherme. Acreditava que os laços que a uniam à Inglaterra haviam sido pelo menos gravemente enfraquecidos. Contava com um período de hesitação e de perda de contato que, se bem aproveitado por ação militar, poderia abater os holandeses e espantar os ingleses. Considerava Marlborough como uma personalidade favorita da Corte, competente sem dúvida e ocupado com intrigas, mas devendo sua influência inteiramente à afeição da rainha por sua esposa. O Alto Comando Francês não hesitou, portanto, em colocar seu principal exército, logo que se iniciou a estação de campanha, a vinte milhas de Nimwegen, no ponto onde se dividem os vales do Meuse e do Reno.

Em maio, Marlborough partiu para Nimwegen. Encontrou geral desânimo entre as tropas aliadas e ciúmes entre os generais. Todavia, quando sua mão caiu sobre o exército e suas operações, uma disposição diferente prevaleceu. Os delegados de campo holandeses, que tinham direito de veto sobre o movimento de suas tropas, foram convencidos a autorizar um avanço contra o inimigo. Embora Marlborough fosse, nas charnecas de Peer, privado da oportunidade de travar com grande vantagem uma batalha que talvez tivesse sido decisiva, os franceses foram imediatamente levados à defensiva. Numa brilhante campanha, o novo general-capitão conquistou todas as fortalezas do Meuse, e assim todo o canal do rio ficou livre. Os bravos, mas infrutíferos esforços do rei Guilherme foram substituídos pelo espetáculo de substanciais avanços e os franceses, até então agressivos, foram vistos confusos, hesitantes e em retirada. Quando, depois do assalto a Liège, Marlborough, após escapar de uma emboscada no Meuse, regressou a Haia, foi recebido com intensa alegria pública pelos holandeses e, por ocasião de sua chegada à Inglaterra, foi feito duque pela rainha. Já no seu primeiro ano de atuação, a maré da guerra passou a fluir em direção contrária e toda a Aliança, que parecia a ponto de colapso, foi reforçada por novos laços de constância e esperança.

A outra aventura inglesa de 1702 foi uma expedição naval a Cadiz. Guilherme III compreendera a importância que tinham para a Inglaterra o Mediterrâneo e os portos que protegiam sua entrada. O comércio inglês com o Levante estava seriamente ameaçado pela ambição francesa e a ascensão dos franceses ao poder na Espanha prejudicava os interesses comerciais ingleses. Uma poderosa esquadra e exército partiu para Cadiz, em fins de julho, sob o comando do duque de Ormonde e do almirante Sir Jorge Rooke. Aos comandantes faltou ânimo para forçar o porto na primeira surpresa e eles se entregaram ao que parecia ser um processo mais fácil. Tropas foram desembarcadas para capturar os fortes no litoral e seguiu-se uma prolongada série de operações irregulares, acompanhadas de pilhagens e sacrilégios, cujas narrativas se espalharam por toda a Espanha. Enquanto isso, a defesa tornava-se cada vez mais forte. Uma barragem foi colocada na entrada da baía e navios foram afundados no canal pelo inimigo. Depois de um mês, decidiu-se reembarcar os soldados e partir para a pátria.

A ignomínia foi atenuada por um golpe de sorte. Quando Rooke e Ormonde, que se tratavam nos piores termos, cada um lançando a culpa sobre o outro, regressavam desconsoladamente para a pátria, chegou a notícia de que a Esquadra do Tesouro da Espanha, tendo a bordo milhões das Índias, havia entrado na baía de Vigo. Houve excitados conselhos de guerra. Decidiu-se fazer uma incursão à baía. A atração do ouro e o aguilhão de Cadiz inspiraram os comandantes, os quais finalmente deram liberdade a seus bravos homens, que lutaram com fúria indomável. Ao cair do sol, eram senhores da baía de Vigo. Toda a esquadra inimiga estava afundada, incendiada ou capturada. Nenhum navio escapou. Os tesouros das Índias haviam sido freneticamente transportados em mulas para o interior antes do início da ação, mas sobrou suficiente para que os vencedores levassem para a pátria um milhão de esterlinos com que sustentar o Tesouro e apaziguar o Parlamento. Apesar disso, foi ordenado um penetrante inquérito sobre a conduta de Rooke e Ormonde em Cadiz. Marlborough, que aprovara a expedição e que considerava a captura de Cadiz como um trampolim para a entrada no Mediterrâneo e a conquista de Minorca, interveio para proteger os comandantes acusados. Se eles tivessem mostrado em Cadiz metade do espírito que revelaram na baía de Vigo, as Potências Marítimas se teriam tornado senhoras do Mediterrâneo em 1703.

* * *

O início do reinado de Ana parecia abrir um período de prosperidade "tory". Todos os ministros "whigs" do rei Guilherme foram afastados do poder. Na administração de Godolphin, Rochester, tio da rainha, e Nottingham, alto ministro "tory" do rei Guilherme, desempenharam papéis substanciais e grandiosos. Desde o início, porém, surgiu profunda divergência entre Marlborough, a quem Godolphin estava insepara-velmente ligado, e seus colegas "tories". O tradicional ponto de vista "tory" era o de que a Inglaterra não devia pretender desempenhar um papel de liderança na luta continental. Sua verdadeira política deveria consistir em intervir apenas pelo poderio marítimo e, em meio aos con-flitos da Europa, conquistar muitos territórios ultramarinos no mundo exterior. Os " tories" encaravam com aversão o envio de grandes exércitos ao Continente. Olhavam desdenhosamente para as vitórias na Europa. Resmungavam ou fingiam resmungar sob o peso das despesas do Exército. Alegavam que os interesses que propugnavam intervenção ativa obtinham grandes lucros com a guerra, subscrevendo empréstimos governamentais. Declaravam que os cavalheiros do campo estavam sendo sacrificados, enquanto a City de Londres, seus banqueiros e seus negociantes, faziam crescentes hipotecas sobre as propriedades territoriais.

Os "whigs", por outro lado, embora afastados do poder, eram ar-dorosos defensores da intensificação dos esforços militares. Apoiaram Marlborough em todas as suas ações. Escarneciam da falsa estratégia de expedições coloniais e declaravam que nenhum interesse britânico estaria seguro sem a vitória no teatro principal e decisivo. Esse cheque de opiniões, no qual ambas as partes tinham maciços argumentos, governava a política do reinado. Marlborough e Godolphin viam-se continuamente em desa-cordo com seus outros colegas "tories" com referência à crucial questão de como travar a guerra. Se a Inglaterra não participasse decididamente da guerra continental, Luís XIV a venceria. A questão era radical e, com muito pesar, Marlborough achou necessário empregar sua suprema influên-cia junto à rainha contra os líderes do Partido Tory.

Além disso, havia uma complicação religiosa. A rainha Ana, Marlborough e Godolphin eram todos nascidos e criados como "tories" e todos eram anglicanos. Ana abandonara desde há muito tempo a convicção de que o filho de seu pai, o exilado Príncipe de Gales, não era seu irmão. O príncipe vivia sob proteção francesa. É conhecido na história britânica como o "Velho Pretendente", mas nos anais franceses é mais galantemente chamado de Cavaleiro de São Jorge. A rainha Ana, no fundo de sua consciência, sentia-se uma usurpadora e era também atormentada pelo sentimento de que havia tratado mal seu falecido pai. Sua única justifica-tiva contra esses sentimentos de dúvida era sua absoluta fé na Igreja da

Inglaterra. Era seu dever guardar e proteger a todo custo essa sagrada instituição, cuja manutenção estava ligada ao seu próprio título e à paz de seu reino. Abdicar em favor de seu irmão papista seria não apenas trair sua religião, mas provocar os horrores da guerra civil na terra que governava, amava e em muitos sentidos realmente representava.

Na Câmara dos Comuns os "tories" continuavam sua velha guerra partidária contra a Dissidência. Os *Test Acts* estavam ainda em vigor, mas na camaradagem da guerra e nas lealdades do novo reinado eram burlados com geral aquiescência. Um comerciante puritano que desejasse ocupar um cargo recebia o Sacramento em um dia do ano, de acordo com os ritos da Igreja da Inglaterra, e depois continuava a frequentar sua capela dissidente. No outono de 1702, os "tories" apresentaram um "Projeto de Lei de Conformidade ocasional", com o objetivo de afastar do poder seus adversários políticos, eliminando esses meios de fuga da legislação penal. Declararam que a concordância formal era uma tentativa hipócrita e blasfema de fugir à lei para obter o cargo público e devia ser daí por diante impedida. O projeto, várias vezes aprovado na Câmara dos Comuns, encontrava resistência na Câmara dos Lordes. A Bancada dos Bispos, criada sob o rei Guilherme, era hostil a ele. O próprio marido da rainha, príncipe Jorge, era luterano e seria prejudicado pela lei. A rainha hesitava entre sua lealdade à Igreja e a injustiça que haveria em punir súditos leais, inclusive seu marido, que eram além disso os mais vigorosos adeptos da política de Marlborough. Tão poderosa era, porém, a influência "tory" que Marlborough e Godolphin não ousaram opor-se ostensivamente ao projeto. Votaram a seu favor em público e utilizaram-se com êxito de toda a sua força para conseguir sua destruição nos bastidores.

* * *

Para a campanha de 1703, Marlborough conseguiu concentrar o "Grande Exército" da Aliança ao redor de Maastricht, oito milhas ao sul de Nimwegen, ponto de partida da campanha do ano anterior. Havia decidido lutar pela captura de Ostende e Antuérpia. Ostende dar-lhe-ia uma nova comunicação com a Inglaterra e Antuérpia controlava os cursos d'água do Scheldt, do Lys e dos canais, que, com o Meuse, formavam a principal linha de avanço da zona fortificada francesa. Cedeu, porém, à opinião holandesa e iniciou o sítio de Bonn, sobre o Reno. Quando Bonn caiu, fez uma tentativa contra Antuérpia, através de uma rápida manobra e árdua marcha. O "grande desígnio", como ele o chamava, não foi atingido, porque os holandeses não estavam dispostos a consentir na batalha ofensiva muito severa que Marlborough desejava travar. A campanha foi assinalada pela captura de Huy, sobre o Meuse, e Limburg. Os holandeses, satisfeitos com o que consideravam um ano de êxitos, cunharam medalhas com a significativa inscrição: "Vitoriosos sem Carnificina". Entrementes, porém, no Danúbio e no Alto Reno, os exércitos do Imperador sofriam constantes infortúnios. Foram derrotados na Baviera e a perda das famosas cidades fortificadas de Augsburg, Ratisbon e, acima de tudo, Landau, deu aos franceses o controle do sul da Alemanha e do Alto Reno.

Os "tories" lançaram a culpa desses reveses sobre a política "whig" de guerra continental e os próprios "whigs" sentiram-se abatidos pelo duplo castigo de estarem fora do governo e apesar disso serem responsabilizados. Tanto no país como no exterior a fortuna dos Grandes Aliados caiu para uma maré baixa no inverno de 1703. Foi então que a rainha Ana se ergueu à sua maior altura. "Nunca abandonarei", escreveu ela a Sara, "vossa querida pessoa, o sr. Freeman (Marlborough), nem o sr. Montgomery (Godolphin), mas serei sempre vossa fiel serva; e nós quatro não devemos jamais nos separar até que a morte nos ceife com sua mão imparcial." Com esse apoio, Marlborough planejou, durante os meses do inverno, o supremo golpe de estratégia que mudou toda a fortuna da guerra.

Antes, porém, que pudesse seguir para o Continente, era essencial reconstituir o governo dos altos "tories". Rochester já fora afastado e Nottingham o seria em breve. Uma nova figura era necessária para preencher o claro. Harley, que vimos tão ativo no trabalho de reduzir as forças armadas e opor-se à política externa do rei Guilherme, fora presidente, líder dos "tories" moderados e virtualmente líder da Câmara dos Comuns. Foi então convidado para secretário de Estado e o círculo interno do governo foi ampliado para admiti-lo. A combinação passou a ser Marlborough, Godolphin e Harley, com a rainha e Sara como antes. Na esteira de Harley, Henrique St. John, jovem membro do Parlamento que se destacara por seus brilhantes discursos em favor do Projeto de Lei de Conformidade ocasional e era altamente estimado pelos " tories", tornou-se secretário da

61

Guerra, cargo que o punha em íntimo contato com Marlborough. Arranjado tudo isto e obtida uma maioria parlamentar formada pelos "tories" moderados e pelos "whigs", o duque partiu para a Holanda.

O Eleitor da Baviera, como vimos, havia abandonado o Imperador e era agora aliado da França. Um Exército Francês, sob o comando do marechal Marsin, fora enviado em seu auxílio, e Viena, a capital do Imperador, evidentemente ficaria exposta a um perigo mortal no ano seguinte. Pelas artes sutis da persuasão e do engano, Marlborough, apenas com a cumplicidade de Heinsius, obteve o consentimento dos Estados Gerais holandeses para uma campanha sobre o Moselle com as tropas britânicas e aquelas a soldo dos britânicos. Desligando-se dos exércitos principais, deixados para proteger a Holanda, marchou rapidamente através de Bonn até Coblenz. Neste ponto, quando amigos e inimigos esperavam igualmente que ele se voltasse para a direita e para o sul, ao longo do Moselle, em direção a Trarbach e Treves, revelou-se a primeira parte de sua verdadeira intenção. A longa coluna de casacos vermelhos passou a confluência dos rios, cruzou o Reno sobre uma ponte flutuante e marchou dia após dia, com extrema rapidez, através de Mainz e Heidelberg, até coração da Alemanha. Além de Neckar, Marlborough recebeu os contingentes da Prússia e de outros Estados alemães e, em 11 de junho, encontrou-se com o Margrave, príncipe Luís de Baden, comandando o Exército Imperial do Reno, e com o príncipe Eugênio, que embora não tivesse nenhum comando efetivo representava o supremo controle militar do Império. Ali se iniciou a esplêndida camaradagem entre o duque e Eugênio, que durante sete anos continuaria sem ciúmes e sem derrotas.

Os anais do Exército britânico não contêm episódio mais heróico do que a marcha de Marlborough do mar do Norte até o Danúbio. Todos os planos franceses para a campanha foram deixados em suspense enquanto a marcha prosseguia. Quando Marlborough deixou os Países Baixos, o marechal de Villeroy movimentou-se para enfrentá-lo no Moselle. Quando atingiu Heidelberg, os generais franceses esperaram uma campanha no Alto Reno. Somente quando já estava quase ao alcance do Danúbio perceberam que pretendia atacar a Baviera e socorrer Viena. O marechal Tallard, com um segundo Exército Francês, foi imediatamente enviado para reforçar o Eleitor e as tropas francesas comandadas pelo marechal Marsin. Marlborough e o Margrave, tendo chegado ao Danúbio, em um sangrento assalto dominaram os entrincheiramentos do Schellenberg, lançaram seus defensores ao rio e forçaram a entrada na Baviera. Como o Eleitor não cedesse, Marlborough entregou o país à execução militar e seguiu-se atroz devastação.

Enquanto isso, Eugênio recuava diante da força superior de Tallard e manobrava para juntar-se a Marlborough. Os dois exércitos, francês e bávaro, agora unidos, tornaram a cruzar o Danúbio, e Tallard julgou-se capaz de forçar os aliados a uma desastrosa retirada. Marlborough convenceu o Margrave, cujos conselhos eram obstrucionistas, a ocupar-se com o sítio de Ingolstadt, e marchou repentinamente para juntar-se a Eugênio. Os capitães gêmeos — "uma só alma em dois corpos", como foram descritos — caíram sobre o exército franco-bávaro em Höchstädt, no Danúbio, na madrugada de 13 de agosto. Os franceses eram um pouco mais numerosos e tinham a vantagem de uma artilharia muito mais poderosa e de uma forte posição protegida pelos cursos pantanosos do Nebel. A batalha foi travada com a maior fúria por ambos os lados. Eugênio comandava a direita e Marlborough a esquerda e o centro. O ataque inglês à aldeia de Blindheim — ou Blenheim, como se tornou conhecida na História — foi repelido e durante várias horas o resultado pendeu na balança. Entretanto, cerca das cinco horas e meia da tarde, Marlborough, depois de uma série de complicadas manobras, atravessou o Nebel e concentrou uma esmagadora força de cavalaria, apoiada por infantaria e canhões, contra o centro francês, que havia sido gradualmente desfalcado para a resistência aos ataques nas duas alas. À frente de oitenta esquadrões, rompeu o centro, pôs em fuga a Cavalaria Francesa, lançou muitos milhares de homens à morte no Danúbio, reduziu a pedaços os quadros restantes da Infantaria Francesa, cercou a grande massa de tropas francesas congestionadas na aldeia de Blenheim e, quando chegou o crepúsculo desse dia memorável, pôde escrever sua famosa carta à sua esposa: "Não tenho tempo para dizer mais do que pedir-lhe que apresente meus respeitos à rainha e faça-a saber que seu exército obteve uma gloriosa vitória. Monsieur Tallard e os dois outros generais estão em minha carruagem e eu estou seguindo o resto."

A vitória de Blenheim quase destruiu os exércitos francês e bávaro no Danúbio. Mais de quarenta mil homens foram mortos, feridos, capturados ou dispersados. O remanescente retirou-se através da Floresta

Negra em direção ao Alto Reno. Um terço de ambos os exércitos ficou caído no campo de batalha. Treze mil prisioneiros não feridos, inclusive os mais famosos regimentos da França, passaram a noite de 13 nas mãos da Infantaria Britânica. Ulm rendeu-se depois de breve sítio e Marlborough marchou rapidamente para oeste até a curva do Reno, onde pôde logo concentrar quase cem mil homens. Com Eugênio e o Margrave expulsou os franceses ao longo da margem esquerda até Strasbourg e sítiou Landau, que se rendeu em novembro. Finalmente, sem se cansar com esses soberbos esforços, o duque marchou, durante outubro, do Reno até o Moselle, onde encerrou com a captura de Treves e Trarbach uma campanha que será sempre um modelo clássico de guerra.

Toda a Europa caiu em silêncio diante desses prodigiosos acontecimentos. Luís XIV não podia compreender como seus melhores exércitos haviam sido, não apenas derrotados, mas destruídos. A partir desse momento, não pensou mais em domínio, mas apenas numa saída honrosa para a guerra que provocara. Toda a força da Grande Aliança foi revivescida e consolidada. O terror das armas francesas, que pesara sobre a Europa durante uma geração, estava destruído. Marlborough ergueu-se, acima mesmo de seu camarada, o grande Eugênio, como o maior soldado da época. E como, ao mesmo tempo, dirigia toda a diplomacia e a vida da Aliança, este general inglês tornou-se durante um período o chefe efetivo da grande liga de nações unidas contra Luís XIV. A Inglaterra ergueu-se com Marlborough ao apogeu e os ingleses, que jamais haviam conhecido tal triunfo desde Crécy e Agincourt, quatro séculos antes, entregaram-se a transportes de alegria. A oposição "tory", que ficara escandalizada pela imperdoável incursão do duque ao centro da Europa e que manifestara sua intenção, caso ele malograsse, de "destruí-lo como cães sobre uma lebre", não pôde conter inteiramente sua patriótica admiração. A rainha Ana, liberta de seus perigos, encantada com sua glória, carregou-o de riquezas e honrarias. No dia do Ano Novo, os numerosos estandartes e troféus de vitória foram carregados em solene procissão através das ruas de Londres até Westminster Hall. O marechal Tallard e outros eminentes prisioneiros franceses foram distribuídos em honroso confinamento em casas de campo e, durante um período, o espírito partidário e mesmo as invejas pessoais pareciam acalmadas.

* * *

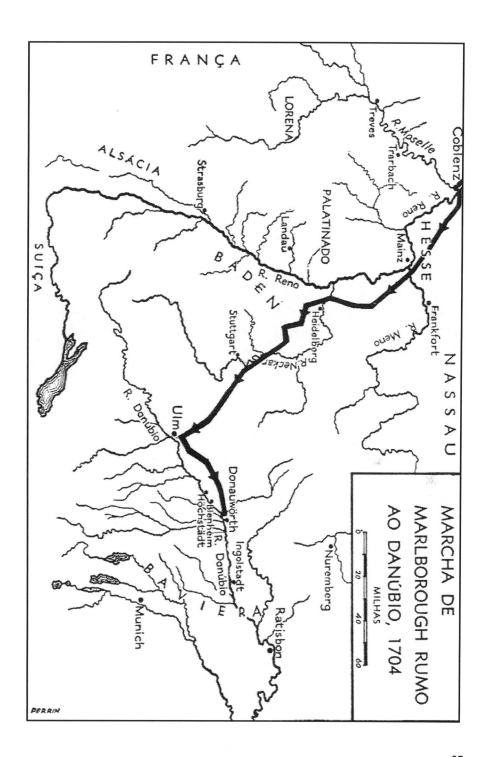

No mesmo ano, houve notáveis sucessos no mar. Um recente tratado de aliança com Portugal tornou possível uma eficiente intervenção inglesa no Mediterrâneo, uma vez que o porto de Lisboa estava agora à disposição da Marinha Inglesa. Em maio de 1704, uma poderosa esquadra anglo-holandesa, sob o comando do almirante Rooke, entrou no mar interior. Foi este o prelúdio de um duradouro triunfo naval. Reforçado por um esquadrão sob o comando de Sir Cloudesley Shovell, Rooke voltou sua atenção, em julho, para o Rochedo de Gibraltar. Esta fortaleza era pouco mais que uma enseada, mas as possibilidades de sua posição dominante na entrada do Mediterrâneo já era reconhecida. Depois de bombardeio, o Rochedo foi tomado em 4 de agosto, no mesmo mês que Blenheim, por meio de um assalto combinado, dirigido em terra pelo príncipe Jorge de Hesse-Darmstadt. Os governos francês e espanhol ficaram ambos perturbados por essa irrupção de uma nova potência no Mediterrâneo. O equilíbrio naval da guerra foi ameaçado, e toda a Esquadra Francesa saiu para oferecer combate. Um longo e sangrento encontro, travado ao largo de Málaga, não ofereceu vantagem aos franceses. Decidiram por isso que Gibraltar deveria ser recuperada pelo sítio. Durante todo o inverno de 1704-5, a guarnição anglo-holandesa, sob o comando de Darmstadt, resistiu a um árduo ataque de pesadas forças. O malogro em conquistar o Rochedo provocou acres disputas sobre estratégia entre a França e a Espanha. Gibraltar, porém, permaneceu nas mãos dos ingleses e demonstrou ser uma segura chave do poderio marítimo.

* * *

Nesta guerra, um curioso ritmo se repete. Quando as fortunas dos Aliados caíam, todos obedeciam Marlborough e esperavam que ele encontrasse o caminho para a segurança; mas quando o duque produzia, infalivelmente, conforme parecia, uma nova cena vitoriosa, os laços de temor e necessidade relaxavam-se e ele era novamente embaraçado e controlado. Assim como a brilhante campanha de 1702 foi seguida pelos desapontamentos de 1703, a grande recuperação de 1704 cedeu lugar à desunião de 1705. Neste ano, Marlborough planejou um avanço pelo Moselle acima e uma marcha para Paris. Para isso é que havia preparado o terreno em fins de 1704. Chegou a Haia em abril e saiu para o campo em maio. Baseando-se

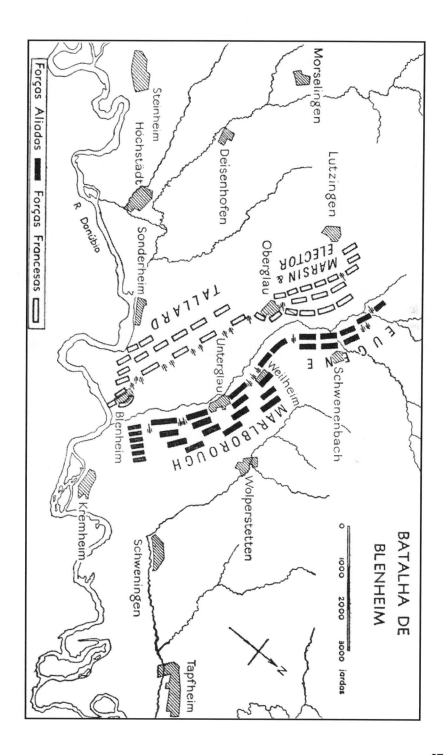

sucessivamente em Coblenz, Trarbach e Treves, colocou-se, depois de difíceis e perigosas marchas, com sessenta mil holandeses e britânicos, diante de Saarlouis, antes que o marechal Villars, com um exército mais poderoso, o esperasse. Marlborough esperara e se preparara minuciosamente para uma concentração com o Exército Imperial do Margrave e os contingentes dos príncipes do Reno. Todas essas forças, porém, atrasaram-se para o encontro, e o Margrave, que não perdoara Marlborough por tê-lo deixado fora das glórias de Blenheim, demonstrou deliberada má vontade, só atenuada por grave enfermidade. O duque, sem apoio, foi obrigado a abandonar seu plano de travar uma batalha decisiva à frente de cem mil homens e de avançar em direção a Paris. Sua posição durante dez dias foi muito perigosa. As dificuldades de suprimento eram terríveis. "Estamos em uma região", escreveu ele, "onde nada pode ser encontrado e, no entanto, se deixarmos de ter pão por um único dia, estaremos arruinados." Em 17 de junho, safou-se através de uma longa marcha noturna até Treves e, em seguida, penetrando na região montanhosa e coberta de mato, então quase deserta, que fica entre o Moselle e o Meuse, chegou a Maastricht e socorreu Liège, sobre a qual se lançavam os franceses.

Os holandeses encheram-se de alegria ao ver seu general-capitão de volta ao seu teatro de guerra doméstico. Os franceses haviam construído as famosas linhas de Brabante, cobrindo sessenta milhas, desde Antuérpia até Namur, e que estavam então guarnecidas por um exército à altura, sob o comando do marechal Villeroy. Marlborough sabia que não poderia convencer os delegados de campo holandeses ou seus generais a cogitar de um assalto direto. No entanto, por um profundo estratagema, que novamente iludiu ambos os lados, simulou uma investida na direção de Namur e, em seguida, por uma longa e inesperada marcha noturna, cujo propósito só ele conhecia, surpreendeu os franceses e atravessou as temíveis linhas nas vizinhanças de Tirlemont, sem a perda de um único homem. Uma brilhante ação de cavalaria, na qual ele dirigiu pessoalmente a carga, forçou um recuo dos franceses que acorriam para o local e permitiu-lhe estabelecer-se no meio das fortalezas da Bélgica. Tentou então uma manobra ainda mais notável. Enchendo seus vagões com suprimentos para oito dias e separando-se de sua base, marchou em torno do flanco direito de Villeroy e, em 18 de agosto, defrontou-se com forças superiores no que um dia seria chamado de Campo de Waterloo.

Como Napoleão cem anos mais tarde, visava Bruxelas, e também como Napoleão, procurava obter antecipadamente uma vitória decisiva sobre o inimigo. Os exércitos estavam colocados em estranha posição, cada um deles voltado para seu próprio país. Marlborough acreditava que tinha uma vitória nas mãos, mas os generais e delegados holandeses, chefiados por um dos mais encarniçados rivais de Marlborough, o general Slangenberg, retardaram e impediram a batalha. Marlborough, estando quase no fim de seus suprimentos transportados em vagões, foi obrigado a regressar à sua base. Assim, a campanha de 1705 terminou novamente em desapontamento e recriminações entre os aliados. Marlborough, que havia denunciado o Margrave por deixar de socorrê-lo no Moselle, procurou então conseguir que Slangenberg fosse afastado do serviço holandês. Contudo, a paixão atingia altos níveis na Inglaterra e os "tories" perceberam que a obstrução holandesa lhes oferecia meios de apresentar a Guerra Continental sob uma luz odiosa. O duque voltou para a pátria numa situação difícil. O triunfo de Blenheim parecia esquecido. Mais uma vez as fortunas da Grande Aliança declinavam e o poderio central da monarquia francesa voltava a reunir sua gigantesca força.

Esgotado pelas dificuldades de cooperar com os holandeses e com príncipes do Reno, Marlborough planejou durante o inverno uma repetição ainda mais ousada de sua marcha ao Danúbio de 1704. Conseguiu obter do rei da Prússia, sobre o qual tinha imensa influência pessoal, uma poderosa força prussiana para ajudar o príncipe Eugênio no norte da Itália. Planejava então marchar através da Europa com cerca de vinte e cinco mil soldados britânicos ou pagos pelos britânicos, passando Coblenz, Stuttgart e Ulm, através dos passos dos Alpes, para juntar-se no norte da Itália. Lá, entre os vinhedos e olivais, os dois grandes capitães conquistariam outra Blenheim e atacariam a França pelo sul. Os Estados Gerais demonstraram muito maior imaginação e confiança do que haviam revelado em 1704. Seus termos eram simples. Se Marlborough fosse, não deveria levar tropas holandesas. A rainha e o gabinete inglês deram-lhe plena aprovação e, com base nisso, ele aperfeiçoou seus planos chegando mesmo a encomendar seis moinhos manuais para cada batalhão britânico, a fim de moer o trigo naquele novo teatro de guerra.

Todavia, os acontecimentos iniciais da campanha de 1706 destruíram o projeto italiano. Os franceses anteciparam-se aos aliados no

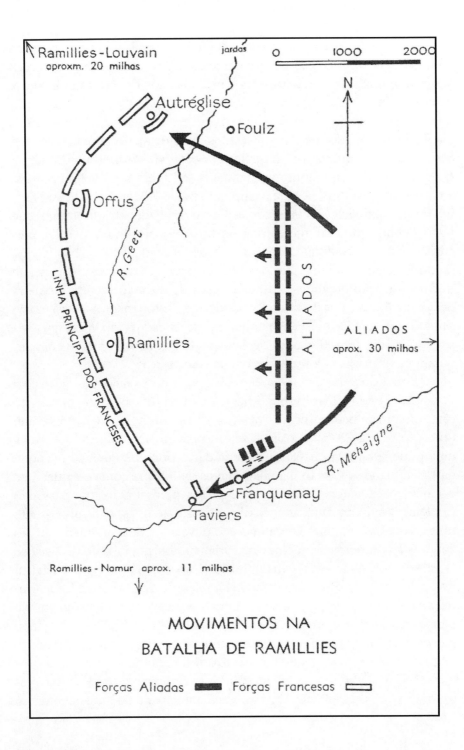

MOVIMENTOS NA BATALHA DE RAMILLIES

campo, tanto no Reno como na Itália. Em Calcinato, o marechal Vendôme infligiu uma pequena, mas severa derrota às forças imperiais. Na Alemanha, Villars caiu sobre o Margrave e perseguiu-o através do Reno. A fortaleza-chave de Landau ficou ameaçada. As esperanças de Marlborough foram frustradas. Foi com pensamentos melancólicos que iniciou sua mais brilhante campanha. "Cruzo o mar", escreveu ele ao enviado imperial, "com reflexões suficientemente tristes." "O pouco interesse do rei da Dinamarca e de quase todos os outros príncipes dá-me pensamentos tão desanimadores que quase desespero de obter êxito", escreveu a Godolphin. Não sem pesar, mas certamente sem a menor hesitação, dispôs das tropas que lhe teriam assegurado uma grande superioridade nos Países Baixos e a probabilidade de algum feito "que fizesse barulho", para enviar a Eugênio todos os reforços possíveis. Resignou-se deliberadamente a empreender "toda uma campanha" com forças não decisivas entre as fortalezas de Brabante, numa época em que o êxito pessoal parecia muito necessário para sua posição na Inglaterra. Entretanto, a Fortuna, que Marlborough tão pesarosa mas firmemente havia dispensado, voltou então impertinentemente, trazendo suas mais deslumbrantes dádivas.

Luís XIV convencera-se, depois da irrupção pelas linhas de Brabante e da ameaça de Marlborough a Bruxelas, de que não era possível manter uma guerra defensiva contra tal adversário. Com vigorosa disposição, autorizou o marechal Villeroy a procurar batalha no início da campanha e forneceu-lhe o mais bem equipado exército da França, todo vestido com uniformes novos e em perfeita ordem. Em 18 de maio, o serviço secreto de Marlborough anunciou a existência de fortes concentrações francesas na margem esquerda do Dyle, entre Wavre e Louvain, e no dia 19 chegou a notícia de que o Exército Francês havia atravessado o Dyle e avançado até quatro milhas de Tilermont. Toda a região era familiar a ambos os lados e considerada há muito tempo como possível teatro de uma grande batalha. Era um dos terrenos mais conhecidos da Europa. Marlborough, convocando a cavalaria dinamarquesa, que até então havia sido deixada para trás por não ter sido paga, marchou para encontrar-se com Villeroy.

Na madrugada de 23 de maio, os dois exércitos estavam presentes perto da aldeia de Ramillies. Marlborough, tendo desdobrado suas forças, iniciou cerca de meio-dia um ataque violento, mas simulado, contra a ala direita francesa, com as tropas britânicas. Aproveitando-se das ondulações do terreno, lançou toda a massa da cavalaria holandesa, britânica e dinamarquesa, com mais de 25.000 homens, contra a Cavalaria Francesa, entre as aldeias de Taviers e Ramillies. Lá se encontrava a melhor cavalaria da França, inclusive as famosas tropas da guarda real. Pondo à parte todo o seu véu de segredo e manobra, Marlborough exclamou: "Tenho cinco cavalos contra dois." Na realidade, tinha a princípio quatro contra três e, finalmente, cinco contra três. Mas isso era o bastante. Depois de furiosa luta, na qual se empenharam quarenta mil cavalarianos, Marlborough rompeu a linha dos franceses, expulsou sua ala direita do campo e comprometeu seu centro. Esquecendo seus deveres como comandante-chefe, entrou na batalha da cavalaria, de espada na mão. Foi desmontado e atropelado pelo inimigo. Seu escudeiro, coronel Bingfield, quando o ajudava a montar um segundo cavalo, teve a cabeça arrancada por uma bala de canhão que passou perto da perna de Marlborough no momento em que era lançado sobre a sela. Logo, porém, ele reconquistou o pleno controle do tremendo acontecimento. Seu principal ataque de cavalaria irrompeu então pela aldeia de Ramillies, enquanto sua vitoriosa cavalaria, formando ângulos retos em relação à frente original, varreu toda a retaguarda da linha francesa. Todas as tropas aliadas avançaram e o Exército Francês fugiu do campo de batalha em completa ruína. Nesta obra-prima de guerra, travada entre exércitos quase exatamente iguais em número e qualidade, o gênio militar do general inglês, com a perda de menos de cinco mil homens, destruiu e derrotou seus adversários com grande morticínio e milhares de prisioneiros. A noite protegeu os fugitivos, mas menos de um quarto das forças inimigas escapou e todos os seus canhões foram abandonados no campo de batalha.

*   *   *

As conseqüências de Ramillies foram ainda mais espetaculares do que as de Blenheim. Se, como foi dito, Blenheim salvou Viena, Ramillies conquistou a Bélgica. Caíram às dúzias fortalezas, das quais uma apenas que tivesse sido capturada recompensaria os esforços de uma longa campanha. Antuérpia e Bruxelas renderam-se e os atônitos holandeses viram-se de novo possuidores de quase toda a barreira que fora perdida no último ano do reinado de Guilherme. Esses imensos êxitos foram enriquecidos pelas vitórias do príncipe Eugênio no norte da Itália. Marchando através da larga base da península, o príncipe socorreu Turim numa maravilhosa ação cheia de grandes dificuldades e em seguida expulsou completamente os franceses do norte da Itália.

Ao mesmo tempo, na Espanha, os aliados haviam conseguido muito a seu favor e chegado perto de um êxito notável. O arquiduque Carlos, seu candidato ao trono espanhol, havia fixado residência em Lisboa. Era parte do plano dos aliados sustentar vigorosamente suas pretensões. A princípio, ele fora apoiado apenas por uma pequena força de cerca de cinco mil britânicos e holandeses, sob o comando do conde de Galway, um huguenote que firmara respeitável reputação como comandante nas guerras do rei Guilherme. Galway era auxiliado por um exército português duas ou três vezes maior do que o seu. Com esses recursos pouco podia fazer, além de gestos ameaçadores ao longo da fronteira espanhola. Em 1705, os aliados decidiram realizar um grande esforço. O conde de Peterborough foi enviado da Inglaterra com mais de seis mil homens e uma esquadra considerável, sob o comando do almirante Shovell. Deveriam apanhar reforços em Lisboa, embarcar o arquiduque e penetrar no Mediterrâneo.

Houve muita disputa entre os comandantes com relação ao seu objetivo. Posteriormente, porém, decidiram por Barcelona, a populosa capital da Catalunha, inquieta desde muito tempo antes sob o domínio de Madri e profundamente hostil ao rei francês por nascimento, Filipe V. Efetuou-se desembarque ao norte da cidade em agosto e os aliados prepararam-se para estabelecer o sítio. O principal obstáculo era o monte de Montjuich, que fica ao sul, erguendo-se até quase seiscentos pés acima do nível do mar e encimado por uma poderosa fortaleza. Peterborough era um homem de mentalidade viva, na qual se combinavam a ousadia e a combatividade. Depois de um período de combates, como os que deveriam caracterizar todas as operações aliadas na Espanha, Peterborough por meio de uma ousada marcha noturna atacou inesperadamente Montjuich, que caiu diante de seu ataque no dia seguinte, depois de uma confusa "mêlée", na qual perdeu a vida Darmstadt, o defensor de Gibraltar. Barcelona rendeu-se então ao arquiduque. Toda a Catalunha,

Aragão e Valência ergueram-se com a causa aliada e proclamaram sua lealdade ao "rei Carlos III". As províncias orientais da Espanha estavam firmemente com ele e houve amplas manifestações de júbilo em Londres.

Na primavera de 1706, enquanto Marlborough manobrava em direção a Ramillies, os aliados resistiam com êxito em Barcelona a um cerco imposto pelo Exército Francês. Acossados por guerrilheiros catalães, os franceses não tinham garantia em suas comunicações. Embora tivessem, por sua vez, capturado Montjuich, depois de prolongado assalto, não puderam forçar a cidade. Num momento crítico para os defensores, uma esquadra inglesa ofereceu providencial socorro. Os franceses desistiram e retiraram-se para o norte, em direção aos Pirineus. Era então o momento de os aliados se aproveitarem da desorganização francesa e investirem sobre Madri. Galway, que já avançava desde Portugal, chegou à capital espanhola em junho. O "Ano da Vitória", como foi chamado em Londres, pôde ser encerrado com esse acontecimento.

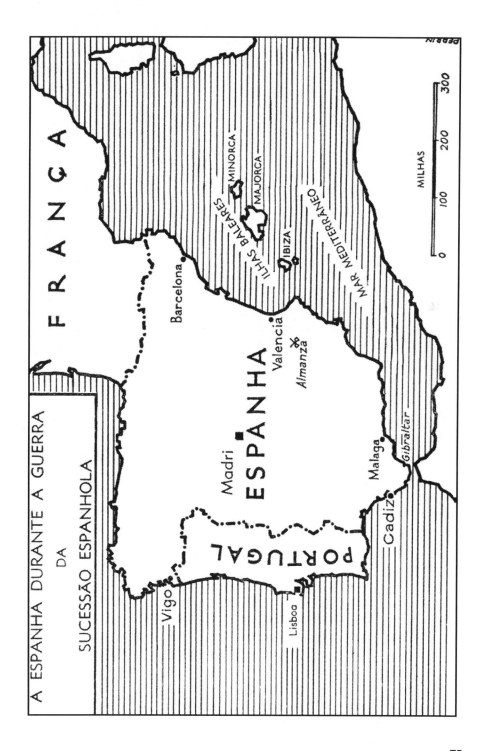

CAPÍTULO V

Oudenarde e Malplaquet

Para os holandeses, a plenitude do êxito era nessa ocasião um empecilho a novos e necessários esforços. Longe estavam os dias de 1702, quando seu exército se acocorava sob as fortificações de Nimwegen e quando seu novo comandante inglês os convidava a assumir a ofensiva, de espada na mão. O Meuse estava limpo até as portas de Namur. Todo o curso do Reno e todas as suas fortalezas estavam nas mãos dos aliados. Bruxelas caíra e Antuérpia, a maior de todas as presas, rendera-se sem necessidade de sítio. Bruges, Ghent, Oudenarde e Ostende estavam ao alcance de suas mãos e Nieuport, Ypres, Menin e Ath poderiam ser conquistadas. Por trás delas erguiam-se as fortalezas da fronteira francesa. Seriam, porém, esses troféus essenciais à preservação da República? Os holandeses desejavam humilhar o poderio da França. Sem dúvida já o haviam humilhado. Não estavam os enviados do Grande Rei suficientemente atarefados, através de meia dúzia de canais, com propostas de paz em separado, baseadas sem discussão em uma boa barreira para a

77

Holanda? Se Marlborough tivesse simplesmente vencido a batalha Ramilies, tomado Louvain e talvez entrado em Bruxelas, a campanha de 1706 poderia ter levado a causa aliada à vitória em 1707. Agora, porém, começava a experimentar toda uma série de novas resistências e recusas dos holandeses, assim como suas manifestações de avareza e voracidade, todas elas destinadas a levar novamente as fortunas dos aliados a seu mais baixo ponto.

Essas reações batavas encontravam sua contraparte na Inglaterra. Enquanto nos campos de batalha Marlborough e Eugênio levavam de roldão tudo quanto aparecia à sua frente, na Inglaterra uma série de rivalidades partidárias e pessoais preparava uma inversão geral da fortuna. Os "whigs", que eram os principais defensores da guerra e de cujos votos dependia o governo da rainha, exigiam uma participação nos cargos públicos. Escolheram o conde de Sunderland, filho do excêntrico ministro de Jaime II, homem ortodoxo e obstinado, dotado de grande habilidade, como a parte fina da cunha com que forçariam seu caminho até o interior do círculo controlador do governo. De acordo com as idéias modernas, sua maioria em ambas as Câmaras dava-lhes o direito, e nessa ocasião até mesmo o poder, de adquirir predominância nos negócios públicos. Sunderland se casara com a filha de Marlborough. "Portanto", raciocinava o chefe dos "whigs", "ele não poderia encarar seu movimento como um ataque contra si próprio." Fizeram, porém, Godolphin saber que se não levasse a rainha a aceitar Sunderland empregariam sua força no Parlamento tanto contra o governo como contra ele pessoalmente. Marlborough e Godolphin, confrontados com a vital necessidade de obter da Câmara dos Comuns suprimentos para continuar a guerra, fizeram pressão sobre a rainha para que aceitasse Sunderland. A rainha resistiu tenazmente. Foi necessária a batalha de Ramillies para convencê-la.

O valor militar da Grã-Bretanha e o sentimento de que a Ilha estava à frente de uma poderosa Europa produziram então frutos mais duradouros. A União com a Escócia estava se aproximando de sua fase final. Vinha sendo debatida, às vezes acremente, desde a ascensão da rainha ao trono. Finalmente, a Inglaterra estava preparada para demonstrar certa generosidade financeira para com os escoceses, que por sua vez se encontravam dispostos a aceitar a sucessão hanoveriana. Marlborough, que era um dos comissários interessados, considerava a medida como vital para o poderio do reino. Não somente as duas nações, mas também os seus Parlamentos estavam unidos. Se, após a morte da rainha Ana, a Escócia escolhesse uma dinastia diferente da Inglaterra, todas as velhas inimizades da Idade Média poderiam reviver. Ambas as partes consideravam que valia a pena fazer alguns sacrifícios para evitar tal rompimento entre os dois reinos. O Ato de União foi finalmente aprovado em 1707 e, apesar de alguns atritos, foi geralmente aceito. Gradualmente, os escoceses passaram a beneficiar-se do comércio livre com a Inglaterra e suas colônias, que agora lhes estavam franqueadas. Lentamente, os ingleses se acostumaram a ver os escoceses desempenhando papel importante em sua política e no seu comércio. A União tornou-se mais forte à medida que se prolongou. Em fins do século XVIII, o pensamento e as letras escocesas floresceram nas figuras do filósofo Davi Hume, de Adam Smith, o economista, e de Guilherme Robertson, o historiador. Roberto Burns e o grande Sir Walter Scott logo os seguiriam. Este fértil desenvolvimento foi sem dúvida ajudado pela paz, prosperidade e sentimento de participação proporcionados pela União e que perduram até hoje.

Mais ou menos nessa época, as relações de Sara com a rainha entraram numa fase perigosa. Sara era obrigada a suportar o peso da repugnância de sua senhora pela participação dos "whigs" no Gabinete. Ana odiava os "whigs" do fundo do seu coração, mas seus ministros não viam possibilidade de continuar a guerra sem o apoio deles e de metade do Partido Tory. Sara desgastou sua amizade com a rainha no seu dever de concitá-la a manter uma administração em harmonia com o Parlamento. Ao mesmo tempo, apareceu uma intrusa. Tornando-se velha e tendo sobre seus ombros todas as responsabilidades de uma grande dama, com poder muito maior do que um ministro do Gabinete, Sara procurou aliviar-se um pouco do constante esforço exigido pelos cuidados pessoais com a rainha, que haviam sido sua vida durante tantos anos. A amizade feminina de Ana era extenuante. Ela queria que sua companheira ficasse a seu lado o dia inteiro e jogasse cartas até tarde da noite. Gradualmente, Sara procurou aliviar o peso dessas permanentes relações. Em uma parenta pobre, Abigail Hill, encontrou uma substituta. Fê-la entrar na vida da rainha como "camareira" ou dama de companhia. A rainha, depois de algum tempo, afeiçoou-se à sua nova companheira. Sara sentiu-se aliviada, ia mais ao campo e vivia sua vida familiar. Abigail, em princípios de

1707, adquirira sobre a rainha uma influência própria que estava destinada a alterar o curso da história européia.

Abigail era prima de Sunderland. Era ao mesmo tempo prima de Harley. Este se sentia muito desconcertado com a inclusão de um "whig" Sunderland no Gabinete. Via com olhos de um político hábil que isso era o prelúdio de uma incursão maior dos "whigs". Sentia-se embaraçado em sua posição como líder dos "tories" moderados.

Certo dia, um jardineiro entregou-lhe uma mensagem secreta da rainha, que pedia seu auxílio. Nenhuma tentação maior poderia ser apresentada a um estadista do século XVIII. Além disso, harmonizava-se com os profundos cálculos políticos de Harley e com seu amor nato pelo mistério e pela intriga subterrânea. Imediatamente, pôs-se a planejar um governo alternativo, baseado nos favores da rainha, incluindo "tories" e "whigs" moderados e protegido pelo renome e, segundo esperava, pelos serviços de Marlborough. Esse plano implicava na ruína de Godolphin. Harley imaginou que isso não seria obstáculo. Entretanto, Marlborough, quando soube do que se passava, não admitiu qualquer separação entre ele e seu fiel colega e amigo. Assim, a intriga de Harley tornou-se necessariamente hostil a Marlborough. Ao mesmo tempo, a influência de Sara com a rainha sofrera claramente um eclipse final.

Tudo correu mal em 1707. O desígnio de Marlborough era que Eugênio, auxiliado pelo contingente prussiano e por todos os reforços que lhe pudesse enviar, se desviasse da Itália para a França e capturasse Toulon. Dessa segura base naval, o duque pretendia não apenas conquistar o domínio do Mediterrâneo, mas também invadir a França com grandes forças no ano seguinte. Utilizou-se de todo o seu poder, então em seu apogeu, para concretizar esse plano de longo alcance e, depois de inúmeras objeções e divergências, um exército imperial, sob o comando de Eugênio, marchou ao longo da Riviera para atacar Toulon. Entrementes, Marlborough enfrentava e resistia às superiores forças do marechal Vendôme no principal teatro nos Países Baixos. Relegou-se a uma campanha de defesa de posições no Norte a fim de que seu camarada pudesse desfechar o golpe decisivo no Sul. Desfalcou-se tanto que não tinha forças suficientes para empreender qualquer sítio importante. Aguardava vigilantemente a oportunidade de uma batalha, mesmo com disparidade de forças. Todavia, Vendôme era hábil de mais para oferecer-lhe essa satisfação. Os grandes exércitos permaneciam um diante do outro a pequena distância durante semanas às vezes. Seguiam-se marchas rápidas e críticas, mas Vendôme conseguia sempre evitar a batalha, a não ser em termos de assalto direto, que Marlborough não tinha forças suficientes para empreender. A campanha do norte reduziu-se assim a um impasse.

Grandes infortúnios ocorreram na Espanha. O formidável marechal Berwick foi enviado por Luís XIV à península para animar as esperanças do rei Filipe. Berwick recebia constantemente novas forças combatentes da França. Em princípios do outono de 1706, o conde de Galway, na Espanha Central, com quinze mil homens, viu-se seriamente inferiorizado em número. Sua recepção em Madri fora fria e ele esperava ansiosamente que se lhe juntassem o arquiduque, vindo de Barcelona, e Peterborough, vindo de Valência. Semanas transcorreram antes que os dois se movimentassem e quando o fizeram foi com parcos reforços. Castela e outras províncias do centro e do norte haviam demonstrado pouco desejo de aceitar o arquiduque austríaco em lugar do rei Filipe V, que já se encontrava em seu meio há cinco anos. Sua indiferença não podia ser vencida à força pelo modesto exército à disposição dos aliados. Galway, Peterborough e o arquiduque precisaram retirar-se para o litoral do Mediterrâneo. O ano encerrou-se com o rei Filipe novamente estabelecido em Madri, mas com os aliados firmemente de posse da parte Oriental da Espanha. Então, em 1707, os generais aliados dividiram fatidicamente suas forças e avançaram apenas com parte delas na direção de Madri. Foram enfrentados e empenharam-se em batalha, em Almanza, com um exército franco-espanhol muito superior, sob o comando do duque de Berwick. O comandante francês era um inglês católico e o comandante inglês um francês protestante. De maneiras assim curiosas dividiam-se as lealdades. Os aliados sofreram uma sangrenta derrota e toda a cena espanhola, tão próxima do triunfo em 1706, alterou-se completamente. No Reno, o Margrave foi surpreendido pelo marechal Villars nas célebres linhas de Stollhofen e todas essas enormes fortificações, que constituem a efetiva defesa da Alemanha, caíram numa noite nas mãos do inimigo. Seguiram-se a invasão e pilhagem de grandes áreas da Alemanha.

A grande incursão contra Toulon, à qual Marlborough subordinara todos os outros interesses, terminou também em malogro. Foi esta, nas longas guerras, a única ocasião em que Eugênio pareceu não ter mantido o seu alto padrão, e o duque de Savóia, que comandava nominalmente o exército, mostrou-se ainda menos empreendedor. Eugênio era um animal de terra. Nunca apreciara plano que dependesse muito do mar. Uma magnífica esquadra inglesa encontrou-se com ele no litoral. O almirante Shovell estava profundamente imbuído das estratégias de Marlborough. Auxiliou e alimentou o exército de Eugênio ao longo da costa, martelando com o fogo da esquadra as sucessivas posições do flanco do inimigo. Chegando diante de Toulon, desembarcou milhares de marinheiros e fuzileiros navais, além de centenas de canhões. Durante todo o tempo assegurou ao ilustre príncipe que, se suas comunicações fossem rompidas, a esquadra embarcaria e transportaria todos os seus homens para onde ele quisesse.

Os franceses concentraram poderosas forças, não só para defender, mas também para salvar Toulon. Depois de vários e custosos assaltos o cerco malogrou. O exército imperial retirou-se para a Itália. A Esquadra Britânica, depois de bombardear e destruir em grande parte o porto de Toulon, afundando as belonaves francesas que lá estavam concentradas, partiu para a Inglaterra ou para portos de inverno. Restava ainda um desastre final. Sir Cloudesley Shovell, quando fazia a travessia para a pátria, no inverno, com tempo fechado e violento, foi lançado sobre os agudos rochedos de Scillies. Dois grandes navios e uma fragata ficaram reduzidos a pedaços, mil e quinhentos marinheiros morreram afogados e, pior que tudo, o melhor almirante da Inglaterra, o líder naval em quem Marlborough confiava, pereceu nas praias.

* * *

Marlborough regressou dessas atribulações para encontrar uma furiosa tempestade partidária na Inglaterra. Os desígnios de Harley eram agora evidentes e sua força alimentava-se com os infortúnios militares. Marlborough e Godolphin, juntos, resolveram afastá-lo do Gabinete. Sobreveio uma intensa crise política. Nessa época, Harley estava enfraquecido pelo fato de um funcionário de seu gabinete, chamado Greg, ter sido apanhado entregando ao governo francês os mais secretos despachos. Harley fora sem dúvida negligente no manuseio de sua importante correspondência e os "whigs", com sua ira natural por terem sido excluídos do poder a que tinham direito, envidaram todos os esforços para condená-lo por traição. Greg, porém, embora confessasse a sua culpa, morreu em Tyburn proclamando a inocência de seu chefe. Dizem que, se o tivesse incriminado, poderia ter salvo a vida.

Diante disso, Marlborough exigiu a demissão de Harley da Secretaria de Estado. Ana, agora completamente afastada de Sara e com Abigail a seu lado, travou obstinada luta em favor de seu ministro favorito. Quando Marlborough recusou tomar assento no Gabinete com Harley por mais um dia que fosse e apresentou sua resignação, a rainha respondeu que, "a fazer tal coisa, ele bem poderia puxar seu punhal e a apunhalar lá mesmo." Todavia, como verdadeira Stuart e filha de Jaime II, não deixou Harley afastar-se, Marlborough voltou para sua casa em St. Albans. Quando o Gabinete se reuniu e Harley se levantou para ler alguns documentos, um dos ministros perguntou asperamente à rainha como cuidariam dos negócios na ausência do General e do Tesoureiro. Harley não se perturbou. A rainha, quase sufocando de emoção, deixou a sala e o Gabinete separou-se em confusão. Espalhou-se por toda parte a notícia de que Marlborough e Godolphin haviam sido demitidos. Ambas as Câmaras do Parlamento decidiram não desenvolver atividades até que estivessem melhor informadas. A City estava mergulhada em consternação. O marido de Ana, príncipe Jorge, perturbado pelo que via e ouvia sobre a disposição pública, implorou à sua esposa que se curvasse diante da tempestade. Mesmo então foi Harley e não a rainha quem cedeu. Harley aconselhou a rainha a aceitar sua resignação. Ela chorou e ele partiu. Com ele foi Henrique St. John, que Marlborough havia chegado a considerar quase como um filho adotivo.

Esta luta deu a Marlborough um período final de poder. Havia em grande parte perdido a rainha. Perdera também os "tories" moderados. Deveria agora lançar-se cada vez mais nas mãos dos "whigs" e, em cada fase desse processo, alargar a brecha que o separava da rainha. Foi sobre esses perigosos alicerces que se empenhou na campanha de 1708. O plano era, em princípio, a renovação da dupla invasão do ano anterior. Desta vez, o esforço deveria ser feito no norte e o duque de Savóia, entrando na França pelo sul, desempenharia papel pouco importante, mas não menos essencial. Marlborough esperava levar aos Países Baixos o exército do Reno de Eugênio e, pela superioridade numérica, esmagar os franceses no campo de batalha e perfurar a barreira de fortalezas. Contudo, ocorreu uma sucessão de infortúnios. As condições no Reno forçaram Eugênio a deixar para trás o seu exército. O domínio holandês nas cidades belgas conquistadas havia despertado a hostilidade de seus habitantes. Por traição, Ghent e Bruges, que juntas controlavam os principais canais do Scheldt e do Lys, foram entregues aos franceses. O marechal Vendôme, com o qual estavam os príncipes reais, duques de Burgundy e de Berri, e o Pretendente, o jovem príncipe de Gales, comandava um exército de campo que, depois de suprir todas as guarnições, contava ainda com oitenta mil homens, aproximadamente.

Pela primeira vez em sua carreira, o duque curvou-se e abaixou a cabeça sob os golpes convergentes na pátria e no campo de batalha. Eugênio, chegando apenas com uma escolta de cavalaria, encontrou-o perto de Bruxelas na mais profunda depressão. Estava prostrado pela febre e tão doente que precisou ser sangrado. Durante algumas horas, pareceu incapaz de recuperar-se do ferimento estratégico causado pela perda dos frutos de Ramillies, os canais de Ghent e Bruges, que eram as estradas de ferro daquela época. Então, foi Eugênio quem sustentou seu camarada. Marlborough ergueu-se de seu leito de enfermo, montou em seu cavalo, e o Exército foi posto em movimento. Por meio de uma terrível marcha, atingiram Lessines, sobre o Dyle. Na madrugada de 11 de julho, avançaram em direção à fortaleza e cabeça de ponte de Oudenarde, no Scheldt, que Vendôme pretendia conquistar. Os franceses não estavam cogitando da possibilidade de uma batalha e seu grande exército atravessava sossegadamente o rio, em Grave. Às dez horas e meia, o general Cadogan, com a vanguarda inglesa, chegava ao terreno elevado ao norte de Oudenarde. Contando-se as pontes da fortaleza, foram preparadas nove pontes. Por trás de Cadogan, todo o exército, com oitenta mil homens, avançou num estado de extraordinário furor e entusiasmo. Goslinga, o delegado holandês, registra: "Não foi uma marcha, mas uma corrida." Os soldados afastaram da estrada todos os vagões de bagagens dos oficiais, em sua ansiedade por entrar em ação. O Exército marchara cinqüenta milhas em sessenta e cinco horas, antes de chegar às pontes do Scheldt. Entrementes, Cadogan atravessava o rio e atacava os destacamentos franceses e as guardas de flanco.

Vendôme, a princípio, não pôde acreditar que os aliados estivessem no local com grandes forças. Saiu a cavalo para ver com seus próprios olhos e foi levado à ação por escalas. Quando os aliados atravessaram em massa o Scheldt, o Exército Francês virou-se para sua esquerda, a fim de enfrentá-lo. A Batalha de Oudenarde foi moderna em todos os aspectos. Assemelhou-se mais a Tannenberg, de 1914, do que qualquer grande ação do século XVIII. Marlborough, dando a Eugênio o comando da ala direita, manteve ele próprio o centro com grande dificuldade, enquanto o resto do exército prolongava sua linha para a esquerda. Este longo braço esquerdo estendeu-se continuamente e a frente de batalha ardia em chamas enquanto ele crescia. A operação de cruzamento do rio, corpo a corpo, em face do inimigo, foi considerada muito arriscada pela opinião militar daquela época de lutas. O ritmo da batalha e suas modificações impediam qualquer arranjo fixo. Os franceses lutavam desesperadamente, mas sem qualquer plano concertado e grande parte de seu exército nunca chegou a entrar em ação. As sombras do anoitecer caíram sobre um campo de batalha formado por sebes, cercas, aldeias, matas e cursos d'água, no qual as tropas se empenhavam em feroz combate corpo a corpo, quando os holandeses, sob o comando do veterano Overkirk, atravessaram finalmente as pontes de Oudenarde e contornaram os montes em direção ao norte. Ao mesmo tempo, Eugênio, com magnífica coragem, irrompia pela direita. As alas opostas dos aliados quase se encontraram. O Exército Francês estava agora completamente confuso e dividido em duas partes. Mais de quarenta mil homens estavam virtualmente cercados pelos aliados; os outros quarenta mil permaneciam perplexos sobre a serra acima do campo de batalha. Estava escuro como breu quando cessou a luta. Tão entrelaçados estavam os combatentes que foram dadas aos aliados ordens para que cessassem o fogo e descansassem. Contudo, as armas daquele tempo não permitiam lançar uma rede de cerco em torno de tropas de campo em tão grande escala. A maioria dos franceses cercados escapou durante a noite. Em furiosa ira e consternação, Vendôme ordenou uma retirada para Ghent. Um quarto de seu exército estava destruído ou disperso. Sete mil prisioneiros, muitos oficiais de alta patente e um tesouro de estandartes e troféus estavam nas mãos de Marlborough quando, na manhã de 12 de julho, ele e seu grande companheiro desfilaram em seus cavalos pela bela praça quadrada de Oudenarde.

Esta grande vitória alterou a posição da guerra. Os aliados haviam recuperado a iniciativa. Marlborough desejava avançar sobre a França, deixando para trás a grande fortaleza de Lille. Já tinha preparada na ilha de Wight uma força de sete mil homens, com transportes que lhe permitiriam conquistar Abbeville e lá, por trás da barreira francesa, estabelecer uma nova base, de onde poderia marchar diretamente sobre Paris. Não conseguiu, porém, convencer Eugênio. O "velho príncipe", como era chamado, embora mais jovem do que Marlborough, achava muito perigoso deixar Lille para trás e desconfiava sempre das operações dependentes do mar. Resolveu-se atacar Lille, a mais poderosa fortaleza da França.

O sítio de Lille foi não apenas a maior, mas a mais complicada operação de sua espécie conhecida no século XVIII. Em muitos sentidos, não tem paralelo nos anais militares. O marechal Boufflers, com quinze mil homens, defendia a cidade. Eugênio dirigiu o sítio e Marlborough, com o exército de cobertura, deteve as forças grandemente superiores que, das vizinhanças de Ghent e da própria França, procuravam socorrer a cidade ou cortar as comunicações dos sitiantes. Dezesseis mil cavalos puxavam os carros que abasteciam o sítio de Marlborough, desde Bruxelas até as trincheiras. A viagem desses grandes comboios envolvia o movimento de todo o exército de cobertura. Pesadas baterias castigavam a cidade e uma sucessão de sangrentos assaltos foi desfechada semana após semana contra as brechas abertas. Finalmente, os franceses cortaram as comunicações aliadas com a Holanda, mas Marlborough já havia criado uma nova linha para Ostende, abastecendo-se pelo mar. Os franceses abriram as comportas em Dunquerque; as inundações cobriram a região costeira e desenvolveu-se uma guerra aquática, na qual a passagem de cada bala de canhão e de cada saco de pólvora ou de trigo era disputada. Do navio para o bote, do bote para os carroções de rodas altas, destes para os veículos comuns, os suprimentos do sítio eram firmemente transportados.

Vendôme e os príncipes franceses, marchando em círculo para o lado sul de Lille, reuniram um exército sob o comando de Berwick, que fora transferido da Espanha para a frente belga. Marlborough, conservando-se em linhas interiores, enfrentou-o. Eugênio juntou-se a ele com todos os homens que podia dispensar do sítio. Os franceses avançaram em formação de batalha e com força superior; no mesmo momento, o marechal Boufflers fez uma furiosa surtida contra as linhas enfraquecidas.

Marlborough estava tão convencido da necessidade de uma batalha que, durante vários dias, não permitiu que sua própria frente fosse fortificada. Contudo, a posição escolhida era, por sua própria natureza, muito forte para que os franceses efetuassem a tentativa. Permaneceram como mortificados espectadores da iminente queda da cidade.

Uma brilhante ação iluminou a obscuridade dos meses do outono. A longa linha de comunicações inglesas, que se estendia desde Ostende, foi ameaçada por uma poderosa investida de mais de vinte mil franceses. Os comboios aliados, que se moviam para o sul em direção a Lille, ficaram em perigo. O general Webb, um "tory" jacobita e soldado competente, foi enviado por Marlborough para enfrentar o perigo com uma força inferior. Um ataque frontal contra a posição de Webb nas matas próximas do "Château" de Wynendael malogrou com pesadas perdas, graças à magnífica disciplina de fogo dos soldados ingleses. Foi essa ação que selou o destino de Lille, que capitulou em outubro. Para cobrir a perda, Vendôme e Berwick atacaram Bruxelas, enquanto a cidadela de Lille ainda resistia. Entretanto, Marlborough e Eugênio, marchando para noroeste, forçaram a linha fortificada do Scheldt e salvaram a capital da Bélgica. A cidadela de Lille caiu em dezembro. Marlborough não descansaria enquanto Ghent e Bruges permanecessem em mãos inimigas. Auxiliado pelo início de um memorável inverno, arrastou seus canhões para o assalto a essas duas praças. Bruges foi recapturada no fim de dezembro e Ghent nos primeiros dias de Janeiro. Teminou assim uma campanha de lutas e perigos, sobre a qual disse o príncipe Eugênio: "Quem não viu isto não viu nada."

Ao mesmo tempo, a captura de Minorca, com seu belo porto em Mahon, deu à Marinha Inglesa, finalmente, uma base segura e permanente no Mediterrâneo. Assim, o ano que se iniciara de maneira tão desanimadora terminou com a completa vitória dos aliados. Luís XIV fez ofertas de paz de grande alcance aos holandeses e o próprio Marlborough entrou em negociações secretas com seu sobrinho Berwick para a mesma finalidade. A guerra estava então decisivamente vencida. O poderio da França estava abatido. O Grande Rei fora humilhado. Um inverno terrível estendeu suas garras sobre a torturada Europa. A semente gelava no solo, o gado morria nos campos e os coelhos em suas covas. A miséria do povo francês atingia o limite da tolerância. Todos procuravam paz e todos malogravam em sua busca.

* * *

Enquanto isso, na Inglaterra, os "whigs" haviam finalmente atingido seu velho objetivo. Haviam forçado Marlborough e Godolphin a dependerem inteiramente deles. Dominaram a rainha. Afastaram do Gabinete os "tories" restantes e estabeleceram uma administração unipartidária, acima da qual ainda permaneciam os dois superministros, Marlborough e Godolphin. Até então, apesar de todas as divergências quanto a métodos, a guerra tivera um propósito comum. Agora, era uma política partidária. Os "whigs", ardorosos e eficientes senhores das artes parlamentares, chegavam ao poder exatamente no momento em que sua energia e seu espírito guerreiro eram menos necessários. Marlborough e Godolphin, afastados da rainha, precisavam agora conformar-se com as decisões de um Gabinete "whig", enquanto os "tories", irados e vingativos em sua situação, aguardavam a queda de seus antigos líderes. Harley, por seus dotes e sua habilidade, por seus infortúnios e sua eminência, tornou-se o líder natural dos "tories". A ele se juntaram os mais velhos estadistas, Rochester e Nottingham. Firmado nos favores da rainha, mantido na porta dos fundos por Harley procurou Shrewsbury, agora de volta à política inglesa, depois de prolongado afastamento, e pronto a desempenhar um ambicioso e poderoso papel intermediário.

O reinado de Marlborough estava acabado. Daí por diante nada mais faria senão servir. Sua suprema posição na Europa e diante dos exércitos tornava-o indispensável a qualquer dos partidos, enquanto prosseguisse a guerra. Primeiro serviu os "whigs", depois os "tories". Serviu os "whigs" como plenipotenciário e general, e mais tarde serviu os "tories" apenas como general. Seu grande período, de 1702 a 1708, estava encerrado. Restavam ainda três dificies campanhas, em escala mais ampla do que já se tinha visto. Todavia, ele não controlava mais a política, a única que poderia tornar frutíferas as sombrias lutas do exército.

Quando recordamos os longos anos de terror e espoliação a que os príncipes da Grande Aliança foram submetidos por Luís XIV, devemos fazer grandes concessões às suas suspeitas na hora da vitória. Não obstante, as ofertas agora feitas pela França eram amplas a ponto de satisfazer todas as exigências razoáveis dos aliados. A barreira holandesa foi estabelecida; as pretensões do duque de Savóia foram atendidas. Os príncipes alemães receberam garantias sobre o Reno. Restava apenas a questão da Espanha. Afinal de contas, a guerra fora travada em torno da Sucessão Espanhola e nenhuma das vitórias de Marlborough e Eugênio solucionara essa questão. Só na Espanha prosperava ainda a fortuna francesa. Mas a disputa espanhola adquirira uma vida independente e própria. O povo espanhol, de alto a baixo, aceitara as reivindicações e esposara a causa do duque de Anjou. Na ferocidade da luta, havia abandonado as esperanças de preservar em sua integridade a herança espanhola. Empenhava-se agora apenas em ter um rei de sua própria escolha. Todas as questões em disputa entre os aliados e Luís XIV estavam resolvidas. Mas que iria acontecer à Espanha? Filipe V declarara que preferiria morrer a abandonar o povo espanhol, que acorrera em seu auxílio. Parecia disposto até mesmo a desafiar o chefe de sua casa, o próprio grande monarca.

Não podemos avaliar as relações famíliares e políticas entre Luís XIV e Filipe nesta conjuntura. Havia, porém, substância no argumento dos aliados de que não poderiam fazer a paz com a França, que julgavam à sua mercê, e permitir-lhe recuperar seu poderio, ao mesmo tempo que precisariam continuar uma guerra separada na Espanha. Além disso, os holandeses haviam tornado claro que em caso algum lutariam na Espanha. Tinham a sua barreira e tudo quanto desejavam. Os "whigs", na Inglaterra, pelo contrário, estavam determinados a expulsar Filipe da Espanha. Haviam se firmado nesta estranha fórmula: "Nada de paz sem a Espanha." Torcy, ministro do Exterior da França e filho do grande Colbert, perguntava o que os aliados esperavam que o seu rei fizesse. Luís estava disposto a desligar-se inteiramente de Filipe, a retirar todas as tropas francesas da Península e até mesmo a ceder como garantia importantes fortalezas francesas. Os negociadores aliados acreditavam que lhes bastava dar uma ordem e Filipe abdicaria. Mas não há nenhuma certeza de que fosse esse o caso. A única coisa que Luís não faria era empregar tropas francesas para expulsar seu neto do reinado que ele tornara seu. E essa foi a rocha fatal contra a qual se desmantelou toda a conferência de paz.

Marlborough, cuidadosamente vigiado pelos "whigs", viu o perigo que se avizinhava. Pensava que seria melhor fazer a paz com a França, aceitar as fortalezas oferecidas como garantia de sua execução e continuar separadamente a guerra na Espanha. Tinha planos para uma grande campanha espanhola, na qual invadiria o país por Lisboa e Eugênio por Barcelona. Tal como se desenvolveram os acontecimentos, essa poderia ter sido talvez a solução mais rápida e piedosa. No entanto, as forças em ação eram muito obstinadas. Os "tories" queriam paz imediata e total. O que tiveram foi quatro anos de guerra sangrenta e finalmente desastrosa. As negociações foram rompidas na discussão do artigo pelo qual Luís deveria tornar-se responsável pela expulsão de seu neto da Espanha, sob pena de os aliados reiniciarem a guerra contra ele, partindo das bases e fortalezas que entregara como garantia. O Grande Rei, velho e abatido, em meio à ruína de suas ambições e a miséria de seu povo, talvez tivesse cedido; mas o Delfim exigiu, com indignação, que seu filho não fosse despojado do reinado pela sua própria família. Quando Torcy deixou a conferência, passou pelo aquartelamento do Exército Francês, comandado por Villars. O indomável marechal pediu-lhe para dizer ao rei que o Exército podia defender a honra da monarquia. Assim impelido e assim inspirado. Luís XIV proferiu a famosa frase: "Se eu tenho de lutar, que seja contra meus inimigos e não contra meus filhos."

Marlborough trabalhara fielmente pela paz, mas não se apercebera plenamente dos remanescentes ainda gigantescos do poder pessoal de Luís. Tinha dúvidas, mas em geral esperava que os franceses cedessem. "Não há contrapropostas?" perguntou surpreendido, quando o mensageiro trouxe a rejeição do ultimato aliado. Com Eugênio, fez ainda alguns esforços derradeiros; mas nada resultou. O desapontamento dos aliados encontrou vazão num inútil e furioso clamor de que haviam sido mais uma vez logrados e enganados por Luís XIV. Os tambores soaram nos campos aliados e os maiores exércitos, que aqueles tempos cansados de guerra viram, avançaram para a campanha de 1709 e a carnificina de Malplaquet.

* * *

A partir desse momento, o caráter da guerra foi profundamente afetado. A Justiça repentinamente juntou seus pertences e mudou de uma causa para a outra. O que se iniciara com uma desconjuntada e lenta resistência de povos, parlamentos e protestantismo contra intolerante e agressivo poder militar, transformou-se gradualmente e agora flagrantemente em invasão e subjugação por uma coligação vitoriosa. A partir deste momento, a França, e em menor escala a Espanha, apresentaram frentes nacionais contra a invasão e o domínio estrangeiros. Uma nova onda de força nascida nas profundidades que os primeiros anos do século não haviam medido reviveu e revigorou a enfraquecida nobreza, os esgotados exércitos profissionais e um arruinado tesouro.

O exército aliado havia entrementes reunido seu máximo poderio, e Marlborough e Eugênio, concentrando-se ao sul de Ghent, iniciaram o sítio de Toumai. Depois de uma grande e séria operação, a cidade e a cidadela renderam-se em fins de agosto. Marlborough olhava agora para Mons como o próximo objetivo. Durante todo esse tempo, as negociações haviam prosseguido nos bastidores. Ambos os lados ainda sentiam que o pouco que os separava poderia ser removido a qualquer momento. Repentinamente, porém, uma explosão de fúria guerreira, um acesso de ódio mental, apossou-se de ambos os governos e de ambos os exércitos, até os soldados rasos. Puseram-se de lados os cálculos, lançou-se aos ventos a cautela; o rei deu a Villars plena liberdade para a luta. Marlborough e Eugênio responderam com igual ardor. Um terrível fervor inspirava todas as fileiras. Estavam todos sedentos de lançar-se à garganta do inimigo e matá-lo, levando assim a termo a prolongada guerra.

Por meio de rápidos movimentos, Marlborough e Eugênio investiram sobre Mons e, avançando para o sul da cidade, defrontaram-se com Villars na brecha entre as matas onde fica a aldeia de Malplaquet, quase ao longo da linha da atual fronteira francesa. Em 11 de setembro, cento e dez mil soldados aliados atacaram as trincheiras, defendidas por cerca de noventa mil franceses. A batalha foi travada com extrema severidade e pouco quartel foi pedido ou dado. Marlborough repetiu em linhas gerais as táticas de Blenheim. Em primeiro lugar, atacou as alas francesas. Os holandeses foram repelidos em horrorosa carnificina na esquerda. A ala direita, sob o comando de Eugênio, irrompeu através da densa mata e atingiu depois o campo aberto situado além dela. Sob essas pressões, Villars e seu subcomandante, o valente Boufflers, foram obrigados a desfalcar seu centro. Chegara o momento esperado por Marlborough.

Lançou os corpos ingleses comandados por Orkney sobre os redutos desfalcados e, após conquistá-los, jogou para frente suas imensas massas de cavalaria, com mais de trinta mil homens, que vinham sendo o dia todo mantidas à espera, de prontidão. Com os "Grey" Dragoons e os

Scots Greys na vanguarda, a cavalaria aliada passou pelos entrincheiramentos e desdobrou-se na planície além. Villars fora gravemente ferido, mas a Cavalaria Francesa avançou com magnífico espírito e seguiuse uma longa série de cargas de cavalaria. Por fim, a Cavalaria Francesa foi dominada. Sua infantaria já estava em retirada. "Estou tão cansado", escreveu Marlborough a Sara algumas horas depois, "que não tenho forças para dizer-lhe que tivemos neste dia uma batalha muito sangrenta; na primeira parte do dia, derrotamos sua infantaria; depois, sua cavalaria. Seja louvado Deus Todo Poderoso, está agora a nosso alcance ter a paz que quisermos."

A Europa ficou aterrada diante da carnificina de Malplaquet. Os aliados haviam perdido mais de vinte mil homens e os franceses dois terços desse número. Raros prisioneiros foram feitos. Os vencedores acamparam no teatro da luta e Mons, o objetivo local da batalha, foi sitiada e conquistada. O acontecimento apresentou-se, porém, a todos os homens como um terrível julgamento do malogro das negociações de paz. A República Holandesa vacilava diante do massacre de suas melhores tropas. Na Inglaterra, os "wighs", ainda em favor da guerra na mais impiedosa escala, proclamavam em discursos e panfletos que uma vitória fora conquistada. Os "tories", porém, acusavam-nos, e a Marlborough, de terem desperdiçado a oportunidade de uma boa paz para produzir uma carnificina infrutífera, que não encontrava igual na lembrança da Europa. Com efeito, Malplaquet, a maior e mais sangrenta batalha do século XVIII, só foi superada pela estéril vitória de Napoleão em Borodino, cem anos mais tarde.

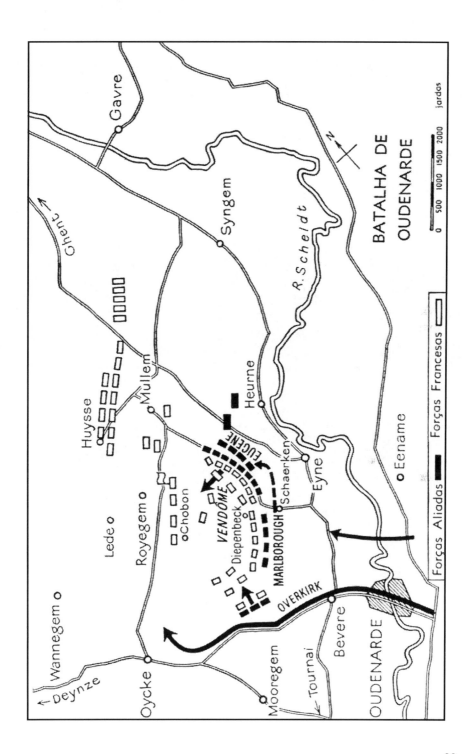

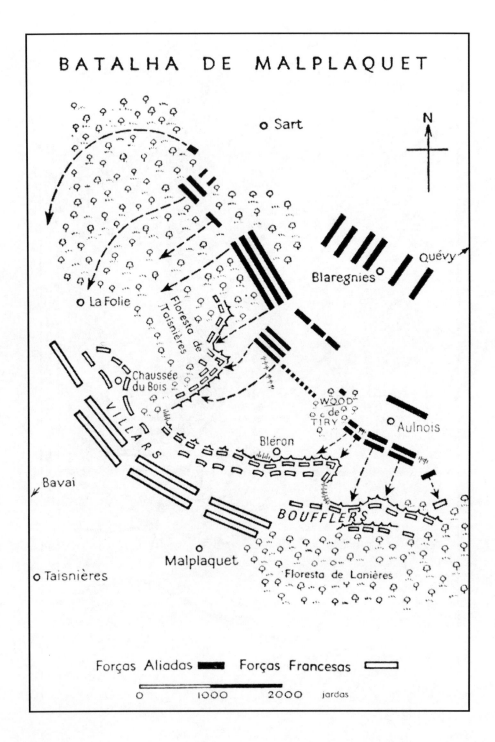

CAPÍTULO VI

O TRATADO DE UTRECHT

Todos os olhos estavam agora voltados para a Corte Inglesa. Sabia-se em toda a Europa que a força de Marlborough junto à rainha se desvanecera. Harley, com infinita astúcia e com o auxílio de Abigail, concretizara seu desígnio de colocar no poder uma administração "tory", com o objetivo de terminar uma guerra da qual todos se sentiam cansados.

Os grandes exércitos estavam frente a frente para a campanha de 1710. Seus efetivos reais eram maiores do que nunca antes, mas Marlborough e Eugênio não podiam ou não queriam forçar Villars à batalha. Com efeito, pode-se pensar que Marlborough se sentia tão doente pela carnificina de Malplaquet e tão desalentado pelas animosidades que contra ele se concentravam na Inglaterra, que daí por diante só travaria a guerra como se fosse um jogo de xadrez. É certo que os dois capitães gêmeos procuravam apenas batalhas com vantagem, o que a habilidade de Villars não lhes oferecia. Douai foi tomada após outro árduo sítio e, mais tarde, a captura de Aire e St. Venant abriu a linha do Lys. Eram resultados inadequados para uma campanha tão vasta e dispendiosa.

Enquanto Marlborough se dedicava a essas atividades, a crise política no reino de Ana avançava firmemente para o seu clímax. A Igreja da Inglaterra estava agitada e o clero "tory" pregava contra a guerra e contra seus líderes, especialmente Godolphin. O dr. Sacheverell, clérigo da Alta Igreja pronunciou em Londres um sermão em que atacava violentamente o governo, os "whigs" e o Lorde Tesoureiro. Com grande falta de sabedoria, o governo ordenou um processo de Estado, sob a forma de impedimento. Não só os "tories", mas também a populaça de Londres reuniu-se em torno de Sacheverell e ocorreram cenas que faziam lembrar aquelas que se verificaram por ocasião do julgamento dos Sete Bispos, um quarto de século antes. Por pequena maioria, penalidades nominais foram impostas a Sacheverell, que se tornou então o herói do momento.

A rainha Ana, aconselhada por Harley, sentia-se agora suficientemente forte para vingar-se do que considerava como o insulto que lhe fora imposto pela intrusão dos "whigs" no seu Conselho. Durante um ano, por meio de sucessivas medidas, todo o caráter do governo foi alterado. Primeiro, Sunderland foi demitido; em seguida, em agosto, a rainha Ana ordenou a Godolphin que dissolvesse seu gabinete e deixasse seu serviço, acrescentando: "mas eu lhe darei uma pensão de quatro mil por ano." Godolphin recusou a pensão e retirou-se para uma modesta vida privada. Os ministros "whigs" de menor importância foram também afastados dos cargos. Harley formou um governo predominantemente "tory" e, ao seu lado, Henrique St. John tornou-se secretário de Estado. O novo governo era formado principalmente em torno do duque de Shrewsbury e obteve o apoio de muitas personalidades de alta posição, excepcionais habilidades e famintas ambições. A eleição geral, convenientemente convocada, produziu uma substancial maioria "tory" na Câmara dos Comuns.

Marlborough regressou de sua nona campanha para encontrar a Inglaterra sob o controle de seus inimigos políticos e pessoais. A rainha exigiu que ele forçasse Sara a deixar seus aposentos na Corte. Em vão Marlborough se ajoelhou diante dela. St. John, que ele ajudara e acarinhara nos anos de triunfo, repreendeu-o em tom insolente e superior. Harley curvou-se e saudou-o com a maior frieza. Ele também tinha uma dívida a pagar. Apesar disso tudo, porém, Marlborough era ainda a preciosíssima propriedade do governo hostil e da vingativa rainha. Antes de se tornarem ministros responsáveis, os "tories" pensavam que poderiam obter a paz em termos vitoriosos apenas insinuando sua disposição de aceitá-la. Percebiam agora que a queda de Marlborough era também a revivescência de Luís XIV. Encontravam-se face a face com uma França muito diferente da humilhada monarquia de 1709. Todos os Estados da Grande Aliança viam, com amargurado remorso, que haviam perdido sua oportunidade. Em sua desgraça e com renovados temores, aferravam-se a Marlborough. Os holandeses, os prussianos, os vários príncipes do Reno declararam que suas tropas não serviriam sob nenhum outro comandante. Harley e seu lugar tenente, St. John, que se estava elevando rapidamente para a fama, compreendiam agora que teriam de empenhar-se em outra campanha. Assim, de todos os círculos, mesmo os mais inamistosos, Marlborough recebia concitações, implorações e apelos para que servisse. "Whigs" derrotados, "tories" exultantes, Harley e St. John, a rainha, os Estados Gerais, o rei da Prússia, os príncipes do Reno e, mais fervoroso que todos, o Imperador apelavam-lhe para que se mantivesse ao lado da causa comum. Embora tenha sido mais tarde alvo de caçoadas por seu amor ao poder e à guerra, era seu dever atender. Entre os ministros "tories" e Marlborough estabeleceram-se termos para a adequada manutenção dos exércitos na frente de batalha e o general-capitão, pelo décimo ano sucessivo, assumiu o comando.

Harley e St. John estavam agora em pleno apogeu. Tendo despachado Marlborough para as guerras, prosseguiram com constância, habilidade e vigor toda a política do Partido Tory. St. John enviou uma grande, mal administrada e mal azarada expedição para tomar Quebec dos franceses. Harley, como chanceler do Erário, estava mergulhado em planos financeiros para a criação de uma grande Companhia do Mar do Sul, que deveria assumir parte da Dívida Nacional e contribuir para as rendas do país, importando escravos e mercadorias na América do Sul. Daí deveria estourar mais tarde a Bolha do Mar do Sul. Acima de tudo, porém, Harley procurava a paz com a França. Por canais secretos, desconhecidos dos aliados, estabeleceu contato com Torcy. Encontrando os franceses penosamente inflexíveis, incluiu St. John nas negociações, que prosseguiram durante todo o ano de 1711, sem o conhecimento do Parlamento ou de qualquer dos Estados confederados. O método era traiçoeiro, mas o objetivo razoável.

Apesar do propósito secreto que mantinham em comum, Harley e St. John logo se desentenderam. Sua rivalidade já se tornara aparente quando, em março, um refugiado francês, que se descobrira manter traiçoeira correspondência com o inimigo, golpeou Harley com um canivete quando estava sendo interrogado na Câmara do Conselho. Os ministros, muito excitados, sacaram de suas espadas e feriram o assaltante, que morreu uma semana mais tarde vítima de seus ferimentos. Harley não ficou gravemente ferido, mas sua popularidade em todo o país aumentou ilimitadamente. A rainha conferiu-lhe então os imponentes títulos de conde de Oxford e Mortimer, e nomeou-o para o cargo de Lorde Tesoureiro, que permanecera em comissão desde a queda de Godolphin. Harley estava no apogeu de sua carreira.

* * *

Marlborough esperava fazer a campanha de 1711 novamente em companhia de Eugênio e concentrou nada menos de cento e quarenta mil homens nas vizinhanças de Douai. Em fins de abril, porém, ocorreu um acontecimento que afetou todo o aspecto da guerra. O Imperador José morreu de varíola. O arquiduque Carlos, que se conservava obstinadamente em Barcelona, sucedia aos domínios hereditários da casa da Áustria e seria certamente eleito Imperador. Para interromper as eleições em Frankfort, Luís XIV movimentou um grande destacamento do exército de Villars para o ângulo do Reno. Isso motivou um movimento correspondente do exército de Eugênio, que em maio se retirou do campo de Marlborough, deixando o duque com noventa mil homens diante de Villars, cujo exército tinha ainda um efetivo de cento e vinte mil homens.

Durante o inverno, Villars construíra um enorme sistema de entrincheiramento e inundações, que se estendia desde o mar, através das fortalezas de Arras e Bouchain, até Maubeuge, no Sambre. Chamava a essas linhas de "Ne Plus Ultra" e, à frente de seu exército móvel, convidava ao ataque. Marlborough, aparentando descansar no mês de junho, preparava-se para perfurar essa formidável barreira. Através de sutis artes e estratagemas, convenceu Villars de que pretendia desfechar ao sul de Arras outro ataque frontal, na escala do de Malplaquet.

Os grandes exércitos formavam-se um contra o outro e as linhas de batalha estavam traçadas. Todos esperavam um ataque. Os generais aliados sentiam-se profundamente deprimidos. Pensavam que Marlborough, enfurecido ou desequilibrado pelos maus tratos que recebera na Inglaterra os conduziria a um espantoso morticínio. Em 4 de agosto, o duque dirigiu pessoalmente um reconhecimento ao longo de toda a frente de Villars. Permitiu que grande número de oficiais o acompanhasse. Assinalou os lugares onde colocaria suas baterias e apontou as posições que assaltaria. Somente seu imenso prestígio impediu protestos declarados e muitos observadores condenaram a franqueza com que falava de seus planos de batalha. Naquela noite, Villars sentiu-se cheio de esperança. Havia convocado cada batalhão e bateria de que podia dispor em todas as outras partes de suas linhas. Os soldados de Marlborough tinham cega fé em um líder que nunca os conduzira errado. Contudo, o alto comando estava dominado por preocupações e temores. Não notara que o general Cadogan se afastara silenciosamente do grande reconhecimento. Perguntavam a si próprios a que se devia a ausência da artilharia. Não estavam informados dos movimentos por trás da frente de Marlborough. Nada sabiam sobre sua forte concentração em Douai.

Finalmente, soou o toque de recolher e caiu a noite. Houve ordens para desarmar barracas e permanecer de prontidão. Logo chegaram oficiais superiores para guiar as quatro colunas e, em menos de meia hora, todo o exército estava em marcha para a esquerda. Durante toda a noite enluarada marchou para leste. Atravessou as amplas ondulações entre a cordilheira de Vimy e Arras, que dois séculos mais tarde ficariam ensopadas com o sangue britânico e canadense. A marcha foi mantida com severidade, sendo permitidas apenas breves paradas. Contudo, uma sensação de excitação dominava as tropas. Não haveria, afinal de contas, uma batalha sangrenta. O "velho cabo" estava tramando uma das suas. Antes das cinco horas da manhã do dia 5, atingiram o Scarpe, perto de Vitty. Lá o exército encontrou uma série de pontões já lançados e, quando clareou o dia, viu-se as longas colunas da artilharia agora marchando com ele.

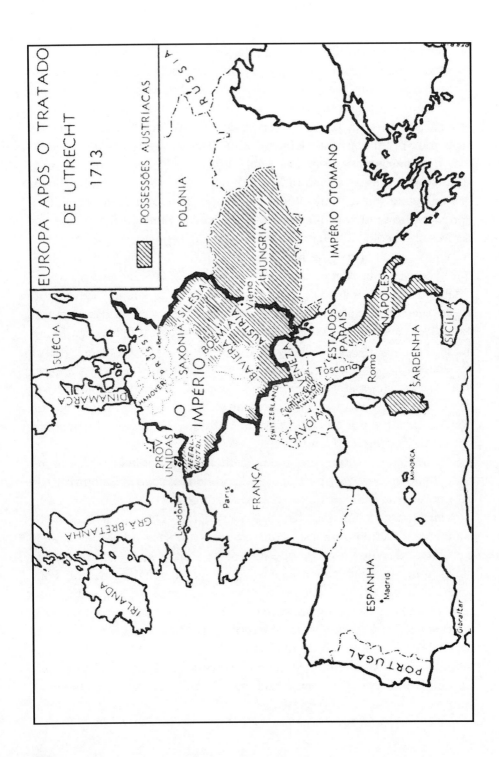

Ao romper do dia, Marlborough, cavalgando à frente de cinqüenta esquadrões, encontrou-se com um cavaleiro que vinha a galope do lugar onde se encontrava Cadogan. Trazia a notícia de que Cadogan e o general prussiano Hompesch, com vinte e dois batalhões e vinte esquadrões, haviam cruzado a estrada em Arleux, às três horas da madrugada, e estavam efetivamente de posse das linhas inimigas. Marlborough enviou então seus ajudantes de campo e oficiais superiores ao longo de toda a extensão das colunas em marcha, com ordens para explicar aos oficiais e soldados de todos os regimentos o que ele estava fazendo e o que havia acontecido, bem como de dizer-lhes que agora tudo dependia de suas qualidades na marcha. "Meu Lorde Duque quer que a infantaria apresse o passo." Com o aumento da claridade e o avançar do dia, as tropas puderam ver à sua direita, através dos pântanos e canais do Sensée, que os franceses estavam se movimentando paralelamente a elas à distância de meio tiro de canhão. Contudo, viram também que a vanguarda da Cavalaria Francesa estava apenas à frente da infantaria aliada. Em 5 de agosto, o grosso do exército aliado havia cruzado o Sensée e estava penetrando nas linhas inimigas. Milhares de soldados exaustos haviam tombado pelo caminho e muitos morreram na paixão de seu esforço.

Em resultado, Marlborough formou uma frente além das linhas, que Villars, com suas forças chegando aos poucos ao local, era incapaz de atacar. Houve, e há, uma controvérsia sobre se Marlborough não deveria ter tomado a iniciativa de atacar. Sem dúvida, tanto Blenheim como Oudenarde haviam lhe apresentado riscos mais graves. Todavia, ao invés de forçar uma batalha, movimentou-se rapidamente para sua esquerda, atravessou o Scheldt e estabeleceu o sítio da fortaleza de Bouchain. A passagem pelas linhas "Ne Plus Ultra" e o cerco e captura de Bouchain foram considerados pela Europa como excepcionais manifestações da arte militar. Villars, com um exército equiparável a toda a força de Marlborough, esforçou-se vigorosamente por interromper a operação. Marlborough tendo obtido compulsoriamente seis mil operários da Flandres e de Brabante, construiu linhas de circunvalação ao redor de toda Bouchain e também entrincheiramentos duplos protegendo suas comunicações com o Scheldt. Dirigiu pessoalmente o sítio e comandou o exército de cobertura. Em todas as horas do dia e da noite, movia-se pelo espantoso labirinto que havia criado e que estrangulava Bouchain. O comboio do sítio chegou de Toumai em 21 de agosto e as baterias abriram fogo no dia 30. Enquanto Marlborough bombardeava Bouchain, Villars o bombardeava. Era um sítio dentro de um sítio, com a possibilidade constante de uma batalha de conseqüências adversas para os sitiantes. Não há melhor exemplo da aptidão de Marlborough. Bouchain capitulou em princípios de setembro. Um exército hostil, tão grande quanto o de Marlborough, observou a poderosa guarnição da cidade sair dela como prisioneiros de guerra. O duque desejava ainda continuar a campanha e sitiou Quesnoy. Não faltavam forças materiais, mas todos os comandantes estavam moralmente esgotados. Os exércitos entraram em quartéis de inverno e Marlborough voltou para a pátria. Durante dez anos havia conduzido os exércitos da Grande Aliança e durante todo esse período nunca travou uma batalha que não vencesse nem sitiou uma cidade que não tomasse. Nada existe igual a isso nos anais da guerra.

* * *

Era agora impossível ocultar por mais tempo as negociações secretas de paz que durante todo esse período tinham estado em progresso. Constituíram um choque para o veemente mundo londrino. Harley — para usar seu anterior estilo — comandava uma sólida maioria "tory" nos Comuns, mas os "whigs" ainda controlavam a Câmara dos Lordes. Os líderes "tories" estavam certos de que poderiam realizar a paz, se Marlborough os apoiasse. Para curvá-lo à sua vontade, haviam iniciado durante a campanha, um inquérito sobre as contas dos exércitos, com o objetivo de estabelecer contra ele uma acusação de peculato. Se Marlborough os ajudasse a estabelecer a paz e impô-la aos aliados, ou a estabelecer uma paz em separado, essas acusações seriam esquecidas e ele ainda continuaria a gozar da "proteção da Corte". Em caso contrário, os "tories" pensavam que tinham o suficiente para enlamear seu caráter. O duque, que estava em íntima associação com o Eleitor Jorge, de Hanover, herdeiro do trono, e que ainda gozava do apoio do rei da Prússia e dos príncipes da Grande Aliança, não concordou em circunstância alguma com uma paz em separado.

O Parlamento abriu-se no inverno de 1711 em meio à intensa crise. Os dois grandes partidos defrontavam-se em todas as questões da longa guerra. Os "whigs" aproveitaram-se de sua maioria na Câmara dos Lordes.

Aprovaram uma resolução, hostil ao governo, por uma maioria de doze votos. Harley, porém, contando com forte apoio da Câmara dos Comuns e aproveitando-se ao máximo do favor da rainha, respondeu a esse ataque com uma medida decisiva. Apresentou as acusações de peculato contra Marlborough e pediu à rainha a criação extraordinária de doze pares para sobrepujar a maioria adversa na Câmara dos Lordes. Seguiram-se pesados golpes. Marlborough foi afastado de todos os seus cargos e exposto à censura da Câmara dos Comuns. Os salários e emolumentos que recebera como general-capitão da Inglaterra, como general-capitão delegado da Holanda e em muitos outros cargos e comissões haviam-lhe permitido, com sua capacidade de fazer economia e obter lucros, formar uma grande fortuna. Era agora acusado principalmente de ter feito reverter em seu próprio benefício durante os dez anos de seu comando os 2,5 por cento retirados do pagamento de todos os contingentes estrangeiros incluídos no exército aliado.

Sua defesa foi convincente. Apresentou uma ordem de 1702, assinada pela rainha Ana, autorizando-o a fazer essa dedução, que sempre fora habitual na Grande Aliança desde os tempos do rei Guilherme. Declarou que todo o dinheiro — quase um quarto de milhão — fora gasto com o Serviço Secreto e com o Serviço de Informações do Exército, que ninguém negava terem sido os mais perfeitos até então conhecidos. Isso não impediu que os "tories", na Câmara dos Comuns, impugnassem sua conduta por uma maioria de 276 votos contra 165. Foi instaurado contra o general demitido um processo de Estado para a reposição de importâncias muito grandes. Todavia, todos os príncipes da Aliança, chefiados pelo Eleitor de Hanover e pelo rei da Prússia, afirmaram solenemente, em documentos oficiais, "que haviam entregue voluntariamente 2,5 por cento ao duque de Marlborough para as finalidades do Serviço Secreto e sem esperar qualquer prestação de contas". O Eleitor acrescentou: "Estamos plenamente convencidos e certos de que o Príncipe, Duque de Marlborough, aplicou anualmente essas importâncias no Serviço Secreto de acordo com sua destinação... e que sua sábia aplicação dessas importâncias contribuiu vigorosamente para a vitória em tantas batalhas, para a passagem de tantos entrincheiramentos e tantas linhas, êxitos que, depois das graças de Deus, são devidos em grande parte às boas notícias e informações que o dito Príncipe tinha sobre os movimentos e a condição do inimigo."

A Inglaterra estava agora dividida em duas na questão da paz. Precisava ser uma paz em separado, pois cada um dos aliados e todos eles repudiaram o direito de o governo britânico abandonar a aliança e cuidar de si próprio. Naquela altiva e impetuosa sociedade de Londres e da Europa nenhum acordo era possível. Entrementes, os exércitos franceses, esgotados, mas revigorados pela queda de seu grande adversário, estavam se concentrando com grandes forças. Luís XIV viu-se entregue ao seu último alento e seu valoroso povo acorreu em sua ajuda. Harley e St. John não puderam evitar a campanha de 1712. Nomearam para o comando o duque de Ormonde, o esplêndido nobre que falhara em Cadiz. Asseguraram sua fidelidade aos holandeses. Eugênio foi enviado aos Países Baixos pelo Imperador. Eugênio, que numa visita à Inglaterra procurara inutilmente conquistar as lealdades do governo "tory" e proclamara sua inabalável amizade por Marlborough, viu-se à frente de uma força suficiente para entrar no campo de batalha. Exasperado pelo comportamento do Gabinete de Londres, foi levado traiçoeiramente a uma campanha superaudaciosa. Estabeleceu o sítio de Quesnoy e pediu a Ormonde que o ajudasse. Entretanto, o governo inglês estava então na iminência de uma paz separada. St. John enviara ordens restritivas secretas a Ormonde para que não "participasse de qualquer cerco em que se arriscasse a uma batalha" — como se tais táticas fossem possíveis.

Num dia sombrio, o exército britânico, até então o mais avançado na causa aliada e admirado por todos, marchou para fora do campo aliado, com amarga humilhação e em meio às maldições de seus antigos camaradas. Somente um punhado de aliados pagos pelos britânicos o acompanhou. Embora privada de seu pagamento e dos atrasados, a grande maioria declarou que continuaria a lutar pela "causa comum". Muitos dos veteranos de Marlborough jogaram-se ao chão cheios de vergonha e fúria. Os ultrajados holandeses fecharam as portas de suas cidades diante do aliado desertor. Villars, avançando rapidamente, caiu sobre os depósitos de Eugênio em Denain e infligiu-lhe uma cruel derrota, na qual muitas de suas tropas foram lançadas ao Scheldt e afogadas. Depois desse colapso, Villars capturou todas as bases avançadas dos aliados e conquistou Douai, Quesnoy e Bouchain. Anulou assim todos os êxitos dos últimos três anos e, ao fim de uma terrível guerra, saiu vitorioso. O Exército Inglês, sob o comando de Ormonde, em resultado de uma convenção militar assinada com a França, retirou-se para Dunquerque, que lhe foi temporariamente cedida. Depois dessas abaladoras derrotas, todos os Estados da Grande Aliança foram forçados a fazer a paz nos melhores termos possíveis.

* * *

O que é chamado de Tratado de Utrecht foi na realidade uma série de tratados separados entre os Estados aliados, individualmente, e a França e Espanha. O Império continuou a guerra sozinho. Em primeiro plano, permanecia o fato de o duque de Anjou, reconhecido como Filipe V, conservar a Espanha e as Índias, escarnecendo assim da irracional declaração a que o Parlamento inglês se apegara durante tanto tempo. Pondo isso à parte, o governo britânico obteve seus termos especiais; a Corte Francesa reconheceu a sucessão protestante na Grã-Bretanha e concordou em expulsar da França o Pretendente, em demolir as fortificações de Dunquerque e em ceder vários territórios na América do Norte e nas Índias Ocidentais, a saber, Baía de Hudson, Terra Nova, Nova Escócia, que fora capturada por uma expedição de Massachusetts, e St. Christopher. Com a Espanha os termos foram no sentido de que a Inglaterra conservaria Minorca e Gibraltar, assegurando para si, enquanto continuasse sendo a principal potência marítima, a entrada e o controle do Mediterrâneo. Vantagens comerciais, que um dia iriam provocar outra guerra, foram obtidas na América do Sul espanhola, particularmente o Asiento, ou seja, o direito exclusivo, por trinta anos, de importar negros como escravos no Novo Mundo. Tanto a França como a Espanha renunciaram à União de suas duas Coroas. Isto, através de muitas mortes estranhas na família real francesa, dependia, para sua validade, da frágil criança que se tornou conhecida na história como Luís XV. Os catalães, que haviam sido chamados à luta pelos aliados e, particularmente, pela Inglaterra, e que aderiram com admirável tenacidade ao arquiduque, que chamavam de Carlos III, foram entregues, com corteses frases diplomáticas, à vingança do partido vitorioso na Espanha.

Os holandeses garantiram-se uma barreira limitada, que ainda assim incluía, na linha exterior, Furnes, Fort Knocke, Ypres, Menin, Tournai, Mons, Charleroi e Namur; Ghent, para comunicações com a Holanda; e alguns fortes importantes que protegiam a entrada do Scheldt. A Prússia obteve Guelderland, à custa das pretensões holandesas. Todas as outras fortalezas nos Países Baixos, além da barreira, foram devolvidas à França, inclusive e particularmente Lille. O duque de Savóia ganhou a Sicília e uma poderosa fronteira nos Alpes. Portugal foi recompensado por seus fracos serviços com direitos de comércio no Amazonas. As fronteiras do Reno e o destino da Baviera e da região milanesa foram deixados para serem decididos em outra guerra. Esses foram os resultados alcançados em Utrecht, na primavera de 1713, e Chatham, que herdou suas conseqüências, iria um dia declarar que eles representaram "uma mancha indelével sobre a era".

O Imperador Carlos, indignado pela entrega da Espanha, lutou durante todo o ano de 1713. Contudo, os franceses, embora exaustos, tomaram a fortaleza-chave de Landau e penetraram novamente na Alemanha. Em março de 1714, o Imperador foi obrigado a concluir a Paz de Rastadt. Por esse tratado, a França recuperou Strasbourg e Landau, e cedeu todas as suas conquistas na margem direita do Reno. O Eleitor da Baviera foi restaurado em seus domínios. A região milanesa, Nápoles e Sardenha ficaram com o Império. Nessas bases, a Europa assentou-se em uma paz inquieta e, embora tais termos não fossem comparáveis aos que os aliados poderiam ter obtido em 1706, 1709 ou 1710, ainda assim puseram fim durante algum tempo ao longo tormento a que fora sujeita a Cristandade.

* * *

Marlborough foi tão perseguido pelo Partido Tory e tão acossado pelos processos de Estado contra ele movidos por seu alegado peculato, que em fins de 1712 deixou o país e foi viver em exílio voluntário na Holanda e na Alemanha, até o término do reinado. Manteve suas íntimas relações com a Corte de Hanover, assim como com a oposição "whig" na Inglaterra e, com Cadogan e outros de seus antigos oficiais, conservou-se pronto para assumir o comando das tropas britânicas nos Países Baixos e em Dunquerque, a fim de conduzí-las à Inglaterra para assegurar a sucessão protestante.

A fase final do triunfo "tory" foi miserável. St. John, elevado ao pariato como visconde de Bolingbroke, envolveu-se numa disputa mortal com Harley, conde de Oxford. Sua vida escandalosa e suas incursões financeiras sobre o público expuseram-no a processo nas mãos impiedosas de Harley. No entanto, tendo obtido o auxílio de Abigail por suborno, suplantou Oxford no favor da rainha. Ana estava então abatida pela gota e por outras enfermidades. Durante muitos meses, sua vida pendeu por um fio. Ela, que vira tanta glória, encaminhava-se agora para um fim ignominioso. Tendo gozado na mais ampla escala do amor de seu povo durante muitos anos de esplendor, tornava-se agora instrumento do que se transformara numa desmoralizada facção. Sob esse peso de hostilidade e censura, a pobre rainha mergulhou em tristezas até o túmulo. Seu espírito, porém, ardeu inabalavelmente até o fim. Ela acompanhou com a maior atenção as renhidas lutas que destroçavam o seu Gabinete. Ninguém sabe se desejava ou não fazer de seu meio-irmão, o Pretendente, seu herdeiro. Mais uma vez, as duas Inglaterras que se digladiavam desde a Grande Rebelião enfrentavam-se sob disfarces diferentes e numa cena modificada, mas com os mesmos principais antagonismos. Os "whigs", fortalecidos pelo Ato da Sucessão e pela resolução protestante da nação, preparavam-se ostensivamente para tomar armas contra uma restauração jacobita. O Eleitor de Hanover, apoiado pelos holandeses e ajudado por Marlborough, reunia forças para repetir o desembarque de Guilherme de Orange.

Os últimos meses de 1714 foram cheios de prenúncios de guerra civil. Contudo, Bolingbroke, embora em ascensão, não tinha o ânimo nem a qualidade para empenhar-se nesse jogo fatal. A declaração do "Pretendente Príncipe de Gales" de que jamais abandonaria a crença católica romana tornou impraticável sua imposição sobre o trono britânico. Todos devem respeitar seus honrosos escrúpulos, especialmente quando proporcionavam tanta vantagem nacional. "Bom Deus" exclamou o duque de Buckinghamshire (após ter sido expulso do poder), "como foi governada esta pobre nação no meu tempo! Durante o reinado do rei Carlos II, foi governada por uma porção de prostitutas francesas, na época do rei Jaime II, por uma porção de padres papistas, no tempo do rei Guilherme, por uma porção de lacaios holandeses e, agora, estamos sendo governados por uma suja camareira, um advogado galense e um miserável libertino que não tem honra nem honestidade."

Muitos relatos convergem para a conclusão de que a cena final do longo duelo entre Oxford e Bolingbroke, no Conselho do Gabinete, em

27 de julho causou a morte da rainha Ana. Já quase incapaz de permanecer em pé ou caminhar, ela ainda assim acompanhava com profunda atenção as intensas lutas políticas que se travavam ao seu redor. Fez Oxford saber, por meio de atitudes e declarações, que ele deveria abandonar o cargo de Lorde Tesoureiro. O balofo e indolente, mas não menos duro e habilidoso político que derrubara Marlborough e modificara a história da Europa desfechou um golpe final contra seu triunfante rival. Em expressões selvagens, através da mesa, estando ambos os homens a menos de dois metros da rainha, ele denunciou Bolingbroke a ela como um vilão e um ladrão, e em termos de vaga, mas não menos impressionante ameaça tornou claro que o denunciaria ao Parlamento. Ana ficou profundamente abalada. Estava sendo martirizada além de sua capacidade de resistência. Havia chamado tudo à sua responsabilidade e agora não sabia que rumo tomar. Foi assistida e afastada daquela violenta confrontação e, dois dias mais tarde, as aflições que até então atormentavam seu corpo passaram também para seu cérebro.

Bolingbroke permaneceu senhor da situação, mas apenas por dois dias. Em 30 de julho, quando a rainha estava evidentemente às portas da morte, o Conselho Privado reuniu-se no palácio. Estava para iniciar suas atividades, quando a porta se abriu e por ela entraram os duques de Somerset e Argyll. Ambos eram conselheiros privados, mas nenhum deles havia sido convocado. Declararam que o perigo em que se encontrava a rainha fazia com que fosse seu dever oferecer seus serviços. Shrewsbury, Lorde Chanceler, que certamente havia planejado esse golpe, agradeceu-lhes seu patriótico impulso. Bolingbroke, como Oxford alguns anos antes, vacilou diante do desafio. O Conselho compareceu perante o leito de morte da rainha e concitou-a a confiar a Shrewsbury o Bastão Branco de Lorde Tesoureiro, que fora devolvido por Oxford. Isso tornaria Shrewsbury virtualmente chefe do governo. Com passageiro vigor, Ana, orientada pelo Lorde Chanceler, transmitiu-lhe o símbolo e, em seguida, caiu em estado de coma.

O Conselho permaneceu reunido até tarde da noite. Medidas vigorosas foram tomadas para assegurar a sucessão hanoveriana. Mensageiros foram despachados em todas as direções para chamar ao dever cada funcionário e oficial em todo o país. A Esquadra foi mobilizada sob o comando do conde "whig" de Berkeley e recebeu ordem para patrulhar o Canal e vigiar os portos franceses. Dez batalhões foram chamados de Flandres. As guarnições foram postas de prontidão e os "train-bands" alertados. Os holandeses foram lembrados de suas obrigações contratuais. Tudo estava preparado para assegurar a ascensão do Eleitor de Hanover, como Jorge I. Essas ordens tinham as assinaturas, não apenas de Shrewsbury, Somerset e Argyll, mas também de Bolingbroke e seus colegas "tories". Não lhes restara outra alternativa. Todos os preparativos foram feitos com arautos e tropas da guarda real para proclamar o rei Jorge. Quando a rainha Ana deu o seu último suspiro às sete horas e meia de 1º de agosto, estava garantido que não haveria papismo, nem sucessão disputada, nem baionetas francesas, nem guerra civil.

Assim terminou um dos maiores reinados da história inglesa, que se tornou glorioso pelas vitórias e pela orientação de Marlborough. A União e a grandeza da Ilha haviam sido firmadas. O poder da França para dominar a Europa estava rompido e só Napoleão poderia revivê-lo. O último dos soberanos Stuart presidira a uma maravilhosa expansão do poderio nacional britânico e, apesar das falhas morais e físicas de seus últimos anos, mereceu receber na história o título de "Boa Rainha Ana."

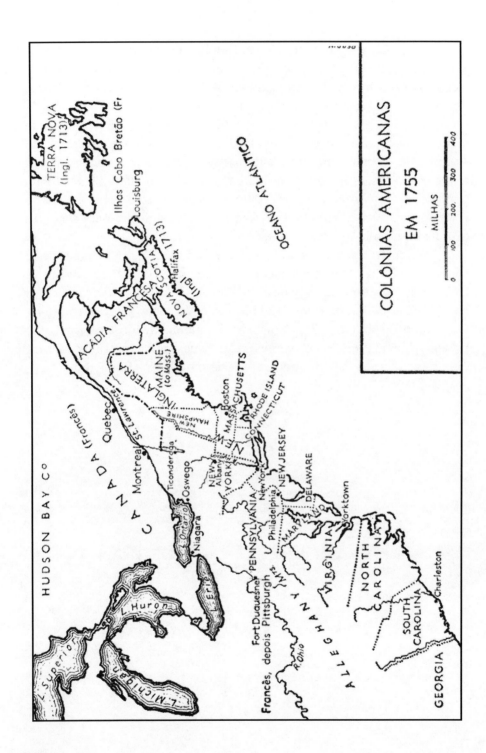

Livro VIII

O Primeiro Império Britânico

CAPÍTULO I

A casa de Hanover

Em fins do verão de 1714, toda a Inglaterra aguardava a chegada do rei Jorge I, que, em 18 de setembro, desembarcou em Greenwich. Este afortunado príncipe alemão, que não sabia falar inglês, olhava seu novo reino sem entusiasmo. Ao aceitar o trono do Reino Unido estava, segundo lhe parecia, prestando um favor a seus novos súditos. Atendia à conveniência dos políticos ingleses. Em troca esperava que o poderio e a riqueza britânicas fossem postos a serviço de seus domínios em Hanover e seus grandes interesses no cenário europeu. Seus deveres reais exigiam que se exilasse da pátria e se fixasse numa ilha que só visitara uma vez antes e da qual não gostava. Nos anos passados, como herdeiro presuntivo, havia observado atentamente o desenvolvimento partidário da política inglesa. Acompanhara com desgosto as manobras dos líderes partidários, sem compreender as forças que os faziam subir ou os princípios que estavam em jogo. Agora, na margem do Tâmisa, com suspeita e desconfiança, a que não faltava um pouco de desprezo, olhava para os nobres e ministros que tinham ido cumprimentá-lo. Ali, em solo inglês, estava uma figura pouco atraente, um obstinado e estúpido alemão, de cérebro obtuso e gostos rudes. Como comandante nas últimas guerras fora indolente e incompetente, como condutor de homens não demonstrara ativa habilidade ou generosidade de espírito. No entanto, a rigidez de sua mente era atenuada por uma lenta sagacidade e um constante senso comum. O trono britânico não era herança fácil, especialmente para um príncipe estrangeiro. O rei Jorge aceitou-o resmungando e foi desajeitadamente que desempenhou o seu papel. Devia sua coroa aos azares da circunstância, mas nunca a deixou fugir das mãos. Muitos dos ocupantes de altos cargos no reinado anterior depositavam esperanças no novo rei. Outros estavam dominados por justificáveis apreensões. Entre os que sentiam aguda ansiedade, destacava-se Bolingbroke, cuja queda foi inexorável e rápida. Por ocasião da morte de Ana, era ainda secretário de Estado. Todos, porém, suspeitavam que, se a rainha tivesse vivido mais algumas semanas, Bolingbroke teria encabeçado uma Restauração Jacobita. Os verdadeiros desígnios, se é que tinha algum, deste brilhante e volúvel oportunista dificilmente podem ser discernidos. Tinha o dom de expressar em linguagem decisiva qualquer política que o momento exigisse. Conseguia acertar na cabeça de qualquer prego, embora nunca lhe parecesse importante qual fosse o prego. Havia jogado alto e, no momento crítico, vacilara e perdera. Pouca clemência podia esperar. Não o deixaram também muito tempo em dúvida. Seu nome não foi incluído entre os regentes nomeados para agir em nome do rei até a chegada de Sua Majestade. Pouco depois, chegou-lhe de Hanover uma breve nota de demissão. Retirando-se para o campo, vagueou desorientado entre remorsos e temores. O primeiro Parlamento do novo reinado exigiu seu impedimento. Desesperado, Bolingbroke procurou o conselho de Marlborough, agora de volta do exílio, e a quem havia tão impiedosamente perseguido e expulso do poder. Em sua entrevista, Marlborough foi todo polidez. Contudo, esforçou-se por sugerir que a vida de Bolingbroke estava em perigo. Insinuou que, dos líderes '' tories", só Bolingbroke pagaria com sangue seus delitos. Na mesma noite, Bolingbroke fugiu para a França disfarçado como pajem, com sua altivez completamente arrasada. Alguns meses depois, deu o mergulho e tornou-se secretário de Estado do Pretendente. A Corte de Saint-Germain, com a qual durante tanto tempo se envolvera em intrigas, logo o desiludiria. Tinha à sua frente oito anos de exílio. Todavia, sua figura falsa e brilhante ainda não saiu de nossa história. Seu grande rival, Roberto Harley, conde de Oxford, estava enquanto isso preso na Torre de Londres. Nenhum castigo condigno lhe foi imposto, mas quando saiu da Torre era um homem arruinado.

* * *

As paixões políticas do século XVII haviam-se consumido nos últimos anos do reinado de Ana. A luta dos "whigs" contra os "tories" levara o país à beira da guerra civil. A questão em disputa era a de saber quem sucederia à Coroa, o filho católico de Jaime II ou o Eleitor Protestante? Agora, tudo estava resolvido. Não havia mais nenhuma grande questão constitucional. Jorge I subira pacificamente ao trono. O Partido Tory estava abalado e a Inglaterra estava assentada, resmungando mas segura, sob o longo domínio do "whiggismo". Uma rápida modificação na atmosfera assinalou as décadas que se seguiram a 1714. A fúria e a malícia da controvérsia foram substituídas por uma apática tolerância. Não mais dominavam grandes princípios. O sentimento político foi substituído pelo interesse político. A vida política foi degradada pelo materialismo e a política tornou-se uma luta pela disputa de cargos e pelos favores da Corte, entre os grupos rivais de "whigs".

A monarquia também perdera seu resplendor. Não se pretextava que os reis hanoverianos governavam por Direito Divino. Mantinham sua posição por expressa sanção do Parlamento. Até mesmo o simbolismo da realeza foi mutilado. A Corte não era mais o centro de beleza, de posição e de moda. Uma certa sordidez insinuou-se no cerimonial e nas pessoas dos cortesãos. A vida no palácio real era dominada pela panóplia e pelo ambiente de um pequeno príncipe alemão. Os monótonos nomes das mulheres alemãs estão sempre presentes nas memórias da época — as Kielmansegges e as Wallmodens, as Platens e as Schulenbergs — todas as quais logo se apresentariam com títulos e riquezas ingleses. Muita coisa se ouvia nos círculos políticos sobre as influências da "quadrilha" alemã — Bernstorff e Bothmer, conselheiros que o primeiro Jorge trouxera consigo, e Roberthon, seu secretário particular huguenote.

Os homens que lideravam o Partido Whig no tempo da rainha Ana estavam se afastando rapidamente da cena. Wharton, que foi durante muito tempo o grande organizador do partido, morreu em 1715. Carlos Montagu, então Lorde Halifax, que tanto fizera no sentido de reconstruir as finanças inglesas durante as guerras do rei Guilherme, seguiu seu colega no mesmo ano, e Burnet, o diligente historiador e o mais sólido dos "whigs" defensores da Igreja, também desapareceu. Lorde Somers, ex-Lorde Chanceler, paralítico e desamparado, viu sua vida arrastar-se por mais doze meses. E a maior de todas as figuras, João, duque de Marlborough, viveu em esplêndido isolamento em suas casas de Blenheim e St. Albans, atacado por uma lenta paralisia, até que foi libertado pela morte em 1722. Sua esposa Sara estava destinada a suportar a vida por mais vinte anos, como uma triste recordação dos grandes dias da Era Augustiana. Estava, porém, sozinha.

Uma nova geração de estadistas — "Walpole, Stanhope, Carteret e Townshend — deveria assegurar a transição pacífica da era de Ana para a era de Jorge. Nesse grupo, Stanhope gradualmente se tornou o principal ministro. Exercera o comando na Espanha durante as guerras e capturara Minorca. Agora, seu principal interesse residia nos negócios do exterior. Em questões internas era menos feliz e, neste setor, o governo não enfrentava tarefa tranqüila. O país concordara com a imposição pelo Parlamento de uma família real alemã. Entretanto, havia, em muitas partes da Inglaterra, forte sentimento em favor da casa de Stuart. Em Londres, em Oxford e no West Country houve distúrbios e gritarias. As casas e os locais de encontro dos Dissidentes foram mais uma vez saqueados e destruídos como símbolos do novo regime "whig". Retratos do rei Guilherme foram queimados em cerimônia realizada em Smithfield. O mais capaz dos adeptos do Pretendente Jacobita, o marechal Berwick, filho ilegítimo de Jaime II e da irmã de Marlborough, calculava que, em 1715, de cada seis pessoas na Inglaterra cinco eram jacobitas. Tratava-se certamente de um exagero, mas, embora o governo tivesse se saído bem das eleições do ano anterior, tinha toda razão para temer os sentimentos do povo. Os governantes haviam conseguido sua maior vitória devido a uma fria liderança e uma melhor organização, mas não tinham a ilusão de dominar o sentimento geral do país. Na dupla tarefa de agradar um rei alemão e uma nação descontente, sua paciência foi submetida a dura prova. Suas primeiras ações envolveram a Inglaterra na Europa Setentrional em favor da casa de Hanover. A Esquadra inglesa foi enviada para conquistar portos suecos na costa norte da Alemanha, que há muito tempo eram cobiçados pelos Eleitores de Hanover. Houve azedas queixas no sentido de que os recursos da Inglaterra estavam sendo usados em favor dos interesses alemães. Contudo, os ministros "whigs", embora nervosos, tomaram precauções. O embaixador britânico em Paris mantinha-os bem informados sobre os movimentos jacobitas na França. Estavam sendo elaborados planos para um levante geral, não apenas na Inglaterra, mas também na Escócia, inquieta e até então desapontada com os resultados do Ato de União. Quando sobreveio o golpe, o governo estava preparado. Além disso, os jacobitas sofreram um severo golpe com a morte de Luís XIV em 1º de setembro. O Grande Rei fora seu protetor e encorajador. O Regente de Orleans, agora na chefia dos negócios franceses, mostrava-se frio diante de seus projetos.

Em 6 de setembro, o conde de Mar hasteou o pavilhão jacobita em Perth. Seis semanas depois, dez mil homens estavam em armas contra o domínio hanoveriano na Escócia. Não tinham, porém, planos adequados nem ligação sólida com os exilados na França. O governo de Londres agiu imediatamente. O Parlamento aprovou a Lei de Distúrbio para reprimir as agitações nas cidades inglesas. Oxford foi ocupada por um corpo de cavalaria. Vendedores de panfletos sediciosos e pessoas que expressavam opiniões sediciosas foram rapidamente presos. O habeas-corpus foi suspenso. Uma recompensa de 100.000 libras foi oferecida pela prisão do Pretendente, vivo ou morto. Tropas holandesas foram pedidas à Holanda nos termos do Tratado da Barreira, que garantia a sucessão protestante na Inglaterra, e as forças regulares marcharam para o norte contra os rebeldes.

No norte da Inglaterra, um pequeno grupo de elementos da classe rica, dirigido por lorde Derwentwater, ergueu-se em apoio aos Stuarts. Foi incapaz de estabelecer efetivo contato com Mar, mas, reforçado por quatro mil escoceses, fez uma temerária e desesperada tentativa de obter auxílio das cidades e da área rural ao sul do local onde agia. O duque de Marlborough foi consultado pelas autoridades militares. "Vós os derrotareis" disse ele, assinalando Preston no mapa com seu polegar, "aqui". E, em 13 de novembro, lá eles foram derrotados.

As forças governamentais na Escócia, comandadas pelo "whig" duque de Argyll, defrontaram-se com o exército jacobita em Sheriffmuir no mesmo dia. A batalha não foi decisiva, mas foi seguida por deserção e desencorajamento nas fileiras jacobitas. Perdida toda esperança de êxito, o Pretendente desembarcou na costa escocesa com o mau tempo de dezembro. Não trazia dinheiro nem munição. Reunindo os líderes, evacuou-os num navio francês e voltou para a França. O colapso foi seguido por uma série de julgamentos por traição e cerca de trinta execuções. Apesar da incompetência do levante, o governo percebeu e temeu a oposição desorganizada que havia em todo o país contra o novo regime. Sentiu que devia fortalecer seu poder sobre a administração. Uma Lei Septianual prorrogou por mais quatro anos o mandato dos membros da Câmara dos Comuns e estabeleceu daí por diante, o mandato parlamentar de sete anos. Foi essa a mais ousada e completa afirmação da soberania parlamentar que a Inglaterra já assistiu. Posteriormente, os Lordes deram mais um passo. Tentaram perpetuar o monopólio "whig" em sua Câmara através de um projeto de lei que impedia a Coroa de criar mais de seis novos pariatos. Isso, porém, era muito gritante. Altos protestos foram ouvidos na Câmara dos Comuns, liderados por Walpole, que deixara o Ministério e era agora o seu maior crítico. Não era à redução do poder real que eles se opunham, mas à sua própria e eterna exclusão das fileiras do pariato. Rejeitaram o projeto por uma grande maioria.

O poder político baseou-se daí por diante na influência: na dispensa em favores da Coroa; estrelas, sinecuras, pensões; na ágil aplicação das verbas do Serviço Secreto; empregos na Alfândega para dependentes humildes; comissões ou benefícios da Igreja para os filhos mais jovens. Assim, os "whigs" estabeleceram o controle da máquina parlamentar. Embora eles próprios estivessem divididos, não havia esperança alguma de uma oposição organizada à oligarquia "whig". Os dois primeiros Jorges estiveram muito preocupados com os negócios europeus e demonstravam pouco interesse pela política interna de sua pátria adotiva. O Partido Tory não tinha força no Parlamento desde a fuga de Bolingbroke. A rebelião de 1715 tornou ainda mais fácil para o governo marcar todos os "tories" como jacobitas e perturbadores da paz. Vendo barrado o caminho para o poder e a influência política, exceto para os poucos favoritos, os homens voltaram-se para outros empreendimentos e novas aventuras.

* * *

A especulação financeira foi encorajada. O governo estava sobrecarregado por uma dívida de guerra de quase quinze milhões e a idéia de beneficiar-se com a prosperidade comercial do mundo não era pouco atraente. Em 1710, um ministro "tory" dera concessão a uma companhia para comerciar com os Mares do Sul e arranjara para que ela assumisse parte da Dívida Nacional. Essa relação aumentou rapidamente a riqueza da Companhia do Mar do Sul e, em 1720, um grupo de diretores aproximou-se do governo com um plano para absorção de toda a Dívida Nacional, que se elevava então a cerca de trinta milhões. O plano começou logo a cheirar a desonestidade, mas os políticos eram muito vorazes para rejeitá-lo. Havia uma probabilidade de eliminar toda a dívida em vinte e cinco anos. Fala-se que 1.250.000 libras foram gastas no suborno de ministros, membros do Parlamento e cortesãos. O chanceler do Erário, João Aislabie, do Partido Whig, comprou vinte e sete mil libras de ações da Companhia do Mar do Sul antes de apresentar o projeto à Câmara dos Comuns. O Banco da Inglaterra, nervoso diante de um crescente rival financeiro, competiu pelo privilégio de empreender essa gigantesca transação. Todavia, a Companhia do Mar do Sul ofereceu mais do que o Banco. Em abril de 1720, o projeto de lei que sancionava essas propostas foi submetido à Câmara. Foi recebido com um sombrio e selvagem ataque de Roberto Walpole, cuja reputação estava aumentando. "O plano favorece a perniciosa prática do jogo de bolsa; oferece uma perigosa atração para levar os incautos à ruína através de uma falsa perspectiva de ganho e a abandonar os lucros graduais de seu trabalho em troca de riqueza imaginária." O êxito, argumentou ele, dependia da alta das ações da Companhia do Mar do Sul. "O grande princípio do projeto era um mal de primeira magnitude; consistia em elevar artificialmente o valor das ações, excitando e mantendo uma paixão geral e prometendo dividendos de fundos que não seriam adequados à finalidade." No entanto, os membros da Câmara dos Comuns estavam cegos pela perspectiva do lucro pessoal. A Câmara esvaziou-se sonolentamente enquanto Walpole falava. O projeto foi aprovado em 2 de abril por 172 votos contra 55. Cinco dias mais tarde, maioria igualmente grande assegurou sua aprovação nos Lordes, onde lorde Cowper o comparou ao cavalo de madeira de Tróia.

A mania da especulação dominou tudo. As ações subiram em três meses de 128 para 300 e, alguns meses depois, para 500. Entre os sonoros gritos dos corretores e especuladores, nasceu uma multidão de companhias, algumas genuínas, outras falsas. Em junho de 1721, as ações do Mar do Sul estavam a 1.050. O próprio Roberto Walpole teve a sorte de obter um belo lucro em seus silenciosos investimentos. Em todo café de Londres, homens e mulheres investiam suas economias em qualquer empreendimento que pudesse levar seu dinheiro. Não havia limite para a credulidade do povo. Um incorporador lançou uma companhia destinada a manufaturar uma invenção conhecida por Metralhadora Puckle, "que descarregaria balas de canhões e projéteis redondos e quadrados, promovendo uma revolução total na arte da guerra". Sendo os projéteis redondos destinados a emprego contra cristãos e os quadrados contra os turcos. Outros incorporadores promoviam subscrições de companhias destinadas a tornar doce a água salgada, construir uma roda de moto contínuo, importar grandes asnos da Espanha a fim de melhorar a raça das mulas inglesas. O mais atrevido de todos foi o anúncio de "uma companhia para realizar um empreendimento de Grande Vantagem, mas que ninguém saberá qual é". Esse amável escroque instalou um escritório em Cornhill para receber subscrições. Seu escritório foi assaltado por ansiosos investidores e, depois de recolher duas mil libras em dinheiro, ele prudentemente desapareceu.

O governo alarmou-se e foi iniciado o processo de supressão dessas companhias menores. A Companhia do Mar do Sul estava muito ansiosa por exterminar seus rivais, mas a erupção de bolhas menores apressou-se e precipitou uma queda. Começou uma orgia de vendas e, em outubro as ações do Mar do Sul estavam a 150. Milhares de pessoas arruinaram-se. Os carregadores e as criadinhas que haviam comprado carruagens e artigos de luxo viram-se reduzidos à sua primitiva posição. Clérigos, bispos poetas e homens da classe média viram desaparecer da noite para o dia as economias de toda sua vida. Diariamente ocorriam suicídios. A populaça ingênua cuja avidez inata estivera por trás desse histerismo em massa e dessa mania de riqueza exigia vingança. O Postmaster-General envenenou-se. Seu filho, um secretário de Estado, foi arrebatado das mãos de seus acusadores por uma oportuna varíola. Stanhope, o principal ministro, morreu de emoção. Os diretores da Companhia foram presos e suas propriedades confiscadas em beneficio do enorme exército de credores. Uma comissão secreta foi nomeada pela Câmara dos Comuns para examinar a natureza e as origens dessas espantosas transações. Os livros da companhia estavam mutilados e incompletos. Apesar disso, descobriu-se que havia 462 membros da Câmara dos Comuns e 122 pares envolvidos. Grupos de frenéticos falidos aglomeravam-se nos corredores do Parlamento. A Lei de Distúrbio foi aplicada. Houve um protesto geral contra a cupidez das damas alemãs. "Estamos arruinados por prostitutas — e o que é mais, por prostitutas velhas e feias, que não encontrariam diversão nem mesmo entre os mais hospitaleiros núcleos de Old Drury." Walpole apresentou um plano para aplicar uma grande parte do capital da Companhia do Mar do Sul em ações do Banco da Inglaterra e restaurar a Dívida Nacional. Afora as propriedades dos diretores, poucos bens restavam para a massa de credores. A breve hora de sonhadas riquezas encerrou-se com uma miséria geral. Dar ordem a esse caos que restava seria a tarefa inicial do primeiro Primeiro-Ministro.

CAPÍTULO II

SIR ROBERTO WALPOLE

O escândalo da Bolha dos Mares do Sul intensificou as esperanças dos "tories". Sua revivescência como força política parecia iminente. O governo estava completamente desacreditado e o exilado Bolingbroke esperançosamente intrigava com seus adeptos na Inglaterra. Um brilhante e venenoso bispo, Francisco Atterbury, de Rochester, estava tecendo uma nova teia de contatos secretos com os jacobitas na França. O regime hanoveriano havia sido atingido em seu ponto mais delicado, o crédito financeiro do governo.

Em meio à queda e ao pânico de 1721, só um homem poderia preservar o monopólio "whig". Era Roberto Walpole, agora firmado como a maior figura de sua geração. Logo se tornaria Cavaleiro da Jarreteira, sendo um dos raros Comuns a gozar dessa honraria. Esse cavalheiro de Norfolk, que caçava cinco dias por semana, atingira a proeminência como secretário no tempo de Marlborough. Fora aprisionado na Torre depois da derrota "whig" de 1710 e, após sua libertação, tornara-se uma destacada figura do Partido Whig na Câmara dos Comuns. Já havia sido chanceler do Erário durante três anos, mas, junto com seu cunhado Townshend, resignara em 1717, como protesto contra a excessiva condescendência de certos "whigs" para com a política exterior hanoveriana do rei. Walpole testemunhara o desastroso efeito exercido sobre o Partido Whig pelo impedimento público de Sacheverell. Não tinha a intenção de repetir o erro. A crise política chegava rapidamente ao fim. Uma conspiração Jacobita foi pronta e silenciosamente reprimida. Atterbury foi condenado por traição nos termos de uma Lei de Castigos e Penalidades e discretamente mandado para o exílio sem oportunidade de utilizar seus brilhantes dotes de orador e panfletário. Ao mesmo tempo, Walpole não impediu o perdão e o regresso de Bolingbroke. Há uma história segundo a qual, em Dover, Atterbury encontrou-se com Bolingbroke que voltava da França e observou: " Meu lorde, estamos sendo trocados."

Walpole, tornando-se chefe do governo, voltou-se imediatamente para a reconstrução financeira. Foi Primeiro Lorde, ou Comissário, do Tesouro, pois o alto cargo de Lorde Tesoureiro fora extinto e suas funções atribuídas a uma comissão. As últimas partes da Dívida Nacional encampada pela Companhia do Mar do Sul foram divididas entre o Banco da Inglaterra e o Tesouro. O Fundo de Amortização que instituíra em 1717, por meio do qual uma importância de dinheiro era retirada anualmente da receita para pagar a Dívida Nacional, foi posto em vigor. Depois de alguns meses, a situação melhorou e a Inglaterra sossegou de novo sob outra edição do domínio "whig".

* * *

Com um homem de negócios à frente do governo a atmosfera da política nacional tornou-se cada vez mais materialista. Walpole percebeu que a vida de seu governo dependia de evitar grandes questões capazes de dividir o país. Sabia que uma massa de opinião hostil estava latente nos solares e nos presbitérios da Inglaterra e mostrava-se decidido a não provocá-la.

Através de cuidadosa atenção às nomeações episcopais, delicadamente tratadas por seu amigo Edmundo Gibson, bispo "whig" de Londres, "Walpole aumentou a preponderância de seu partido na Câmara dos

Comuns. Recusou um compreensivo grau de tolerância para os dissidentes, por que isso poderia ter introduzido a luta religiosa no mundo da política. Contudo, embora indisposto a legislar amplamente sobre questões de princípio, cuidava que seus adeptos dissidentes, que aceitavam cargos no governo local em desobediência aos *Test Acts* fossem discretamente protegidos por Atos de Indenidade anuais. Qualquer sinal de atividade "tory" era recebido por Walpole com a mortal acusação de jacobinismo. No entanto, era bondoso por natureza e, embora tivesse as vidas de alguns de seus adversários "tories" em suas mãos, nunca se utilizou de seu poder para derramar sangue.

"A acusação de corrupção sistemática", escreveu Burke, "e menos aplicável a Sir Roberto Walpole do que a qualquer outro ministro que tenha servido à Coroa durante tão longo período de tempo."Ele não tinha ilusões sobre a virtude de seus adeptos; mas sabia que havia um ponto além do qual a corrupção não daria resultados. Havia um limite para a natureza mercenária dos homens com quem lidava e era evidente que, em último recurso, eles seriam levados a votar pelo temor ou pela ira, e não de acordo com seus interesses. Tudo quanto tendesse para crise devia ser evitado como a peste. Quanto ao resto, com pensões para as damas alemãs e uma liberal Lista Civil, podia assegurar o continuado gozo da confiança real.

O objetivo de Walpole era estabilizar o regime hanoveriano e o poder do Partido Whig dentro de uma geração. A tributação era pequena; o imposto territorial, ansiosamente vigiado pelos cavalheiros "tories" foi reduzido por economia a um "shilling". A Dívida Nacional diminuí firmemente e uma revisão das tarifas e redução de muitos direitos onerosos estimulram o comércio. Por meio de uma "entente" com a França e rígida não-intervenção nas políticas européias, Walpole evitou outra guerra. Era a cuidadosa pajem da recuperação da Inglaterra depois do esforço nacional feito sob o reinado de Ana. Todavia, os homens lembravam-se da grande era que passara e escarneciam dos monótonos dias de Jorge I. Uma política de segurança, prosperidade e paz pouco apelava a seus corações e muitos estavam dispostos a atacar a degeneração da política no país e a futilidade da Inglaterra no exterior.

Uma pretensiosa, ainda que não sagaz nem bem sucedida, oposição a Walpole persistiu durante todos os vinte e um anos de sua administração.

Essa oposição tirava sua força da associação entre os "whigs" que se sentiam descontentes com sua política ou eram excluídos dos cargos públicos e os "tories" nas sombras. Muito atraentes esses "tories" nas sombras! Românticos, empenhados em causas perdidas, baseados sobre a terra, seu passado e sua plenitude, "os cavalheiros da Inglaterra", como Bolingbroke os chamara para exaltá-los no tempo em que estava minando a força de Marlborough, ainda constituiam o núcleo da nação. Dignidade, moral, paixão na submissão, o senso da tradição, o Velho Mundo — e depois, num capricho que se tornava talvez mais fraco a cada ano, o legítimo Rei!

Bolingbroke propusera uma aliança, mas Walpole recusara permitir que ele reconquistasse seu lugar na Câmara dos Lordes. Os "whigs" mais jovens, como Guilherme Pulteney ,e João Carteret, eram muito hábeis para que lhes fosse permitido brilhar na órbita de Walpole. Ninguém podia enfraquecer seu domínio sobre a Câmara dos Comuns, onde dispensava os favores da Coroa. Não havia outra esperança senão minar sua posição junto ao rei. Seguiu-se uma série de apelos, por meio de lisonjas e dinheiro, às damas alemãs, cuja cupidez Walpole satisfazia sempre mais depressa do que os seus adversários. A Oposição Parlamentar concentrou-se ao redor do príncipe de Gales. Era tradição da família hanoveriana que pai e filho vivessem nos piores termos e o futuro Jorge II não representava uma exceção. O governo dependia do rei; a Oposição procurava seu filho. Todos tinham um interesse na dinastia. Se não fosse o forte apoio de Carolina, princesa de Gales, Walpole teria corrido sério perigo. Com efeito, com a ascensão de Jorge II, em 1727, ele sofreu um breve eclipse. O rei demitiu-o. Contudo, os líderes da oposição não conseguiram formar um governo alternativo. O chefe titular de sua temporária administração precisou pedir a Walpole que escrevesse o discurso real na abertura do primeiro Parlamento de Jorge II. Garantido na confiança da rainha Carolina, Walpole voltou ao cargo e nele se entrincheirou ainda mais firmemente do que antes.

Havia sempre o perigo de membros descontentes e ambiciosos de seu governo aproveitarem-se do interesse do rei pelos negócios hanoverianos. Esposavam as causas mais caras ao coração real — a pátria ancestral, a grande cena continental, a Grande Aliança e as guerras de Marlborough. Essa atração da política européia era demais para vários dos homens que cercavam Walpole. Ele pretendia o mínimo possível:

manter a paz, permanecer no cargo, jogar com os homens e ver passarem os anos. Todavia, outros reagiam em termos mais enérgicos. Walpole foi forçado a brigar. Seu próprio cunhado, Carlos Townshend, foi demitido em fins de 1729. Walpole iniciou então íntima cooperação com um homem de inteligência limitada e natureza frívola, mas possuidor de vasta riqueza territorial e eleitoral — Tomás Pelham Holles, duque de Newcastle. Newcastle tornou-se secretário de Estado, porque, como disse Walpole, ele próprio "havia experimentado a dificuldade que um homem de talento criava naquele cargo". Por seus inimigos, Walpole era agora chamado sarcasticamente de "primeiro-ministro" — pois esse honroso título teve sua origem como expressão injuriosa. As probabilidades de uma oposição vitoriosa pareciam ter desaparecido para sempre. Com todas as armas da inteligência e da sátira à sua disposição, os brilhantes jovens que se reuniam em torno de Bolingbroke e da amante sobrevivente de Jorge I, a duquesa de Kensal, que era também assinante do jornal de Bolingbroke, "The Craftsman", não conseguiam abrir uma única brecha na monótona, corrupta e razoável solidez da administração.

Em 1733, porém, armou-se uma tempestade. Walpole propôs um imposto sobre os vinhos e o tabaco, a ser recolhido pelas autoridades da Receita em lugar de direitos alfandegários nos portos. A medida visava combater o vasto contrabando que prejudicava essa fonte de receita. A oposição utilizou-se de toda arma à sua disposição. Os membros do Parlamento receberam torrentes de cartas. Baladas populares e panfletos eram lançados por baixo das portas. Petições nacionais e reuniões públicas foram organizadas em todo o país. Ergueram-se tristes imagens da tirania dos coletores de impostos. O castelo do inglês é o seu lar; mas essa cidadela seria invadida dia e noite pelas autoridades da Receita para verificar se o imposto fora pago. Esse era o conto — que em seguida se tornou romance. Espalhou-se entre os regimentos do Exército que o tabaco que consumiam iria custar mais caro e um oficial comunicou que podia contar com suas tropas contra o Pretendente, mas não contra o Imposto. A tempestade assolou o país e alarmou a maioria governamental na Câmara dos Comuns, entre cujos membros a força do suborno foi superada pelo temor de serem expulsos do abrigo em que se haviam refugiado. A maioria de Walpole minguou; seus adeptos desertaram como carneiros debandando através de um portão aberto. Derrotado por uma das mais inescrupulosas campanhas da história inglesa, Walpole retirou sua reforma tributária. Depois de uma disputada votação na Câmara dos Comuns, proferiu sua famosa frase: "Esta dança não pode mais continuar." Saiu da complicação rastejante, mas vitorioso, e limitou sua vingança a demitir alguns dos oficiais do Exército que haviam apoiado seus adversários. A violência de seus críticos voltou-se contra eles próprios e a oposição não obteve nenhuma vantagem permanente.

Bolingbroke perdeu a esperança de conquistar um dia o poder político e retirou-se novamente para a França em 1735. Os "whigs" que estavam afastados do poder reuniram-se em torno de Frederico, o novo príncipe de Gales. Este, por sua vez, tornou-se a esperança da oposição, mas tudo quanto ela pôde produzir foi uma crescente Lista Civil para aquela mal dotada criatura. Sua arrogância demonstrou a Walpole que o povo estava ficando cansado de seu domínio incolor. Um de seus mais veementes críticos era um jovem oficial de cavalaria chamado Guilherme Pitt, que foi privado de sua comissão pela parte que desempenhava no ataque. Em 1737, a firme aliada de Walpole, a rainha Carolina, morreu. Desenvolvia-se firmemente, tanto no país como na Câmara dos Comuns, uma reação contra o interminável monopólio do poder político por esse duro e pouco sentimental cavalheiro de Norfolk, com sua capacidade para cifras e seu horror ao talento, que mantinha o país em calma e, ainda que apenas por acaso, emplumava o seu próprio ninho.

Finalmente, a oposição percebeu o fundamento da ascendência de Walpole: evitar qualquer controvérsia que pudesse agitar a nação em seu todo. A campanha da oposição contra o imposto, que apelara a forças populares fora do domínio de Walpole, apontou o caminho para sua queda final. Supremo nos estreitos círculos dos Comuns e da Corte, o nome de Walpole irritava muitos e não inspirava ninguém. O país estava aborrecido. Rejeitava a mesquinha e pacífica prosperidade. A riqueza comercial progredia rapidamente. As cifras do comércio aumentavam. Apesar disso, a nação estava descontente. Estava faltando alguma coisa, alguma coisa que certamente não era jacobita, mas era sem dúvida mais profunda do que o descontentamento dos ambiciosos políticos "whigs" desempregados. Tudo quanto havia de ardente e aventuroso no caráter inglês contorcia-se sob esse sórdido e sonolento governo. Às vezes, sessões inteiras da Câmara dos Comuns transcorriam sem uma discussão.

Para destruir o mecanismo do domínio de Walpole era necessária apenas uma questão que agitasse o país e que o levasse a forçar os complacentes e meio subornados membros do Parlamento a uma votação hostil ao ministro. A brecha resultou de uma série de incidentes na América Espanhola.

* * *

Em 1713, o Tratado de Utrecht concedera aos ingleses o direito de enviar um carregamento de escravos negros por ano para as plantações espanholas no Novo Mundo. Era tal a ineficiência da administração espanhola que se tornava fácil contrabandear carregamentos de negros em desobediência ao que se denominava "Contrato do Asiento". O comércio ilícito desenvolveu-se firmemente nos anos de paz. Entretanto, quando o governo espanhol começou finalmente a reorganizar e ampliar sua administração colonial, os navios ingleses que comerciavam ilegalmente nos mares espanhóis passaram a ser interceptados e sujeitos a buscas pela guarda-costas espanhola. Tendo lutado em vão durante muitos anos com armas inadequadas para reprimir, não o transporte de escravos, mas o contrabando de escravos, ao longo das costas das colônias espanholas, os guardas mostravam-se muito longe de gentis quando conseguiam interceptar um navio inglês em alto mar. Os lucros eram grandes e comerciantes de Londres forçaram Walpole a desafiar o direito de busca. Seguiu-se uma série de negociações com Madri.

Os diretores da Companhia do Mar do Sul estavam interessados nessas regiões. A simples supressão dos atravessadores ingleses não lhes era vantajosa, mas eles próprios estavam em disputa com a Espanha em torno dos pagamentos devidos ao rei espanhol pelo transporte anual nos termos do Contrato do Asiento. Levados à beira da falência, esperavam aproveitar-se do sentimento antiespanhol existente em Londres para fugir ao cumprimento de suas obrigações. Afirmavam que haviam sofrido prejuízos nas mãos da Esquadra espanhola durante as breves guerras de 1719 e 1727. Outras questões também estavam envolvidas. Os navios que mais sofriam com interceptações e molestamentos procediam em geral das colônias das Índias Ocidentais Britânicas, que há muito tempo comerciavam com madeira da baía de Campeachy e do golfo de Honduras.

Walpole e Newcastle esperavam uma solução pacífica. A convenção preliminar do Prado foi discutida e negociada em Madri em Janeiro de 1739. A Espanha, também quase em bancarrota, estava igualmente ansiosa por evitar a guerra. Ofereceu numerosas concessões e Walpole reduziu drasticamente as reivindicações dos comerciantes ingleses. Mas a oposição não concordou com nada disso. A Companhia do Mar do Sul fora excluída da convenção preliminar e continuava sua disputa com o governo espanhol, independentemente das negociações oficiais. Em maio, a Espanha suspendeu o Asiento e recusou pagar qualquer das compensações estabelecidas na Convenção do Prado.

Enquanto isso, a oposição no Parlamento iniciava um amplo ataque contra as negociações do governo com a Espanha. Falava-se muito na honra da Inglaterra e nas grandes tradições de Isabel e Cromwell, e fazia-se veemente apelo aos preconceitos e sentimentos nacionais. Um capitão que comerciava com as possessões espanholas, chamado Jenkins, foi levado perante a Câmara dos Comuns para apresentar sua orelha guardada numa garrafa e sustentar que ela fora cortada por guarda-costas espanhóis quando seu navio havia sido submetido a busca. '' Que fizestes?'' perguntaram-lhe. "Encomendei minha alma a Deus e minha causa à minha pátria", foi a resposta que a oposição pôs em sua boca. A orelha de Jenkins conquistou a imaginação popular e tornou-se um símbolo de agitação. Se era de fato sua orelha ou se a havia perdido numa briga de cais é fato que permanece envolto em dúvida, mas o poder daquele enrugado objeto era imenso. Um grupo de ruidosos oradores, liderados por Pulteney, tornou-se conhecido ironicamente pela designação de "Patriotas". Sem se dar ao trabalho de estudar os termos do acordo preliminar com a Espanha, a oposição desfechou seu ataque. Como escreveu um dos adeptos de Walpole: "Os Patriotas estavam resolvidos a condená-lo antes de conhecerem uma palavra dele e a influenciar o povo contra ele, o que realizaram com grande êxito." E como disse a Walpole, meses mais tarde, o enviado britânico em Madri, Benjamin Keene: "Os opositores fazem a guerra."

Os espanhóis poderiam ter ignorado a belicosa oposição no Parlamento britânico. Walpole e Newcastle, porém, não eram suficientemente fortes para isso. Se o país exigia a guerra com a Espanha, os ministros estavam dispostos a acompanhá-lo para não resignar aos cargos. A Espanha havia desarmado sua Esquadra depois da assinatura da Convenção do Prado, como uma prova de sinceridade. Os navios ingleses no Mediterrâneo receberam ordens de voltar para a pátria, mas depois da tempestade em Westminster essas ordens foram revogadas em março. Walpole sentia-se ainda mais alarmado pela atitude hostil da França. Apesar disso, porém, vagarosa, mas constantemente, cedia terreno. Em 19 de outubro de 1739, a guerra foi declarada. Os sinos soaram nas igrejas de Londres e as multidões aglomeraram-se nas ruas gritando. Olhando para a multidão jubilosa, o primeiro-ministro observou asperamente: "Agora tocam os seus sinos, mas logo estarão batendo suas cabeças." Iniciou-se então uma vigorosa luta, a princípio apenas com a Espanha, mas posteriormente, devido às relações de família entre os monarcas Bourbon, a França também foi envolvida. Começou assim aquele duelo final entre a Grã-Bretanha e sua vizinha mais próxima, duelo que em menos de um século veria as glórias de Chatham, as loucuras de Lorde North, os terrores da Revolução Francesa e a ascensão e queda de Napoleão.

A passos firmes, na confusão e desgoverno que se seguiram, o poder de Walpole, como ele próprio previra, fugiu-lhe das mãos. As operações da mal dirigida Esquadra falharam. O único êxito, a captura de Portobello, no istmo do Panamá, foi conquistado pelo almirante Vernon, o herói da oposição. O esquadrão do capitão Anson, cheio de pensionistas de Chelsea, desapareceu no Pacífico, após infligir pouco dano aos espanhóis. Todavia, numa viagem que durou quase quatro anos, Anson circunavegou o globo, cartografando-o à medida que avançava. No decorrer da viagem, instruiu uma nova geração de oficiais navais. Enquanto isso estava alta a maré de sentimento nacional. Ocorreram distúrbios em Londres. O príncipe de Gales aparecia em toda parte, para ser aplaudido pelos adversários do governo, em cujos lábios estava uma nova melodia, com as sonoras palavras de Thomson: "Rule, Britannia".

Em fevereiro de 1741, um membro da oposição, Samuel Sandys, propôs uma moção ao rei pedindo a demissão de Walpole. Pela última vez, o velho ministro venceu pela astúcia seus inimigos. Aproximou-se do grupo jacobita na Câmara dos Comuns, deixando mesmo supor que estaria disposto a apoiar uma restauração jacobita. Para espanto de todos, os jacobitas votaram com ele. A oposição, nas palavras de lorde Chesterfield, "caiu aos pedaços". Entretanto, de acordo com a Lei

Septianual, seriam realizadas eleições. O príncipe de Gales gastou prodigamente comprando cadeiras e sua campanha, dirigida por Tomás Pitt, irmão de Guilherme, conquistou para a oposição vinte e sete cadeiras de Cornwall. A influência eleitoral dos condes da Escócia colocou-se contra Walpole e, quando os parlamentares voltaram a Westminster, seu governo foi derrotado por uma petição eleitoral (os resultados impugnados eram naquele tempo decididos pela Câmara em bases puramente partidárias) e resignou. Isso foi em fevereiro de 1741. Sir Roberto havia governado a Inglaterra por vinte e um anos. No último dia antes de sua queda, ele permaneceu sentado durante horas intermináveis, sozinho e silencioso, meditando sobre o passado, em Downing Street. Foi o primeiro ministro-chefe a residir no Número Dez. Executara a tarefa de sua vida, o estabelecimento pacífico da sucessão protestante na Inglaterra. Com adulações e lisonjas levara uma nação resmungona e irritada a aceitar o novo regime. Criara uma organização poderosa, alimentada e engordada com os favores governamentais. Supervisionara dia a dia a administração do país, sem sofrer a interferência real. O soberano, a partir de 1714, deixara de presidir pessoalmente ao Gabinete, salvo em ocasiões excepcionais — acontecimento muito significativo, embora tivesse sido mero resultado de um acidente. A rainha Ana sempre, quando estava bem de saúde, presidia nos domingos à tarde à reunião do Gabinete no palácio de Kensington. Os ministros consideravam-se individualmente responsáveis perante ela e apenas com frágeis obrigações entre si.

Entretanto, Jorge I não sabia falar inglês e precisava conversar com seus ministros em francês ou no estropiado latim de que eles se lembravam dos tempos de Eton. Walpole criara para si uma posição dominante nessa vital comissão executiva, então privada de seu presidente titular. Procurou tornar-se supremo sobre seus ministros e firmar na prática que os colegas rebeldes fossem demitidos pelo rei. Não estabeleceu, porém, nenhuma convenção de responsabilidade ministerial. Uma das acusações feitas contra ele depois de sua queda foi no sentido de que havia procurado tornar-se o "único e primeiro ministro".

Conservara a Inglaterra em paz durante quase vinte anos. Agora, entrava para a Câmara dos Lordes como conde de Orford. Seu obstinado monopólio do poder político nos Comuns colocara contra ele todos os homens de talento e, por fim, sua política permitiu à oposição levantar a opinião pública que ele tão assiduamente cortejara. Foi o primeiro grande homem da Câmara dos Comuns na história da Inglaterra e se tivesse renunciado antes da guerra com a Espanha poderia ter sido considerado o mais bem sucedido.

CAPÍTULO III

A SUCESSÃO AUSTRÍACA E OS "QUARENTA E CINCO"

A guerra entre a Grã-Bretanha e a Espanha, que a oposição impusera a Walpole, logo se transformou num conflito europeu geral. A Grã-Bretanha, que esperava desenvolver campanhas navais e coloniais em águas espanholas e no território da Espanha, viu-se, ao invés disso, empenhada numa guerra continental. Duas mortes reais, ocorridas em 1740, deram impulso ao conflito. A leste do Elba, o ascendente reinado da Prússia adquirira um novo governante. Frederico II, que mais tarde seria chamado o Grande, subiu ao trono de seu pai. Herdou um formidável exército, que estava ansioso por usar. Era sua ambição expandir seus territórios dispersos e fundi-los no mais poderoso Estado da Alemanha. Dotes militares e capacidade de liderança, um espírito calculista e absoluta insensibilidade, eram qualidades que tinha em igual porção. Quase imediatamente teve a oportunidade de submetê-las à prova. Em outubro, o imperador Carlos VI, dos Habsburgos, morreu, legando seus amplos domínios, mas não o seu título imperial, à sua filha Maria Teresa. O

Imperador obtivera de todas as potências da Europa solene garantia de que reconheceriam o domínio de sua filha sobre a Áustria, Hungria, Boêmia e Holanda Meridional. Isso, porém, nada significava para Frederico. Este atacou e conquistou a província austríaca da Silésia, que ficava ao sul de seus próprios territórios. A França, sempre invejosa dos Habsburgos, encorajou-o e apoiou-o. Assim a Europa mergulhou no que é chamado de Guerra da Sucessão Austríaca.

Na Inglaterra, o rei Jorge II estava muito perturbado pelos problemas que surgiam. Seu hereditário Eleitorado de Hanover era muito mais caro ao seu coração do que o Reino da Grã-Bretanha. Media com exatidão as ambições de seu sobrinho, Frederico da Prússia. Temia que o próximo golpe prussiano absorvesse seus próprios domínios na Alemanha.

Em Londres, depois da queda de Walpole, o governo do rei Jorge era dirigido por Henry Pelham, primeiro lorde do Tesouro, e seu irmão, o duque de Newcastle, há muito tempo secretário de Estado. Sua grande riqueza territorial e influência eleitoral permitiam-lhes manter o domínio "whig" na Câmara dos Comuns. Eram hábeis nas manobras partidárias, mas inexperientes no manejo dos negócios internacionais ou militares. Newcastle conhecia muito da Europa. Contudo, era por natureza cauteloso e inconseqüente. A dispensa dos favores do país parecia-lhe mais importante do que a conduta da guerra. Jorge II procurou o auxílio e os conselhos do rival dos Pelham, lorde Carteret. Sob Walpole, Carteret tivera o destino de todos os homens suficientemente espertos para serem perigosos e fora demitido do cargo de lorde-tenente da Irlanda. A queda de Sir Roberto devolvera-o à vida pública em Westminster. Apoiando os interesses alemães do rei, estava agora em condições de superar os Pelham no favor real. Carteret desejava que Hanover e a Inglaterra preservassem e promovessem um equilíbrio de poder na Europa. Pensou que tinha a chave do labirinto continental. Falava alemão e era íntimo do soberano. Percebeu a crescente ameaça prussiana e compreendeu que uma aliança franco-prussiana poderia criar incomensuráveis perigos para a Grã-Bretanha. Em 1742, foi nomeado secretário de Estado. Para enfrentar a combinação da França, Espanha e Frederico, o Grande, negociou um tratado com Maria Teresa e renovou os tradicionais acordos com os holandeses. Prometeu-se auxílio financeiro à Áustria e fizeram-se preparativos para a formação de um exército destinado a ajudar a rainha da Hungria, como Maria Teresa era orgulhosamente chamada. Quarenta anos antes, a Grã-Bretanha apoiara seu pai, quando arquiduque Carlos, em sua tentativa de conquistar o trono da Espanha. Agora, a Ilha estava novamente aliada à Casa da Áustria contra a França. Não seria essa a última vez.

Carteret, para sua desgraça, ressentia-se da falta de posição pessoal e apoio político para executar suas decisões. Era um individualista sem dotes para organização partidária, dependendo essencialmente e unicamente dos favores da Coroa. Logo começou a concentrar-se a hostilidade contra ele no Parlamento. Destacava-se entre seus críticos Guilherme Pitt, representante do antigo, mas desabitado distrito de Old Sarum. Seu pai fora governador de Madras e proprietário do famoso diamante Pitt. Saindo de Eton, Pitt ingressara no Exército. Seu comandante lorde Cobham, fora privado de seu regimento por Walpole por haver promovido agitação contra o plano do imposto. Isso logo pusera termo à carreira militar do jovem oficial, que acompanhara seu protetor e coronel na política oposicionista. Lorde Cobham era chefe da família Temple e aparentado com os Grenvilles e os Lytteltons. Em íntima associação política com esse grupo de "whigs" descontentes, Pitt iniciou sua carreira política. Desempenhou um papel ruidoso na campanha da oposição em favor da guerra contra a Espanha e foi um incansável crítico da orientação dada às operações por Newcastle.

Esta era de fato lamentável, mas o ataque principal foi desfechado contra a extensão da guerra à Europa. A oposição proclamou que essa extensão da guerra era uma vergonhosa e irresponsável subserviência às influências hanoverianas. Pitt proferiu um violento discurso contra os subsídios propostos para o recrutamento de tropas hanoverianas, com o qual conquistou o último desfavor do rei. Em outro discurso, declarou que, se Walpole havia "traído o interesse de seu país por sua pusilanimidade, nosso atual ministro o sacrifica por seu quixotismo". Esses ataques contra Carteret não eram mal recebidos por Pelham e Newcastle. Sentindo intensos ciúmes de seu brilhante colega, eles apenas aguardavam uma ocasião para afastá-lo e, quando chegasse esse tempo, a eloqüência de Pitt seria lembrada e recompensada.

Trinta mil soldados britânicos, sob o comando de um dos antigos oficiais de Marlborough. O conde de Stair, lutavam no continente. Na primavera de 1743, o próprio rei, acompanhado de seu filho mais novo, o duque de Cumberland, deixou a Inglaterra para participar da campanha. As forças aliadas estavam concentradas sobre o rio Main, na esperança de separar os franceses de seus aliados alemães. A Baviera também se aproveitara da confusão para atacar a rainha Maria Teresa e o Eleitor Bávaro, com apoio dos franceses, fora proclamado Sagrado Imperador Romano. No Império, foi este o primeiro afastamento da linha dos Habsburgos em trezentos anos. Representou apenas um breve intervalo. Um superior Exército Francês, sob o comando do marechal Noailles, permanecia nas vizinhanças, com o objetivo de isolar seu inimigo de suas bases na Holanda e destruí-lo em batalha aberta. Na aldeia de Dettingen, perto de Aschaffenburg, as forças entraram em choque. A Cavalaria Francesa impaciente pelas demoras, carregou contra a ala esquerda aliada. O cavalo do rei Jorge disparou, mas, desmontando e de espada na mão, ele conduziu a infantaria hanoveriana e britânica à ação contra os dragões franceses. Estes cederam e fugiram, morrendo muitos deles afogados ao tentarem atravessar o Main. A Infantaria Francesa conseguiu recuperar a vantagem e, depois de quatro horas de luta, os aliados estavam de posse do terreno. Mal haviam perdido dois mil homens, enquanto os franceses sofreram perdas duas vezes maiores. Pela última vez, um rei inglês lutou à frente de suas tropas. Seu filho, o duque de Cumberland, também demonstrou acentuada bravura em renhida luta. Testemunha disso foi um jovem oficial chamado Jaime Wolfe. Entretanto, embora a casa de Hanover tivesse demonstrado sua bravura no campo de batalha, ressentia-se da falta das artes superiores do comando. Nenhum resultado decisivo foi obtido com sua vitória em Dettingen.

A campanha diminuiu de intensidade. Havia disputas entre os ingleses e os hanoverianos, e muita inatividade. A batalha de Dettingen provocou breve entusiasmo em Londres, mas a opinião pública lentamente se cristalizou contra a continuação de uma grande guerra européia. A Inglaterra estava novamente como chefe e pagadora de outra Aliança. Um novo Pacto da Família Bourbon fora assinado entre a França e a Espanha, ao mesmo tempo que agentes do Serviço Secreto comunicavam a existência de intrigas jacobitas em Paris. Falava-se em Londres numa invasão francesa. Tropas holandesas foram apressadamente levadas para Sheerness. Em fins de 1744, Carteret, agora lorde Granville, foi afastado do cargo. Newcastle dominou de novo o governo, mas dificilmente poderia repudiar os compromissos que Carteret e Jorge II lhe haviam imposto. Não era ainda também suficientemente forte para obrigar o rei a aceitar Pitt. Como se queixou a seu irmão: "Não devemos, porque parecemos estar dentro, esquecer tudo quanto dissemos para por lorde Granville para fora."

Para a campanha de 1745, o rei nomeou Cumberland general-capitão das forças no Continente. Esse jovem soldado tinha criado a ilusão de capacidade militar por sua bravura em Dettingen. Sua conduta à frente do exército foi, conforme disse um de seus oficiais, "ultrajante e chocantemente militar". Tinha de enfrentar o mais célebre soldado da época, o marechal Saxe. O Exército Francês concentrara-se contra a linha das fortalezas da barreira, o familiar campo de batalha das guerras de Marlborough, agora ocupada pelos holandeses. Tendo dominado Tournai, Saxe estabeleceu-se numa forte posição com centro na aldeia de Fontenoy, perto da estrada de Mons. Cumberland colocou seu exército em ordem de batalha e fê-lo marchar sob fogo até uma distância de cinqüenta passos do Exército Francês. Tinha uma inferioridade numérica de quase dois para um. O tenente-coronel lorde Carlos Hay, dos 1st. Guards (granadeiros) destacou-se das fileiras da vanguarda, apanhou uma garrafa, ergueu-a numa saudação às tropas da guarda real francesa e declarou: "Somos os guardas ingleses e esperamos que vocês resistam até chegarmos onde estão e não mergulhem no Scheldt como fizeram no Main em Dettingen." Aplausos ecoaram de ambos os lados. Os ingleses avançaram e, a trinta passos, os franceses abriram fogo. A mortal fuzilaria não deteve a infantaria aliada, que expulsou o inimigo de suas posições. Durante horas, a Cavalaria Francesa tentou romper as colunas aliadas e, observando a Brigada Irlandesa do Exército Francês em ação, Cumberland exclamou: "Que Deus amaldiçoe as leis que fizeram desses homens nossos inimigos." É uma observação mais generosa do que as que são geralmente atribuídas a Cumberland. Ao cair da noite, Cumberland retirou-se em perfeita ordem pela estrada em direção a Bruxelas.

As batalhas de Dettingen e Fontenoy talvez tenham sido inúteis, mas foram sem dúvida os mais honrosos encontros de que participaram as tropas inglesas em meados do século XVIII. De qualquer forma, a Inglaterra não desempenhou mais papel algum na Guerra da Sucessão Austríaca. Em outubro de 1745. Cumberland retirou seus homens para enfrentar a invasão da Inglaterra pelo Jovem Pretendente e nossos aliados continentais foram derrotados em todas as frentes. As únicas boas notícias procederam do outro lado do Atlântico. Colonos ingleses, apoiados por um esquadrão naval, capturaram a mais poderosa fortaleza francesa no Novo Mundo, Louisburg, no Cabo Breton. Esta "Dunquerque da América do Norte", que dominava a embocadura do St. Lawrence e protegia as comunicações entre o Canadá e a França, havia custado aos franceses mais de um milhão de libras. Londres reconheceu a significação do acontecimento. "Nossa nova aquisição do Cabo Breton", escreveu Chesterfield, "torna-se o objeto querido de toda a nação; nesse sentido, é dez vezes mais valioso do que o foi Gibraltar."

Newcastle, "o impertinente tolo", como o chamava o rei Jorge, estava no meio de uma confusão. Não tinha uma política de guerra e tendo afastado Carteret do governo precisava agora "ampliar a base da administração", como se dizia naquele tempo. O regime dos Pelham, construído com o apoio dos grupos familiares "whigs", era artificial, mas tinha seus méritos. Henry Pelham mostrava-se bom administrador, econômico e eficiente, mas era um Walpole menor confrontado com uma grande guerra européia. Newcastle, em sua maneira extravagante, considerava o trabalho do governo como dever de sua classe, mas não tinha idéias claras sobre a maneira de desempenhá-lo. Lorde Shelburne, que foi mais tarde primeiro-ministro, descreveu esses irmãos: "Eles tinham todo o talento para a obtenção do Ministério, mas nenhum para governar o reino, exceto decência, integridade e principíos "whigs"... Seu forte era a astúcia, a plausibilidade, o cultivo da humanidade; conheciam todas as atrações da Corte; tinham os hábitos da administração; vinham há muito tempo trabalhando em conjunto... O sr. Pelham tinha maneiras ainda mais plausíveis do que seu irmão, que adulava a humanidade ao invés de se impor sobre ela, passando por um homem de menos compreensão do que era."

Entretanto, a guerra dominava tudo. Durante dez anos, os irmãos Pelham fizeram constantes e frenéticos esforços para criar um governo estável. O fantasma do rei Guilherme pairava sobre eles. Sua política externa era uma frágil e deturpada sombra daquela da geração anterior A Áustria e a Holanda não eram mais grandes potências no Continente. A Grande Aliança estava morta. Desnorteada e antiquada na Europa, inconsciente do grande futuro do ultramar, a administração de base ampla da década de 1740 era uma coisa penosa. Um homem viu a necessidade de uma nova política — Guilherme Pitt. E que probabilidade havia de o rei admiti-lo em seus conselhos?

* * *

Tinha havido muito descontentamento na Escócia desde a União de 1707. Nas inacessíveis Highlands, onde dificilmente chegava o poder do governo inglês, havia persistente lealdade à casa de Stuart e à causa jacobita. Vivendo em suas aldeias montanhosas como membros de tribos primitivas, tendo sua lei própria, os clãs tinham ainda bem vivo o gosto imemorial pelos saques e pilhagens. A União não atenuara sua pobreza. "Não infreqüentemente", escreveu Lecky, "os chefes aumentavam suas parcas rendas raptando rapazes e homens, que vendiam como escravos aos fazendeiros americanos. Gerações de vida ociosa e predatória criavam em todas as Highlands os vícios dos bárbaros. A mais ligeira provocação era vingada com sangue. Ferozes lutas entre chefes e clãs perpetuavam-se através das idades e o monte de pedras que assinalava o lugar onde tombara um "Highlander" preservava por muitas gerações a lembrança da luta. Na guerra, os "Highlanders" geralmente não davam quartel. Sua selvagem e impiedosa ferocidade os havia tornado desde muito tempo antes o terror de seus vizinhos"[3]. Enquanto o resto da Escócia estava dominado pela disciplina da Kirk Presbiteriana, os "Highlanders" eram governados por chefes incapazes de se combinarem ou de manterem a paz, mas ainda preservavam os farrapos de honra guerreira e romântica.

Depois do malogro do levante de 1715, os jacobitas haviam-se mantido em calma, mas assim que a Inglaterra se envolveu em guerra no Continente suas atividades foram reiniciadas. O Velho Pretendente vivia agora retirado e seu filho, príncipe Carlos Eduardo, era o querido dos exilados sem dinheiro, que se aglomeravam ao seu redor em Roma e Paris. Sua bela aparência e sua jovial disposição reforçavam a popularidade de sua causa. Em 1744, procurou o auxílio do governo francês e

---

[3] W. E. Lecky, "History of England in the Eighteenth Century" (1878), vol. II.

estabeleceu uma base em Gravelines. Suas esperanças de invadir a Inglaterra naquele ano com auxílio francês foram frustradas. Sem se intimidar, partiu de Nantes em junho de 1745 com um punhado de adeptos e desembarcou nas ilhas ocidentais da Escócia. Iniciou-se assim um dos mais audaciosos e irresponsáveis empreendimentos da história britânica. Carlos praticamente não tinha feito preparativo algum. Só podia obter apoio nas Highlands, que continham apenas pequena proporção de toda a população da Escócia. Os clãs já estavam prontos para lutar, mas nunca para serem conduzidos. Armas e dinheiro eram escassos, as Lowlands mostravam-se hostis e as tropas das Highlands eram odiadas. As classes comerciais consideravam-nas como bandidos. As cidades desde muito tempo antes haviam aceitado o domínio hanoveriano.

Mil e duzentos homens, sob o comando de lorde Jorge Murray, hastearam o pavilhão jacobita em Glenfinnan. Cerca de três mil soldados governamentais reuniram-se nas Lowlands, sob o comando de Sir João Cope. Os rebeldes marcharam para o sul. O príncipe de Gales entrou no palácio de Holyrood e Cope foi enfrentado e derrotado no campo de batalha de Prestonpans. Em fins de setembro, Carlos era o governante da maioria da Escócia, em nome de seu pai, "Rei Jaime VIII". Contudo, seu triunfo foi efêmero. O castelo de Edinburgo resistiu fiel ao rei Jorge, e de tempos em tempos desfechava um sombrio golpe. A massa da população escocesa mostrava-se apática. Em Londres, porém, havia pânico. Uma corrida ao Banco só foi enfrentada mediante o pagamento dos depósitos em moedas de seis "pence". A maior parte do exército encontrava-se ainda na Flandres.

Com cinco mil homens, o Jovem Pretendente atravessou a fronteira. Três forças se reuniram para enfrentá-lo. O general Wade permaneceu em Newcastle; Cumberland marchou para bloquear a estrada de Londres em Lichfield e investir para oeste se os rebeldes tentassem juntar-se aos jacobitas nas montanhas de Gales. Um terceiro exército, acampado em Finchley Common para proteger Londres, ainda vive nas gravuras satíricas de Hogarth. Disso o rei não gostou. Imaginava-se um guerreiro e julgava inconveniente fazer caçoada de soldados.

Os "Highlanders" movimentaram-se rapidamente. Saqueando à medida que avançavam, marcharam para o sul, ocupando Carlisle. Penritk, Lancaster e Preston. O número de adeptos ingleses que conquistaram foi

142

desanimadoramente pequeno. Tinham esperanças de obter reforços em Manchester. Um pequeno tambor e uma prostituta os precederam na cidade como atração para recrutas. Seus esforços combinados atraíram duzentos homens. Muitos "Highlanders" desertaram e voltaram para casa durante a marcha na direção sul. Liverpool era firmemente hanoveriana e equipou um regimento por sua própria conta.

Os chefes "Highlanders" exigiram a volta à Escócia. Carlos sabia do pânico existente em Londres e esperava aproveitar-se dele, mas não tinha controle sobre seus adeptos. Por meio de táticas brilhantes, lorde Jorge Murray afastara Cumberland da estrada de Londres e o caminho para a capital estava aberto. Mas era dezembro. Os ingleses dominavam o mar; não havia esperança de auxílio da França; os holandeses hessianos enviavam tropas para a Inglaterra. Em Londres, o recrutamento era febril. Pagava-se um bônus de seis libras a toda pessoa que se alistasse nos Guardas.

Em Derby, Carlos deu a ordem de retirada. Dois dias mais tarde, chegou a notícia de que os jacobitas de Gales estavam prontos para levantar-se. Iniciou-se a marcha de inverno para a segurança da Escócia do Norte. As forças inglesas seguiam o exército rebelde como abutres pairando sobre sua retaguarda e suas alas. Murray demonstrou grande aptidão na retirada e as ações de retaguarda de suas tropas foram invariavelmente bem sucedidas. As forças rebeldes voltaram-se e bateram seus perseguidores em Falkirk. Todavia, com precisão teutônica, o duque de Cumberland concentrou os exércitos ingleses para uma decisão e em abril de 1746, em Culloden Moor, as últimas probabilidades de uma restauração Stuart tornaram-se definitivamente coisa do passado. Os Stuarts ficariam na memória dos homens como uma lenda sentimental, embora mal alicerçada, de reis afáveis e bondosos. Não se deu quartel no campo de batalha, onde Cumberland conquistou o título de "Carniceiro", que o acompanhou durante muito tempo. Carlos Eduardo fugiu pelos pântanos com alguns servos fiéis. Disfarçado de mulher, foi levado para a ilha de Skye por aquela heroína de romance, Flora Macdonald. De lá, partiu para o Continente, para levar uma vida de perpétuo exílio. Flora Macdonald, por sua brava e vitoriosa participação nesse episódio, ficou aprisionada durante algum tempo na Torre de Londres.

A cruel repressão deu uma medida dos temores do governo hanoveriano com relação ao seu regime. Os "Highlanders" foram desarmados e os remanescentes do feudalismo abolidos. O jacobitismo desapareceu da vida política da Grã-Bretanha. Wade, então marechal de campo, abriu estradas militares até o fundo das Highlands, guarnições foram fixadas em Inverness e outros lugares, e finalmente, quando irrompeu a Guerra dos Sete Anos, Pitt canalizou o ardor marcial dos "Highlanders" para o serviço de seus sonhos imperiais. Regimentos de "Highlanders" deram glória à Escócia sob o comando de Wolfe, em Quebec, e desde então permaneceram na vanguarda do Exército britânico. As tradições das Highlands e as lendas jacobitas sobreviveram nos romances de Walter Scott. Ainda existe uma Liga da Rosa Branca.

* * *

Na crise da rebelião, os Pelham apresentaram seu ultimato. Ou Pitt entrava para o governo ou eles resignariam. Em abril de 1746, Pitt tornou-se Pagador das Forças Armadas, cargo de imenso emolumento em tempo de guerra. Por um costume, abertamente declarado, o Pagador tinha permissão de depositar os saldos em sua conta particular e beneficiar-se com os juros. Além disso, recebia comissão sobre os subsídios pagos aos aliados estrangeiros para a manutençao de suas tropas no campo de batalha. Pitt recusou aceitar um ceitil além de seu salário oficial. O efeito sobre a opinião pública foi eletrizante. Mais por instinto do que por cálculo, Pitt conquistou a admiração e a confiança da classe média, da City, das cidades de comércio crescente e dos proprietários rurais. Ator nato, conquistou com seu gesto a atenção do povo e prendeu-a como nenhum outro estadista o fizera antes dele. Durante nove anos, Pitt aprendeu o trabalho cotidiano da administração. A sombria guerra no Continente terminou com o Tratado de Aix-la-Chapelle, em 1748. Nada foi solucionado entre a Grã-Bretanha e a França por essa paz. Só quem ganhou foi Frederico, o Grande, que entrara e saíra da guerra de acordo com suas conveniências e que ficou com Silésia.

Pitt passava agora muitas horas em séria discussão com Newcastle sobre a necessidade de uma nova política exterior. Acentuava o perigo de ignorar a Prússia. "Este país e a Europa", declarava, "estarão arruinados sem uma paz segura e duradoura; a aliança, tal como existe agora, não tem forças para obter isso, sem a interposição da Rússia." A ameaça francesa obcecava sua mente. Suas idéias estavam-se formando e esclarecendo durante este período de funções subordinadas. Pelham sentia-se encantado com o novo recruta. "Considero-o o homem mais capaz e útil que temos entre nós; verdadeiramente honrado e estritamente honesto." Pitt, porém, afligia-se, impotente para controlar ou criticar a política da administração de que fazia parte. Por meio de ataques acres e freqüentes, abrira caminho até o governo, apenas para ver-se paralisado pela aversão do soberano. Não poderia conquistar o supremo poder político pelos métodos tradicionais. Para conquistá-lo, precisava apelar à imaginação do país. Contudo, no intervalo de paz, entre 1748 e 1754, as questões estavam muito confusas e as intrigas muito virulentas para permitirem um movimento dramático. Em 1751, Frederico, princípe de Gales, chefe nominal da oposição, morreu. Pitt e outros jovens políticos haviam tido em certa época grandes esperanças de conquistar o poder quando essa nulidade subisse ao trono. Sua morte enfraqueceu a unidade de um Ministério em potencial. Em 1754, Henry Pelham expirou e a frágil administração cambaleou. Pitt foi envolvido pelos trabalhos da política de grupos. Era agora um forte candidato a alto cargo, apoiado por seus aliados políticos, os Cobhams e os Grenvilles, e que restava do círculo do príncipe de Gales, que se reunia em Leicester House. Todavia, o rei era implacável em sua aversão por Pitt, Cumberland, que tinha seu próprio grupo político, conseguiu incluir no Gabinete o mais perigoso rival de Pitt, Henry Fox.

A esperança de uma grande carreira política parecia ter-se desvanecido para Guilherme Pitt. Pouca coisa poderia ganhar com os sorrisos da princesa de Gales, as garrulas promessas de Newcastle ou o pequeno apoio de seu próprio grupo político. Como ele próprio escreveu a Lyttelton: "A consideração e a influência na Câmara dos Comuns geralmente resultam apenas de uma ou duas causas: da proteção da Coroa ou da influência no país, geralmente por oposição a medidas públicas." A esta última ele era agora forçado. Afastando-se do limitado círculo de política, que Newcastle dirigia pelos métodos de Walpole, Pitt iria reviver e reacender o sentimento nacional dos ingleses que havia sido inspirado pelas guerras de Marlborough. Apelando, acima da cabeça dos pequenos grupos, à nação em geral, destruiria oportunamente as frágeis estruturas dos políticos contemporâneos e faria soprar na política um forte vento de realidade. Entretanto, a entrada, no governo, de Fox, um avaro especialista em método político contemporâneo, fez Pitt desesperar. Depois de um grande discurso na Câmara dos Comuns, foi demitido do Escritório de Pagamento em novembro de 1755.

Dois meses mais tarde, ocorreu uma revolução diplomática, para a qual as quatro principais potências da Europa vinham-se encaminhando desde algum tempo. Uma convenção foi assinada entre a Grã-Bretanha e a Prússia, seguida logo depois por um tratado entre os franceses e os austríacos. Houve assim uma completa inversão de alianças. Uma terceira guerra com a França iniciava-se com um novo e vigoroso aliado do lado da Inglaterra, a Prússia de Frederico, o Grande, mas com um desnorteado governo em Westminster. O desgoverno dos primeiros anos da luta, que fora precipitada pelo belicoso Cumberland, ofereceu a Pitt sua oportunidade. A perda da ilha de Minorca provocou uma onda nacional de protestos. O governo, diante dessa desgraca nacional, perdeu a calma. O favorito de Cumberland, Henry Fox, retirou-se. O governo transferiu a culpa para o almirante Byng, cuja mal equipada esquadra malograra na tentativa de socorrer a guarnição de Minorca. Em uma das mais escandalosas fugas à responsabilidade jamais praticadas por um governo inglês, Byng foi fuzilado, sob a acusação de covardia, no tombadilho de seu navio-capitânia. Pitt pediu por ele ao rei. "A Câmara dos Comuns, Sir, está inclinada à clemência." "Vós me ensinastes", respondeu o rei, "a procurar o senso do meu povo em qualquer outra parte menos na Câmara dos Comuns." A hora de Pitt estava quase chegada. "Walpole", observou certa vez o dr. Johnson, "foi um ministro dado pela Coroa ao povo. Pitt foi um ministro dado pelo povo à Coroa." Todavia, ele havia aprendido pela experiência que a "influência no país" não era suficiente sem influência parlamentar, como a de que dispunha o duque de Newcastle. O duque, completamente aterrorizado pelos protestos gerais, sabia que todas as suas relações, toda sua dispensa de favores, não o salvaria se a nação se decidisse a chamá-lo a uma prestação de contas. Os dois homens se uniram. Pitt estava pronto a deixar as negociações a cargo do duque. E o duque mostrava-se disposto a levar uma vida quieta por trás da glória das realizações de Pitt e do esplendor de sua eloqüência.

C
A
P
Í
T
U
L
O

IV

As colônias americanas

A ascensão de Pitt ao poder e sua vitoriosa conduta de uma guerra mundial deveriam ter profundo efeito sobre a história da América do Norte. Devemos agora observar a cena que apresentavam as colônias americanas, que vinham crescendo silenciosa e firmemente nos últimos cento e cinqüenta anos. Em toda a primeira metade do século XVII ingleses afluíram para o continente americano. Legalmente, as colônias em que se instalavam eram territórios concedidos, subordinados à Coroa, mas havia pouca interferência da pátria e os colonos logo aprenderam a se governar. Enquanto esteve ocupada com a Guerra Civil a Mãe-Pátria deixou-os sossegados e, embora a Commonwealth de Cromwell afirmasse que o Parlamento era soberano sobre todo o mundo inglês, seu decreto nunca foi posto em prática e foi anulado pela Restauração. Entretanto, depois de 1660, o governo inglês se apresentou com idéias novas e definitivas. Durante os cinqüenta anos seguintes, sucessivas administrações inglesas tentaram impor a supremacia da Coroa nas colônias americanas e fortalecer o poder e o patronato reais nas possessões de ultramar. Esperavam assim conquistar méritos e vantagens. Formaram-se comissões para tratar com a América. Novas colônias foram fundadas na Carolina e na Pensilvânia, e a Nova Holanda foi conquistada aos holandeses. Tomaram-se precauções para garantir a autoridade da Coroa nessas aquisições. Fizeram-se esforços para anular ou modificar as cartas das colônias mais antigas. Tudo isso causava incessante conflito com as assembléias coloniais, que se ressentiam da ameaça de submeter totalmente ao poder real e unificar a administração colonial. As assembléias, em sua maioria, eram orgãos representativos dos proprietários de terras, que reclamavam e exerciam os mesmos direitos, processos e privilégios do Parlamento de Westminster. Muitos dos homens que nelas tinham assento eram criados numa tradição hostil à Coroa. Seus pais haviam preferido o exílio à tirania e eles se consideravam como lutando pelas mesmas questões que haviam dividido o Parlamento inglês desde Strafford até Carlos I. Resistiram às incursões reais da Junta de Comércio e Plantações, que foram consideradas no ultramar como um ataque direto aos direitos e privilégios garantidos pelas cartas colôniais originais e uma ameaça tirânica a direitos adquiridos.

Durante muito tempo, o Parlamento inglês não desempenhou papel algum no conflito. A luta travava-se entre as colônias e os ministros do Conselho Privado do rei. Essas autoridades estavam decididas a por termo ao autogoverno na América. Em 1682, foi-lhes pedida uma carta para colonização de terras devolutas nas fronteiras da possessão espanhola da Flórida. O Conselho recusou, dizendo que era política da Coroa "não constituir qualquer nova propriedade na América, nem conceder quaisquer novos poderes que pudessem tornar as plantações menos dependentes da Coroa". Sob Jaime II, essas tendências realistas tornaram-se mais agudas. Nova Iorque passou a ser uma província real em 1685. As colônias da Nova Inglaterra foram unidas em um "domínio da Nova Inglaterra" a exemplo do modelo francês no Canadá. O principal argumento era a necessidade de União contra a expansão francesa, mas a medida encontrou feroz resistência e a Revolução Inglesa de 1688 foi um sinal para a derrubada e o colapso do "domínio da Nova Inglaterra".

Os motivos da Inglaterra não eram inteiramente egoístas. Lentamente a ameaça do imperialismo francês erguia-se sobre as fronteiras de suas possessões. As reformas de Colbert, ministro-chefe de Luís XIV, haviam fortalecido grandemente o poder e a riqueza da França. Estadistas e comerciantes ingleses defrontavam-se com uma mortal concorrência nos mares e nos mercados do mundo. Viam o firme desenvolvimento da empresa colonial e comercial francesa, apoiada pelo poder centralizado do governo absoluto. Como poderia o Império Britânico combater a ameaça com um Parlamento dividido, assembléias coloniais irritadiças e um enxame de comissões?

A solução idealizada era eminentemente prática. O comércio colonial britânico devia ser planejado e coordenado em Londres. Um de seus principais objetivos seria fomentar o desenvolvimento da Marinha Mercante britânica e criar uma reserva de navios e marinheiros para o caso de guerra. O alicerce de todo o sistema foi a série de diplomas conhecidos como Leis de Navegação. O comércio colonial devia desenvolver-se somente em navios britânicos, com tripulações britânicas e para portos britânicos. As colônias foram proibidas de qualquer comércio exterior próprio capaz de prejudicar o desenvolvimento da navegação britânica. Além disso, as teorias econômicas da época amparavam esse ataque à independência colonial. A opinião prevalecente sobre o comércio era baseada no desejo de auto-suficiência e nacionalismo econômico — ou mercantilismo, como era chamado. A riqueza de um país dependeria de sua balança comercial. Um excesso de importações sobre exportações significava perda de ouro e fraqueza econômica. A prosperidade nacional exigia o controle de abundantes recursos naturais. As colônias eram vitais. Deviam produzir matérias-primas essenciais, como madeira para a Marinha, e oferecer um mercado para o crescente volume de manufaturas da metrópole. O Império devia ser uma unidade econômica fechada. As manufaturas coloniais deviam ser sufocadas para impedir a concorrência na colônia e o comércio entre as próprias colônias devia ser estritamente regulamentado. Tal era, em síntese, o conceito econômico contido na legislação do século XVII. Não havia nesse plano lugar para o desenvolvimento independente das colônias que deviam permanecer como fornecedoras de matérias-primas e compradoras dos produtos manufaturados ingleses.

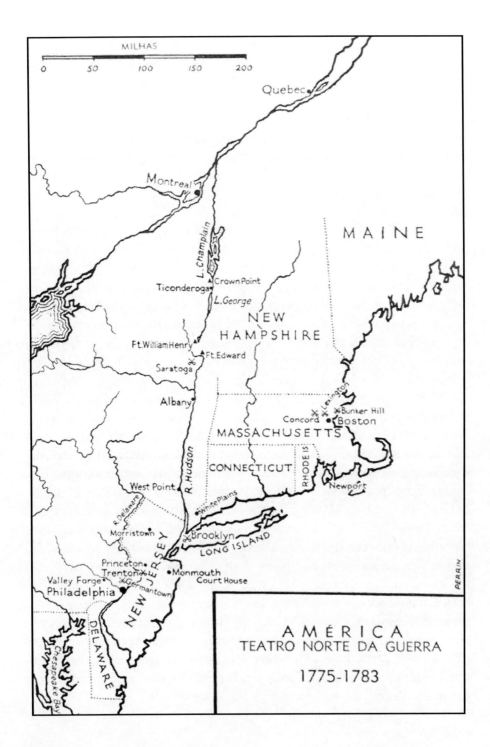

O sistema era mais penoso no papel do que na prática. Nenhum governo do século XVII poderia impor tal código sobre milhares de milhas. As assembléias americanas resmungavam, mas continuavam fazendo as coisas à sua moda, fugindo engenhosamente às restrições de Westminster.

A Revolução Inglesa de 1688 alterou toda a posição. Até então, as colônias haviam considerado o Parlamento da Inglaterra como seu aliado contra a Coroa. Ia chegar, porém, o tempo em que o Parlamento, vitorioso sobre a Coroa nas lutas constitucionais internas, tentaria impor sua própria soberania sobre a América. O choque foi retardado pela Guerra da Sucessão Espanhola. A prolongada luta contra a França, na Europa, tornou necessário evitar questões fundamentais em outras partes; e, na esperança de recrutar os recursos dos povos de língua inglesa para o supremo conflito, todos os esforços no sentido de impor a autoridade do governo inglês no Novo Mundo foram abandonados. Deixou-se que a Junta de Comércio e Plantações decaísse e as colônias ficaram em grande parte entregues a si próprias.

O espírito de amizade que assim se esperava criar ficou muito aquém das expectativas. Para isso havia amplas razões. Tanto em perspectiva como em tradição, as colônias estavam se desenvolvendo firmemente separadas da Mãe-Pátria. Uma geração nascida nas colônias habitava agora as plantações americanas, treinada na árdua luta com a natureza, expandindo-se rapidamente pelas terras ilimitadas que se estendiam do litoral para o oeste e decidida a proteger sua individualidade e seus privilégios. As doutrinas da Revolução Inglesa e as idéias dos "whigs" no século XVII tiveram no Novo Mundo eco ainda mais profundo do que na Inglaterra. As energias jovens dos americanos encontravam a cada passo obstáculos de papel ao desenvolvimento de seus recursos. Todas essas causas indispunham-nos para qualquer grande esforço em favor da Inglaterra. Por outro lado, embora prontos a perceber sua força e riqueza potenciais, os colonos demoravam para organizar-se; e sendo ainda instintivamente leais à sua raça e conscientes da ameaça francesa além de suas próprias fronteiras, sentiam-se ansiosos, como a Grã-Bretanha, por evitar um conflito sério. Chegaram mesmo a desempenhar um papel ativo, mas mal organizado, nas tentativas de conquista do Canadá francês, que culminaram com a fútil expedição de 1711. Entretanto, ciumentos como eram, não só do governo da Mãe-Pátria, mas também das outras colônias, logo se entregaram a um hostil isolamento.

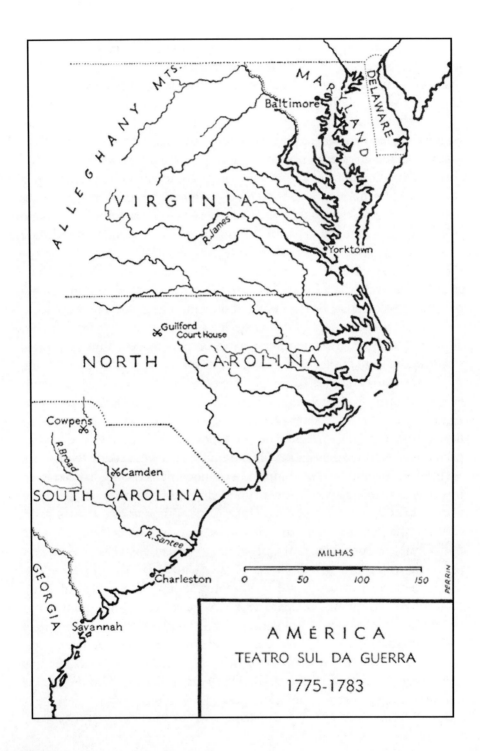

* * *

Essas condições persistiram durante toda a administração de Walpole, que percebera a necessidade de evitar atritos a todo custo. Todavia, com o passar do tempo, os colonos tornaram-se cada vez mais decididos a aproveitar-se de sua vantagem e, em meados do século XVIII, as assembléias coloniais desfecharam um vigoroso ataque contra a autoridade do governo imperial. Sentiam-se inclinados a se tornarem parlamentos soberanos, supremos no governo interno das várias colônias e livres de todas as restrições e interferências de Londres. Ocorreram inúmeras lutas entre os governadores e os legislativos das colônias. A Coroa considerava os cargos no ultramar como valiosas dádivas para seus servos, e o governo para seus adeptos. Assim, toda a administração colonial era manchada pela corrupção prevalecente na vida pública inglesa. Governadores, conselheiros, juízes e muitas outras autoridades eram todas nomeadas pela Coroa e raramente escolhidas com a devida consideração pelos interesses dos colonos. "A América", disse um de seus historiadores, "é o hospital da Grã-Bretanha para seus parlamentares decaídos e seus cortesãos abandonados." Nem todas as autoridades britânicas eram desse tipo. Particularmente no Norte, os governadores provinham muitas vezes de importantes famílias de colonos e os mais competentes homens da administração colonial pertenciam a essa classe. Contudo, eram inevitáveis os conflitos dentro das próprias colônias. Os governadores eram particularmente vulneráveis nas questões de finanças. Seus salários eram fixados pelas assembléias, que freqüentemente negavam seus votos. A irritação entre as autoridades e as assembléias crescia e avolumava-se com o passar dos anos.

Por trás das disputas da administração cotidiana ocorriam vitais desenvolvimentos. A Prerrogativa Real, tão drasticamente modificada na Inglaterra depois da Revolução de 1688, ainda florescia no Novo Mundo. Embora as assembléias coloniais tentassem persistentemente imitar o padrão inglês, eram embaraçadas a cada passo. Não apenas estavam presas à cartas e constituições escritas, mas também alfândegas especiais, organizações especiais e tribunais do Almirantado exerciam sua jurisdição sobre o território colonial; e, embora o governo inglês procurasse evitar qualquer interferência declarada, as coisas caminhavam para pior. A

América era ainda considerada como existindo para o benefício econômico da Inglaterra. As colônias do continente forneciam suprimentos navais e tabaco, enquanto as Índias Ocidentais enviavam carregamentos de açúcar para os portos ingleses. No entanto, a energia e a população da América estavam crescendo. Havia sinais de que as colônias produziriam seus próprios artigos manufaturados e fechariam seus mercados ao Reino Unido. Já em 1699, o Parlamento legislava contra o estabelecimento de indústrias no Novo Mundo. A situação econômica, particularmente na Nova Inglaterra, estava ficando cada vez mais tensa. Os americanos só podiam pagar o crescente volume de importações da Inglaterra vendendo seus produtos aos seus vizinhos imediatos e às possessões inglesas e estrangeiras nas Índias Ocidentais. Isso violava as provisões dos Atos de Navegação. A pressão econômica da Inglaterra tornou-se mais forte com o transcorrer dos anos. A balança de comércio pendeu acentuadamente contra as colônias e, em meados do século seu déficit anual era de mais de três milhões de libras. Os comerciantes coloniais só podiam reunir o dinheiro suficiente por métodos ilegais. Essa arrecadação de dinheiro na América destinava-se a conservar a Inglaterra solvente na primeira guerra mundial que se aproximava. A City sabia disso; Pitt também o sabia e, em seu monumento em Guildhall, podemos ainda ler como sob sua administração o comércio foi unificado e feito florescer pela guerra. Contudo, o efeito sobre o Novo Mundo era grave. Os americanos não tinham Casa da Moeda, nem moeda regularizada. Suas descoordenadas emissões de papel moeda, que se depreciavam rapidamente, tornaram as coisas piores, e os comerciantes ingleses queixavam-se em altas vozes da instabilidade do crédito colonial.

* * *

O início do século XVIII viu a fundação da última das Treze Colônias. O filantropo Jaime Oglethorpe ficara penosamente comovido pela horrível situação dos pequenos devedores nas prisões inglesas. Depois de muito pensar, concebeu a idéia de permitir que essas pessoas emigrassem para uma nova colônia. O governo foi procurado e, em 1732, criou-se uma junta de curadores para administrar uma grande área de território situada abaixo da Carolina do Sul. No ano seguinte, a primeira povoação foi fundada em Savannah. Formaram-se pequenas propriedades e a tolerância religiosa foi proclamada para todos, exceto para os católicos. Os primeiros colonos eram devedores ingleses, mas a colônia prometia uma nova vida para os oprimidos de muitas regiões da Europa. Chegaram rapidamente grupos de judeus, seguidos por protestantes de Salzburgo, morávios da Alemanha e "Highlanders" de Skye. A comunidade poliglota, chamada Geórgia, logo atraiu ardorosos missionários e foi lá que João Wesley iniciou seu trabalho de catequização.

A elevada atmosfera moral desses períodos iniciais foi logo poluída por disputas mundanas. Os colonizadores, como seus irmãos de outras colônias, cobiçavam tanto o rum como os escravos. Os administradores da comunidade cansaram-se de sua tarefa de governo; e sua prolongada disputa com os prósperos comerciantes de Savannah terminou pela anulação da carta. Em 1752, a Geórgia passou para o controle real. Esta colônia foi a última fundação da Mãe-Pátria nos territórios que mais tarde se tornariam os Estados Unidos. A emigração da Inglaterra reduzira-se agora a um fio, mas novos colonos chegavam de outras partes. Em fins do século XVII houve um afluxo de refugiados escoceses-irlandeses, cujos esforços industriais e comerciais em sua pátria eram sufocados pela legislação do Parlamento inglês. Formaram em seus novos lares um forte elemento antiinglês. A Pensilvânia recebeu um firme fluxo de imigrantes da Alemanha, cujo número logo se elevou para duzentas mil almas. Huguenotes trabalhadores e prósperos chegaram da França, fugindo às perseguições religiosas. Gente se movimentava também de colônia para colônia. Os oásis da vida provincial ligaram-se. A população estava dobrando rapidamente. Terras ilimitadas a oeste ofereciam lares para os filhos da primeira geração. A abundância do território a ser ocupado encorajava as famílias grandes. O contacto com as condições primitivas criava uma mentalidade nova e ousada. Uma sociedade robusta independente estava produzindo sua própria vida e cultura, influenciada e colorida pelas condições do ambiente. A marcha para oeste fora iniciada, tendo à frente os alemães e os irlandeses da Pensilvânia. A lenta caminhada através das montanhas à procura de novas terras estava começando. Havia uma prolífica diversidade de tipos humanos. Em Kentucky e nas fazendas do oeste que margeavam o território dos índios havia rudes pioneiros e robustos fazendeiros, e nas colônias da Nova Inglaterra autoritários comerciantes, advogados e senhores rurais, bem como os filhos de negociantes. Essa variada sociedade era mantida no Norte pelo trabalho forçado de servos contratados e de homens contrabandeados pelas turmas de recrutamento forçado nas cidades inglesas; e no Sul por uma massa de escravos multiplicada pelos carregamentos anuais chegados da África. Os acontecimentos na Europa, dos quais muitos americanos provavelmente mal tinham conhecimento, iriam agora exercer sua influência sobre o destino das Treze Colônias.

CAPÍTULO V

A PRIMEIRA GUERRA MUNDIAL

Quando Pitt entrou para o Ministério como secretário de Estado, em novembro de 1756, Frederico, o Grande, declarou: "A Inglaterra esta há muito tempo em dores, mas finalmente deu à luz um homem."

Nada de semelhante fora visto desde Marlborough. De seu gabinete em Cleveland Row, Pitt planejou e venceu uma guerra que se estendeu da Índia, no Oriente, até a América, no Ocidente. Toda a luta dependia das energias desse único homem. Concentrou todo o poder, financeiro, administrativo e militar, em suas próprias mãos. Não podia trabalhar com ninguém em pé de igualdade. Sua posição dependia inteiramente do sucesso no campo de batalha. Seus inimigos políticos eram numerosos. Não tolerava interferência e nem mesmo conselhos de seus colegas de Gabinete; não fazia qualquer tentativa de consultar ou conciliar. Irritou Newcastle e o chanceler do Erário por interferir nas finanças. Contudo, na execução de seus planos militares, Pitt tinha olho clínico para escolher os homens adequados. Afastou generais e almirantes incompetentes, para substituí-los por homens mais jovens nos quais podia confiar: Wolfe, Amherst, Conway, Howe, Keppel e Rodney. Assim conseguiu a vitória.

No entanto, o êxito de Pitt não foi imediato. Opusera-se ao clamor popular em favor do julgamento do almirante Byng por uma corte marcial. Estava mal com seus colegas e o duque de Cumberland utilizou contra ele sua poderosa e malévola influência. Os comerciantes da City tinham suspeitas da aliança com a Prússia. Em abril de 1757, foi demitido pelo rei. Não obstante, já havia feito sua impressão sobre a nação. Recebeu das cidades e corporações da Inglaterra uma manifestação de seu profundo sentimento — "uma chuva de caixas de ouro".

Durante três meses, não houve governo efetivo, embora Pitt desse todas as ordens e executasse o trabalho cotidiano. Um Ministério de guerra estável não foi formado senão em junho, mas nos quatro anos seguintes Pitt foi supremo.

Pitt não se limitava a um único setor de operações. Tomando a iniciativa em todas as partes do globo, a Grã-Bretanha impediu que os franceses concentrassem suas forças, confundiu seu plano de campanha e obrigou-os a dissipar seu poderio. Pitt atacara ferozmente Carteret por lutar na Europa, mas percebia agora que uma guerra exclusivamente naval e colonial, como propugnara na década de 1740, não produziria uma decisão final. A menos que fosse derrotada na Europa, assim como no Novo Mundo e no Oriente, a França erguer-se-ia de novo. Tanto na América do Norte como na Europa, ela estava em ascendência. No mar, era um inimigo formidável. Na Índia, tinha-se a impressão de que, se jamais uma potência européia se estabelecesse sobre as ruínas do Império Mogul, seus estandartes ostentariam os lírios e não a cruz de São Jorge. A guerra com a França seria uma guerra mundial — a primeira da história. E o prêmio seria algo mais do que um rearranjo de fronteiras e uma redistribuição de fortalezas e ilhas de açúcar.

Se Pitt possuia o olho estratégico, se as expedições que promoveu eram parte de uma combinação estudada são coisas que talvez possam ser postas em dúvida. Então, como sempre, sua política era uma projeção, numa vasta tela, de sua própria personalidade, agressiva e dominadora. Enfrentando o desfavor e a obstrução, abrira caminho até o lugar de maior destaque no Parlamento e agora finalmente a fortuna, a coragem e a confiança de seus compatriotas levavam-no a uma fase em que seus dotes podiam ser exibidos e suas fraquezas, perdoadas. Chamar à vida e ação o deprimido e lânguido espírito da Inglaterra; fundir todos os seus recursos de riqueza e potencial humano em um único instrumento de guerra que se fizesse sentir desde o Danúbio até o Mississippi; humilhar a casa de Bourbon, tornar a Union Jack suprema em todos os oceanos, conquistar, dominar, sem jamais contar o custo, fosse em sangue ou em ouro — esse era o espírito de Pitt, e esse espírito ele infundiu em todas as categorias de seus compatriotas, nos almirantes e nos marujos, nos grandes comerciantes e nos pequenos vendeiros, nos mais jovens oficiais, os quais sentiam que com Pitt no comando o malogro poderia ser perdoado, mas a hesitação nunca; nos próprios "Highlanders" que haviam lutado em Prestonpans e agora estavam navegando através do Atlântico a fim de conquistar um Império para o soberano que massacrara seus irmãos em Culloden.

No Continente, a Grã-Bretanha tinha um único aliado, Frederico, o Grande, enfrentando o poderio combinado da Áustria, Rússia e França. A Suécia tinha também velhos agravos a vingar, velhas reclamações a fazer contra Frederico. Este, por meio de uma rápida marcha através da Saxônia, penetrando na Boêmia, procurou romper o círculo que se fechava. Em 1757, porém, foi forçado a recuar para seus próprios domínios. Cumberland, enviado para proteger Hanover e Brunswick, foi derrotado pelos franceses e entregou ambas as cidades. A Rússia em marcha; tropas suecas eram vistas novamente na Pomerânia. Minorca já havia caído. No Canadá, Montcalm fazia pressão sobre os fortes da fronteira americana. Nunca uma guerra se iniciou com mais sombrias perspectivas. A hora de Pitt havia chegado. "Sei", disse ele ao duque de Devonshire, "que posso salvar este país e que ninguém o pode." Mandou de volta as tropas estrangeiras pagas para proteger a Inglaterra contra a invasão. Desaprovou a rendição de Cumberland. A vida começou a latejar na entorpecida estrutura da administração inglesa. Antes de terminar o ano, parecia que a Fortuna, reconhecendo seus senhores, estava mudando de lado. Frederico, apoiado pelos subsídios em cuja denúncia Pitt gastara a eloqüência de sua mocidade, derrotou os franceses em Rossbach e os austríacos em Leuthen.

Assim começaram os grandes anos, anos de glória quase sufocante, para Pitt e seu país. Os franceses foram expulsos de Hanover; os holandeses, pescando nas águas turvas da intriga oriental, foram barrados por

Clive e forçados a entregar seus navios em Chinsura; o Cabo Breton foi tomado de novo e o nome do "Grande Parlamentar" foi estampado no mapa em Pittsburgh, na Pensilvânia. As duas principais esquadras da França, no Mediterrâneo e no Canal, foram derrotadas separadamente. Combinadas poderiam ter dado cobertura a uma invasão da Inglaterra. O almirante Boscawen, que vinha da conquista da Louisiana, foi destacado para vigiar o esquadrão de Toulon. Surpreendeu-o quando procurava escapar através do Estreito de Gibraltar, destruiu cinco navios e obrigou os restantes a refugiarem-se na Baía de Cadiz, bloqueados e fora de ação. Três meses mais tarde, na breve luz de um dia de novembro, com forte temporal e entre rochedos e baixios não registrados nos mapas, o almirante Hawke aniquilou a esquadra de Brest. Durante o resto da guerra, Quiberon foi uma base naval inglesa, onde os marinheiros ocupavam suas horas de ócio e mantinham sua saúde cultivando couve em solo francês. Entre essas vitórias, Wolfe tombara em Quebec, deixando a Amherst a tarefa de completar a conquista do Canadá, enquanto Clive e Eyre Coote estavam arrasando os remanescentes do poderio francês na Índia. Prêmios mais deslumbrantes pareciam estar caindo nas mãos britânicas. Pitt propôs-se conquistar as Índias Espanholas, Ocidentais e Orientais, e capturar a Esquadra do Tesouro anual. Mas neste momento supremo de sua carreira, quando a paz mundial e a segurança mundial pareciam ao alcance de suas mãos, o Gabinete recusou apoiá-lo e ele resignou.

* * *

É necessário examinar mais de perto esses triunfos e desastres. Na América, Pitt defrontava-se com uma tarefa difícil e complexa. Os governadores das colônias inglesas há muito tempo tinham consciência da ameaça existente além de suas fronteiras. Os franceses estavam movimentando-se ao longo dos cursos d'água além da barreira montanhosa dos Alleghanies e ampliando suas alianças com os índios vermelhos, numa tentativa de ligar sua colônia de Louisiana, no sul, ao Canadá, no norte. Assim, as colônias inglesas ficariam limitadas ao litoral e sua expansão para oeste cessaria. A guerra irrompeu em 1755. O general Braddock foi enviado da Inglaterra para restabelecer a autoridade britânica a oeste dos Alleghanies, mas suas forças foram reduzidas a pedaços pelos franceses e índios na Pensilvânia. Nesta campanha, um jovem oficial de Virgínia, chamado George Washington, recebeu suas primeiras lições militares. As colônias da Nova Inglaterra permaneciam abertas ao ataque através do fácil caminho de invasão, o vale do Hudson. Iniciou-se a luta por uma posição na entrada do vale. Havia pouca organização. Cada uma das colônias tentava repelir as incursões dos índios vermelhos e dos colonizadores franceses com suas próprias milícias. Estavam unidas em sua desconfiança do governo inglês, mas em pouca coisa mais afora isso. Embora houvesse agora mais de um milhão de americanos britânicos superando enormemente em número os franceses, suas disputas e sua desunião anulavam essa vantagem. Somente o tratamento diplomático de Pitt pôde assegurar sua cooperação e, ainda assim, durante toda a guerra comerciantes coloniais continuaram a fornecer aos franceses tudo quanto estes necessitavam, desafiando o governo e o interesse comum.

O ano de 1756 foi desastroso para a Inglaterra na América e, na realidade, em todas as frentes. Oswego, o único forte inglês nos Grandes Lagos, foi perdido. A campanha de 1757 dificilmente poderia ser considerada como mais bem sucedida. A fortaleza de Louisburg, que dominava o golfo de St. Lawrence, fora tomada por uma força anglo-colonial na década de 1740 e devolvida à França pelo tratado de paz de 1748 em Aix-la-Chapelle. Tropas inglesas foram então enviadas para recapturá-la, sob o comando de lorde Loudon, oficial ineficiente e sem iniciativa. Loudon preparou-se para atacar, concentrando em Halifax todas as tropas coloniais da Nova Inglaterra que as colônias lhe forneceram. Com isso deixou o vale do Hudson aberto aos franceses. Na entrada do vale havia três pequenos fortes: Crown Point, Edward e William Henry. Os franceses, sob o comando de Montcalm, governador do Canadá, e seus aliados índios vermelhos atravessaram a fronteira pelas montanhas cobertas de matas e sitiaram o forte William Henry. A pequena guarnição colonial resistiu durante cinco dias, mas foi forçada a render-se. Montcalm não conseguiu conter seus índios e os prisioneiros foram massacrados. A tragédia feriu fundo o espírito dos habitantes da Nova Inglaterra. Loudon é que devia ser culpado. Os britânicos não os estavam defendendo. Enquanto a Nova Inglaterra ficava exposta aos franceses, as tropas que poderiam protegê-la perdiam tempo em Halifax. Com efeito, em fins de julho, Loudon decidiu que Louisburg era inexpugnável e abandonou a tentativa.

Pitt voltava então sua atenção para a guerra americana. Durante o inverno estudou os mapas e enviou despachos aos oficiais e governadores. Um plano estratégico tríplice foi elaborado para 1758. Loudon foi chamado de volta à Inglaterra. Seu sucessor, Amherst, com o brigadeiro Wolfe e apoio naval de Halifax, deveria subir o St. Lawrence e atacar Quebec. Outro exército, sob o comando de Abercromby, deveria conquistar Lake George, na entrada do vale do Hudson, e tentar juntar-se a Amherst e Wolfe antes de Quebec. Uma terceira força, sob o comando do brigadeiro Forbes, avançaria desde a Pensilvânia, pelo vale do Ohio, e capturaria Fort Duquesne, um dos postos franceses ao longo do Ohio e do Mississippi. A esquadra foi disposta de maneira a impedir que reforços partissem da França.

Encontrava-se então no poder em Whitehall uma mente capaz de conceber e dirigir esses esforços, mas a supervisão a uma distância de três mil milhas era quase impossível nos dias da navegação a vela. Amherst e Wolfe atingiram as fronteiras do Canadá. Em julho, Louisburg foi capturada. Abercromby, porém, avançando de Ticonderoga, embaraçou-se nas densas matas; seu exército sofreu bastante e seu avanço foi contido. A aventura da Pensilvânia deu melhores resultados. Fort Duquesne foi capturado e destruído, e a localidade voltou a receber o nome de Pittsburgh. Todavia, falta de efetivos e de organização obrigou a força britânica a retirar-se ao fim da campanha. Em despacho dirigido a Pitt, Forbes fez uma amarga descrição das coisas: "Convenci-me inutilmente a princípio de que alguns serviços muito bons poderiam ser tirados das forças de Virgínia e Pensilvânia, mas lamento verificar que, excetuados uns poucos de seus principais oficiais, todo o resto é uma coleção extremamente má de falidos estalajadeiros, vendedores de cavalos e comerciantes de índios, e que os homens a eles subordinados são uma cópia direta de seus oficiais; nem poderia ser de outra maneira, pois eles são uma reunião da escumalha da pior gente, em cada país." Essas observações refletem a piora de relações e a lamentável falta de compreensão entre oficiais britânicos e colonos americanos.

Eram bem poucos os resultados de tais esforços, mas Pitt não se deixou atemorizar. Percebeu a necessidade de uma ofensiva combinada ao longo de toda a fronteira, desde a Nova Escócia até Ohio. Incursões isoladas no território francês não provocariam uma decisão. Em 29 de dezembro de 1758, novas instruções nesse sentido foram enviadas a Amherst. A necessidade de cortar a linha de expansão francesa foi novamente acentuada. "Seria muito de desejar", acrescentavam instruções, "que quaisquer operações do lado do lago Ontário pudessem ser levadas até Niágara e que, se o considerásseis praticável, fosse iniciado algum empreendimento contra o forte de lá, cujo êxito contribuiria muito para estabelecer o ininterrupto domínio daquele lago e, ao mesmo tempo, cortar efetivamente as comunicações entre o Canadá e as colônias francesas do sul."

Falava-se muito também sobre a necessidade de conquistar aliados entre os índios vermelhos. Amherst dedicou pouco pensamento a isso. Vários meses antes havia escrito a Pitt que lhe fora prometido grande número de índios. "São um punhado de gente preguiçosa e bebedora de rum, de pouca utilidade, mas se chegarem um dia a ser úteis, será quando pudermos agir ofensivamente. Os franceses os temem muito mais do que seria necessário; o número aumentará seu terror e talvez tenha um bom efeito." Apesar disso, foi uma sorte para os britânicos as Seis Nações dos Iroquois, que ocupavam uma posição-chave entre as colônias britânicas e francesas nos Grandes Lagos, terem-se mostrado geralmente amistosas. Os índios, como os colonos americanos, sentiam-se alarmados pelos desígnios franceses no Ohio e Mississippi.

De acordo com o novo plano, no ano seguinte a Marinha atacaria as Índias Ocidentais Francesas e a invasão do Canadá, pelo St. Lawrence acima, seria tentada com maior intensidade do que nunca antes, apesar da amarga experiência do passado. Desde a campanha de 1711, tinha havido várias tentativas de subir o poderoso rio. Wolfe comunicou a "completa aversão" da Marinha pela tarefa. Era de fato perigosa. Contudo, seria apoiada por um renovado avanço pelo Hudson acima, contra o forte francês de Niágara, nos Grandes Lagos, cuja importância fora acentuada por Pitt em suas instruções.

O plano deu resultado. O ano de 1759 proporcionou fama às armas britânicas em todo o mundo. Em maio, a Marinha capturou Guadalupe, mais rica ilha açucareira das Índias Ocidentais. Em julho, Amherst conquistou Ticonderoga e Fort Niágara, ganhando assim para as colônias americanas uma fronteira nos Grandes Lagos. Em setembro, a expedição que subira o St. Lawrence atacou Quebec. Wolfe realizou pessoalmente um reconhecimento do rio à noite e divertiu os oficiais declamando a

"Elegia" de Gray: "Os caminhos da glória não conduzem senão ao túmulo." Por meio de brilhante cooperação entre o Exército e a Marinha, Wolfe desembarcou seus homens e conduziu-os pelo insuspeitado caminho, sob a proteção das trevas, até os escarpados rochedos dos Heights of Abraham. Na batalha que se seguiu, Montcalm foi derrotado e morto, e a fortaleza-chave do Canadá caiu nas mãos dos britânicos. Wolfe, mortalmente ferido, viveu até estar garantida a vitória e morreu murmurando: "Agora, Deus seja louvado, eu morrerei em paz."

Contudo, ainda seria necessário mais um ano de luta para conquistar o Canadá para o mundo de língua inglesa. Em maio de 1760, a guarnição britânica de Quebec foi libertada depois de um sítio de inverno. Com cautelosa e obstinada organização, Amherst convergiu sobre Montreal. Em setembro, a cidade caiu e a vasta província do Canadá Francês mudou de mãos. Esses foram realmente os anos de vitória.

A inatividade da Esquadra Francesa foi um aspecto notável da guerra. Se ela tivesse bloqueado Nova Iorque em 1759, enquanto os navios ingleses estavam reunidos em Halifax, poderia ter arruinado o avanço de Amherst sobre Montreal. Se tivesse atacado Halifax, após Wolfe e os navios ingleses terem partido para o St. Lawrence, poderia ter posto a perder toda campanha pela conquista de Quebec. Agora, porém, era muito tarde. Novos reforços navais ingleses foram enviados ao Novo Mundo. Em 1761, Amherst mandou uma expedição à Martinica. A captura dessa outra importante presa comercial foi recebida com júbilo em Londres. Em uma de suas cartas, Horace Walpole escreveu: "Digo-lhe que (a eloqüência de Pitt) conquistou Martinica... Os romanos levaram trezentos anos para conquistar o mundo. Nós dominamos o globo em três campanhas — e um globo duas vezes maior."

A posse da América do Norte foi assim assegurada para os povos de língua inglesa. Pitt não apenas conquistou o Canadá, com sua rica indústria de pesca e seu comércio com os índios, mas também dissipou para sempre o sonho e o perigo de um império colonial francês estendendo-se desde Montreal até New Orleans. Mal sabia ele que a eliminação da ameaça francesa conduziria à separação final das colônias do Império Britânico.

* * *

O próprio sucesso de Pitt contribuiu para a sua queda. Assim como Marlborough e Godolphin se viram diante de um crescente cansaço da guerra depois de Malplaquet, Pitt, uma figura isolada em seu próprio governo, defrontou-se então com uma crescente aversão pela guerra depois das grandes vitórias de 1759. Para o povo em geral, ele era o "Grande Parlamentar." Esse homem solitário e ditatorial conquistara a imaginação do público. Irrompera através do estreito círculo da política aristocrática e sua força e eloqüência atraíram o apoio da população. Contrariando as convenções da época, utilizou-se da Câmara dos Comuns como de uma tribuna da qual se dirigia ao país. Suas estudadas orações, em severo estilo clássico, eram dirigidas a um auditório mais amplo do que os ocupantes de cadeiras do duque de Newcastle. Pitt desprezava o partido e as organizações partidárias. Sua enorme capacidade de trabalho e de concentração cansava todos quantos com ele entravam em contato. Atacado desde cedo por severa gota, teve de lutar com a doença durante todas as piores ansiedades do governo de guerra. Mal se interessava em ver seus colegas. Todos os negócios eram tratados em seu gabinete, salvo quanto às reuniões semanais com Newcastle e o Secretário do Tesouro para acertar as finanças de sua estratégia: dinheiro e tropas para Wolfe e Clive, subsídios para Frederico, o Grande. Entretanto, seu poder era transitório. Havia inimigos, não só dentro de seu governo, criados por arrogância e sua tendência ao segredo, mas também entre seus antigos aliados políticos, a princesa de Gales e seu círculo em Leicester House. Lá, o jovem herdeiro do trono estava sendo criado em meio às opiniões oposicionistas de sua mãe e do confidente desta, o conde de Bute. Pitt havia sido o candidato por eles escolhido para os dias ensolarados que se seguiriam à morte do rei. Consideravam-no agora um desertor. Qualificavam como uma traição o fato de ter aceitado o cargo em 1746. Bute, sua firme posição nessa futura Corte, era o mais perigoso dos adversários de Pitt. Era ele quem estimulava a opinião pública e a imprensa contra a política de guerra do ministro.

A posição de Pitt era realmente perigosa. Havia destruído o poderio da França na Índia e na América do Norte, e conquistado suas possessões nas Índias Ocidentais. A Grã-Bretanha parecia ter conseguido tudo quanto desejava. Não restava senão o impopular compromisso com a Prússia e Bute achou muito fácil transformar os sentimentos de cansaço em uma efetiva oposição a Pitt. Entre seus colegas, havia alguns que honesta e patrioticamente duvidavam da conveniência de continuar a guerra, na qual a Grã-Bretanha já ganhara talvez mais do que podia conservar; uma guerra que a elevara uma vez mais ao apogeu que atingira depois de Ramillies. A guerra precisava ser paga. Já estava produzindo as conseqüências inevitáveis mesmo na guerra mais gloriosa. A pesada tributação sobre as classes industriais e rurais era acompanhada pelas enormes fortunas dos jogadores de bolsa e dos fornecedores. Em vão Pitt tentava mostrar que nenhuma paz duradoura ou satisfatória poderia ser assegurada sem que a França estivesse derrotada na Europa. Entrar em acordo antes que a França estivesse esgotada seria repetir os erros dos "tories" em Utrecht e apenas propiciaria um intervalo para tomar o folêgo antes do conflito seguinte. Foi com amargura que Pitt compreendeu sua posição. Sua política de guerra imperial fora excessivamente bem sucedida, deixando-o com os detestados e onerosos subsídios para a Prússia, que ele sabia serem essenciais para a destruição final do poderio francês.

Em outubro de 1760, Jorge II morreu. O rei jamais gostara de Pitt, mas aprendera a respeitar suas aptidões. O comentário do ministro foi incisivo: "Servir ao rei pode ser um dever, mas é a coisa mais desagradável que se pode imaginar para aquele que tem essa honra." O temperamento do novo governante era adverso. Jorge III tinha idéias muito claras sobre o que desejava e onde pretendia ir. Queria ser rei, um rei que todos os seus compatriotas seguissem e reverenciassem. Sob o longo regime "whig", a Câmara dos Comuns transformara-se numa autocracia irresponsável. As liberdades do país não estariam mais seguras nas mãos de um monarca jovem, honrado, virtuoso e de aparência completamente inglesa, do que nas mãos de uma facção que governava a nação através de uma Câmara dos Comuns repleta e corrupta? Competia-lhe por fim ao governo de famílias, escolher seus próprios ministros e apoiá-los, e liquidar de uma vez por todas a corrupção da vida política. Mas, em tal monarquia, que lugar poderia ocupar um homem como Pitt, que nada devia à corrupção e nada devia à Coroa, mas devia tudo ao povo e ao domínio pessoal que mantinha sobre a Câmara dos Comuns? Enquanto estivesse no poder dividiria o reino com César. Não podia evitar isso. Sua profunda reverência pela pessoa e pelo cargo de Jorge III não podia esconder a qualquer deles o fato de que Pitt era um homem muito grande e o rei um homem muito limitado. Bute, "o ministro por trás das cortinas", era agora todo-poderoso na Corte. Newcastle, que durante muito tempo se irritara com as maneiras rudes e dominadoras de seu colega, estava todo pronto a intrigar contra ele. Falou-se em paz. Negociações foram iniciadas em Haia, mas interrompidas quando Pitt recusou abandonar a Prússia. O ministro da Guerra da França, Choiseul, como Torcy cinqüenta anos antes, viu sua oportunidade. Percebeu que o poder estava fugindo das mãos de Pitt. Em 1761, Choiseul formou uma estreita aliança com a Espanha e, em setembro desse ano, cessaram as negociações com a Inglaterra. Com o poderio da Espanha a apoiá-la nas Américas, a França poderia reconquistar novamente seu domínio no Novo Mundo.

Pitt esperava que a guerra com a Espanha despertasse o mesmo entusiasmo popular de 1739. A oportunidade de capturar outras colônias espanholas poderia agradar à City. Sua proposta em favor da declaração de guerra foi apresentada ao Gabinete. Pitt viu-se isolado. Fez um discurso apaixonado diante de seus colegas: "Sendo responsável eu dirigirei e não serei responsável por nada que eu não dirija." Recebeu uma selvagem resposta de seu velho inimigo cuja carreira havia destruído, Carteret, agora lorde Granville: "Quando o cavalheiro fala em ser responsável perante o povo, fala a linguagem da Câmara dos Comuns e esquece-se de que nesta junta ele é responsável apenas perante o rei." Pitt não teve alternativa senão renunciar.

Guilherme Pitt coloca-se ao lado de Marlborough como o maior inglês do século transcorrido entre 1689 e 1789. "É um fato considerável na história do mundo", escreveu Carlyle, "o ter sido ele rei da Inglaterra durante quatro anos." Pitt não foi o primeiro estadista inglês a pensar em termos de uma política mundial e a ampliar para uma escala mundial concepções políticas de Guilherme III. Foi, porém, a primeira grande figura do imperialismo britânico. Pitt fez também com que a força da opinião pública passasse a influenciar a política, enfraquecendo o estreito monopólio das grandes famílias "whigs". Seu heróico período estava acabado. "Sede um povo", ordenava ele às facções. Cinco anos mais tarde, voltaria mais uma vez a alto cargo, em meio a trágicas circunstâncias de saúde decadente. Nesse meio tempo, sua magnífica oratória fustigava a política de seu sucessores.

* * *

Sem o apoio da fama de Pitt, o duque de Newcastle foi presa fácil e a administração deslizou mansamente para as mãos de lorde Bute. Sua única qualificação para o cargo, além da grande fortuna e da influência que exercia sobre a votação da Escócia, era o fato de haver sido Cavaleiro da Estola da mãe do rei. Pela primeira vez desde o assassínio do duque de Buckingham, o governo da Inglaterra foi confiado a um homem sem nenhuma experiência política e cuja única relação com o Parlamento era ter sido par representativo da Escócia durante um curto período, vinte anos antes. A populaça de Londres proferiu seu veredito sobre a escolha do rei através da imagem de uma Bota de Montar e uma Saia de Mulher.

Três meses depois da resignação de Pitt, o governo foi forçado a declarar guerra à Espanha. Isso levou a novos sucessos nas Índias Ocidentais e em outras partes. A Esquadra Britânica capturou o porto de Havana, que dominava as rotas comerciais da Espanha continental e o movimento das Esquadras do Tesouro. No Oceano Pacífico, uma expedição enviada de Madras avançou sobre as Filipinas e conquistou Manila. No mar e em terra, a Inglaterra era a senhora do mundo exterior. Essas realizações foram em grande parte desperdiçadas.

Cinco anos depois do tratado de Utrecht, a Grã-Bretanha assinou um novo tratado de paz com a França. Bute enviou o duque de Bedford a Paris para negociar os seus termos. O duque achava que seu país estava tomando muito do mundo e ficaria sob a perpétua ameaça de coligações européias e ataques por parte de nações descontentes. Acreditava na conveniência de apaziguar a França e a Espanha, e de uma generosa devolução das conquistas. Pitt, por outro lado, exigia o decisivo enfraquecimento do inimigo. Em sua opinião, não haveria paz segura ou permanente até que a França e a Espanha estivessem colocadas em posição de duradoura desvantagem. Não pôde participar das negociações e denunciou veementemente o tratado como solapamento da segurança do reino.

As aquisições da Grã-Bretanha nos termos do tratado de paz de Paris, de 1763, foram, ainda assim, consideráveis. Na América, ela ficou com o Canadá, Nova Escócia, Cabo Breton e as ilhas vizinhas, assegurando-se ainda o direito de navegar pelo Mississippi, importante para o comércio com os índios. Nas Índias Ocidentais, foram adquiridas Grenada,

St. Vincent, Dominica e Tobago. Da Espanha, recebeu a Flórida. Na Índia, como será relatado adiante, a Companhia da Índia Oriental preservou suas vastas conquistas e, embora seus postos comerciais tivessem sido devolvidos, as ambições políticas dos franceses no subcontinente foram finalmente extintas. Na Europa, Minorca foi devolvida à Inglaterra e as fortificações de Dunquerque foram por fim demolidas.

Historiadores têm manifestado opinião elogiosa sobre um tratado que firmou a Grã-Bretanha como potência imperial, mas suas fraquezas estratégicas foram delicadamente esquecidas. O tratado foi uma perfeita exposição dos princípios do duque de Bedford. O poderio naval da França foi deixado intacto. Na América, ela recebeu de volta as ilhas de St. Pierre e Miquelon, no golfo do St. Lawrence, com o direito de pesca no litoral da Terra Nova. Esse era o viveiro da Marinha Francesa, no qual estavam permanentemente empregados cerca de catorze mil homens. Seu valor comercial era de quase meio milhão de libras por ano. Nesses lugares poderiam ser estabelecidas bases navais ou centros para o contrabando de mercadorias francesas para a perdida província do Canadá. Nas Índias Ocidentais, a mais rica presa da guerra, a ilha açucareira de Guadalupe, foi também devolvida, juntamente com Martinica, Belle Isle e St. Lúcia. Guadalupe era tão rica que o governo inglês chegou a considerar a conveniência de conservá-la, devolvendo em troca aos franceses o Canadá. Essas ilhas eram também excelentes bases navais para uso futuro contra a Inglaterra.

A Espanha recuperou, nas Índias Ocidentais, o porto de Havana, que controlava a estratégia marítima das Caraíbas. Recebeu também de volta Manila, importante centro para o comércio com a China. Se os ingleses tivessem conservado essas duas cidades, as esquadras da França e da Espanha ficariam permanentemente à sua mercê. Na África, apesar dos protestos de Pitt, a França recebeu de volta Goree — base de corsários no flanco das rotas comerciais da Índia Oriental. Além disso, o tratado não levou em consideração os interesses de Frederico, o Grande. Esse aliado foi deixado entregue a si próprio e jamais perdoou a Grã-Bretanha pelo que considerou uma traição, que muito tempo depois ainda influenciava o espírito dos líderes prussianos.

Esses termos estavam tão aquém do que o país esperava, que, apesar do desejo geral de paz, parecia duvidoso que o Parlamento os ratificasse. Por estes ou aqueles meios, era preciso garantir uma maioria e os meios já eram bem conhecidos. Todas as artes da movimentação parlamentar foram empregadas. Lordes e membros da Câmara dos Comuns, conhecidos como hostis ao governo, foram afastados de todos os cargos que tivessem tido a sorte de obter. Foi em vão que Pitt denunciou o tratado e profetizou a guerra. O Parlamento aprovou-o por 319 votos contra 65. O apaziguamento e a conciliação ganharam o dia. Contudo, o sombrio veredito do homem que sofreu a deliberada mutilação de seu trabalho continha a verdade histórica. Ele viu em seus termos as sementes de uma guerra futura. "A paz foi insegura, porque restaurou o inimigo em sua anterior grandeza. A paz foi inadequada, porque os lugares ganhos não foram equivalentes aos lugares entregues."

C
A
P
Í
T
U
L
O

VI

A DISPUTA COM A AMÉRICA

A ascensão de Jorge III ao trono causou uma profunda mudança na política inglesa. Em teoria e na lei, a monarquia ainda mantinha decisiva influência e poder na elaboração da política, na escolha dos ministros, no preenchimento dos cargos e no gasto dos dinheiros. Nesses e em numerosos outros setores, a ação pessoal do rei fora durante muitos séculos ampla e geralmente aceita. Somente em seguida à instalação da dinastia hanoveriana é que a influência real passou a ser em grande parte exercida pelos ministros "whigs" no Parlamento. Walpole e Newcastle foram muito mais do que ministros; foram quase regentes. Muitas são as razões pelas quais eles e seus adeptos conquistaram e conservaram tal poder durante quase meio século. Tanto Jorge I como Jorge II eram estrangeiros na linguagem, no modo de ver as coisas, na criação e na simpatia; sua corte era predominantemente germânica; seus interesses e ambições centralizavam-se em Hanover e no Continente Europeu; deviam seu trono aos "whigs". Agora, tudo estava mudado. Jorge III era, ou pensava ser, um homem nascido e criado como inglês. Em qualquer caso, procurava sê-lo. Recebera cuidadosa educação na Inglaterra, de sua mãe e do conde de Bute, que era escocês e, na opinião de seus adversários, "tory". O primeiro trabalho literário de Jorge, que ficou registrado, foi um ensaio de infância sobre Alfredo, o Grande. "Jorge, seja rei", dissera sua mãe, de acordo com a tradição, e Jorge fez todo o possível para obedecer. O fato de haver falhado nos problemas centrais de seu reinado talvez tenha sido no desenvolver dos acontecimentos, uma sorte para a liberdade definitiva da Inglaterra. Dos desastres que resultaram surgiu o sistema parlamentar de governo que hoje conhecemos, mas os desastres, ainda assim, foram formidáveis e de longo alcance. Na ocasião em que Jorge morreu, a América separara-se do Reino Unido, o primeiro Império Britânico ruíra e o próprio rei ficara louco.

A princípio, porém, tudo prometia correr bem. A época era oportuna para o renascimento da influência real. Enquanto o direito da casa de Hanover à Coroa foi discutido, os "whigs" puderam excluir os "tories" do governo, acusando-os de jacobitas, mas em 1760 a causa dos Pretendentes Stuarts estava morta, a sucessão não era mais discutida e Jorge III subiu ao trono na crista de uma reação leal e patriótica contra o monopólio do poder pelos "whigs". A grande ala de mentalidade "tory" do "Country Party" reconciliou-se finalmente com a monarquia e reuniu em torno dele e de si própria todos os elementos da nação que odiavam o estreito domínio aristocrático das famílias "whigs". Jorge foi assim apoiado por muitos "Amigos do Rei", leais, sedentos de poder e ansiosos por ajudá-lo a "expulsar a velha quadrilha". Isso foi o que ele e Bute passaram a fazer. Em 1761, realizaram-se em toda a Inglaterra eleições nas quais não se permitiu que Newcastle controlasse todos os favores reais, e muitos cargos à disposição da Coroa foram confiados a adeptos do novo monarca. Em março, Bute foi nomeado secretário de Estado e, na primavera seguinte, Newcastle foi, com muitas lamentações, afastado do cargo. Dois anos depois da ascensão de Jorge III ao trono, os "Amigos do Rei" predominavam na Câmara dos Comuns. Não formavam um partido político no moderno sentido da expressão, mas se mostravam em geral dispostos a apoiar qualquer medida administrativa proposta pelo rei. A Coroa voltou mais uma vez a ser um fator na política, tendo o jovem Jorge derrotado os "whigs" no próprio jogo destes. Entretanto não foi senão em 1770 que ele adquiriu firme controle da máquina política e durante longo tempo foi infeliz em sua procura de ministros dignos de confiança.

* * *

A primeira década de seu reinado transcorreu em meio a contínuas e confusas manobras entre os diferentes grupos parlamentares, alguns deles aceitando a nova situação, outros oferecendo uma resistência passiva às novas táticas da Coroa. Jorge sentia-se zangado e intrigado em face das disputas dos líderes políticos. Pitt permanecia sentado e meditabundo no Parlamento, "sem ligações e sem ser consultado". Muitas pessoas partilhavam da opinião do dr. Johnson sobre os escoceses e Bute, que era muito pouco estimado, caiu do poder em princípios de 1763. Seu sucessor, George Grenville, era um advogado teimoso, apoiado pela enorme força eleitoral do duque de Bedford, a cujo respeito "Junius" esreveu em suas cartas anônimas: " Ouso dizer que ele comprou e vendeu mais de metade da integridade representativa da nação." Grenville recusou desempenhar o papel de "ministro por trás da cortina". Durante dois anos, porém, agarrou-se ao cargo e deve arcar com grande parte da responsabilidade pela alienação das colônias americanas.

Ocorreram outros conflitos. Em 23 de abril de 1763, um jornal intitulado "The North Briton" atacou os ministros, chamando-os de "instrumentos de despotismo e corrupção..." "Eles, continuava o jornal, enviaram o espírito da discórdia a todo o país e eu profetizo que esse espírito não será extinto senão com a extinção de seu poder." O Ministério de Grenville foi denunciado como um mero reflexo do impopular lorde Bute. O escritor insinuava que o tratado de paz com a França fora negociado não apenas com desonra, mas também com desonestidade, e que nisso estava envolvido o rei. Jorge ficou exasperado. Uma semana depois, seu secretário de Estado baixou uma ordem para que fossem localizados e presos os autores, impressores e editores de "The North Briton, n.º 45", nenhum dos quais tinha seu nome mencionado. Realizaram-se buscas, invadiram-se casas, apreenderam-se documentos e quase cinqüenta suspeitos foram lançados à prisão. Entre eles estava João Wilkes, um libertino e membro do Parlamento. Foi enviado para a Torre. Recusou responder à perguntas. Protestou que a ordem de prisão era ilegal e reivindicou privilégios parlamentares contra a prisão. Houve uma tempestade no país. A legalidade das ordens de prisão "gerais", que não mencionavam nenhum infrator efetivo, tornou-se uma questão constitucional da maior importância. Wilkes foi acusado de difamação sediciosa e colocado fora da lei. Todavia, sua causa transformou-se numa questão nacional quando ele voltou a disputar sua cadeira parlamentar. Os londrinos de mentalidade radical aplaudiram essa repulsa ao governo e, em março de 1768, Wilkes foi eleito pelo Middlesex. Em fevereiro do ano seguinte, foi expulso da Câmara dos Comuns e houve uma eleição suplementar. Wilkes candidatou-se de novo e obteve 1.143 votos contra 296 dados a seu adversário governamental. Acenderam-se fogueiras em Londres. A eleição foi declarada nula pelo Parlamento e Wilkes, novamente na prisão por haver publicado uma paródia do "Ensaio sobre o Homem", de Pope, intitulada "Ensaio sobre a Mulher", tornou-se o ídolo da City. Finalmente, seu adversário em Middlesex foi declarado legalmente eleito. Quando Wilkes saiu da prisão em abril de 1770, Londres iluminou-se para recebê-lo. Depois de prolongada luta, foi eleito Lord Mayor (prefeito) e novamente membro do Parlamento.

Todo o mecanismo da corrupção do século XVIII foi assim exposto às vistas do público. Recusando aceitar Wilkes, a Câmara dos Comuns negou aos eleitores o direito de escolherem seus membros e colocou-se como uma corporação fechada de seres privilegiados. A causa de Wilkes encontrou então o mais poderoso campeão na Inglaterra. O próprio Pitt, agora conde de Chatham, com expressões candentes, atacou a legalidade das ordens gerais de prisão e a corrupção da política, sustentando que o aumento do número de cadeiras dos condados aumentaria o eleitorado e diminuiria as oportunidades de corrupção, tão abundantes nos pequenos distritos. Seus discursos foram realmente as primeiras exigências de reforma parlamentar no século XVIII. Todavia, transcorreriam ainda muitos anos antes que qualquer coisa fosse realizada nesse setor.

Contudo, o clamor contra as ordens gerais de prisão motivou diretamente importantes pronunciamentos de juízes sobre a liberdade do indivíduo, os poderes do governo e a liberdade de palavra. Wilkes e outras vítimas processaram as autoridades que haviam executado as ordens de prisão. Os juízes decidiram que tais ordens eram ilegais. As autoridades alegaram imunidade por terem agido por ordem do governo. Esta grande e sinistra defesa foi rejeitada pelo chefe do Poder Judiciário com palavras que permanecem como uma declaração clássica do predomínio da lei. "Com referência ao argumento de necessidade de Estado", declarou lorde Camden, "ou uma distinção que foi pretendida entre crimes contra o Estado e outros, o Direito Comum não compreende essa espécie de raciocínio, nem nossos livros levam em conta tal distinção." Se um ministro da Coroa ordenava a alguém que fizesse algo ilegal, tanto ele como seus servidores deviam responder por isso perante tribunais de justiça ordinários, exatamente da mesma maneira que qualquer particular. O subsecretário que invadira a casa de Wilkes e apreendera seus documentos, e os mensageiros do rei que prenderam o impressor eram meros infratores e como tais sujeitos a penalidades. Eram culpados de prisão ilegal e os juízes recusaram interferir quando os júris fixaram vultosas importâncias a título de indenização. Wilkes obteve do próprio secretário de Estado 4.000 libras de indenização por danos. Outro demandante, que ficara detido apenas algumas horas e fora alimentado com bife e cerveja, recebeu 300 libras. "A pequena ofensa feita ao queixoso", disse o chefe do Poder Judiciário, "ou a insignificância de sua posição e categoria na vida não se apresenta ao júri sob aquela luz brilhante com se lhe apresentou no julgamento a grande questão de direito referente à liberdade do súdito."

Aí estava de fato uma arma poderosa contra ministros prepotentes e autoridades zelosas. O habeas-corpus podia proteger, e protegia, o súdito contra prisão ilegal ou, em qualquer caso, assegurava-lhe rápida libertação da prisão, mas uma ação civil por prisão ilegal atingia as autoridades onde mais se sentiam feridas, nos seus bolsos particulares, e o direito ilimitado dos júris de fixar a indenização pelos danos na importância que julgassem adequada servia como formidável obstáculo àqueles que pudessem sentir-se tentados a ofender a opinião pública confiando em "razões de Estado". A lição calou fundo. Mesmo nos tempos sombrios que viriam, quando a luta com Napoleão forçou o governo a adotar toda espécie de medidas repressivas contra traidores reais ou imaginários, os poderes do Executivo para violar a liberdade do súdito foram estreitamente circunscritos e cuidadosamente vigiados pelo Parlamento. Nunca mais, até as guerras mundiais do século XX, a mera palavra de um ministro da Coroa foi suficiente para legalizar a prisão de um inglês.

A liberdade de imprensa e a liberdade de palavra desenvolveram-se através de medidas também pouco espetaculares e técnicas, mas eficientes. Muito tempo antes de Jorge I ter subido ao trono, o Parlamento recusara revigorar o Ato de Licenciamento. As últimas relíquias da censura anteriormente exercida pela Corte da Câmara da Estrela desapareceram assim e desde então os ingleses tiveram geralmente a liberdade de dizer o que quisessem pela imprensa sem licença prévia do governo ou de quem quer que fosse. A decisão parlamentar foi adotada, não por altas razões de princípio, mas porque a pormenorizada execução do Ato estava causando dificuldades. Assim, a liberdade de imprensa nunca foi estabelecida deliberadamente na Grã-Bretanha, mas teve seu início em razões sem importância. O fato de um homem poder falar sem autorização prévia não quer dizer, porém, que ele possa falar tudo quanto queira. Se o que disser for difamatório ou sedicioso, blasfemo ou obsceno, ou se constituir qualquer outra infração legal, o homem poderá ser posteriormente processado por isso; e é essa a limitação que existe até hoje à liberdade de expressão. Os limites dessa liberdade estão fixados pelas definições de grande número de infrações criminais e civis, definições que, ampliadas para atender às necessidades das sucessivas gerações e confirmadas em sua forma ampliada pela doutrina do precedente, chegaram a barrar muito a liberdade em certos sentidos. O remédio comum para essa severidade da lei tem sido o bom senso dos seus executores, que não a cumprem ao pé da letra. Contudo, isso não é suficiente quando os sentimentos se exaltam, como ocorreu na política do século XVIII, quando aqueles que criticavam o governo estavam sujeitos a serem levados perante o tribunal sob a acusação de difamação sediciosa. Por isso, uma garantia melhor foi finalmente estabelecida nos poderes do júri. Durante muitos anos e em numerosos julgamentos, argumentou-se calorosamente que o júri devia decidir, não apenas se o réu havia publicado ou não a matéria objeto de queixa, mas também se ela constituía ou não difamação. O Ato de Difamação de Fox posteriormente firmou como lei essa opinião. A letra da lei ficou assim sujeita em cada caso à descrição de um júri e, no último ano do século XVIII, era possível dizer que "um homem pode publicar tudo quanto doze de seus compatriotas achem que não é difamatório." A história não negará a João Wilkes parte do mérito por essa realização.

* * *

A disputa com a América começara, nesse meio tempo, a dominar o cenário político britânico. Vastos territórios haviam caído em poder da Coroa com o término da Guerra dos Sete Anos. Desde a fronteira do Canadá até o golfo do México, todo o interior das colônias americanas tornou-se território britânico e a distribuição dessas novas terras criou novas dificuldades com os colonos. Muitos deles, como George Washington, haviam organizado companhias para comprar dos índios essas áreas da fronteira, mas uma proclamação real impediu qualquer compra e proibiu a colonização dessas terras. Washington, entre outros, ignorou a proibição e escreveu a seu agente territorial, ordenando-lhe que obtivesse "algumas das mais valiosas terras da parte do rei (no Ohio), o que, penso eu, poderá ser realizado depois de algum tempo, apesar da proclamação que o impede e que proíbe absolutamente a colonização delas; *isso porque não posso encarar a proclamação em outro sentido (mas isto digo apenas entre nós) senão como um expediente temporário para sossegar o espírito dos índios*".[4] Essa tentativa do governo britânico de regulamentar as novas terras causou muito descontentamento entre os fazendeiros, particularmente nas colônias do Centro e do Sul.

Jorge III estava também decidido a fazer com que as colônias pagassem sua parte nas despesas do Império e das guarnições militares mantidas no Novo Mundo. Em torno disso, houve acaloradas discussões. A Inglaterra fornecera a maior parte dos homens e do dinheiro na luta contra a França para sua proteção e, realmente, para sua sobrevivência. Contudo, os métodos empregados pelo governo britânico foram ineficazes e imprudentes. Resolveu ele impor um tributo sobre as importarções das colônias e, em 1764, o Parlamento reforçou o Ato do Melaço. Esse diploma fora originariamente aprovado em 1733 para proteger os produtores de açúcar das Índias Ocidentais. Criou em favor delas um monopólio do comércio do açúcar dentro do Império e impôs pesados direitos sobre as importações estrangeiras. A lei era há muito tempo burlada pelos colonos,

---

[4] Grifo do autor –W.S.C.

cujo único meio de adquirir dinheiro para pagar seus credores ingleses consistia em vender suas mercadorias em troca de melaço nas Índias Ocidentais Francesas e Espanholas. Os novos regulamentos representaram um sério golpe. Como expressou um comerciante: "As restrições a que fomos sujeitos pelo Parlamento deixam-nos em posição de não saber como empregar nossos navios com qualquer vantagem, pois não temos perspectiva de mercados em nossas próprias ilhas e não podemos mandar buscar em outra parte qualquer coisa que proporcione lucro."

Os resultados foram insatisfatórios em ambos os lados do Atlântico. O governo britânico verificou que os impostos produziam muito pouco dinheiro e os negociantes ingleses, já preocupados com a situação de seus devedores americanos, não tinham desejo algum de tornar mais instáveis as finanças coloniais. Sendo tão infrutífero o imposto indireto sobre o comércio, Grenville e seu assistente, Charles Townshend, consultaram os assistentes jurídicos sobre o lançamento de um imposto direto nas colônias. Sua opinião foi favorável e Grenville propôs que todos os documentos legais das colônias passassem a ser selados. Os agentes das colônias em Londres foram informados do assunto e discutiram o plano por meio de correspondência com as Assembléias na América. Não houve protestos, embora os colonos sempre tivessem feito objeção à tributação direta, e em 1765 o Parlamento aprovou o Ato do Selo.

Salvo duas exceções, a lei não impôs grande sobrecarga. Os selos em documentos legais não produziam, de qualquer maneira, renda vultosa. O imposto do selo na Inglaterra rendia 300.000 libras por ano. Sua extensão à América, consoante se esperava, renderia apenas mais 50.000 libras. Todavia, o Ato incluía um imposto sobre jornais, de cujos jornalistas muitos eram veementes adeptos do partido extremista na América, e os negociantes das colônias ficaram aterrados porque o imposto deveria ser pago em ouro, já necessário para atender à desfavorável balança do comércio com a Inglaterra. A disputa destacou e fortaleceu os elementos mais violentos da América e deu-lhes uma oportunidade para experimentar a resistência organizada. Os futuros líderes revolucionários saíram da obscuridade — Patricio Henry, na Virgínia, Samuel Adams, em Massachusetts, e Christopher Gadsden, na Carolina do Sul — e atacaram tanto a legalidade da política do governo como a humildade dos comerciantes americanos. Um grupo radical, pequeno mas bem organizado, começou a surgir. Contudo, embora houvesse uma gritaria e delegados reclamantes convocassem um Congresso do Ato do Selo, não houve unidade de opinião na América. Os distribuidores de selos foram atacados e seus escritórios e residências destruídos, mas tudo isso era trabalho de alguns comerciantes e jovens advogados que estavam experimentando suas forças no sentido de levantar as multidões não emancipadas. A oposição mais eficiente proveio de comerciantes ingleses. Os quais compreendiam que o Ato punha em perigo o recebimento de suas dívidas comerciais e o denunciaram como contrário aos verdadeiros interesses do Império e ameaçador para os recursos coloniais.

* * *

A personalidade de Jorge III estava agora exercendo uma influência preponderante sobre os acontecimentos. Foi um dos mais conscienciosos soberanos que já tiveram assento sobre o trono da Inglaterra. Simples em seus gostos e despretencioso em suas maneiras, tinha a aparência superficial de um abastado proprietário rural. Sua mentalidade, porém, era hanoveriana, com infinita capacidade para apreender detalhes, mas limitado êxito no trato com grandes questões e princípios gerais. Era dotado de grande coragem moral e inveterada obstinação, e sua teimosia emprestou força, à rígida atitude de seu governo. Sua responsabilidade pelo rompimento final é grande. Jorge III não podia compreender aqueles que temiam as conseqüências de uma política de coerção. Expressou-se em termos ásperos: "É com o maior espanto que vejo qualquer de meus súditos capaz de encorajar a disposição rebelde que infelizmente existe em algumas de minhas colônias na América. Tenho inteira confiaça na sabedoria de meu Parlamento, o Grande Conselho da Nação, executarei firmemente as medidas que ele recomendar para a proteção dos direitos constitucionais da Grã-Bretanha e defesa dos interesses comerciais do meu reino."

Agora, porém, contorcendo-se sob o domínio de Grenville e seus amigos, alarmado pela crescente desordem e descontentamento no país, consciente por fim da loucura que praticara ao afastar as famílias "whigs", o rei procurou uma reconciliação. Em julho de 1765, o marquês de Rockingham, um tímido e bem intencionado "whig" que se sentia perturbado pela conduta de Jorge, dispôs-se a formar um governo e levou consigo, como secretário particular, um jovem irlandês chamado Edmundo Burke, que já se tornara conhecido nos círculos literários como hábil escritor e brilhante conversador. Burke era, porém, mais do que isso. Era um grande pensador político. Encarando a política inglesa e o caráter inglês com algo de desprendimento de um estrangeiro, foi capaz de diagnosticar a situação com uma visão imaginativa fora do alcance daqueles que estavam mergulhados nos negócios do dia e presos a tradicionais hábitos de pensamento.

A história política dos anos que se seguiram a 1714 conduzira a uma degeneração e dissolução dos partidos. A atividade pessoal do soberano depois de 1760 e o aparecimento de grandes questões de princípio encontraram os "whigs" indefesos e divididos em clãs rivais. As táticas do rei paralisaram-nos. O objetivo de Burke era criar com o grupo de Rockingham, dotado de altos princípios, mas pouco numeroso e sem idéias originais próprias, um eficiente partido político. Ele poderia fornecer as idéias, mas primeiro precisava convencer os "whigs" de que era possível formar e manter unido um partido com base em princípios comuns. Precisava vencer a noção, amplamente generalizada, de que o partido era em si próprio uma coisa desonrosa, noção que fora fortalecida pelo altivo desprezo de Pitt pela atividade e organização partidárias. Era uma velha tradição que os políticos afastados do poder não precisavam preocupar-se em comparecer ao Parlamento, mas deviam retirar-se para suas propriedades rurais e lá aguardar a volta dos favores reais e uma redistribuição das delícias dos cargos. Individualistas de escolas diferentes, como Shelbume e Henrique Fox, opuseram-se firmemente aos esforços de Burke para organizá-los num partido. "Pensais", escreveu Henrique Fox a Rockingham, "que não podeis servir ao país senão continuando uma infrutífera oposição. Eu penso que é absolutamente impossível servi-lo a não ser entrando para o governo."

Um programa consistente, a ser propugnado na oposição e executado no governo, era a concepção de Burke sobre política partidária, e as novas questões que surgiam exigiam claramente um programa. Sobre a Irlanda, sobre a América e sobre a Índia, a atitude de Burke era definida. Propugnava, e levou seu partido a propugnar, uma conciliação com as colônias, o relaxamento das restrições sobre o comércio irlandês, e o governo da Índia na mesma base moral que o governo da Inglaterra.

No interior, propunha-se libertar o Parlamento de sua subserviência à Coroa, pela abolição de numerosas sinecuras e pela limitação da corrupção. O que lhe faltava, em suas próprias palavras, era "o poder e a compra" que um partido forte e bem organizado podia proporcionar. Durante anos, Burke foi uma voz clamando no deserto e, com freqüência, elevando-se a tons de frenesi. Orador digno de ser colocado entre os antigos e incomparável raciocinador político, faltavam-lhe tanto discernimento como autocontrole. Foi talvez o maior homem que a Irlanda produziu. Os mesmos dotes, com um traço de indolência e ironia inglesas — que poderia ter emprestado de Carlos Jaime Fox, famoso filho de Henrique Fox, que tinha abundância de ambas as coisas — poderiam ter feito dele o maior estadista da Grã-Bretanha.

O governo de Rockingham, que durou treze meses, introduziu três medidas que contribuíram muito para acalmar as animosidades criadas por Grenville em ambos os lados do Atlântico. Revogou o Ato do Selo e induziu a Câmara dos Comuns a declarar ilegais as ordens gerais de prisão e a apreensão de documentos particulares. Ao mesmo tempo reafirmou os poderes do Parlamento para impor tributos às colônias através de um chamado Ato Declaratório. Todavia, o rei estava disposto a livrar-se dele e Pitt, cujo espírito estava obscurecido pela doença, seduzido pela lisonja real e por sua própria aversão ao partido, concordou em emprestar seu nome a uma nova administração formada sem qualquer princípio político. Sua arrogância permanecia, suas forças estavam decaindo e sua populari-dade como o "Grande Parlamentar" fora afetada pela sua repentina aceitação do título de conde de Chatham. A direção dos negócios escorregou para outras mãos: as de Carlos Townshend, duque de Grafton, e de lorde Shelburne. Em 1767, Townshend, enfrentando a oposição de Shelburne, apresentou um projeto de lei impondo direitos alfandegários sobre as im-portações americanas de papel, vidro, chumbo e chá. Houve fúria na América. O suprimento de moedas das colônias seria ainda mais desgastado e todo excedente da nova receita não se destinaria, como fora originaria-mente declarado, à manutenção das guarnições inglesas, mas ao paga-mento das autoridades coloniais britânicas. Isto ameaçava torná-las inde-pendentes das assembléias coloniais, cuja principal arma contra governadores truculentos consistia em reter seus salários. Mesmo assim, a revolta estava ainda longe do pensamento dos colonos.

Homens inteligentes, como o governador Hutchinson, de Massachusetts, preferiram não impor tributo algum se não fosse possível executar sua cobrança e declararam que outra revogação somente "facilitaria os desígnios das pessoas que parecem estar visando à independência". João Dickinson, da Pensilvânia, em suas " Cartas de um Fazendeiro", deu voz à oposição no panfleto mais lido da época, que era estudadamente cauteloso em seu tom. Nessa fase, eram raras as pessoas que desejavam a secessão. A autoridade do Parlamento sobre as colônias era formalmente rejeitada, mas havia geral lealdade ao rei e ao Império. A maior parte da oposição provinha ainda de respeitáveis comerciantes, os quais acreditavam que uma resistência organizada, mas limitada, no plano comercial faria o governo britânico voltar à razão.

A Assembléia de Massachusetts propôs conseqüentemente uma petição conjunta com os outros organismos coloniais contra os novos direitos alfandegários. A resistência colonial estava agora sendo organizada em escala continental e as barreiras do provincianismo e dos ciúmes iam sendo eliminadas. Foram concluídos acordos de não-importação e houve um sistemático e bem sucedido boicote das mercadorias inglesas. Contudo, os ânimos começavam a exaltar-se. Em maio de 1768, a corveta "Liberty", pertencente a João Hancock, o mais proeminente negociante de Boston, foi interceptada e sujeita a busca perto do litoral por autoridades da Alfândega Real. Os colonos libertaram-na pela força. Em 1769, as exportações britânicas para a América haviam caído à metade do seu volume. O Gabinete não estava seriamente apreensivo, mas perturbado. Concordou em abolir os direitos, exceto sobre o chá. Por maioria de um voto, a proposta foi aprovada. O Parlamento proclamou sua soberania sobre as colônias mantendo um imposto sobre o chá de três "pence" por libra.

Repentinamente, por alguma misteriosa operação da Natureza, as nuvens que se haviam formado em torno do intelecto de Chatham dissiparam-se. A enfermidade obrigara-o a renunciar em 1768 e Grafton substituíra-o no cargo. A cena para a qual ele reabriu os olhos era suficientemente lúgubre para desanimar qualquer homem. Na Inglaterra, como vimos, um insensato desejo de vingança levara o rei e seus amigos no Parlamento a uma tentativa de expulsar João Wilkes da Câmara, o que representava de fato um ataque aos direitos dos eleitores de todo o país. O desconhecido "Junius" estava açoitando todo ministro que provocava seu látego. Na América, o sangue ainda não correra, mas todos os sinais de dissolução do Império lá estavam para quem soubesse vê-los. Entretanto, Jorge III, depois de doze anos de intrigas, tinha finalmente um primeiro ministro dócil e obediente. Lorde North tornou-se Primeiro Lorde do Tesouro em 1770. Homem encantador, dotado de grandes aptidões e um temperamento sem falhas, ele presidiu à perda das colônias americanas.

A princípio, tudo parecia calmo. Os comerciantes americanos estavam encantados com a abolição dos direitos alfandegários e, em meados de 1770, a reconciliação parecia completa, exceto em Boston. Lá, Samuel Adams, fértil organizador de resistência e advogado da separação, viu que a luta estava então atingindo uma fase crucial. Até então, o conflito era no fundo uma disputa comercial e nem os comerciantes americanos nem os ministros ingleses sentiam qualquer simpatia por suas idéias. Adams temeu que a resistência das colônias cessasse e que os britânicos reafirmassem sua autoridade, a menos que fossem provocados novos distúrbios. E isso foi o que ele e outros líderes radicais passaram a fazer.

A notícia de que os direitos haviam sido abolidos mal tinha chegado à América quando o primeiro sangue foi derramado. A maior parte da guarnição britânica estava aquartelada em Boston. As tropas eram impopulares e Adams espalhou rumores maldosos sobre sua conduta. Os "lagostas", com seus casacos vermelhos, eram insultados e escarnecidos onde quer que aparecessem. Em março de 1770, o insistente lançamento de bolas de neve contra as sentinelas inglesas por moleques de Boston, diante dos quartéis, causou um conflito. Na confusão e no tumulto, alguns dos soldados abriram fogo e houve feridos. Este "massacre" era exatamente a espécie de incidente pelo qual Adams esperava. Contudo, os proprietários moderados sentiam-se nervosos e a opinião nas colônias mantinha-se desunida e incerta. Os radicais insistiram. Em junho de 1772, amotinados incendiaram um cúter britânico, o "H.M.S. Gaspee", diante de Rhode Island. "Comitês de Correspondência" foram criados em todas as partes de Massachusetts e, em fins daquele ano, haviam-se espalhado por setenta e cinco cidades. Os agitadores da Virgínia, chefiados pelo jovem Patricio Henry, criaram uma comissão permanente de sua Assembléia para manter-se em contato com as outras colônias. Rapidamente se formou uma rede de órgãos semelhantes. Assim, o mecanismo da revolta foi silenciosa e eficientemente criado.

Apesar disso, os radicais representavam ainda uma minoria e havia muita oposição a um brusco rompimento com a Inglaterra. Benjamin Franklin, um dos principais representantes coloniais em Londres, escreveu ainda em 1773: "... Parece haver entre nós alguns espíritos violentos que são por um imediato rompimento; mas eu confio em que a prudência geral de nosso país verá que, pelo nosso crescente poderio, avançamos rapidamente para uma situação em que nossas reivindicações devem ser atendidas, que por uma luta prematura poderemos ser estropiados e abatidos... que entre governados e governantes todo erro no governo, toda usurpação de direito, não vale uma rebelião... lembrando, ademais, que este país protestante (nossa mãe, embora ultimamente u'a mãe má) merece ser preservado e que seu peso nas balanças do mundo e sua segurança, dependem em grande escala de nossa união com ele." Apesar do "massacre" de Boston, da violência em alto mar e das disputas comerciais, a agitação de Adams e seus amigos estava começando a diminuir, quando lorde North cometeu um erro fatal.

A Companhia da Índia Oriental estava quase falida e o governo foi forçado a acorrer em seu socorro. Foi aprovado pelo Parlamento um Ato, que atraiu pouca atenção entre seus membros, autorizando a companhia a embarcar chá, do qual tinha um enorme excedente, diretamente para as colônias, sem pagar os impostos de importação, e vendê-lo através de seus próprios agentes na América. Com isso, na realidade, era concedido um monopólio à Companhia. O clamor do outro lado do Atlântico foi instantâneo. Os extremistas denunciaram a medida como uma violação de suas liberdades e os comerciantes viram-se ameaçados de ruína. Os comerciantes americanos que compravam chá das alfândegas britânicas e seus intermediários que o vendiam seriam todos expulsos do negócio. O Ato conseguiu o que Adams não conseguira: uniu a opinião colonial contra os britânicos.

Os radicais, que começaram a chamar-se de "Patriotas", aproveitaram a oportunidade para forçar uma crise. Em dezembro de 1773, os primeiros carregamentos de chá chegaram a Boston. Rebeldes disfarçados em índios pele-vermelha abordaram os navios e destruíram as caixas.

"Na noite passada", escreveu João Adams, primo de Samuel e que foi mais tarde o segundo presidente dos Estados Unidos, "três carregamentos de chá Bohea foram lançados ao mar... Este é o mais magnífico de todos os movimentos. Há neste último esforço dos Patriotas uma dignidade, uma majestade e uma sublimidade que eu admiro... Essa destruição do chá é tão ousada, tão atrevida, tão firme, intrépida e inflexível, que não posso deixar de considerá-la como uma época na história. Isso, porém, não é senão um ataque à propriedade. Outro esforço semelhante do poder popular poderá produzir a destruição de vidas. Muitas pessoas desejam que estivessem flutuando na baía tantos cadáveres quantas caixas de chá. Número muito menor de vidas, porém, eliminaria as causas de todas as nossas calamidades."

Quando a notícia chegou a Londres, o clamor foi em favor de coerção e os reacionários do governo britânico tornaram-se supremos. Em vão Burke e Chatham imploraram em favor de conciliação. O Parlamento aprovou uma série de "Atos de Coerção", que suspenderam a Assembléia de Massachusetts, declararam a colônia em poder da Coroa, fecharam o porto de Boston e decretaram que todos os juízes da colônia seriam daí por diante nomeados pela Coroa. Essas medidas tinham sua aplicação limitada a Massachusetts; apenas uma delas, o Ato de Aquartelamento, se aplicava ao resto das colônias. Declarava esse Ato que seriam aquarteladas tropas em todas as colônias para preservar a ordem. Esperavase com isso isolar a resistência. O efeito foi contrário.

Em setembro de 1774, as assembléias coloniais realizaram um congresso em Filadélfia. Os extremistas ainda não estavam fora de controle e os delegados ainda se concentraram nos boicotes comerciais. Formou-se uma associação para fazer cessar todo o comércio com a Inglaterra, a menos que fossem revogados os Atos de Coerção, e os Comitês de Correspondência foram incumbidos de executar o plano. Uma Declaração de Direitos exigiu a revogação de alguns dos treze Atos comerciais aprovados pelo Parlamento britânico a partir de 1763. O tom desse documento, que foi enviado a Londres, era de respeitosa moderação. Em Londres, porém, toda moderação fora posta de lado. Os "interesses açucareiros" na Câmara dos Comuns, ciumentos da concorrência colonial nas Índias Ocidentais; oficiais do Exército que desprezavam as tropas coloniais; o governo, precisado de dinheiro e cego pela doutrina de que as colônias existiam apenas para benefício da Mãe Pátria; tudo se combinou para extinguir a última esperança de paz. A petição foi rejeitada com desprezo.

Os acontecimentos desenvolveram-se então rapidamente. O governador militar de Massachusetts, general Thomas Gage, tentou impor a lei marcial, mas a tarefa estava além de suas forças. Gage era um militar capaz, mas tinha apenas quatro mil soldados e não podia ocupar lugar algum fora de Boston. Os Patriotas tinham cerca de dez mil homens na milícia colonial. Em outubro, estabeleceram um " Comitê de Segurança" e a maioria das colônias começou a mobilizar-se e armar-se. Iniciou-se a coleta de equipamento militar e pólvora. Canhões foram tomados de estabelecimentos governamentais. Agentes foram enviados à Europa para comprar armas. Tanto a França como a Espanha rejeitaram um pedido do governo britânico para que proibisse a venda de pólvora aos americanos, e comerciantes holandeses embarcavam-na em grandes garrafas de vidro com o rótulo de "Spirit".[5]

Os Patriotas começaram a acumular esses suprimentos bélicos em Concord, uma aldeia a vinte milhas de Boston, onde estava então reunida a Assembléia de Massachusetts, declarada ilegal pelo Parlamento. Gage decidiu capturar essa munição e prender Samuel Adams e seu colega João Hancock. Os colonos, porém, estavam alertas. Toda a noite patrulhavam as ruas de Boston, vigiando cada movimento das tropas inglesas. Quando Gage concentrou seus homens, mensageiros avisaram a assembléia em Concord. Os suprimentos militares foram espalhados por cidades mais ao norte e Adams e Hancock transferiram-se para Lexington. Em 18 de abril de 1775, oitocentos soldados britânicos avançaram no escuro pela estrada de Concord. Mas o segredo estava desvendado. Um dos patrulheiros, Paulo Revere, de seu posto no campanário North Church, avisou mensageiros por meio de sinais de lanterna. Ele próprio montou em seu cavalo e cavalgou arduamente até Lexington, onde tirou Adams e Hancock de suas camas e concitou-os a fugir.

Às cinco horas da manhã, a milícia local em Lexington, com setenta homens, formou na praça da aldeia. Quando o sol nasceu, a vanguarda

---

[5] Em inglês: bebida alcóolica.

da coluna britânica, com três oficiais cavalgando à frente, apresentou-se à vista. O oficial à frente, brandindo sua espada, gritou: " Dispersem-se, rebeldes, imediatamente!" O comandante da milícia ordenou que seus homens se dispersassem. Os comitês coloniais estavam muito ansiosos por não dispararem o primeiro tiro e havia ordens severas para que não provocassem conflito aberto com tropas regulares britânicas. Na confusão, porém, alguém disparou. Uma descarga foi a resposta. As fileiras da milícia foram desbastadas e houve uma confusão geral. Empurrando para os lados os sobreviventes, a coluna britânica marchou para Concord. Agora, porém, o campo estava em armas e o grosso dos suprimentos havia sido levado para lugar seguro. Foi com dificuldade que os britânicos voltaram desorganizados para Boston, com o inimigo em seus calcanhares. A cidade foi isolada do continente. A notícia dos acontecimentos de Lexington e Concord espalhou-se pelas outras colônias, onde governadores e autoridades britânicas foram expulsos de seus cargos. Com visão estratégica, os fortes nas margens do lago George, na entrada do vale do Hudson, foram capturados por uma força patriota, sob o comando de Benedito Arnold, um negociante de Connecticut. Os britânicos viram-se assim privados de qualquer auxílio do Canadá e a Guerra da Independência começou.

C
A
P
Í
T
U
L
O

VII

A GUERRA DA INDEPENDÊNCIA

Em maio de 1775, um congresso de delegados das colônias americanas reuniu-se no Carpenters' Hall da calma cidade de Filadélfia, na
Pensilvânia. Eram respeitáveis advogados, médicos, comerciantes e proprietários de terras, nervosos pela precipitação dos acontecimentos e
aparentemente inadequados para formar um comitê revolucionário. Os
primeiros tiros haviam sido disparados e sangue fora derramado, mas
não se desvanecera ainda toda esperança de conciliação e os delegados
temiam a organização de uma potência militar que poderia, como os
Ironsides de Cromwell, dominar seus criadores. Não tinham tradição
nacional comum, exceto aquela contra a qual se estavam revoltando,
nem organização, nem indústrias, nem tesouro, nem suprimentos, nem
exército. Muitos deles ainda esperavam uma paz com a Inglaterra. Todavia,
tropas britânicas, sob o comando do general Sir Guilherme Howe, estavam
a caminho, através do Atlântico, e os delegados viram-se diante de um
violento e fratricida conflito armado.

O centro da resistência e o palco da ação era Boston, onde Gage e a única força britânica no continente estavam cercados por dezesseis comerciantes e fazendeiros da Nova Inglaterra. Havia contínuo atrito dentro da cidade, não apenas entre Patriotas e soldados, mas também entre Patriotas e Legalistas. Placares escarnecedores eram colocados diante dos quartéis das tropas e tudo estava em ebulição. Em 25 de maio, Howe, acompanhado pelos generais Clinton e Burgoyne, entrou na baía com reforços que elevaram para cerca de seis mil homens o total das tropas britânicas.

Assim fortalecido, Gage assumiu a iniciativa. Ao norte, além de uma pequena extensão de água, ficava uma península ligada ao continente por um estreito istmo. De lá, os montes Breed e Bunker dominavam a cidade. Se os colonos ocupassem e mantivessem essas elevações, poderiam bombardear os ingleses e expulsá-los de Boston. Ao anoitecer de 16 de junho, Gage decidiu antecipar-se a eles, mas na manhã seguinte uma linha de trincheiras apareceu sobre as elevações. Tropas patriotas, avisadas por mensagens enviadas de Boston, lá se haviam entrincheirado durante a noite. Sua posição, entretanto, parecia perigosa. Os navios ingleses poderiam bombardeá-las da baía e desembarcar tropas no istmo, isolando-as assim de sua base. Contudo, nenhuma dessas medidas foi tomada. Gage estava decidido a fazer uma demonstração de força. Tinha sob seu comando alguns dos melhores regimentos do Exército britânico, e ele e seus compatriotas haviam adquirido profundo desprezo pelos colonos nas primeiras guerras. Decidiu lançar um ataque frontal contra o monte, para que toda Boston, aglomerada nas janelas e nos telhados de suas casas, fosse testemunha do espetáculo de soldados britânicos marchando firmemente em linha para assaltar as trincheiras rebeldes.

Na quente tarde do dia 17, Howe, por ordem de Gage, supervisionou o desembarque de cerca de três mil regulares britânicos. Passou em revista seus homens e fez-lhes um discurso. "Deveis expulsar esses fazendeiros do monte ou será impossível para nós permanecermos em Boston. Mas, não quero que nenhum de vós avance um único passo além do ponto onde eu estiver à frente de vossas linhas." Em três linhas, os casacos vermelhos avançaram lentamente em direção ao cume do monte Breed. Houve silêncio. Toda Boston estava observando. A cem jardas das trincheiras, ainda não se ouvia um ruído na frente. Mas a cinqüenta jardas, uma descarga de chumbo e balas de velhas espingardas de caça atingiu os atacantes. Houve gritos e pragas. "Os ianques são covardes?" gritou-se do fundo das trincheiras. Howe, com seu calção de seda branca manchado de sangue, reuniu seus homens, mas estes foram dispersados por outra rajada e obrigados a proteger-se. A reputação de Howe estava em jogo e ele percebeu que a munição escasseava no cume da colina. Na terceira investida, desta vez em coluna, os regulares expulsaram os fazendeiros de sua linha. Anoitecia. A aldeia de Charlestown, na península, do lado de Boston, estava em chamas. Mais de mil ingleses haviam tombado nas encostas. Dos três mil fazendeiros que ocupavam o cume da colina, a sexta parte foi morta ou ferida. Durante toda a noite, carruagens e carros transportaram os feridos britânicos para Boston.

Essa renhida e sangrenta ação provocou um frêmito em todas as colônias e foi comparada em seus efeitos ao Bull Run, oitenta e seis anos mais tarde. Os rebeldes tornaram-se heróis. Haviam enfrentado tropas treinadas, destruído um terço de seus adversários e apagado com sangue a lenda da covardia ianque. Os britânicos capturaram a colina, mas os americanos conquistaram a glória. Gage não lançou outros ataques e em outubro foi chamado para a Inglaterra em desgraça. Howe substituiu-no no comando. De ambos os lados do Atlântico, os homens percebiam que uma luta mortal estava iminente.

Era imperativo para os Patriotas formar um exército. Massachusetts já havia pedido ao Congresso de Filadélfia auxílio contra os britânicos e a nomeação de um comandante-chefe. Dois dias antes da ação no monte Breed, o Congresso havia concordado com o pedido. Discutiu-se muito sobre quem seria escolhido. Havia ciúme e aversão pelos homens da Nova Inglaterra, que estavam suportando o peso da luta, e principalmente por motivos políticos decidiu-se nomear um sulista. Os olhos de Adams fixaram em uma figura em uniforme, entre os trajes marrom escuro dos delegados. Era o coronel George Washington, de Mount Vernon, Virgínia. Esse próspero fazendeiro lutara nas campanhas da década de 1750 e ajudara a salvar os remanescentes da força de Braddock em seu desastroso avanço. Era o único homem com qualquer experiência militar no Congresso e mesmo sua experiência era limitada a algumas campanhas de pequena importância na fronteira. Foi-lhe confiado então o comando de todas as forças que a América pudesse reunir. Grandes apelos seriam feitos ao espírito de resolução que ele tinha por natureza.

As colônias contavam com cerca de 280.000 homens capazes de pegar em armas, mas em nenhuma ocasião durante a guerra Washington conseguiu reunir mais de 25.000. O ciúme entre as colônias e a falta de equipamento e organização prejudicavam seus esforços. Sua tarefa imediata era dar disciplina e munições ao andrajoso bando de Boston e a isso ele dedicou os meses do outono e inverno de 1775. O Congresso resolvera, contudo, em favor de uma ofensiva. Uma expedição foi enviada ao Canadá, sob o comando de Benedito Arnold, que iria ficar para sempre na história americana como uma figura infame, e de Ricardo Montgomery, que já servira sob as ordens de Wolfe. Marcharam ao longo das mesmas rotas que as tropas britânicas haviam seguido na campanha de 1759. Os dois comandantes tinham em conjunto apenas mil e cem homens. Montgomery capturou e ocupou Montreal, que não estava defendida. Juntou-se depois a Arnold, que após desesperadoras dificuldades chegara com o fantasma de um exército diante das fortificações de Quebec. No meio do inverno, sob violenta neve, lançaram-se contra os Heights of Abraham, defendidos por Sir Guy Carleton, com algumas centenas de homens. Montgomery foi morto e Arnold teve sua perna despedaçada. Os sobreviventes, mesmo depois de repelidos, permaneceram em seu campo, batido pelos ventos, do outro lado do rio. Na primavera, porém, quando o gelo se derreteu no St. Lawrence chegaram da Inglaterra os primeiros reforços. Tendo perdido mais de metade de seus homens, os Patriotas voltaram então penosamente para Maine e Fort Ticonderoga. O Canadá escapou assim do levante revolucionário. Os canadenses franceses estavam em geral satisfeitos com a vida sob a Coroa britânica. Logo o Canadá iria asilar muitos refugiados dos Estados Unidos, incapazes de abjurar sua lealdade a Jorge III.

Entrementes, Howe continuava confinado em Boston. Absteve-se de tomar represálias e, pelo menos durante os dois primeiros anos da guerra, esperou por uma conciliação. Tanto ele como seus generais eram membros "whigs" do Parlamento e concordavam com a opinião do partido de que era impossível uma guerra bem sucedida contra os colonos. Era um comandante corajoso e capaz no campo de batalha, mas sempre vagaroso em tomar a iniciativa. Dedicou-se então à tarefa de intimidar os americanos. Para isso, porém, precisava de amplo auxílio da Inglaterra e, como nenhum auxílio chegasse e a própria Boston não tivesse importância estratégica, evacuou a cidade na primavera de 1776 e transferiu-se para a única base britânica no litoral do Atlântico, Halifax, na Nova Escócia. Ao mesmo tempo, uma pequena expedição, sob o comando do general Clinton, foi mandada para o sul, a fim de auxiliar os legalistas em Charleston, na esperança de reanimar as colônias do Centro e do Sul. Todavia, a resistência dos Patriotas estava enrijecendo e, embora os elementos moderados do Congresso até então se tivessem oposto a qualquer formal Declaração de Independência, a evacuação de Boston levou-os a um esforço mais firme. Enquanto não adquirissem o que hoje seria chamado de condição de beligerante, os americanos não podiam receber suprimentos do estrangeiro, a não ser por contrabando, e os suprimentos eram essenciais. Os políticos conservadores estavam gradualmente cedendo terreno aos radicais. A publicação de um panfleto intitulado "Senso Comum", de autoria de Tom Payne, extremista inglês chegado recentemente à América, deu à causa da revolução enorme sucesso e teve efeito muito maior do que os escritos de intelectuais como Adams.

No entanto, foi o governo britânico quem deu o passo seguinte para o rompimento dos laços de lealdade entre a Inglaterra e a América. Em princípios de 1776, o Parlamento aprovou um Ato Proibitório, vedando todo intercâmbio com as colônias rebeldes e declarando o bloqueio do litoral americano. Ao mesmo tempo, sendo impossível mobilizar tropas britânicas suficientes, hessianos foram contratados na Alemanha e enviados através do Atlântico. O clamor que isso provocou na América fortaleceu a posição dos extremistas. Em Filadélfia, em 7 de junho, Ricardo Henrique Lee, de Virgínia, propôs a seguinte resolução: "Que estas colônias unidas são e por direito devem ser Estados livres e independentes; que estão desobrigadas de toda lealdade à Coroa britânica e que toda ligação política entre elas e o Estado da Grã-Bretanha está e deve estar totalmente dissolvida." Contudo, seis das treze colônias ainda se opunham a uma imediata Declaração. Temia-se uma invasão britânica em grande escala. Nenhuma aliança estrangeira fora ainda concluída. Muitos achavam que um desafio formal prejudicaria sua causa e afastaria seus adeptos. Finalmente, porém, uma comissão foi nomeada, um documento foi redigido por Tomás Jefferson e, em 4 de julho de 1776, a Declaração da Independência foi unanimemente aprovada pelo Congresso das colônias americanas.

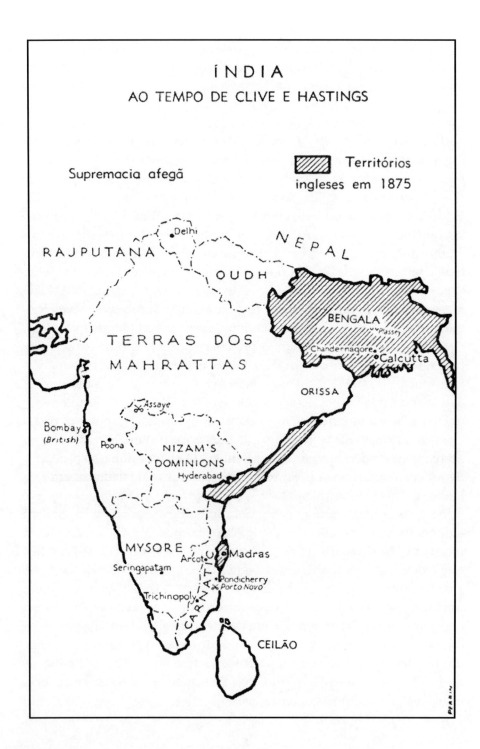

Este histórico documento proclamava as causas da revolta e enumerava vinte e oito "repetidas ofensas e usurpações" por parte do rei da Grã-Bretanha. A abertura é conhecida e imortal: "Quando, no curso dos acontecimentos humanos, se torna necessário a um povo romper os laços políticos que o ligavam a outro e assumir entre as potências da terra a posição separada e igual a que as Leis da Natureza e do Deus da Natureza lhe deram direito, um decente respeito pela humanidade exige que ele declare as causas que o impeliram à separação."

"Sustentamos que estas verdades são evidentes por si sós: que todos os homens foram criados iguais, que foram dotados pelo seu Criador de certos direitos inalienáveis, que entre esses estão a vida, a liberdade e a procura da felicidade. Que para assegurar esses direitos são instituídos entre os homens governos, que derivam seus justos poderes do consentimento dos governados. Que sempre que qualquer forma de governo se torna destruidora dessas finalidades é direito do povo alterá-la ou aboli-la, e instituir novo governo, lançando seus fundamentos sobre aqueles princípios e organizando seus poderes por aquela forma que lhes pareça ter mais probabilidade de garantir sua segurança e felicidade."

A Declaração era, no geral, uma reafirmação dos princípios que haviam animado a luta "whig" contra os últimos Stuarts, e a Revolução Inglesa de 1688. Tornou-se então o símbolo e o ponto de concentração da causa patriótica. Seu resultado imediato foi aumentar o número dos legalistas, amedrontados por esse esplêndido desafio. Entretanto, o propósito das colônias estava proclamado. Os indecisos eram obrigados a uma decisão. Não havia agora como voltar atrás.

* * *

Durante todo esse tempo, os britânicos haviam permanecido em Halifax, aguardando reforços da Inglaterra e meditando em sua estratégia. O êxito militar dependia do controle do vale do Hudson. Se pudessem conquistar e manter o curso d'água, bem como os fortes que o guarneciam, a Nova Inglaterra ficaria separada das colônias do Centro e do Sul, que continham dois terços da população e a maioria dos alimentos e da riqueza da América. A primeira medida era capturar Nova Iorque, na embocadura do rio. Howe poderia então movimentar-se para o norte, subjugar os fortes e juntar-se a uma força vinda do Canadá. Depois disso, o Sul, cujas colônias ficavam em sua maioria às margens dos rios, poderia ser esmagado com o auxílio da esquadra. O plano parecia promissor, pois os colonos não possuiam marinha e a Grã-Bretanha deveria ter podido bloquear o litoral do Atlântico. Todavia, a esquadra não tinha mais a alta eficiência a que fora levada pelos almirantes de Chatham. Fora capaz de transportar reforços através do Atlântico, mas nessa ocasião corsários da Nova Inglaterra causaram muito dano às operações militares no litoral e fustigaram navios de transporte e suprimentos. Em junho de 1776, Howe moveu-se em direção a Nova Iorque e começou a investir contra a cidade. Em julho, seu irmão, o almirante Howe, chegou da Inglaterra com uma frota de mais de quinhentas velas e reforços. Howe tinha agora sob seu comando cerca de vinte e cinco mil homens. Era essa a maior força armada até então vista no Novo Mundo. Mas Washington estava preparado. Concentrou ao redor da cidade o seu exército, reduzido pelas deserções e pela varíola a cerca de vinte mil homens. Do acampamento britânico, em Staten Island, podiam ser vistas as linhas americanas do outro lado da baía, nos contrafortes de Long Island e nas elevações de Brooklyn, acima do East River. Em agosto, Howe atacou. O morticínio de Bunker Hill, como ficou conhecida a ação do monte Breed, ensinara-o a ser cauteloso e, desta vez, ele se absteve de um assalto frontal. Fez um ataque simulado contra os entrincheiramentos de Long Island e, em seguida, lançou sua força principal para a esquerda dos americanos e caiu sobre a sua retaguarda. O golpe deu resultado e Washington foi obrigado a retirar-se para a cidade de Nova Iorque. Ventos adversos prejudicaram a frota britânica e Washington, com seu exército, encontrou segurança na outra margem do East River.

Nesse desastre, Washington apelou ao Congresso. Parecia impossível oferecer resistência em Nova Iorque, mas abandoná-la desanimaria os Patriotas. Todavia, o Congresso ordenou-lhe que evacuasse a cidade sem luta e, depois de escaramuças nas elevações de Harlem, Washington retirou-se vagarosamente para o norte. Nessa conjuntura, a vitória esteve na ponta dos dedos de Howe. Ele era senhor de Nova Iorque e do Hudson, até quarenta milhas rio acima. Se tivesse perseguido Washington com a mesma liabilidade e vigor com que Grant perseguiria Lee oitenta e oito anos mais tarde, poderia ter capturado todo o exército continental. Entretanto, durante quase um mês Washington não foi molestado. Em fins de outubro, foi novamente derrotado em renhida luta em White Plains; contudo, uma vez mais os ingleses não fizeram tentativa alguma de persegui-lo e Washington aguardou desesperadamente para ver se Howe atacaria pelo Hudson acima ou se investiria através de New Jersey até Filadélfia. Howe resolveu movimentar-se em direção à Filadélfia. Voltou-se para o sul, capturando, à medida que avançava, os fortes situados nas vizinhanças de Nova Iorque. Os delegados reunidos em Filadélfia fugiram. Milhares de americanos procuraram o acampamento britânico para declarar sua lealdade. A única esperança dos Patriotas parecia ser uma marcha em massa através dos Alleghanies, em direção à novas terras, uma migração para longe do domínio britânico, como a dos Boers no século XIX. O próprio Washington chegou a considerar essa possibilidade. "Devemos então (isto é, se derrotados) retirar-nos para o condado de Augusta, na Virgínia. Muitos se encaminharão para nós à procura de segurança e nós tentaremos uma guerra predatória. Se vencidos, deveremos cruzar as montanhas Alleghany."[6] Entrementes, Washington atravessava o Hudson e recuava para o sul, a fim de proteger Filadélfia.

Os britânicos perseguiam-no de perto e iniciaram uma rápida ocupação de New Jersey. A causa patriótica parecia perdida. Washington, porém, permanecia alerta e intimorato. A fortuna recompensou-o por isso. Com uma imprudência que é difícil compreender e que foi logo castigada, postos avançados do Exército britânico foram espalhados de maneira descuidada pelas cidades de New Jersey. Washington decidiu atacar esses corpos isolados, antes que Howe pudesse atravessar o rio Delaware. Escolheu a aldeia de Trenton, ocupada por uma força de hessianos. Na noite de Natal, tropas patriotas abriram caminho até a aldeia mal guardada. Com a perda de dois oficiais e dois praças, mataram ou feriram cento e seis hessianos. Os sobreviventes foram capturados e enviados para desfilar nas ruas de Filadélfia. O efeito do golpe foi absolutamente desproporcional à sua importância militar. Era o momento mais crítico da guerra. Em Princeton, lorde Corwallis, subordinado de Howe sobre o qual muito se ouviria falar mais tarde, tentou vingar a

---

[6] J. Fisher – "The Writings of John Fisher" (1902), vol. I.

derrota, mas viu frustrados seus esforços. Washington marchou por trás de suas forças e ameaçou sua linha de comunicações. O ano terminou assim com os britânicos em quartéis de inverno em New Jersey, mas limitados por essas duas ações ao território a leste do Delaware. Seus oficiais passaram uma alegre temporada na sociedade de Nova Iorque. Entrementes, Benjamim Franklin e Silas Deane, os primeiros diplomatas americanos, atravessavam o Atlântico para procurar o auxílio da França.

* * *

A posteridade não deve ser levada a pensar erroneamente que a guerra contra as colônias americanas recebia apoio unânime do povo britânico. Burke, por exemplo, não tinha ilusões. "Nenhum homem" escreveu ele depois da ação de Bunker Hill, "aprova as medidas que foram executadas ou espera qualquer benefício daquelas que estão em preparativo, mas essa é uma opinião fria e lânguida, como o que os homens descobrem em negócios que não lhes interessam... os comerciantes estão afastados de nós e de si próprios... Os principais homens entre eles estão tão cheios de contratos, remessas e serviços de toda espécie e mostram-se infatigáveis em seus esforços para fazer com que todos os outros fiquem quietos... Todos eles, ou o maior número deles, começam a aspirar o cadavérico "haut gout" da guerra lucrativa. A guerra tornou-se com efeito uma espécie de substituto do comércio. O negócio de fretagem nunca esteve tão animado, devido ao prodigioso aumento do serviço de transporte. Vultosas encomendas de provisões e abastecimentos de todas as espécies... mantêm elevado o espírito do mundo mercantil e levam-no a considerar a guerra americana, não tanto como sua calamidade, quanto como seu recurso numa desgraça inevitável". Poderosos políticos ingleses denunciaram não apenas a má direção militar e naval, mas também o próprio emprego de força contra os colonos.

Causavam regozijo todas as derrotas e desastres da causa britânica. "A parricida alegria de alguns diante das perdas de seu país deixa-me louco", escreveu um adepto do governo. "Eles não a disfarçam. Um duque patriota contou-me há várias semanas que alguns navios haviam sido perdidos ao largo da costa da América do Norte em uma tempestade. Disse que mil marinheiros britânicos se afogaram — nem um só escapou

— com a alegria resplandecendo em seus olhos... Na Câmara dos Comuns não é estranho falar dos provincianos como "nosso Exército". Essas tolices apenas contribuíam para tornar piores as coisas. Com efeito, não fosse a violência da oposição, que ultrapassava de muito os verdadeiros sentimentos do país, é provável que a manifestação de lorde North tivesse caído muito antes. Tal como aconteceu, lorde North dominou grandes maiorias na Câmara dos Comuns durante toda a guerra. Nem todos os membros da oposição eram tão tolos ou tão extremados, mas na opinião do rei todos eles eram traidores. Jorge III tornou-se obstinado e ainda mais decidido. Fechou os ouvidos aos conselhos moderados e recusou admitir em seu governo aqueles homens de ambos os partidos que, como muitos legalistas americanos, previam e condenavam os desastres a que estava levando sua política e se sentiam horrorizados pela guerra civil entre a Mãe-Pátria e suas colônias. Mesmo lorde North estava indeciso e somente sua lealdade ao rei e sua sincera e antiquada crença, partilhada por muitos políticos da época, de que o dever de um ministro era atender aos desejos pessoais do soberano, evitaram que resignasse muito antes do que o fez. Embora tecnicamente responsável, como Primeiro Lorde do Tesouro e Chanceler do Erário, lorde North não tinha controle sobre a direção dos negócios e permitia que o rei e os ministros departamentais controlassem o trabalho cotidiano do governo. Jorge III lutava incansavelmente para superintender os pormenores da organização da guerra, mas era incapaz de coordenar as atividades de seus ministros. Estes eram de má qualidade. O Almirantado era chefiado pelo conde de Sandwich, companheiro de deboches de Wilkes. Sua reputação foi muito atacada, mas pesquisas recentes mostraram que a Esquadra estava pelo menos em condição muito melhor do que o Exército.

Raramente a estratégia britânica caiu em tal multidão de erros. Toda máxima e todo princípio de guerra foram violados ou ignorados. "Procura e destrói o inimigo" é uma regra sólida. "Concentra tua força" é um método sólido. "Mantém teu objetivo" é senso comum. O inimigo era o exército de Washington. A força consistia nas tropas de Howe em Nova Iorque e nas colunas de Burgoyne então reunidas em Montreal. O objetivo era destruir o exército de Washington e matar ou capturar Washington. Se este pudesse ser atraído à batalha e se todos os homens e todos os canhões fossem voltados contra ele, uma vitória britânica seria quase certa. Contudo, essas verdades evidentes foram obscurecidas e confundidas pela multiplicidade de conselhos. Howe estava ainda decidido a capturar Filadélfia, sede do Congresso revolucionário e fonte da resistência política. Burgoyne, por outro lado, estava entusiasmado por um avanço partido do Canadá até a região alta do vale do Hudson e pela conquista, com auxílio de uma investida partida de Nova Iorque, dos fortes que dominavam o curso d'água. Com o controle do Hudson, a Nova Inglaterra poderia ser isolada e rapidamente subjugada. Burgoyne obteve licença e partiu para a Inglaterra em fins do outono de 1775. Ofereceu seus conselhos ao governo de Londres. Jorge III aprovou seu plano e endossou-o com sua própria mão. Burgoyne deveria avançar de Montreal através das matas que cobriam a fronteira e capturar o Fort Ticonderoga, perto da entrada do vale. Ao mesmo tempo, uma força procedente de Nova Iorque investiria para o norte, capturaria a cidade de West Point, que fora recentemente reforçada com o auxílio de engenheiros franceses, e juntar-se-ia a Burgoyne em Albany.

Assim eram os planejadores de Londres. A responsabilidade definitiva pela coordenação desses movimentos recaiu sobre o ministro da Guerra, lorde Jorge Germain. A carreira de Germain no Exército terminara em desgraça, embora sua experiência militar talvez não pudesse ser considerada como indicação justa de sua capacidade. Vinte anos antes, recusara fazer uma carga com sua cavalaria na batalha de Minden e fora declarado por uma corte marcial como incapaz para o serviço. Contudo, garantido pelo favor do jovem rei, transformara-se em político. O governo tinha pleno conhecimento de que Howe pretendia movimentar-se em direção oposta a Burgoyne, isto é, para o sul, contra Filadélfia, mas nada fez para dissuadi-lo desse plano. Não lhe deu ordens para juntar suas forças às de Burgoyne em Albany e privou-o de reforços. "Apresentava-se assim", escreve um historiador americano, "o extraordinário espetáculo de um general subordinado ir a Londres e obter a aprovação do rei para um plano de campanha; de o ministro do rei enviar instruções a um general e nenhuma instrução a outro que com ele deveria cooperar; e de esse outro general fazer seu próprio plano independente..."[7] Voltando,

---

[7] F. V. Greene – "The Revolutionary War" (1911).

porém, ao Canadá, Burgoyne enviou a Howe nada menos de três cartas sobre o plano para o encontro em Albany, mas à falta de instruções precisas da Inglaterra Howe não viu razão para abandonar seu projeto contra a Filadélfia. Apegou-se ao seu roteiro. Tendo tentado atrair Washington à batalha e malogrado em seus esforços, deixou uma guarnição de oito mil homens em Nova Iorque, sob o comando de Sir Henrique Clinton, e embarcou, em julho de 1777, com a parte principal de seu exército, para Chesapeake Bay. Ao invés de concentrar seu poderio, as forças britânicas estavam agora dispersas sobre oitocentas milhas de território e divididas entre Burgoyne, no Canadá, Howe, em Chesapeake, e Clinton, em Nova Iorque.

Washington, de seus quartéis de inverno em Morristown, nas fronteiras de New Jersey, movimentou-se apressadamente para sudoeste a fim de proteger Filadélfia. Tendo abandonado Nova Iorque sem um combate sério, dificilmente poderia fazer o mesmo na capital do Congresso; com sua força mal disciplinada, de efetivo flutuante, podia apenas esperar retardar o avanço britânico. Em princípios de setembro, Howe avançou com cerca de catorze mil homens. Washington, com força semelhante, estendeu suas linhas na margem norte do rio Brandywaine, barrando o caminho para a capital. Howe percebeu e explorou o equipamento falho do exército à sua frente, sua falta de oficialidade eficiente e sua incapacidade de obter informações rápidas. Efetuou o mesmo movimento simulado que já lhe dera bons resultados em Long Island. Na manhã do dia 11, dividiu seu exército e, deixando um poderoso corpo para lançar um ataque frontal, marchou rio acima com Cornwallis, atravessou o curso d'água e caiu sobre o flanco direito de Washington. Sua tática funcionou como relógio. O ataque foi bem sucedido, espalhou-se a desordem e as tropas britânicas, que se encontravam na outra margem, atravessaram o rio e levaram à sua frente toda a força americana. Ao crepúsculo, Washington estava em plena retirada. Como descreveu o marquês de Lafayette, jovem voluntário francês no exército americano: "Fugitivos, canhões e bagagem amontoavam-se sem ordem na estrada." Aqui, porém, como em Long Island, Howe recusou perseguir e capturar o inimigo. Sentia-se satisfeito. Em 26 de setembro, suas guardas avançadas entraram em Filadélfia. Houve uma confusa luta ao norte da cidade, em Germantown, mas os britânicos fizeram pressão e pouco depois a capital caiu.

201

Agora, porém, os planos de Londres para o teatro do norte estavam começando a falhar. Burgoyne, com algumas centenas de índios e sete mil soldados regulares, dos quais metade constituída de alemães, movimentava-se através das florestas do Canadá, esperando juntar-se às forças britânicas procedentes de Nova Iorque. Depois de árdua marcha, atingiu Fort Ticonderoga e verificou que os americanos se haviam retirado, deixando sua artilharia. Avançou ansiosamente para o sul. Se Howe tivesse subido para West Point, nada poderia ter evitado um esmagador êxito. Mas onde estava Howe? No dia em que Burgoyne avançou sobre o forte americano seguinte, Howe partia de Nova Iorque para o sul. Todos estavam confiantes em que, depois de capturar Filadélfia, Howe poderia voltar rapidamente a Nova Iorque e alcançar a expedição procedente do Canadá. Não o conseguiu, porém, e Burgoyne pagou o preço.

À medida que Burgoyne avançava, a milícia da Nova Inglaterra concentrava-se contra ele. Era um comandante popular e arrojado, mas o terreno era difícil, seus homens estavam sendo fustigados por incursões e suas tropas começaram a hesitar e a diminuir. Poderia ainda conseguir êxito, se chegasse auxílio de Nova Iorque. A guarnição de Clinton lá fora dividida ao meio, pois Howe lhe pedira reforços. Apesar disso, Clinton marchou para o norte e conseguiu capturar West Point, mas no outono, quando as chuvas caíram, Burgoyne ficou encantoado em Saratoga e as forças da Nova Inglaterra, cujo poderio aumentava dia a dia, fecharam-se sobre ele. Burgoyne estava a apenas cinqüenta milhas de Albany, onde deveria encontrar-se com a coluna vinda de Nova Iorque, mas não conseguiu fazer progressos. Seguiram-se dias de árdua luta nas florestas. Seus suprimentos minguaram e suas forças eram muito inferiores em número. Os americanos operavam em seu próprio território de acordo com seus próprios métodos. Lutando cada homem principalmente por sua própria iniciativa, ocultando-se por trás de arbustos e na copa de árvores, os americanos infligiram pesadas baixas a alguns dos melhores regimentos que a Europa podia reunir. A precisão do treinamento e das formações dos homens de Burgoyne não exercia efeito algum. Um desertor americano trouxe a notícia de que Clinton estava se movimentando para o norte. Era, porém, muito tarde. Os alemães recusavam continuar lutando e, em 17 de outubro de 1777, Burgoyne rendeu-se ao comandante americano, Horácio Gates. Os termos de rendição foram violados pelo Congresso e o corpo principal do exército britânico foi conservado prisioneiro até a assinatura da paz. Burgoyne voltou para a Inglaterra para atacar o Ministério e ser por ele atacado.

* * *

Neste ponto da luta, o Velho Mundo interferiu para auxiliar e aliviar o Novo Mundo. Embora não tivesse sido militarmente decisiva na América, Saratoga exerceu efeito imediato na França. Os franceses, embora tecnicamente em paz com a Grã-Bretanha, vinham fornecendo armas aos Patriotas, e voluntários franceses serviam no exército colonial. Em Versalhes, Benjamim Franklin e Silas Deane vinham procurando uma aliança declarada, mas durante um ano ambos os lados vacilaram. Os ministros franceses hesitavam apoiar a causa da liberdade no ultramar, enquanto a reprimiam no país, e muitos americanos temiam que a França exigisse preço excessivamente alto pela declaração de guerra à Inglaterra. Agora, porém, todas as dúvidas estavam dissipadas. Os colonos não poderiam sobreviver sem os suprimentos franceses e a população francesa estava veementemente disposta a vingar as derrotas da Guerra dos Sete Anos. A Marinha Francesa fora reforçada; a Esquadra britânica estava-se desintegrando. E quando chegaram as notícias de Saratoga, Luís XVI resolveu-se por uma aliança oficial. Houve consternação em Londres, onde a oposição "whig" vinha há muito tempo advertindo o governo contra o duro tratamento dispensado aos colonos e o Ministério britânico propôs uma generosa conciliação. Era muito tarde. Em 6 de fevereiro de 1778, antes que o Congresso pudesse ser informado da nova oferta, Benjamim Franklin assinava uma aliança com a França.

Assim começou outra guerra mundial, estando a Grã-Bretanha então sem um único aliado. Havia perdido um exército, aprisionado na América. Não havia mais tropas para serem contratadas na Alemanha. Os velhos temores de invasão espalharam o pânico por todo o país. O Ministério ficou desacreditado. Na agonia, todas as mentes, exceto a do rei, voltaram-se para Chatham. Em 7 de abril, Chatham arrastou-se sobre muletas para pronunciar seu último discurso contra uma moção da oposição, pedindo que fossem chamadas de volta as forças do Exército que se encontravam na América. Ele sempre fora pela conciliação, não pela rendição. A figura cadavérica, envolta em ataduras de flanela, ergueu-se vacilante sobre seus pés. A Câmara ficou em silêncio, na antecipação da morte. Em frases sussurradas, lançadas com um inesperado brilho de feroz cólera, Chatham desfechou seu ataque "contra o desmembramento desta antiga e mui nobre monarquia". Advertiu a nação contra os perigos da intervenção francesa e contra o emprego de mercenários alemães. Verberou seus compatriotas por sua desumanidade. "Meus lordes, se eu fosse americano como sou inglês, quando uma tropa estrangeira fosse desembarcada em meu país, eu nunca deporia minhas armas — nunca, nunca, nunca." Pôs de lado a ameaça de invasão, com desdenhoso sarcasmo. Lutou para falar novamente depois da resposta do líder da oposição, duque de Richmond, mas caiu sem sentidos com um ataque apoplético. Em 11 de maio, morreu enquanto seu filho lhe lia em Homero a cena solene dos funerais de Heitor e do profundo desespero de Tróia. Jorge III demonstrou a pequenez de seu espírito ao opor-se ao plano de construção de um monumento que, disse ele, seria "uma medida ofensiva a mim pessoalmente". A cidade de Londres, porém, desafiou-o e a inscrição de Burke foi um monumento adequado: "Os meios pelos quais a Providência ergue uma nação à grandeza são as virtudes infundidas nos grandes homens". Tais grandes homens eram muito raros na Inglaterra de lorde North.

C
A
P
Í
T
U
L
O

VIII

Os Estados Unidos

Washington, em 1777, estabeleceu seus quartéis de inverno em Vallev Forge, ao norte de Filadélfia. Ao fim de cada campanha havia muitas deserções e suas forças estavam agora reduzidas a cerca de nove mil homens, dos quais outro terço iria desaparecer na primavera. Com escassez de roupas e abrigos, os americanos tremiam e resmungavam durante os meses de inverno, enquanto em Filadélfia, a algumas dezenas de milhas, quase vinte mil soldados ingleses bem equipados estavam confortavelmente aquartelados. A temporada social encontrava-se em seu apogeu e os numerosos legalistas da capital tornavam agradável e alegre a estada de Howe e seus oficiais. Os britânicos não efetuaram nenhum movimento para atacar o exército patriota. Enquanto Washington não podia contar com provisões para seus homens nem com um dia de antecipação, Howe dançava e jogava em Filadélfia. Da mesma forma que em Long Island, em White Plains e no rio Brandywine, Howe recusou-se a levar avante sua vitória no campo e aniquilar seu inimigo. Enervado talvez pelo morticínio de Bunker Hill e ainda esperando uma reconciliação, ele nada fez. Alguns rumores sobre sua relutância devem ter chegado aos ouvidos do governo; de qualquer modo, quando a notícia da aliança francesa com os rebeldes chegou à Inglaterra, no início do Ano Novo. Howe foi chamado de volta à pátria.

Seu sucessor foi Sir Henry Clinton, o antigo comandante de Nova Iorque tinha opiniões muito diferentes sobre a orientação das hostilidades. Clinton percebeu que as táticas européias de marcha e contramarcha, de sítio e captura de povoações e cidades jamais prevaleceriam contra uma população armada e dispersa. A solução, pensou ele, era ocupar e dominar todo o país. Efetuou também uma momentosa modificação de estratégia. Resolveu abandonar a ofensiva no Norte e iniciar o processo de conquista pela subjugação do Sul. Lá se encontravam o grosso da população e da riqueza, e o principal repositório dos suprimentos que o Continente podia fornecer. Lá havia também muitos legalistas, entusiasmados e organizados. Uma nova base seria necessária, pois Nova Iorque ficava muito distante, e às vistas de Clinton recaíram sobre Charleston e Savannah. Muita coisa se poderia dizer a favor disso e muito poderia ter sido conseguido se Clinton tivesse podido tentá-lo, mas aparecia agora uma nova força, que abruptamente barrou e com o tempo se demonstrou fatal à realização desses grandes planos. Savannah ficava a oitocentas milhas e cinqüenta dias de marcha de Nova Iorque. Até então a Grã-Bretanha mantivera o domínio do mar e podia transferir suas tropas sobre água salgada com muito maior rapidez do que era possível aos Patriotas se movimentarem por terra. Agora, porém, tudo estava mudado, com a intervenção da França e da Esquadra Francesa. Daí por diante, o poderio marítimo dominaria e decidiria a luta americana de independência. Clinton foi logo rudemente lembrado de que agora isso estava em disputa.

Em abril de 1778, doze navios franceses de linha, dotados, com as fragatas que os acompanhavam, de mais de oitocentos canhões, partiram de Toulon. Quatro mil soldados seguiam a bordo. A notícia de sua aproximação foi recebida por Clinton, cuja tarefa imediata e vital passou a ser a de impedir que essa força conquistasse sua principal base em Nova Iorque. Se capturasse o porto ou mesmo se bloqueasse a embocadura do Hudson, ficaria ameaçada toda a sua posição no Continente. Em 18 de junho, Clinton abandonou Filadélfia e marchou rapidamente através de

New Jersey com dez mil homens. Washington, com seu exército engrossado pelo recrutamento da primavera, de modo a ter um efetivo quase igual, lançou-se numa linha paralela de perseguição. Em Monmouth Court House houve uma confusa luta. Clinton derrotou os americanos, não sem pesadas perdas, e não alcançou Nova Iorque senão em princípios de julho. Chegou exatamente a tempo. No mesmo dia de sua chegada, uma frota francesa, comandada por D'Estaing, apareceu diante da cidade. Foi enfrentada por um esquadrão britânico, sob o comando do almirante Howe, irmão do comandante militar substituído. Durante semanas, as duas forças manobraram ao largo da baía. Os franceses tentaram capturar Rhode Island, mas viram frustrados seus esforços, e Howe, numa série de operações que recebeu grandes elogios de historiadores navais americanos, anulou todos os esforços que seu adversário fez para intervir. No outono, d'Estaing abandonou a luta e navegou em direção às Índias Ocidentais. Lá também Clinton conseguira adiantar-se aos franceses. Em princípios do ano, havia enviado tropas para St. Lucia. D'Estaing chegou muito tarde para interceptá-las e aquela estratégica ilha passou a ser uma base britânica.

Entretanto, esses êxitos não podiam disfarçar os fatos básicos de que a campanha de Clinton contra o Sul fora retardada de um ano e que a Grã-Bretanha já não tinha mais o domínio indiscutível do mar. A Esquadra francesa dominava o Canal e prejudicava o transporte de homens e suprimentos da Grã-Bretanha para Nova Iorque, enquanto corsários da Nova Inglaterra travavam uma intensa e proveitosa guerra contra o comércio inglês. As operações militares na América caíram lentamente numa paralisação e, embora três mil homens das forças de Clinton tivessem ocupado Savannah, na Geórgia, em 29 de dezembro, seus planos de subjugar os rebeldes partindo de uma base legalista no Sul foram embaraçados e mutilados. Uma furiosa guerra civil entre legalistas e Patriotas irrompera nessas regiões, mas Clinton pouca ajuda podia oferecer. O impasse continuou durante todo o ano de 1779 e, durante algum tempo, o principal teatro de guerra transferiu-se para fora do Novo Mundo. Na América, ambos os exércitos estavam estropiados, o americano devido ao caos financeiro e à fraqueza do crédito do governo do Congresso e o britânico por falta de reforços. O temor da invasão dominava o governo britânico e tropas destinadas a Clinton foram mantidas nas Ilhas Britânicas. Os franceses, por sua parte, percebiam que poderiam obter tudo quanto desejavam na América combatendo a Grã-Bretanha em alto-mar e isso, de qualquer modo, estava muito mais de acordo com o gosto do governo autocrático de Versalhes do que ajudar rebeldes republicanos. Com exceção de alguns voluntários, os franceses, nessa fase, nenhum auxílio militar ou naval enviaram a seus aliados do outro lado do Atlântico. Todavia, suprimentos de munições e roupas impediram que a causa patriótica sofresse um colapso. Em junho, o conflito mundial estendeu-se e aprofundou-se, com a entrada na luta de outra potência européia. A diplomacia francesa levara a Espanha à guerra. A Grã-Bretanha estava ainda mais enfraquecida, suas comunicações navais no Mediterrâneo ficaram ameaçadas e, alguns meses depois, Gibraltar foi sitiada. No Novo Mundo, era obrigada a manter-se vigilante contra uma incursão espanhola na Flórida, enquanto corsários americanos, com base no porto de New Orleans, fustigavam o comércio inglês nas Caraíbas.

Em águas européias, um desses corsários criou um pitoresco episódio. Um capitão americano, escocês de nascimento, chamado João Paulo Jones recebera dos franceses um antigo navio mercante das Índias Orientais, que ele transformou em navio-de-guerra em estaleiros franceses. Foi-lhe dado o nome de "Bonhomme Richard" e, em setembro, o capitão Jones, com uma tripulação poliglota e acompanhado por três unidades menores, partiu com seu memorável barco para o mar do Norte. Ao largo de Flamborough Head, interceptou um comboio de navios mercantes procedentes do Báltico e atacou diretamente a escolta britânica, formada pelas belonaves "Serapis" e "Scarborough". Os navios mercantes escaparam e, ao anoitecer do dia 23, iniciou-se a batalha entre o "Serapis" e o "Bonhomme Richard". A belonave inglesa era superior em construção, equipamento e armamento, mas Jone manobrou seu barco e lançou-se contra o adversário. Durante toda a noite, os dois barcos balançaram-se juntos sobre a água, com as bocas de seus canhões quase se tocando, martelando-se mutuamente com disparos de canhões, rajadas de mosquetes e granadas de mão. Em certos momentos, ambos os navios estavam em chamas. Os três barcos menores de Jones navegavam ao redor do inferno, canhoneando ambos os navios. Os capitães inglês e americano continuavam inflexivelmente a luta. Finalmente, ao amanhecer, houve uma violenta explosão no depósito de pólvora do "Serapis". Seus canhões foram destruídos e todos quantos se encontravam para trás do mastro grande foram mortos. Os ingleses foram obrigados a render-se. O "Bonhomme Richard", porém, estava tão danificado, que afundou dois dias mais tarde. O encontro provocou vivo entusiasmo na sociedade francesa e americana, Jones tornou-se um herói.

* * *

Durante todo esse tempo, o exército de Washington permanecera incapaz de ação. Pouco podia fazer, a não ser manter Clinton sob vigilância. O simples fato de ter mantido em existência seu exército durante esses anos foi provavelmente a maior contribuição de Washington à causa patriótica. Nenhum outro líder americano poderia ter feito tanto. Em dezembro, Clinton decidiu capturar Charleston e, no dia 26, tendo sabido que a frota francesa nas Índias Ocidentais fora derrotada pelo almirante Rodney, partiu para a Carolina do Sul com oito mil homens. Durante algum tempo, progrediu. O mau tempo retardou-o e o sítio principal não se iniciou senão em fins de março, mas em maio de 1780 a cidade caiu e cinco mil Patriotas renderam-se no maior desastre até então sofrido pelas armas americanas. A fortuna começou então a voltar-se contra Clinton. Conquistara uma valiosa base, mas se via diante da guerra civil. Defrontava-se não com um exército regular no campo de batalha, mas com inúmeros bandos de guerrilheiros que fustigavam suas comunicações e assassinavam legalistas. Tornou-se evidente que seria necessário um exército enorme para ocupar e dominar o país. Entretanto, o poderio marítimo interveio de novo. Rumores de que tropas francesas estavam atravessando outra vez o Atlântico fizeram com que Clinton voltasse às pressas para Nova Iorque, deixando Cornwallis, seu subcomandante, para fazer o máximo que pudesse no Sul. O que este podia fazer era bem pouco. Washington enviou contra ele uma força comandada por Gates, o vencedor de Saratoga. Cornwallis derrotou Gates na Batalha de Camden e marchou para o interior da Carolina do Norte, desbaratando as guerrilhas à medida que avançava. Mas o campo levantou-se em armas contra ele. Não havia um ponto crucial onde pudesse atacar e o único efeito de seus esforços foi a destruição de uma quantidade de produtos agrícolas, que os rebeldes poderiam negociar com a Europa em troca de munições.

No norte, Clinton via-se, pela segunda vez, ameaçado de grande perigo. Outra frota chegara da França e desta vez era muito tarde para antecipar-se a um desembarque, Mais de cinco mil franceses, sob o comando do conde de Rochambeau, haviam desembarcado em julho em Newport, Rhode Island. Washington, vigilante e alerta, estava acampado em White Plains, no vale do Hudson; Benedito Arnold, que havia comandado a expedição ao Canadá em 1776 e que lutara com distinção em Saratoga, comandava o forte em West Point; a qualquer momento, os franceses poderiam avançar do litoral para o interior e juntar-se a ele. Nova Iorque, base e porto de Clinton, parecia perdida. No entanto, os acontecimentos, sob a forma de traição, durante algum tempo favoreceram os britânicos. Arnold estava há muito tempo descontente com a orientação dos Patriotas e casara-se recentemente com uma dama legalista. Estava endividado e fora pouco tempo antes censurado por uma corte marcial por haver-se apropriado de bens do governo. Seu descontentamento e suas dúvidas tornaram-se mais profundos com a notícia da derrota de Gates em Camden. Arnold ofereceu-se então para entregar West Point a Clinton em troca da importância de vinte mil libras. A perda do forte não apenas destruiria o domínio de Washington sobre o vale do Hudson, mas também poderia arruinar todo o poderio patriota. Clinton entrou na conspiração, vendo nela uma oportunidade de restabelecer sua posição no norte, e enviou um jovem major, chamado André, disfarçado, para combinar os pormenores da capitulação.

Em 21 de setembro de 1780, André subiu pelo Hudson em uma corveta e encontrou-se com Arnold, tarde da noite, na margem ocidental do rio, não muito longe de West Point. Lá Arnold lhe deu descrições escritas dos fortes, seus armamentos e provisões, efetivo das guarnições, cópias de suas ordens em caso de ataque e cópias dos processos de um conselho de guerra realizado pouco tempo antes em West Point. Em sua viagem de volta através da Terra de Ninguém, entre os dois exércitos, André caiu nas mãos de alguns escoteiros irregulares e foi entregue ao comandante americano mais próximo. Os documentos foram encontrados em suas botas. O comandante não pode acreditar na traição de Arnold e um pedido de explicações foi enviado a West Point. Arnold fugiu, acompanhado por sua esposa, e foi recompensado com uma comissão de general no serviço do rei Jorge e o comando de uma força britânica. Morreu em desgraça e na pobreza vinte anos mais tarde. André foi executado como espião. Escreveu uma carta elegante e digna a Washington, pedindo para ser fuzilado ao invés de enforcado — mas em vão. Era um jovem de grande beleza pessoal e, com seu uniforme escarlate, em pé sobre o patíbulo, arranjando com suas próprias mãos o nó ao redor do pescoço, formava uma cena impressionante. Sua coragem arrancou lágrimas da rude multidão que se reunira para vê-lo morrer. Em todo o furor da luta, com a exasperação causada pela deserção de Arnold endurecendo o coração dos patriotas, não foi possível encontrar ninguém para executar a tarefa de carrasco. Finalmente, uma figura anônima, com o rosto pintado de preto, como disfarce, executou o trabalho. Quarenta anos mais tarde, os despojos de André foram transferidos para a Abadia de Westminster.

O ato de traição de Arnold, embora descoberto a tempo, teve efeito acentuado, ainda que temporário, sobre o sentimento e a coesão dos Patriotas. Estes haviam estado muito perto do desastre. Numerosos americanos eram vigorosamente contrários à guerra e, em todo o país, legalistas, aberta ou secretamente, apoiavam os britânicos. O Sul já estava sendo flagelado por horrível guerra civil na qual americanos matavam americanos e cada homem suspeitava de seu vizinho. Iria o mesmo terrível processo abranger o Norte, até então firme na causa patriótica? Se o comandante de West Point era um traidor, em quem se poderia confiar? Essas ansiedades e esses temores agravaram-se com os reveses dos patriotas no mar. O almirante Rodney chegou diante de Nova Iorque com uma frota substancial e bloqueou os franceses em Newport até o término da temporada de operações militares. Em seguida, atacou de novo, desta vez nas Índias Ocidentais, onde os holandeses vinham fazendo grandes fortunas com o embarque de armas e pólvora para os Patriotas. O centro de seu comércio era St. Eustatius, nas ilhas Leeward. No outono, foi recebida a notícia de que a Holanda aderira à coligação contra a Grã-Bretanha e Rodney recebeu ordem para capturar a ilha. Foi o que fez em princípios de 1781 e grande estoque de munições e mercadorias consignadas ao general Washington caiu nas mãos da Esquadra britânica.

* * *

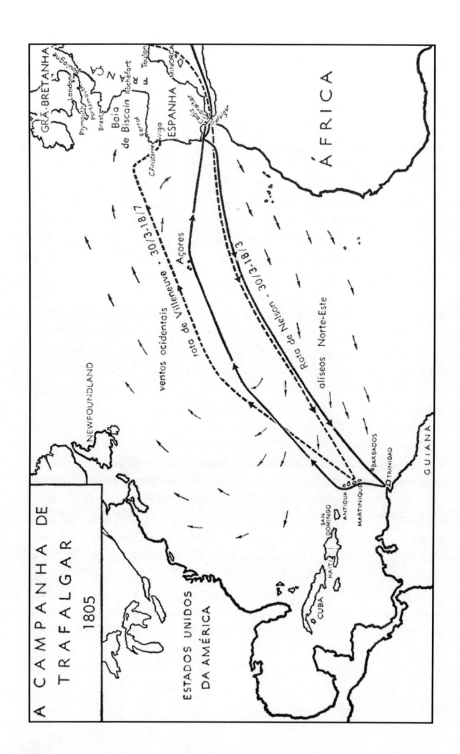

As divergências estratégicas entre Clinton e Cornwallis conduziram então ao desastre a causa britânica e legalista. Cornwallis há muito tempo se irritava com as instruções de Clinton, que o mantinham retido em sua base em Charleston. Clinton considerava que a manutenção da Carolina do Sul era o principal objetivo da guerra no Sul e que qualquer incursão para o interior dependia do controle naval do litoral. Cornwallis, por outro lado, estava ansioso por avançar. Sustentava que as guerrilhas americanas na Carolina do Norte impediam a ocupação efetiva do Sul e, até e a menos que fossem subjugadas, os britânicos teriam de retirar-se para dentro das muralhas de Charleston. Afirmava que a Virgínia era o coração e o centro da causa patriótica e que todos os esforços deveriam ser concentrados em sua conquista e ocupação. O primeiro passo, portanto, era invadir a Carolina do Norte. Não há dúvida que Cornwallis estava errado. Charleston, e não a Virgínia, era a chave militar do Sul. Era o único porto sulino de qualquer importância e o único lugar de onde Cornwallis podia receber suprimentos para si próprio e impedir que os rebeldes os recebessem. Dali podia, não apenas dominar o Estado de Geórgia, para o sul, mas também estabelecer pequenos postos na Carolina do Norte e na baía de Chesapeake; "manter a aparência", como escreveu Washington na época, "de possuir quatrocentas milhas ao longo da costa e, em conseqüência, ter um pretexto para apresentar reivindicações que podem ser muito prejudiciais ao interesse da América nos conselhos europeus".[8] Entretanto, a reputação militar de Cornwallis estava em ascensão desde a Batalha de Camden e ele foi encorajado pelo governo britânico a executar seus planos, cujo êxito dependia em grande parte dos legalistas sulinos. Apesar do comportamento pouco promissor destes últimos na campanha anterior e apesar da nomeação do mais competente general de Washington, Nathaniel Greene, para o comando das forças patriotas no Sul, Cornwallis resolveu avançar. Assim, marchou para a destruição.

Em Janeiro de 1781, movimentou-se em direção às fronteiras da Carolina do Norte. Seus destacamentos avançados chocaram com os americanos em Cowpens, na manhã do dia 17. As táticas britânicas eram simples e onerosas. Cornwallis havia experimentado a pontaria dos

---

[8] "The Writings of George Washington", ed. W. C. Ford (1891), vol. IX.

americanos da fronteira e conhecia a ineficiência de suas tropas em atirar com mosquetes. Confiou, por isso, nas cargas de sabre e baioneta. O comandante americano colocara sua mal organizada e mal disciplinada milícia com as costas voltadas para o rio Broad, a fim de impedir que se dispersasse. Washington sempre duvidara do valor dessas tropas e declarava que nenhuma milícia "jamais adquiriria os hábitos necessários para resistir a uma força regular". Desta vez, porém, reforçada pelas tropas continentais, a milícia bateu os britânicos.

Cornwallis, apesar disso, avançou. Estava agora longe de sua base e o exército de Greene ainda se encontrava no campo de batalha. Sua única esperança era atrair Greene à batalha e destruí-lo. Encontraram-se em Guilford Court House, em 15 de março. A milícia americana demonstrou-se inútil, mas o núcleo treinado das tropas de Greene, estendido por trás de uma cerca, causou devastação entre os regulares britânicos. Vez após vez, tendo à frente os seus oficiais, os regimentos assaltaram a linha americana. Um sargento inglês, que conservou um diário da campanha, assim descreve a cena: "Instantaneamente o movimento foi feito, em excelente ordem, numa rápida corrida com as armas embaladas; chegados a quarenta jardas da linha inimiga, percebeu-se que toda essa força tinha suas armas apontadas e descansadas sobre uma cerca, separação comum na América. Estavam fazendo pontaria com bela precisão".[9] Finalmente, essa dedicada e disciplinada bravura expulsou os americanos do campo, mas o morticínio ficou indeciso. A força patriota estava ainda ativa, enquanto os britânicos se encontravam longe da base e haviam perdido quase um terço de seus homens. Cornwallis não teve alternativa senão voltar para o litoral e procurar reforços com a Marinha. Greene deixou-o ir. Seu exército já fizera muito. Em menos de oito meses, havia marchado e combatido sobre novecentas milhas de terreno pantanoso e desolado. Com forças numericamente inferiores na proporção de três para um, Greene reconquistara toda a Geórgia, exceto Savannah, e toda a Carolina do Sul, salvo uma pequena parte. Perdeu as batalhas, mas venceu a campanha. Abandonando as vastas extensões da Carolina do Norte, movimentou-se então rapidamente para o sul a fim de levantar o país contra os britânicos.

---

[9] "The Journal of Sergeant Lamb" (Dublin, 1809).

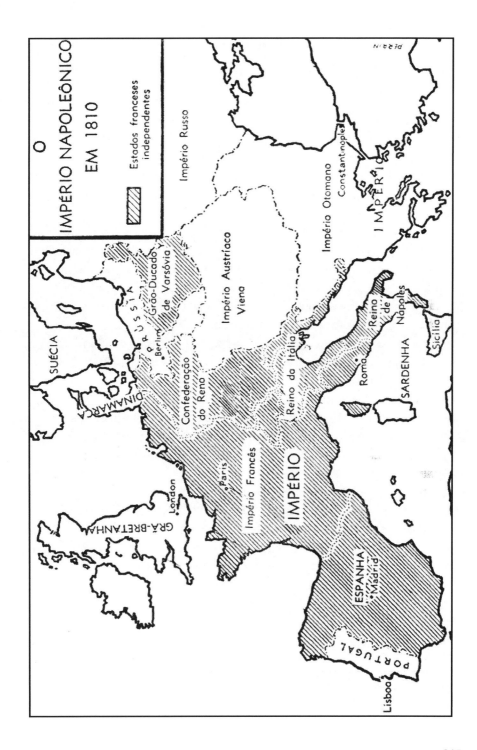

Lá a feroz guerra civil entre patriotas e legalistas — ou "whigs" e "tories", como eram chamados localmente — era enegrecida por incursões noturnas, captura de gado, assassínios, emboscadas e atrocidades, como as que assistimos em nosso próprio tempo na Irlanda. O próprio Greene escreveu: "As animosidades entre os "whigs" e "tories" neste Estado (Carolina do Sul) tornam sua situação realmente lamentável. Não se passa um dia sem que maior ou menor número caia vitimado por essa selvagem disposição. Os "whigs" parecem decididos a exterminar os "tories" e os "tories", os "whigs". Alguns milhares já tombaram dessa maneira nesta região e o mal lavra com maior violência do que nunca antes. Se não for possível pôr um paradeiro a estes massacres, o país ficará despovoado em mais alguns meses, pois nem "whig" nem "tories" podem viver". Enquanto Greene começava a dominar os postos isolados britânicos na Carolina do Sul, Cornwallis continuava seu avanço sobre a Virgínia. Devastou os campos em sua marcha, mas foi feroz e habilmente castigado por Lafavette e um escasso bando de patriotas.

Durante todos esses meses, Clinton permaneceu em Nova Iorque, e enquanto Cornwallis se aproximava parecia possível a Clinton evacuar a base do norte e concentrar todo o esforço britânico no sentido de preservar a ocupação das colônias sulinas. Isto, se tivesse sido conseguido, poderia ter destruído a causa patriótica, pois o Congresso estava em bancarrota e Washington mal conseguia manter reunido seu exército. Contudo, uma vez mais a Esquadra Francesa mudou o rumo dos acontecimentos, desta vez para sempre.

A desesperadora situação dos americanos foi revelada ao comandante naval francês nas Índias Ocidentais, De Grasse, que em julho enviou a Washington, ao qual Rochambeau, vindo de Newport, se juntara em White Plains, notícia de que atacaria o litoral da Virgínia. Pedia um supremo esforço no sentido de concentrar toda a força patriótica nessa região. Washington aproveitou a oportunidade. Tomando cuidadosas precauções para iludir Clinton, retirou suas tropas do Hudson e, unido a Rochambeau, marchou rapidamente para o sul.

Cornwallis, nesse meio tempo, lutando com a falta de suprimentos e com a crescente extensão de suas linhas de comunicação, marchou para o litoral, onde esperava estabelecer contato direto com Clinton por mar. Em agosto, chegou a Yorktown, na Baía de Chesapeake, e começou a entrincheirar-se. Sua conduta nos meses seguintes tem sido muito criticada. Não contava com defesa natural do lado da cidade voltado para o interior e fez pouco esforço para atingir os inimigos que se concentravam ao seu redor. A estratégia franco-americana foi um feito de precisão e a convergência de forças realizou-se através de amplas distâncias. Quase nove mil americanos e oito mil franceses reuniram-se diante de Yorktown, enquanto De Grasse bloqueava a costa com quarenta navios de linha. Durante quase dois meses, Cornwallis permaneceu parado, esperando. Em fins de setembro, iniciou-se a investida sobre Yorktown. O bombardeio da Artilharia Francesa de sítio despedaçou seus redutos terrestres. Cornwallis planejou uma desesperada surtida, enquanto as defesas ruíam. Ao final um único canhão britânico restou em ação. Em 17 de outubro de 1781, todo o exército, com cerca de sete mil homens, rendeu-se. No mesmo dia, Clinton e o esquadrão britânico partiram de Nova Iorque, mas ao ter notícias do desastre para lá voltaram.

Assim terminou a luta principal. O poderio marítimo mais uma vez decidira a questão e, se não fosse o bloqueio francês, a guerra britânica de atrito bem poderia ter dado resultados.

Em novembro, executada sua tarefa, De Grasse voltou para as Índias Ocidentais e Washington foi deixado sem auxílio para enfrentar Clinton em Nova Iorque e a ameaça de invasão pelo Canadá. Dois anos ainda transcorreriam antes que a paz se impusesse sobre a América, não ocorreu nenhuma outra operação militar de qualquer conseqüência.

* * *

A rendição de Yorktown exerceu imediato e decisivo efeito na Inglaterra. Quando a notícia foi levada a lorde North, sua amável compostura abandonou-o. Caminhando de um lado para outro em seu aposento, exclamava em tom agoniado: "Oh, Deus, está tudo acabado!"

A oposição reuniu-se vigorosamente na Câmara dos Comuns. Houve turbulentas reuniões em Londres. A maioria governamental foi derrotada numa moção de censura à administração da Marinha. Uma proposta para a cessação da guerra na América foi rejeitada por um único voto. Em março, North comunicou à Câmara dos Comuns que iria renunciar. "Finalmente, chegou o dia fatal", escreveu o rei. North manteve sua dignidade até o fim. Depois de doze anos de serviço, deixou a Câmara dos Comuns como um homem derrotado. Enquanto esperavam suas carruagens, em pé, na chuva, naquela noite de março de 1782, os membros da Câmara viram North que descia as escadas e entrava em seu veículo, o qual fora trazido com antecedência e colocado na ponta da fila. Com uma polida curvatura para os parlamentares encharcados e hostis que se reuniam ao seu redor, lorde North disse: "Esta, cavalheiros, é a vantagem de estar dentro do segredo", e afastou-se rapidamente.

O rei Jorge, na agonia da derrota pessoal, demonstrou ainda maior paixão. Falou em abdicação e em retirar-se para Hanover. O violento sentimento que dominava todo o país tirava-lhe qualquer esperança de realizar com êxito uma eleição. Foi obrigado a entrar em acordo com a oposição. Durante os longos anos da guerra americana, Rockingham e Burke haviam aguardado com paciência a queda do governo de North. Agora chegava a sua oportunidade. Rockingham impôs suas condições ao rei: independência para as colônias e certo enfraquecimento na influência da Coroa sobre a política. Jorge III foi obrigado a aceitar e Rockingham assumiu o cargo. Coube a ele e seu colega, lorde Shelburne, salvar o que fosse possível da destruição do Primeiro Império Britânico.

C
A
P
Í
T
U
L
O

IX

O IMPÉRIO INDIANO

O século XVIII assistiu a uma mudança revolucionária na posição britânica na Índia. A Companhia da Índia Oriental Inglesa, fundada simplesmente como um empreendimento comercial, transformou-se com crescente rapidez num vasto império territorial. Lá pelo ano de 1700 provavelmente não havia mais de mil e quinhentos ingleses residindo na Índia, inclusive esposas, filhos e marinheiros em trânsito. Viviam separados em um punhado de "factories", como eram chamados seus postos comerciais, pouco se interessando pela política indiana. Cem anos mais tarde, oficiais e soldados britânicos aos milhares, sob a direção de um governador-geral britânico, mantinham o controle de extensas províncias. Esse notável desenvolvimento foi, em parte, um resultado da luta entre a Grã-Bretanha e a França, que encheu a época e foi travada em todo o globo. Na América, os franceses tiveram a satisfação de ajudar os Estados Unidos a conquistarem a independência. Nesse setor, a Grã-Bretanha foi vencida. Foi diferente na Índia, onde com freqüência prosseguia a luta

219

enquanto na Europa a Grã-Bretanha e a França estavam em paz. Entretanto, o conflito anglo-francês jamais se teria estendido violentamente através da Índia se as coisas não estivessem maduras para a intervenção européia. O grande Império dos Mongóis estava se desintegrando. Durante dois séculos, esses descendentes muçulmanos de Tamburlaine dominaram e pacificaram uma parte do mundo igual à metade dos atuais Estados Unidos. Centralizados em Delhi e apoiados por hábeis pro-cônsules, mantiveram a paz à maneira oriental e conferiram aos oitenta milhões de habitantes do subcontinente uma existência ordeira como eles nunca mais conheceriam durante outros cem anos. Em princípios do século XVIII, essa formidável dinastia foi abalada por uma sucessão disputada. Invasores procedentes do norte logo se derramaram através das fronteiras. Delhi foi saqueada pelo xá da Pérsia. Os vice-reis dos mongóis revoltaram-se e reclamaram o direito de soberania sobre as províncias imperiais. Pretendentes ergueram-se para desafiar os usurpadores. Na Índia Central, as ferozes tribos combatentes dos Hahrattas, unidas numa precária confederação, perceberam e aproveitaram sua oportunidade de saquear e devastar. O país mergulhou na anarquia e no derramamento de sangue.

Até então, os comerciantes europeus na Índia, ingleses, franceses, portugueses e holandeses, negociavam suas mercadorias em condições de rivalidade, mas enquanto o "Grão Mogol" governou em Delhi, eles competiam em relativa paz e segurança. A Companhia da Índia Oriental Inglesa tornara-se um negócio sólido, com um capital de mais de um milhão e duzentas e cinqüenta mil libras e um dividendo anual de nove por cento. A população de Bombaim, que Carlos II cedera à Companhia, em 1668, por dez libras ao ano, multiplicara-se mais de seis vezes e ultrapassava agora a casa das sessenta mil almas. Madras, fundada e fortificada pelos britânicos em 1639, era o principal centro comercial da costa oriental. Calcutá, desabitada até quando os empregados da companhia construíram uma "factory" na embocadura do rio Hoogli, em 1686, tornara-se um florescente e pacífico empório. A Compagnie des Indes, francesa, com centro em Pondicherry, também prosperara, embora, ao contrário de sua rival inglesa, fosse na realidade um Departamento de Estado e não uma empresa particular. Ambas as organizações tinham o mesmo objetivo, a promoção do comércio e a obtenção de lucro financeiro.

A aquisição de território ocupava pouco lugar em seus pensamentos e nos planos de ambas as nações, e de fato os diretores ingleses mostravam-se há muito tempo relutantes em possuir terras ou assumir responsabilidades além dos limites de seus postos comerciais. Lá por 1740, os acontecimentos forçaram-nos a mudar sua orientação. Os Mahrattas mataram o nababo, ou governador imperial, do Carnático, província de quinhentas milhas de comprimento na costa sul-oriental. Ameaçaram Madras e Bombaim, e incursionaram pelas profundezas de Bengala. Estava se tornando impossível para os comerciantes europeus permanecerem alheios à situação. Precisavam lutar, por sua própria conta ou em aliança com os governantes indianos, ou abandonar a Índia. A maioria dos holandeses já se retirara para o rico arquipélago das Índias Orientais; os portugueses há muito tempo já haviam ficado para trás na corrida; os franceses e ingleses resolveram permanecer onde estavam. Assim, essas duas potências européias ficaram sozinhas no terreno.

Como tem acontecido freqüentemente nas grandes crises de sua história a França produziu um homem. José Dupleix, governador de Pondicherry desde 1741, previra com muita antecedência a luta iminente com a Grã-Bretanha. Percebera que a Índia aguardava um novo governante. O Império Mongol estava no fim e parecia improvável que fosse substituído por um Império Mahratta. Por que, então, não deveria a França colher esse resplandescente e fértil prêmio? Quando irrompeu na Europa a Guerra da Sucessão Austríaca, Dupleix agiu com decisão. Apelou ao novo nababo do Carnático que proibisse hostilidades no território sob sua jurisdição, no qual ficara a maioria dos postos franceses. Conseguido isso, passou a atacar Madras. O governador inglês de Madras pediu ao nababo que impusesse neutralidade semelhante aos franceses, mas deixou de acompanhar seu pedido com um suborno adequado. Dupleix, por outro lado, prometeu entregar a cidade assim que a capturasse. Com essa garantia, o nababo ficou alheado e, depois de um bombardeio de cinco dias, a cidade rendeu-se em 10 de setembro de 1746. Alguns de seus defensores britânicos escaparam para o vizinho Fort St. David. Entre eles estava um jovem escriturário de 21 anos, chamado Roberto Clive.

Dupleix, vitorioso, recusou entregar Madras ao nababo e passou o resto do ano repelindo seus ataques. Em seguida, investiu contra Fort

St. David, mas chegaram notícias de que a guerra na Europa cessara e o tratado de paz de Aix-la-Chapelle determinava a devolução de Madras aos britânicos, em troca da cessão de Louisburg, na Nova Escócia, à França. Terminou assim um sombrio e inglório prólogo da grande luta na Índia.

* * *

Clive observara esses acontecimentos com cólera e alarma, mas até então havia em sua carreira poucos sinais que o marcassem como o homem que alteraria a fortuna de seu país e estabeleceria o domínio dos britânicos na Índia. Era filho de um pequeno proprietário rural e sua infância fora movimentada e pouco promissora. Clive freqüentara nada menos de quatro escolas e em nenhuma delas conseguira êxito. Na cidade-mercado de Shropshire organizara e dirigira uma quadrilha de adolescentes desordeiros que extorquiam pequenas importâncias e maçãs de comerciantes em troca da garantia de não quebrar suas vitrinas. Aos dezoito anos de idade, foi enviado para o estrangeiro como pequeno funcionário da Companhia da Índia Oriental, com o salário de cinco libras por ano e quarenta libras para despesas. Era um subordinado difícil e nada promissor. Detestava a rotina e a atmosfera do escritório de contabilidade. Por duas vezes, segundo consta, tentou o suicídio e por duas vezes a pistola falhou. Não foi senão após ter obtido uma comissão militar e servido durante vários anos nas forças armadas da Companhia que revelou um gênio militar sem paralelo na história britânica da Índia. O sítio de Madras e a defesa de Fort St. David haviam-lhe dado o gosto pela luta. Em 1748, um novo levante ofereceu-lhe a oportunidade de liderança.

Pretendentes indianos dominaram o vice-reinado mongol de Deccan e conquistaram o Carnático. Com alguns soldados franceses e uns dois mil indianos, Dupleix expulsou-os e colocou no trono os seus próprios fantoches. O candidato britânico, Mahomet Ali, foi perseguido até Triquinópolis e ferozmente sitiado. Com um só golpe, a França tornara-se senhora da Índia Meridional. O golpe seguinte seria evidentemente contra os ingleses. Desaparecia assim qualquer esperança de comércio pacífico, ou do que hoje seria chamado de não intervenção nos negócios da Índia, e tornava-se evidente que a Companhia da Índia Oriental devia lutar ou morrer. Clive obteve uma comissão. Abriu caminho até Triquinópolis e viu com seus próprios olhos que Mahomet Ali estava em desesperador perigo. Se pudesse ser socorrido e colocado no trono, tudo poderia correr bem. Mas como conseguir isso? Triquinópolis estava sitiada por um exército combinado francês e indiano de enorme efetivo. Os ingleses tinham poucos soldados e estavam tão mal preparados e tão desprovidos de oficiais que o comando-chefe militar foi confiado a Clive, então ainda com vinte e cinco anos de idade. O socorro direto a Triquinópolis era impossível e Clive percebeu imediatamente que seu golpe deveria ser desfechado em outro lugar. Arcot, capital do Carnático, ficara desprovida de tropas, cuja maioria estava em Triquinópolis sitiando Mahomet Ali. Bastava capturar Arcot e elas seriam obrigadas a voltar. Com duzentos europeus, seiscentos indianos e oito oficiais, metade dos quais formada por ex-escriturários como ele próprio, Clive pôs-se em ação. A cidade caiu facilmente sob seu ataque e Clive e seu pequeno grupo prepararam-se desesperadamente para a vingança que deveria sobrevir. Tudo ocorreu como Clive havia previsto. O potentado indiano. consternado pela perda de sua capital, desviou uma grande parte de suas tropas de Triquinópolis e atacou Clive em Arcot. A luta prolongou-se por cinqüenta dias. Com uma inferioridade numérica de vinte para um e quase às portas da fome, a pequena força de Clive rompeu o cerco com um ataque noturno no qual ele próprio guarneceu um canhão e o sítio foi levantado por ter um chefe Mahratta admirador dos britânicos ameaçado acorrer em seu auxílio. Esse foi o fim de Dupleix e também de muitas outras coisas. Em 1752, Clive, em combinação com Stringer Lawrence, um soldado regular da Inglaterra, derrotou os franceses e os usurpadores apoiados pelos franceses e colocou Mahomet Ali no trono. O Carnático estava salvo. No ano seguinte Clive recém-casado, mas com a saúde abalada, partiu para a Inglaterra. Enriquecera-se muito com os "presentes", como eram delicadamente chamados, que recebera de governantes indianos. Dupleix continuou a lutar, mas foi chamado de volta à França em 1754, onde nove anos depois morreu na pobreza e na desgraça. É chocante o contraste entre a riqueza e o poderio conquistados pelos líderes ingleses na Índia e o triste destino que teve a maioria dos franceses.

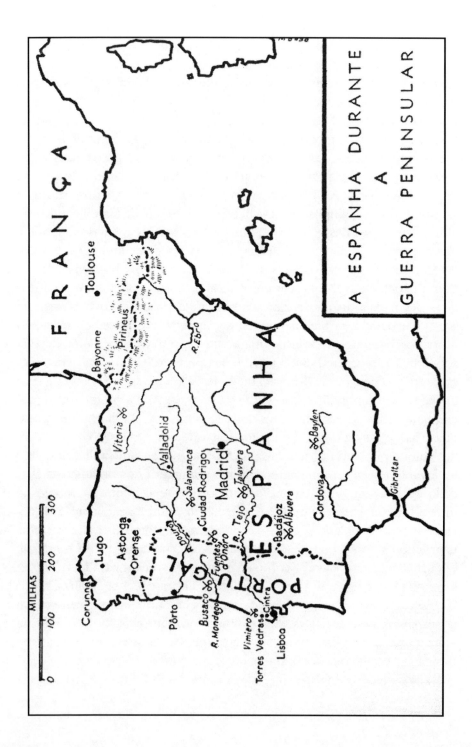

Na Inglaterra, Clive empregou parte de sua fortuna numa tentativa de eleger-se para o Parlamento por um "burgo podre" de Cornwall. Foi derrotado e em 1755 voltou à Índia. Chegou exatamente a tempo, pois uma nova luta estava para iniciar-se no noroeste. Até então, franceses, holandeses e ingleses haviam comerciado pacificamente lado a lado na fértil província de Bengala, cujos habitantes, dóceis, inteligentes e industriosos, haviam escapado em grande parte à carnificina e anarquia do Sul. Calcutá, na embocadura do Ganges, estava rendendo bons dividendos. A paz era mantida por um aventureiro muçulmano do noroeste, que conquistara o poder e o conservava havia catorze anos. Morreu, porém, em 1756 e o trono passou para seu sobrinho, Surajah Dowlah, jovem, vicioso, violento e voraz. Temendo, com certa razão, que o que seria chamado de Guerra dos Sete Anos entre a Grã-Bretanha e a França, que irromperia mais tarde, pudesse atingir seus domínios e reduzi-lo a um fantoche como os príncipes do Deccan, Surajah Dowlah pediu a ambas as comunidades européias que desmantelassem suas fortificações. Os franceses, instalados em Chandernagore, rio acima partindo de Calcutá, deram uma resposta tranqüilizadora. Os ingleses cônscios de que a guerra com a França era iminente, estenderam suas fortificações na margem do rio, onde era esperado o ataque francês, e ignoraram os pedidos. Outros atritos aumentaram a irritação de Surajah Dowlah, que em maio desfechou seu ataque.

Reunindo um grande exército, inclusive com canhões e europeus treinados no seu uso, marchou sobre Calcutá. Pesquisas modernas inocentaram o governador e as autoridades britânicas das mais graves acusações de covardia e incompetência levantadas contra elas por Macaulav, mas os acessos terrestres à cidade não estavam fortificados, houve má orientação e confusão, e a evacuação por navios transformou-se numa corrida em pânico. A pequena guarnição e a maioria dos civis ingleses lutaram bravamente, mas em três dias tudo estava acabado. Haviam vivido em paz durante muito tempo. Agora estavam entregues a uma sorte horrível. Cento e quarenta e seis europeus renderam-se depois que o inimigo penetrou nas defesas, sob uma bandeira de trégua. Foram jogados para passar a noite numa cela de prisão de vinte pés quadrados. Pela manhã, com exceção de vinte e três, todos estavam mortos. Os vendedores partiram, após terem saqueado as propriedades da Companhia. "Ainda

225

que ele não o imaginasse", diz lorde Elton, "os negócios de Surajah Dowlah com os britânicos deram a garantia de que estes se tornariam os próximos governantes da Índia. Isso porque a tragédia do "Black Hole" (Buraco Negro) dissipara sua derradeira e otimista ilusão de que ainda poderia ser-lhes possível permanecer na Índia como comerciantes e nada mais. Havia um crime a vingar e, por fim, os britânicos estavam mais do que dispostos a lutar".[10]

A notícia chegou a Madras em agosto. Os diretores ainda não sabiam que a guerra com a França já irrompera na Europa, mas corriam rumores, como em Calcutá, de um ataque francês, tanto por mar, como através do Deccan. Apesar disso, deram a Clive todo o seu poderio naval e quase todas as suas tropas. Em Janeiro de 1757, com novecentos europeus e mil e quinhentos soldados indianos, Clive recapturou Calcutá e repeliu o exército de quarenta mil homens de Surajah Dowlah. A guerra com a França obrigou-o então a recuar, mas apenas o suficiente para atacar Chandernagore, que não ousava deixar nas mãos dos franceses, antes de voltar às pressas para Madras. Em março, Chandernagore caiu; sua guarnição, lutando com muita bravura, retirou-se. Então, a fortuna acorreu em auxílio de Clive. A crueldade de Surajah Dowlah era excessiva, mesmo para o seu próprio povo. Um grupo de cortesãos resolveu depô-lo e substituí-lo por um novo governante, Mir Jafar. Clive concordou em ajudar. Em 23 de junho, seu exército, cujo efetivo aumentara para três mil homens, dos quais menos de um terço era britânico, defrontou-se com Surajah Dowlah em Plassey. Clive tinha uma inferioridade numérica de dezessete para um. O rio Hoogli, em enchente por trás de suas forças, tornava impossível a retirada. O inimigo concentrou-se em um semicírculo na planície aberta. Clive dispôs suas forças ao longo das bordas de um mangueiral e esperou o ataque. Batalha não houve. Houve, porém, uma prova de força, na qual se decidiu a sorte da Índia. Durante quatro horas desenvolveu-se um canhoneio. Em seguida, Surajah Dowlah, sentindo a traição em seu próprio campo e ouvindo conselhos daqueles que conspiravam para traí-lo, ordenou uma retirada. Clive resolveu deixá-lo partir e lançar um ataque noturno posteriormente, mas um oficial inferior

---

[10] Lorde Elton – "Imperial Commonwealth" (1945).

avançou em desrespeito às ordens. Tornou-se impossível controlar a perseguição. O inimigo dispersou-se em pânico e, alguns dias mais tarde, Surajah Dowlah foi assassinado pelo filho de Mir Jafar. Com a perda de trinta e seis homens, Clive tornara-se o senhor de Bengala e o vencedor de Plassey.

Muita coisa, porém, ainda restava a realizar. Mir Jafar, que não desempenhara papel algum na pretensa batalha, foi colocado sobre o trono, mas a província enxameava de combatentes muçulmanos vindos do Norte e era fértil em pretendentes. O Estado vizinho de Oudh era hostil; os franceses ainda estavam ativos; e mesmo os holandeses mostravam indícios de interferência. Clive venceu a todos. Se os próprios ingleses não governassem o país, deveriam garantir que isso fosse feito por um potentado local amigo. O controle indireto estava na ordem do dia. A alternativa era mais anarquia e mais derramamento de sangue. Quando Clive partiu novamente para a Inglaterra, em fevereiro de 1760, a Grã-Bretanha era a única potência européia que restara na Índia. Em pouco mais de quatro anos, Clive causara uma grande modificação no cenário indiano. Os franceses tinham ainda permissão de manter seus postos comerciais, mas sua influência estava destruída, e nove anos mais tarde a Compagnie des Indes foi extinta. Clive acumulara uma fortuna de um quarto de milhão de libras. Comprou seu ingresso no Parlamento, como era costume na época, e foi elevado a par da Irlanda. Seus serviços na Índia ainda não estavam encerrados.

* * *

As gerações modernas não devem enganar-se quanto ao caráter da expansão britânica na Índia. O governo nunca se envolveu como elemento principal no conflito indiano e, embora Pitt, que com razão apreciava a capacidade de Clive, o apoiasse com todos os recursos à sua disposição, sua influência sobre os acontecimentos era pequena. Em qualquer caso, ele já tinha a responsabilidade de uma guerra mundial. Em face das dificuldades de comunicações, da distância e da complexidade do cenário, Pitt deixava Clive com ampla liberdade, contentando-se em aconselhar e apoiar. A Companhia da Índia Oriental era uma organização comercial. Seus diretores eram homens de negócio. Queriam dividendos, não guerras, e reclamavam contra cada "penny" gasto em tropas e anexações. Entretanto, o torvelinho do grande subcontinente obrigou-os, contra a sua vontade e seu julgamento, a assumir o controle de área cada vez maior de território, até que por fim, e quase por acidente, eles estabeleceram um império não menos sólido e certamente mais pacífico do que o de seus predecessores mongóis. Chamar esse processo de "expansão imperialista" é um absurdo, se com isso se quer dizer a deliberada aquisição de poder político. Sobre a Índia já se disse que o Império Britânico foi adquirido em um momento de distração.

O triunfo de Clive criou problemas tão numerosos quanto os que resolveu e os anos que se seguiram à sua partida contêm algumas das mais negras páginas da história dos britânicos na Índia. O objetivo da Companhia da Índia Oriental era a obtenção de lucros. Seus diretores não sabiam nem se preocupavam em saber como era governado o país, desde que a paz fosse mantida e os negócios prosperassem. Depuseram o idoso Mir Jafar e, quando o seu sucessor-fantoche se tornou indócil, derrotaram-no numa sangrenta batalha e venderam em leilão o trono de Bengala. Os mal remunerados empregados da Companhia eram ao mesmo tempo forçados e encorajados a receber dos habitantes subornos, presentes e toda espécie de vergonhosos emolumentos. Histórias sobre corrupção e obtenção de enormes e ilícitas fortunas particulares chegaram até a Inglaterra. Os diretores da companhia verificaram de repente que haviam perdido ao mesmo tempo seus dividendos e seu bom nome. Apelaram a Clive, nomearam-no governador-geral de todos os seus territórios indianos e, em junho de 1764, ele partiu para a Índia pela última vez. Suas reformas foram drásticas, violentas e, efetivamente, de maior alcance do que a vitória de Plassey. Seu êxito levou o imperador mongol a convidá-lo a estender o protetorado britânico até Delhi e todo o norte da Índia. Clive recusou. Já há muito tempo duvidava da capacidade da Companhia para assumir as maiores responsabilidades do Império e cinco anos antes, em carta a Pitt, sugerira que a Coroa chamasse a si a soberania das possessões da Companhia na Índia. Esse conselho foi desprezado durante quase um século. Entrementes, em troca de um subsídio, o grão-mongol cedeu à Companhia o direito de administrar as rendas públicas. A administração da justiça continuou de competência dos governantes indianos. Essa divisão de responsabilidades não poderia durar e logo criaria enormes problemas, mas foi pelo menos um passo à frente. Os britânicos seguravam os cordões da bolsa, e "o poder", escreveu Clive, "está agora depositado no único lugar onde pode ser depositado com segurança". Em Janeiro de 1767, ele voltou à Inglaterra. O público britânico mostrou-se crítico e mal informado. Clive foi atacado na Câmara dos Comuns. Defendeu-se com um eloqüente discurso, no qual acentuou que, em resultado de seus esforços, os diretores da Companhia da Índia Oriental "adquiriram um império mais extenso do que qualquer reino da Europa. Adquiriram uma renda de quatro milhões de esterlinos e comércio na mesma proporção". Sobre os lucros por ele próprio obtidos, exclamou num trecho que se tornou célebre: "Não estou antes merecendo elogios pela moderação que caracterizou minhas ações? Considere-se a situação em que a vitória de Plassey me colocou. Um grande príncipe ficou dependente de meus caprichos; uma opulenta cidade jazia à minha mercê; seus mais ricos banqueiros lutavam entre si para conquistar meus sorrisos; eu caminhei através de tesouros que eram abertos apenas para mim, com montes de ouro e pedras preciosas de ambos os lados. Senhor presidente, neste momento, eu fico espantado com a minha própria moderação". A Câmara dos Comuns aprovou por unanimidade uma resolução no sentido de que "Roberto Lord Clive prestou grandes e meritórios serviços a este país". O veemente e atormentado espírito que era objeto dessa moção não estava acalmado. Alguns anos depois, Clive pôs fim à vida com suas próprias mãos.

* * *

Clive foi substituído na Índia por um homem tão grande quanto ele próprio, mas com passado um pouco diferente. Warren Hastings era pobre, mas seus antepassados haviam possuído grandes propriedades em Worcestershire. As guerras de Oliver Cromwell obrigaram seu bisavô a vender a casa da família em Daylesford e desde a infância Hastings sonhava em readquiri-la. Sua mãe morreu quando ele era ainda bem jovem e um tio o criou e o mandou à escola em Westminster. Lá se destacou nos estudos e os mestres queriam que fosse para uma universidade. Seu tio, porém, recusou e mandou-o para a Índia. Hastings tinha então dezesseis anos de idade.

Serviu à Companhia da Índia Oriental como subordinado durante o grande período dos triunfos de Clive e, um ano após a partida definitiva deste último, tornou-se membro do Conselho, em Calcutá. Em sua posição de responsabilidade limitada, mas definida, testemunhou a miséria e a confusão que prevaleciam. Os empregados da Companhia continuavam a fazer fortunas às custas de seus empregadores e dos habitantes. Os Mahrattas conquistaram Delhi e ameaçaram Oudh. Madras estava ameaçada e mesmo Bombaim, até então tão pacífica, estava envolvida nas guerras civis. Entre 1769 e 1770, um terço da população de Bengala morreu de inanição. Através de todas essas provações, Warren Hastings aferrava-se a um austero modo de vida. Desejava fama e poder, bem como dinheiro suficiente para readquirir Daylesford. A obtenção de fortuna particular, deixava para os outros. A rapacidade não estava em sua natureza. Em 1772, tornou-se governador da maltratada e saqueada, mas ainda rica província de Bengala. Adotou duas resoluções: manter os dividendos da Companhia e fazer os britânicos coletar os impostos. Contudo, os cochichos ou coisas piores que quase haviam levado o Parlamento a censurar Clive tinham então tomado conta da opinião pública na Inglaterra. Ricos aventureiros vindos do Oriente estavam fazendo e destruindo a reputação do novo Império na Índia. Ricos e arrogantes demais para voltarem às camadas da sociedade das quais haviam saído e muito arrivistas para se misturarem com a aristocracia, os "nababos" como eram chamados, eram odiados ou invejados por todas as classes na Grã-Bretanha. A coragem e a disciplina que haviam conquistado a vitória em Arcot e Plassey e vingado o "Black Hole" foram esquecidas. E isso não era totalmente injusto, pois muitos dos nababos haviam estado excessivamente ocupados em juntar riquezas para poderem dar muito auxílio a Clive. "A Índia" declarou o idoso Chatham, "abunda de iniqüidades tão fétidas que cheiram no céu e na terra". Inveja, ignorância e sentimentalismo combinaram-se num clamor em prol de reforma. Havia sólidos motivos para queixas. Em nove anos, quase três milhões de libras haviam sido recebidas dos habitantes de Bengala como recompensas pessoais pelos empregados da Companhia. Aconteceu que o instrumento da reforma foi lorde North.

North fez o máximo dentro de suas luzes. Seu lema era "Amarrar os grandes" e, no ano em que Hastings se tornou governador de Bengala, ele convenceu o Parlamento a aprovar um Ato de Regulamentação. A medida não era totalmente desprovida de mérito. A administração do território ocupado pelos britânicos na Índia foi unificada. Bombaim e Madras ficaram sujeitas a um "governador-geral", com sede em Calcutá, e Warren Hastings foi nomeado para primeiro governador-geral, com um salário de vinte e cinco mil libras por ano. Todavia, na tentativa de fazer com que não se abusasse do poder, este se tornou impotente. No papel, o poder era dividido entre o nababo de Bengala, a Junta de Diretores, o governador-geral e um Conselho nomeado para vetar e controlar as decisões do último. Durante anos, Hastings lutou contra suas amarras. Seu principal adversário era seu novo colega, Filipe Francis, a quem se atribui a autoria das violentas "Cartas de Junius", através das quais o governo fora atacado na Inglaterra durante as agitações em torno de Wilkes. Francis jamais deixou de intrigar contra Hastings, abertamente ou nos bastidores. Entretanto, Hastings sabia o que precisava ser feito e estava decidido a fazê-lo. Embora naturalmente homem de temperamento exaltado, aprendeu as virtudes da paciência e da fria persistência. Em certo momento, o governo tentou chamá-lo de volta à Inglaterra. Depois, dois dos mais ignorantes e hostis membros de seu Conselho morreram e, logo em seguida, a França, animada pela revolta na América e procurando reconquistar seu poderio na Índia, mais uma vez declarou guerra à Grã-Bretanha. Hastings estava finalmente livre para agir. Sua libertação verificou-se exatamente na ocasião necessária.

Em 1778, uma frota francesa aproximava-se do litoral meridional, Hyder Ali, de Mysore, estava invadindo o Carnático, o governador britânico de Madras fora aprisionado por seus próprios e corruptos funcionários, e Bombaim estava em guerra com os Mahrattas. No espaço de seis anos, Hastings consertou tudo. Suas forças navais eram mais fracas que as dos franceses e, embora se empenhassem em nada menos de seis encontros, não foram capazes de impedir o desembarque francês no litoral de Madras. O governo de Madras foi expurgado e reanimado. Sir Eyre Coote, que servira em Plassey e era ainda o mais capaz dos soldados britânicos na Índia, foi enviado às pressas para o sul. Derrotou Hyder Ali em Porto Novo em 1781 e seu filho, o sultão Tipu, um ano mais tarde. A paz foi negociada com os Mahrattas. Em 1783, os únicos inimigos ativos que ainda restavam eram os franceses e suas esperanças de progresso foram anuladas pela conclusão do Tratado de Versalhes. A Inglaterra perdera um império na América e ganhara outro na Índia.

Todo esse curso de ação havia custado muito dinheiro. Hastings podia receber muito pouco auxílio, financeiro ou material, da Inglaterra, esgotada e cansada pelo conflito na América, na Europa e nos mares. Seu único recurso era levantar dinheiro no local. Os habitantes de Bengala eram ricos. Estavam também, graças às armas e à liderança britânicas, em relativa segurança. Podiam pagar pela proteção dos britânicos e Hastings mostrou-se bastante impiedoso em fazê-los pagar. Assim, reuniu os recursos para libertar Bombaim e o Carnático, bem como fazer cessarem os derramamentos de sangue que mais uma vez dominavam Bengala. Aqueles que o criticaram, bem como à Companhia da Índia Oriental, não demoraram em salientar que somente um terço dos milhões de libras por ele levantados foi gasto na guerra. O resto escorreu em direções bem conhecidas. Hastings, porém, não cuidava muito de dinheiro e voltou para a pátria sem grande fortuna. Deixou a Índia em 1785, não sem a gratidão de seus habitantes. Ao contrário de muitos ingleses que viveram na Índia nessa época, ele falava bem os idiomas locais. Apreciava a sociedade dos indianos e por esse motivo mais de uma vez fora censurado pelo formidável Clive. Embora orgulhoso de seu nascimento e de seus ancestrais, a consciência de raça, cor ou religião o influenciou ou o distraiu.

A princípio, Hastings foi bem recebido e homenageado na Inglaterra. Suas realizações e suas vitórias representavam certa compensação para as humilhações e os desastres na América, e a Companhia da Índia Oriental tinha muito a agradecer-lhe. Um ano antes de seu regresso, o jovem, havia feito aprovar um Ato da Índia, que tornava a Junta de Controle subordinada ao Gabinete e atribuía ao governo os poderes políticos da Companhia da Índia Oriental. Hastings desaprovara essa medida. Embora o governador-geral ficasse assim livre das amarras do Conselho de Calcutá, impostas pela mal concebida medida de North, a distribuições de favores passou para as mãos do amigo e conselheiro de Pitt, Henrique Dundas, nomeado presidente da Junta de Controle. Com efeito, um fluxo de jovens escoceses, ambiciosos, enérgicos e incorruptos, começou a preencher e fortalecer os postos administrativos na Índia, onde, graças a Clive e Hastings, a maioria deles podia agora ganhar a vida sem receber propinas nem praticar gatunices. Tudo isso estava muito bem. Mas o Parlamento não se esqueceu tão facilmente das "fétidas iniqüidades" que

Chatham havia denunciado. Os "nababos", na Inglaterra, eram ainda atrevidos, vulgares e ostentativamente ricos. Logo depois do regresso de Hastings, iniciou-se um inquérito parlamentar sobre a sua conduta. Nenhuma acusação pessoal de corrupção pôde ser provada contra ele, mas Hastings era arrogante e sem tato no tratamento com os políticos de todos os partidos. Tendo à frente Burke, Fox e Sheridan, o Parlamento decidiu sacrificá-lo. Filipe Francis, que ele ferira em um duelo em Calcutá, incitou maldosamente seus inimigos. A velha arma do impedimento foi revivida e voltada contra ele. O julgamento iniciou-se em Westminster Hall, em 13 de fevereiro de 1788. Durou mais de sete anos. Todos os aspectos e todos os pormenores da administração de Hastings foram examinados, denunciados, apoiados, mal interpretados ou aplaudidos. No final, Hastings foi absolvido. Embora grande parte do rumor fosse injusta e incompreensiva, o processo proclamou para o público e para o mundo o apoio do povo britânico à declaração de Burke no sentido de que a Índia devia ser governada "por aquelas leis que podem ser encontradas na Europa, África e Ásia, que são encontradas entre toda a humanidade — aqueles princípios de eqüidade e humanidade implantados em nosso coração, e que têm sua existência nos sentimentos de humanidade que são capazes de julgamento".

Hastings ficou quase falido com as despesas de sua defesa. A Companhia, porém, dera-lhe dinheiro suficiente para readquirir Daylesford e, muitos anos mais tarde, quando depôs perante a Câmara dos Comuns a respeito de questões indianas, a Casa descobriu-se em sua homenagem. Nunca mais ocupou qualquer cargo. Entretanto, de qualquer maneira, ele foi mais feliz do que seus antigos adversários da França, vários dos quais haviam sido decapitados ou reduzidos à extrema miséria. A posteridade redimiu seu nome das acusações dos "whigs".

É conveniente a esta altura olhar mais à frente na história da Índia Britânica. As guerras napoleônicas foram acompanhadas por uma vasta extensão do poderio britânico. Nas vésperas da Revolução na França, o domínio da Companhia da Índia Oriental limitava-se à província de Bengala e a algumas faixas costeiras ao redor dos portos de Madras e Bombaim. Na manhã de Waterloo, abrangia todo o subcontinente, com exceção de sua extremidade noroeste.

O impedimento de Warren Hastings foi um ponto decisivo na história dos britânicos na Índia. O poder principal não seria mais arrebatado por obscuros e brilhantes funcionários da Companhia que fossem capazes de tomá-lo e merecê-lo, e o cargo de governador-geral passou, daí por diante, a ser ocupado por personalidades que se distinguiam por si próprias e que eram tiradas das famílias mais importantes da Inglaterra: o marquês de Cornwallis, que não se abatera com a rendição de Yorktown, o marquês Wellesley, lorde Minto, o marquês de Hastings, lorde Amherst lorde Dalhousie. Com efeito, embora não tivessem o título, esses homens foram vice-reis, que não se deixavam tentar pela esperança de lucro financeiro, que se impacientavam com restrições impostas por mal-informados governos de Londres e que tinham suficiente intimidade com os círculos governantes da Grã-Bretanha para fazer o que consideravam correto, sem o temor das conseqüências. E de fato havia muita coisa para fazer. O Carnático, no interior de Madras, era governado em 1785 por um nababo indiano, apoiado pelas armas britânicas e pelo dinheiro britânico. O Estado de Mysore, estendendo-se até a costa ocidental, fora arrebatado aos mongóis por Hyder Ali e era animadamente desgovernado por seu filho, o sultão Tipu, que cobiçava o domínio de toda a Índia Meridional. Na parte sul-central da península, o nizam de Hydera-bad governava frouxamente sobre o Decan, incapaz de manter a ordem e, teoricamente, um vassalo do imperador fantoche de Delhi. Além desses, aglomeravam-se os Mahrattas, uma confederação de famílias militares, ferozes combatentes hindus, ligeiramente armados e montados em velozes cavalos, que podiam dispersar-se tão rapidamente quanto atacavam, antigos adversários dos mongóis maometanos e ávidos por fundar o seu próprio Império Indiano. Só Bengala se mantinha pacífica sob o pulso britânico, precariamente abrigada do torvelinho pelo fraco Estado-tampão de Oudh.

Cornwallis foi logo forçado a enfrentar Tipu. Na última década do século XVIII marchou contra ele, capturou a maior parte de Mysore e obrigou-o a entregar metade de seu território. O sucessor de Cornwallis, uma nulidade que assumiu o poder no mesmo ano em que Luís XVI foi decapitado, tentou conseguir uma trégua, mas os governantes indianos estavam então colocando a seu soldo oficiais franceses e treinando seus exércitos no padrão europeu. Ao marquês Wellesley coube, em 1798, extinguir a ameaça. Napoleão, vitorioso no Egito e procurando também um império no Oriente, ofereceu auxílio a Tipu, que começou a organizar um exército treinado por franceses. A luta entre a França e a Inglaterra mais uma vez ameaçou a Índia. Havia perigo de um ataque naval partido de Mauritius, ilha ocupada pelos franceses no Oceano Índico. Wellesley agiu com rapidez e decisão. Ofereceu a Tipu o que chamou de um "tratado subsidiário", pelo qual o sultão deveria dispensar todos os franceses, dispersar suas tropas e pagar à Companhia pela proteção de seus domínios. Tipu preferiu lutar e, em 1799, foi forçado a recuar até sua capital, em Seringapatam, onde foi morto. Wellesley anexou então as partes exteriores de Mysore e devolveu o restante aos potentados hindus que Hyder Ali havia despojado. Estes não sobreviveram por muito tempo. Quando as ambições orientais dos franceses afundaram na Batalha do Nilo, Wellesley voltou sua atenção para o Carnático. Seu governo estava falido e era opressor. Em 1801, Wellesley concedeu uma pensão ao nababo e incluiu seu território na Presidência de Madras. No mesmo ano, dedicou-se a Oudh. Ali tudo estava longe de correr bem. O nababo, embora sob proteção britânica, entregara seus domínios à pilhagem e exploração, por suas próprias tropas amotinadas e por vorazes aventureiros da Europa. A ele também Wellesley impôs um tratado subsidiário. Em troca da garantia de proteção, o nababo cedeu aos britânicos a maior parte de seu território, exceto uma pequena porção ao redor de Lucknow, dispensou todos os europeus de seu serviço, salvo os que tivessem aprovação da Companhia, e prometeu governar de acordo com os conselhos da Companhia.

Finalmente, Wellesley enfrentou os Mahrattas. Alguns anos antes, eles haviam capturado Delhi, aprisionado o imperador mongol e, em seu nome, exigido tributo de Bengala. Agora, estavam começando a lutar entre si. Seu chefe fugiu e apelou a Wellesley, que o reconduziu à sua capital, em Poona. Os demais Mahrattas, em resultado, declararam guerra aos britânicos e, depois de renhida luta, foram derrotados em Assaye e outras partes pelo irmão mais jovem de Wellesley, o futuro duque de Wellington. A eles também Wellesley impôs um tratado subsidiário, e Orissa e a maioria da província de Delhi foram entregues aos britânicos. "Em sete anos", escreve um distinto historiador, "ele transformou o mapa da Índia e lançou seus compatriotas numa carreira de expansão que somente parou nas montanhas do Afgã, meio século mais tarde... Essas ações parecem, superficialmente, ambiciosas e violentas ao extremo. Para sua justificação deve-se alegar que, em todos os casos, ocorreram para vantagem das populações interessadas. A Índia do século XVIII assemelhava-se à Europa do século V. Wellesley sabia que o domínio britânico era a única alternativa ao derramamento de sangue, à tirania e à anarquia, e não teve falsa delicadeza ao traduzir em fatos a sua convicção. A Europa depois da queda de Roma levou muitos séculos para assentar-se como uma terra onde o homem comum pudesse levar sua vida em segurança; na Índia, a autoridade britânica conseguiu uma solução no espaço de cinqüenta anos".[11] A Companhia da Índia Oriental, porém, sustentava opinião diferente. Os diretores ainda desejavam comércio, e não conquistas, e mostravam-se tão hostis e críticos que Wellesley resignou em 1805.

Seu sucessor, lorde Minto, foi expressamente proibido de assumir quaisquer novas responsabilidades territoriais e durante um breve período conseguiu marcar passo. Era impossível, porém, fazer isso durante muito tempo. A pacificação que Wellesley havia iniciado devia ser concluída ou desaparecer. A dispersão dos exércitos locais que ele impusera a tantos governantes indianos deixara solta uma horda de soldados desempregados e descontentes, que se reuniam em quadrilhas de ladrões. Auxiliadas pelos Mahrattas, que erroneamente atribuíam à fraqueza a neutralidade britânica, essas quadrilhas começaram a saquear a Índia Central. O marquês de Hastings, nomeado governador-geral em 1814, foi obrigado a dominá-las com uma grande força. Os Mahrattas, vendo desvanecer-se sua última oportunidade de herdar o Império dos Mongóis, revoltaram-se prontamente. Foram também derrotados, seu chefe foi deposto e seu Principado de Poona foi anexado à Presidência de Bombaim. Contra seus desejos e quase à sua revelia, a Companhia era agora senhora de três quartos da Índia.

---

[11] J. A. Williamson – "A Short History of British Expansion" (1922).

Livro IX

Napoleão

CAPÍTULO I

PITT, O MOÇO

O marquês de Rockingham esperara por muito tempo sua oportunidade de formar um governo e, quando finalmente ela sobreveio, em 1782, não lhe restavam senão quatro meses de vida. A rendição de Cornwallis em Yorktown, na Virgínia, tivera um efeito decisivo sobre a opinião britânica. Sombrio era o cenário que se estendia em torno da ambiciosa Ilha e seu obstinado rei. A Grã-Bretanha estava sem um único aliado; permanecia sozinha no meio de uma guerra mundial, na qual tudo corria mal. Um esquadrão francês ameaçava suas comunicações no Oceano Índico e dinheiro francês estava alimentando as esperanças dos Mahrattas no subcontinente indiano; as esquadras combinadas da França e da Espanha mostravam-se ativas no Canal e haviam bloqueado Gibraltar; Minorca caíra; o exército de Washington permanecia firme diante de Nova Iorque e o Congresso americano comprometera-se incontinenti a não fazer a paz em separado. É verdade que o almirante Rodney reconquistara o domínio das águas das Índias Ocidentais numa grande vitória ao largo de Saintes e que, em setembro, Howe libertaria Gibraltar de um cerco de três anos. Em todas as outras partes do mundo, porém, o poderio e o prestígio britânicos estavam muito baixos. Tal era a situação a que a obstinação de Jorge III reduzira o Império.

Rockingham morreu em julho e a lorde Shelburne foi confiada a nova administração. Ele não tinha a intenção de seguir o plano, com que Rockingham e Burke há muito tempo sonhavam, de compor um Gabinete unido quanto às principais questões do momento e capaz de ditar sua política ao rei de acordo com suas decisões coletivas. Este plano foi posto de lado. Shelburne procurou formar um governo incluindo políticos das diversas opiniões e correntes. Entretanto, toda a estrutura da política britânica estava dividida em suas lealdades pessoais pelos anos de derrota a que Jorge III a conduzira. Agora, procurando o auxílio de muitos, o novo primeiro-ministro despertou as suspeitas de todos. Dotado de grande habilidade, orador brilhante e com as idéias mais liberais, apesar disso, como Carteret antes dele, Shelburne foi objeto de desconfiança de todas as partes. O rei considerava-o pessoalmente agradável e deu-lhe pleno apoio. Contudo, a política estava então implacavelmente renhida entre três grupos principais e nenhum deles era suficientemente forte para sustentar sozinho um governo. Shelburne tinha o apoio daqueles que haviam seguido Chatham, inclusive seu filho, o jovem Guilherme Pitt, que foi nomeado chanceler do Erário. North, porém, ainda dominava considerável facção e, ferido pelo frio tratamento de seu soberano depois de doze anos de fiéis serviços, cobiçava a volta ao poder. O terceiro grupo era chefiado por Carlos Jaime Fox, veemente crítico do regime de North, brilhante, generoso e inconsistente. Burke, por seu lado, ressentia-se da falta de ligações familiares; não tinha grandes dotes para política prática e, desde a morte de seu patrono, Rockingham, estava sem influência.

A hostilidade a Shelburne cresceu e espalhou-se. Apesar disso, por meio de negociações nas quais demonstrou grande habilidade, o primeiro-ministro conseguiu por termo à guerra mundial, com base na independência americana. O governo francês estava agora perto da bancarrota. Os franceses haviam auxiliado os patriotas americanos apenas na esperança de desmembrar o Império Britânico e, afora alguns poucos entusiastas românticos, como Lafayette, não tinham o desejo de criar uma república no Novo Mundo. Os próprios ministros de Luís XVI há muito tempo o advertiam de que isso poderia abalar sua monarquia absoluta. A Espanha era francamente hostil à independência americana. Entrara na guerra principalmente porque a França lhe prometera ajudá-la a reconquistar Gibraltar em troca do emprego de sua esquadra contra a Inglaterra. Todavia, a revolta das Treze Colônias criara perturbações nas possessões espanholas de ultramar, Gibraltar não caíra e a Espanha exigia agora amplas compensações na América do Norte. Embora o Congresso tivesse prometido deixar a França tomar a liderança nas negociações de paz, os comissários americanos na Europa perceberam o perigo em que se encontravam e, sem conhecimento da França e com violação direta do compromisso congressional, assinaram preliminares secretas de paz com a Inglaterra. Shelburne, como Chatham, sonhava em preservar o Império fazendo generosas concessões e percebia que a liberdade era a única política prática. Em qualquer caso, Fox já comprometera a Grã-Bretanha a esse passo, fazendo um anúncio público na Câmara dos Comuns.

A mais importante questão era o futuro dos territórios ocidentais, entre as montanhas Alleghany e o Mississippi. Especuladores da Virgínia e das Colônias Centrais há muito tempo se mostravam ativos nessas regiões e sua influência no Congresso era apoiada por homens poderosos como Franklin, Patrício Henry, a família Lee e o próprio Washington. Os radicais da Nova Inglaterra, chefiados por Samuel e João Adams, não tinham interesse direto nesses territórios ocidentais, mas concordavam em propugnar sua cessão total, desde que os britânicos fossem levados a reconhecer os direitos das colônias nortistas à pesca ao largo da Terra Nova.

Shelburne não era de maneira alguma hostil ao desejo americano de ficar com o oeste. A dificuldade estava na fronteira canadense. Franklin e outros chegaram a exigir toda a província do Canadá, mas Shelburne sabia que ceder a essa exigência seria derrubar o seu governo. Depois de meses de negociações, chegou-se a acordo quanto a uma fronteira, que se estendia dos limites do Maine até o St. Lawrence, avançava rio acima e atravessava os Grandes Lagos até a sua cabeceira. Tudo quanto ficava ao sul dessa linha, a leste do Mississippi e ao norte das fronteiras da Flórida, tornou-se território americano. Foi esse o mais importante resultado do tratado. Shelburne demonstrou grande capacidade de estadista e as guerras de fronteira entre a Grã-Bretanha e a América foram, com uma única exceção, prevenidas por suas concessões. Os únicos prejudicados foram as companhias de peles canadenses, cujas atividades até então se estendiam desde a província de Quebec até Ohio, Esse, porém, foi um preço bem pequeno. A concessão de direitos de pesca à Nova Inglaterra satisfez os Estados do Norte.

Em troca, o governo britânico procurou solucionar duas disputas, a saber: a questão das dívidas não pagas pelos comerciantes americanos à Inglaterra, acumuladas durante a guerra, e a questão da segurança de cerca de cem mil legalistas americanos. Shelburne lutou arduamente, mas os americanos demonstraram pouca generosidade. Sabiam muito bem que o jogo já estava ganho para eles e que o governo inglês não ousaria romper as negociações por questões de importância relativamente pequena. Estabeleceu-se simplesmente que os "credores de ambos os lados reunir-se-ão sem impedimento para a liquidação de suas dívidas" e que o Congresso "recomendará energicamente aos vários Estados que restabeleçam a propriedade legalista". Apenas o Estado da Carolina do Sul demonstrou um espírito compreensivo em relação à propriedade legalista e quarenta ou cinqüenta mil "Legalistas do Império Unido" precisaram formar novos lares no Canadá.

A França impôs então seus termos à Inglaterra. Um armistício foi declarado em janeiro de 1783 e o tratado de paz final foi assinado em Versalhes no mesmo ano. Os franceses conservaram suas possessões na Índia e nas Índias Ocidentais. Tiveram assegurado o direito de pesca ao largo da Terra Nova e reocuparam os centros de comércio de escravos no Senegal e na costa africana. A importante ilha cotonicultora de Tobago foi-lhes cedida, mas afora isso pouca coisa material ganharam. Seu principal objetivo, porém, fora atingido. As Treze Colônias haviam sido arrancadas do Reino Unido e a posição da Inglaterra no mundo parecia ter ficado seriamente enfraquecida.

A Espanha foi obrigada a participar da solução geral. Suas ambições na América desvaneceram-se, uma vez que seu único ganho nessa área foram as duas colônias inglesas na Flórida; mas isso às custas da retenção, pelos ingleses, de Gibraltar, o principal objetivo espanhol. A Espanha conquistara Minorca, base naval inglesa no Mediterrâneo durante a guerra, e conservou-a na paz. A Holanda também foi forçada, pela defecção de seus aliados, a chegar a acordo.

Assim terminou o que foi então chamado por alguns de Guerra Mundial. Um novo Estado surgira do outro lado do Atlântico, uma grande força futura nos conselhos das nações. O primeiro Império Britânico ruíra. A Inglaterra fora fortemente abalada, mas permanecia impávida.

Tirá-la de suas provações foi o trabalho de Shelburne. Em menos de um ano, Shelburne estabelecera a paz no mundo e negociara os termos em que ela se baseara. Que tenha recebido poucos agradecimentos por seus serviços é fato notável. Resignou ao seu cargo depois de oito meses, em fevereiro de 1783. Mais tarde, foi elevado a marquês de Lansdowne e, com esse nome, descendentes seus desempenharam notável papel na política britânica. O governo de Shelburne foi seguido por uma coligação maquinada entre North e Fox. Já se disse que essa combinação era demais até mesmo para as ágeis consciências da época. Fox fizera nome através de selvagens ataques pessoais à administração de North. Apenas cinco anos antes declarara publicamente que qualquer aliança com North era monstruosa demais para ser admitida por um momento que fosse. Todavia, isso era o que agora se apresentava ao público atônito. Shelburne vivera para completar sua tarefa. O governo Fox-North não tinha onde firmar seus pés. Nove meses depois, esse Ministério também caiu. A causa imediata de sua queda foi um projeto de lei que Fox elaborara com a louvável intenção de reformar o governo da Índia. Seu plano era submeter, até certo grau, a Companhia da Índia Oriental, que então dominava vastos territórios na Ásia, ao controle de uma junta política com sede em Londres. Seus críticos apressaram-se em acentuar que ampla oportunidade para distribuição de favores seria dada a essa junta política e que as oportunidades de corrupção seriam aumentadas desmedidamente. Somente os mais chegados adeptos do governo poderiam esperar obter vantagens. Todos os grupos partidários, exceto os adeptos pessoais de Fox, mostraram-se por isso hostis à proposta.

O rei aproveitou então sua oportunidade de reconquistar popularidade destruindo uma administração monstruosa. Esgotadas as questões partidárias e pessoais pelo peso do desastre, Jorge III viu sua oportunidade, se pudesse encontrar o homem. Uma única figura se erguia na Câmara dos Comuns sem estar comprometida com o passado. Se lhe faltavam os tradicionais elementos em que se baseara no passado a força parlamentar, ele estava pelo menos livre de um processo totalmente desacreditado.

Em Guilherme Pitt, filho do grande Chatham, o rei encontrou o homem. Pitt já ocupara o cargo de chanceler do Erário, durante a administração de Shelburne, Sua reputação era honrada e limpa. Com o que foi certamente o mais importante ato interno de seu longo reinado, em dezembro de 1783, o rei pediu a Pitt para formar um governo. A velha máquina parlamentar falhara e, quando ela ruiu, tomou seu lugar uma nova combinação, cujos esforços foram justificados pelos acontecimentos dos vinte anos seguintes.

* * *

A revolta das colônias americanas abalara a complacência da Inglaterra do século XVIII. Os homens começaram a estudar as causas profundas do desastre e a palavra "reforma" estava no ar. Os defeitos do sistema político haviam contribuído claramente para a secessão e os argumentos empregados pelos colonos americanos contra a Mãe-Pátria pairavam na mente de todos os ingleses que discutiam a perfeição da Constituição. Começou a manifestar-se a exigência de alguma reforma da representação no Parlamento; contudo, a agitação era então branda e respeitável. O principal objetivo dos reformistas era aumentar o número de distritos que elegiam membros do Parlamento e, assim, reduzir as possibilidades de corrupção governamental. Falava-se mesmo em sufrágio universal e em outras novas teorias de representação democrática. Entretanto, os principais defensores da reforma eram sólidos proprietários de terras ou clérigos rurais, como Christopher Wyvill, de Yorkshire, ou ainda políticos amadurecidos e firmados, como Edmundo Burke. Todos eles concordavam em que o Parlamento não representava e não precisava representar com exatidão o povo britânico. Para eles, o Parlamento representava, não indivíduos, mas "interesses" — o interesse territorial, o interesse mercantil e mesmo o interesse operário, mas com uma forte inclinação para a terra, como a base sólida e indispensável da vida nacional. Esses abastados teóricos sentiam-se consternados pela rápida expansão da corrupção política. Esta era devida em parte ao sistema "whig" de controle do governo através da distribuição de favores da Coroa e em parte à compra de cadeiras no Parlamento pelas novas classes comercial e industrial. Os "nababos" dos interesses da Índia Oriental, como já vimos, apareceram em Westminster e a incursão do poder do dinheiro na política ampliou o campo da corrupção ao mesmo tempo que ameaçou o monopólio político das classes proprietárias de terras. Assim, o movimento nos círculos governamentais não era radical nem compreensivo. Encontrou expressão no Ato de Reforma Econômica de 1782, de Burke, que extinguiu o direito de voto de algumas classes de funcionários governamentais que até então haviam desempenhado certo papel no controle das eleições. Essa foi uma morna versão do plano que Burke pretendia apresentar. Nenhuma reforma geral do direito de voto foi tentada e quando alguém falava nos direitos dos ingleses referia-se à sólida classe dos proprietários rurais, exaltada como a espinha dorsal do país, e cuja influência nos condados desejava-se aumentar. Muitos dos primeiros planos de reforma foram tentativas acadêmicas de preservar a força e o equilíbrio políticos do interesse rural. O individualismo da Inglaterra do século XVIII não assumiu forma doutrinária. A enunciação de primeiros princípios sempre fora odiosa à mentalidade inglesa. João Wilkes realizara uma ousada e bem sucedida defesa da liberdade do súdito perante a lei, mas toda a controvérsia passara a girar em torno da questão estreita, embora prática, da legalidade dos mandados gerais de prisão. Os inflamados panfletos de Tom Paine tiveram considerável circulação entre certas classes, mas no Parlamento pouca coisa se ouviu sobre os direitos abstratos do homem. Na Inglaterra, a corrente revolucionária fluiu subterraneamente e foi apanhada e erguida pelos redemoinhos provinciais.

Ainda assim o sonho de fundar um sistema político equilibrado com base numa sociedade territorial tornava-se cada vez mais irreal. Nos últimos quarenta anos do século XVIII, o valor das exportações e importações elevou-se a mais do dobro e a população teve um aumento de mais de dois milhões de habitantes. A Inglaterra estava experimentando silenciosamente uma revolução na indústria e na agricultura, que teria efeitos muito mais profundos do que os tumultos políticos da época. Os motores a vapor ofereceram uma nova fonte de energia às fábricas e fundições, que se multiplicaram rapidamente. Construiu-se uma rede de canais que possibilitou o transporte barato do carvão até novos centros industriais. Novos métodos de fundição decuplicaram a produção de ferro. Novas estradas, com superfície dura e durável, estenderam-se através do país e tornaram-no mais unido. Uma crescente e firme comunidade industrial estava nascendo. O rápido crescimento da classe operária urbana, a gradual extinção dos pequenos arrendatários pelos métodos agrícolas aperfeiçoados, o repentino desenvolvimento das manufaturas, o aparecimento de uma próspera classe média para a qual era preciso encontrar um lugar na estrutura política do reino, fizeram com que as reivindicações dos reformistas parecessem inadequadas. Uma grande reviravolta estava ocorrendo na sociedade e o monopólio que os proprietários de terra haviam conquistado em 1688 não podia perdurar.

Houve também uma profunda modificação na vida emocional e intelectual do povo. A Revolução Americana fez com que os ingleses se voltassem para si próprios e um levantamento mental expôs complacências e anomalias que não poderiam suportar intactas o olhar do público. O renascimento religioso de João Wesley quebrara a superfície de pedra da Idade da Razão. O entusiasmo causado pelo movimento metodista e sua missão em favor dos pobres e humildes acelerou a dissolução geral do mundo do século XVIII. Os dissidentes, que durante muito tempo apoiaram o Partido Whig, cresceram em riqueza e importância, e renovaram seus ataques contra o monopólio religioso da Igreja Estabelecida. Excluídos do Parlamento e do direito de voto, férteis de espírito, eles formaram um grupo de homens inteligentes, dignos de confiança e descontentes. Tais eram, em síntese, as perturbações e os problemas com que se defrontou Guilherme Pitt quando se tornou primeiro-ministro da Grã-Bretanha, aos vinte e quatro anos de idade.

* * *

As eleições que levaram Pitt ao poder foram as mais cuidadosamente planejadas do século. Existe a lenda de que ele foi levado ao poder por uma grande onda de reação popular contra o governo pessoal de Jorge III. Na realidade, foi o próprio Jorge quem recorreu a Pitt e toda a máquina eleitoral construída pelos agentes do rei, chefiados pela figura oculta de João Robinson, o secretário de Estado, foi colocada à disposição do jovem político. Em dezembro de 1783, Robinson e Pitt encontraram-se para discutir seu plano em uma casa de Leicester Square, pertencente a um dos mais íntimos colegas de Pitt, Henrique Dundas. Robinson apresentou um relatório pormenorizado sobre as circunscrições e convenceu Pitt de que era possível obter uma maioria na Câmara dos Comuns. Três dias mais tarde, Fox e North foram demitidos pelo rei e as eleições que se seguiram criaram uma maioria que Guilherme Pitt preservou até o século seguinte. O plano fora acertado e a nação em geral aceitou o resultado como o verdadeiro veredicto do país.

Essa maioria baseava-se em diversos elementos: os adeptos pessoais de Pitt; o "Partido da Coroa", colocado à sua disposição por Jorge III; os "country gentlemen" independentes; o interesse da Índia Oriental, afastado pela tentativa de Fox de reduzir seu poder político; e os membros escoceses, reunidos por Dundas. Essa era uma tropa que representava uma ampla base de favor popular. Pitt não tinha a menor intenção de ser um segundo lorde North. Os "tories" apoiavam-no porque ele parecia estar salvando o rei de um governo inescrupuloso. Os "whigs" lembravam-se de que ele fora recusado no governo durante a administração de North e que propugnara uma reforma do sistema parlamentar. A "velha quadrilha", com a qual ele jamais tivera ligações, falhara, desgraçara a nação e destruíra suas finanças. Tendo a apoiá-lo todo o renome de seu pai, este grave e precoce jovem, eloqüente, incorruptível e trabalhador, elevou-se ao pináculo do poder.

Mesmo nessa idade tinha poucos amigos íntimos. Dois homens, porém, desempenhariam papel decisivo em sua vida: Henrique Dundas e Guilherme Wilberforce. Dundas, materialista bem humorado e pachorrento, encarnava o espírito da política do século XVIII, com sua compra de cadeiras parlamentares, seu gozo amplo do poder, suas influências secretas e seu polido ceticismo. Era um aliado indispensável, pois controlava tanto o poder eleitoral da Escócia como a lealdade política da Companhia da Índia Oriental, e era quem mantinha unida a nova maioria. Isso porque Pitt, embora pessoalmente incorruptível, dependia grandemente do apoio da máquina governamental do século XVIII.

Guilherme Wilberforce, por outro lado, era amigo de Pitt desde os tempos de Cambridge e a única pessoa que gozava de sua confiança. Profundamente religioso e imbuído de alto idealismo, Wilberforce tornou-se o guardião da consciência do jovem ministro. Pertencia à nova geração que punha em dúvida a jovial complacência do século XVIII. O grupo que se reuniu ao seu redor era conhecido, mas não por maldade, como "os Santos". Seus integrantes formavam um corpo compacto na Câmara dos Comuns e seu principal objetivo político era a abolição do comércio de escravos. Atraíram para si o fervor religioso do novo movimento evangélico, ou "Igreja Baixa". Entre esses caracteres opostos permanecia o filho de Chatham.

Os maiores oradores da época, Fox e Burke, eram adversários de Pitt. Discorriam eloqüentemente sobre os amplos temas da reforma. Contudo, foi Pitt, auxiliado por Dundas, quem de maneira calma e comercial reconstruiu a política prática da nação. A variedade de seus adeptos limitou, porém, o âmbito de seu trabalho. Uma multidão de interesses sufocou suas esperanças iniciais. Pitt deixou de legislar contra o comércio de escravos. Wilberforce e seus "Santos" eram constantemente barrados em seus esforços pelos comerciantes de Bristol e Liverpool, adeptos políticos do Ministério e que Pitt recusava afastar. Tão frágeis eram os esforços de Pitt que muitos duvidavam de sua sinceridade como reformador: a abolição do comércio de escravos teria de esperar pela volta de Fox ao poder. Todavia, Wilberforce jamais permitiu que passasse sem resposta uma sílaba de dúvida contra seu amigo e confiou até o fim no discernimento parlamentar de Pitt.

Pitt iria precisar de grande paciência nos anos seguintes. Seus adeptos eram obstinados, ciumentos e, às vezes, rebeldes. Frustraram suas tentativas de reformar o governo irlandês, medida que se tornara imperativa desde a perda das colônias americanas. Foi somente após árdua luta que Pitt e Dundas convenceram a Câmara dos Comuns a aprovar um Projeto de Lei da Índia, que criava uma Junta de Controle não muito diferente da que fora proposta por Fox, embora menos eficiente. O sistema perdurou até depois do Motim Indiano, sessenta anos mais tarde. Tendo Dundas obtido imediatamente a direção dessa Junta, a capacidade de distribuir favores que isso lhe conferiu melhorou grandemente a sua posição política. Em abril de 1785, o rei e os parlamentares representantes de distrito destruíram outra das esperanças de Pitt, uma proposta de Reforma Parlamentar.

Assim, desde o início, Pitt foi vencido pelo peso morto da política do século XVIII. Deixou de abolir o comércio de escravos. Deixou de fazer um acordo na Irlanda. Deixou de tornar o Parlamento mais representativo da nação. A única realização desses primeiros meses foi o seu Ato da Índia, que antes aumentou do que limitou as oportunidades de corrupção política. Pitt via claramente a necessidade e justificação da reforma, mas preferia sempre contemporizar com as forças de resistência.

* * *

Foi no problema mais prático e mais urgente, a ordenação e reconstrução das finanças da nação, que Pitt realizou seu melhor trabalho, e criou no Tesouro aquela tradição de administração sábia e incorruptível que prevalece até hoje. Seu Ministério coincidiu com uma revolução no pensamento econômico e comercial. Em 1776, Adam Smith publicou "The Wealth of Nations", que rapidamente se tornou famoso em todos os círculos instruídos. Pitt foi profundamente influenciado por esse livro. O primeiro Império Britânico ficara desacreditado e quase desaparecera do mapa. Outro estava se desenvolvendo gradualmente no Canadá, na Índia e nos Antípodas, onde Cook acabava de cartografar o mal conhecido Continente Meridional. Já se demonstrara, porém, desastrosa a concepção de uma unidade imperial econômica fechada, com as colônias eternamente sujeitas em questões de comércio à Mãe-Pátria e amarradas por compreensivas restrições em seu intercâmbio comercial com outras nações. Os tempos estavam maduros para uma exposição dos princípios de Comércio Livre. Em prosa firme e cáustica, Adam Smith destruiu a causa do Mercantilismo. Pitt ficou convencido. Foi o primeiro estadista inglês a acreditar no Comércio Livre e durante algum tempo seus adeptos "tories" o aceitaram. O antiquado e complicado sistema de barreiras alfandegárias foi então pela primeira vez sistematicamente revisado. Havia sessenta e oito espécies diferentes de direitos alfandegários e alguns artigos eram sujeitos a muitos impostos separados e cumulativos. Uma libra de noz moscada pagava, ou deveria pagar, nove direitos diferentes. Em 1784 e 1785, Pitt conseguiu estabelecer certo grau de ordem nesse caos e o primeiro efeito visível de sua ampla revisão de tarifas foi uma considerável redução no contrabando.

Outra reforma consolidou a receita. É a Pitt que se deve o moderno mecanismo do "Orçamento". Reunindo ao seu redor funcionários capazes, ele reorganizou o recolhimento e o gasto da receita. O Tribunal de Contas

(Audit Office) foi criado e numerosas sinecuras foram extintas no Tesouro. A situação das finanças nacionais era lamentável. Em fins de 1783, mais de quarenta milhões de libras, que o Parlamento votara para finalidades de guerra, não haviam sido objeto de prestação de contas. O crédito governamental estava baixo e o Ministério era alvo de desconfiança. A Dívida Nacional elevava-se a duzentos e cinqüenta milhões de libras, mais de duas vezes e meia maior do que no tempo de Walpole. Pitt resolveu obter um superávit na receita e aplicá-lo na redução dessa enorme dívida.

Em 1786, apresentou um projeto de lei com essa finalidade. Anualmente, um milhão de libras seria posto de lado para comprar títulos, cujos juros seriam empregados na redução da Dívida Nacional. Aí estava o famoso e com freqüência criticado Fundo de Amortização. O plano dependia de haver no orçamento anual um excesso de receita sobre a despesa e Pitt muitas vezes foi obrigado, em anos posteriores, quando não se verificaram tais superávits, a alimentar o Fundo de Amortização com dinheiro emprestado a altas taxas de juros. As razões que o levavam a adotar tão custoso processo eram psicológicas. A solidez das finanças nacionais era julgada pelo volume do Fundo de Amortização, que dava uma impressão de estabilidade às classes ricas da City. O comércio reviveu, a prosperidade aumentou e o que parecia ser então uma bela soma de dez milhões foi pago em dez anos.

No mesmo ano, 1786, os Customs (Alfândegas) e Excise (Departamento de Impostos) foram fundidos, estabelecendo-se um Departamento do Comércio reconstituído, com sua forma moderna. Entretanto, a mais impressionante realização da administração de Pitt talvez tenha sido a negociação do tratado de Eden com a França — o primeiro tratado de Comércio Livre de acordo com os novos princípios econômicos. Guilherme Eden, um dos jovens e competentes funcionários de Pitt, foi enviado a Paris para conseguir uma redução das tarifas francesas sobre os produtos de algodão ingleses, em troca de uma redução dos direitos ingleses sobre vinhos e sedas franceses. Estes últimos, naturalmente, não concorriam com qualquer produto inglês, mas a exportação de produtos de algodão de Lancashire prejudicou os fabricantes de tecidos do noroeste da França e aumentou o descontentamento entre as classes industriais francesas afetadas por essa esclarecida medida.

A esperança de outras reconstruções e melhoramentos foi abalada pela guerra e pela revolução no cenário europeu. Para Kitt isso foi uma tragédia pessoal. Seu gênio residia essencialmente na administração comercial; seus maiores monumentos são as suas declarações financeiras. Ele se sentia mais à vontade no mundo das cifras. Sua mente firmara-se e desenvolvera-se numa idade indevidamente precoce, sem, como disse Coleridge, "a falta de graça ou a promessa de um crescente intelecto". Os contatos humanos eram-lhe difíceis e sua elevação ao poder separou-o dos outros homens. De 1784 até 1800, moveu-se exclusivamente entre o estreito mundo da Londres política e sua residência em Putney. Nada sabia da vida de seus compatriotas fora da limitada área da metrópole. Mesmo em meio à camaradagem da Câmara dos Comuns e dos clubes políticos, ele permanecia isolado.

Plenamente consciente das modificações econômicas na Inglaterra do século XVIII, Pitt era menos sensível aos sinais de perturbação política no estrangeiro. Acreditava firmemente na não-intervenção e a queda do Velho Regime na França não o impressionou. Observou com silenciosa malícia a disputa que essa questão provocou entre seus principais adversários parlamentares, Fox e Burke. Seus interesses estavam em outras partes. Se os franceses preferiam revoltar-se contra seus governantes, era uma questão deles. Era lisonjeiro o fato de desejarem uma monarquia constitucional como a dos britânicos, mas isso não era assunto de seu interesse. O primeiro-ministro ficou surdo à zelosa campanha da oposição "whig" em favor dos revolucionários franceses e ignorou as advertências de Burke e outros, os quais acreditavam que os princípios da monarquia, e efetivamente da sociedade civilizada, estavam ameaçados pelo rugir dos acontecimentos do outro lado do Canal.

É impressionante observar a pacífica normalidade da política inglesa, atuando quase como num vácuo, durante os anos de 1789 a 1793, quando em Paris e nas províncias da França convulsões terríveis e capazes de abalar o mundo perturbavam a mente dos homens. O discurso do Orçamento; a demissão do Lord Chancellor Thrulow por intrigar contra Pitt, acontecimento que revelava a convenção de lealdade mútua e unidade de opinião entre todos os membros do Gabinete; as moções contra o comércio de escravos — essas eram as notícias de Londres. Pitt estava decidido a permanecer afastado do iminente conflito europeu. Estava convencido de que, se os revolucionários franceses fossem deixados à vontade para por sua casa em ordem como quisessem, a Inglaterra poderia evitar de ser arrastada à guerra. Fugiu cuidadosamente a qualquer manifestação que pudesse ser interpretada como provocação ou como demonstração de simpatia. Observou impassível a paixão da oposição por uma cruzada armada contra o despotismo não esclarecido. Os oposicionistas temiam que os monarcas austríaco e prussiano interviessem para abafar a revolução. Liderados por Fox, viam na guerra uma esperança de romper o monopólio do poder político mantido por Pitt. Burke, porém, estava mais próximo do sentimento geral do país quando observou que "o efeito da liberdade nos indivíduos é que eles podem fazer o que lhes agrade; devemos ver o que lhes agrada antes de oferecermos congratulações". As simpatias da Corte não permaneciam insensíveis à situação da monarquia francesa; se a intervenção se tornasse necessária, a Corte naturalmente seria favorável ao apoio a Luís XVI. Pitt seguiu uma rota uniforme de neutralidade e, com característica obstinação, mantevea ainda por mais três tumultuosos anos.

CAPÍTULO II

A CONSTITUIÇÃO AMERICANA

A Guerra da Independência estava terminada e as Treze Colônias sentiam-se livres para cuidar da sua vida. A luta afetara muito sua primitiva organização política. Os Artigos da Confederação que haviam subscrito em 1777 estabeleciam um governo central fraco, gozando apenas de autoridade semelhante à que os americanos poderiam ter permitido à Coroa Britânica. Seu Congresso não tinha nem o poder nem a oportunidade; em um território tão vasto, de criar uma sociedade ordeira saída das devastações da revolução e da guerra.

O mais forte elemento por trás do esforço americano haviam sido os pequenos fazendeiros dos distritos fronteiriços do interior. Eles é que haviam fornecido os homens para o exército e que, na maioria dos Estados, remodelaram as diversas constituições em linhas democráticas. Eles dominavam agora os legislativos e guardavam ciumentamente os privilégios de seus próprios Estados. Com o término das hostilidades, parecia que a União encarnada num Congresso pouco maleável poderia ruir ou fenecer sob a pressão dos problemas de pós-guerra. A sociedade americana estava dividida por fortes interesses em conflito. Os fazendeiros tinham grandes dívidas com as classes urbanas. A emissão pelo Congresso de excessivo papel-moeda criara a inflação. Em 1780, um dólar de ouro valia quarenta de papel. Cada um dos Estados estava sobrecarregado com enormes dívidas e os tributos impostos para atender aos juros recaiam pesadamente sobre a terra. Por toda parte, pequenos fazendeiros falidos estavam vendendo o que possuíam. Surgiram os aproveitadores da guerra. Abria-se na sociedade americana uma brecha entre devedor e credor, entre fazendeiro e negociante-financiador. A agitação e o desassossego marchavam ao lado de uma crescente crise econômica. Havia amplos movimentos em favor do adiamento da liquidação das dívidas. Em Massachusetts fazendeiros e soldados desmobilizados que haviam sido pagos com papel-moeda sem valor ergueram-se em rebelião. No outono de 1786, o capitão Daniel Shays, com uma multidão de fazendeiros armados, tentou assaltar os tribunais do condado. Havia agudo temor de que tais incidentes se multiplicassem. Washington, que era também tão vigoroso defensor da propriedade quanto Cromwell, escreveu: "Há em todos os Estados combustíveis a que uma faísca poderá por fogo. Sinto infinitamente mais do que posso expressar pelas desordens que ocorreram".

Não eram apenas as condições internas que reclamavam ação. Alguns pontos difíceis do tratado de paz ainda estavam por resolver. As dívidas para com comerciantes britânicos, a compensação aos legalistas, a evacuação britânica dos postos comerciais e fortes na fronteira do Canadá, tudo exigia uma solução. O governo britânico estava legislando contra a navegação americana. A Espanha voltara a instalar-se na Flórida e mostrava-se hostil à expansão americana para o sudoeste. A América estava emaranhada numa aliança oficial com a França, onde o tumulto das grandes modificações já começava a ser sentido. Os homens de longa visão percebiam a iminência de outro conflito mundial. Distraídos pela desordem interna, sem unidade ou organização nacional, os Estados americanos pareciam presa fácil para ambições estrangeiras.

A exigência de revisão dos Artigos da Confederação cresceu entre a população das cidades. A rebelião de Shay foi o incentivo à ação e, em maio de 1787, uma convenção de delegados dos Treze Estados reuniu-se em Filadélfia para examinar a questão. Os partidários de um forte governo nacional formavam grande maioria. Dos possíveis líderes dos fazendeiros, ou democratas agrários como se chamavam então, Patrick Henry, da Virgínia, recusou comparecer e a maior de todas aquelas figuras, Tomás Jefferson, estava ausente, como enviado em Paris. Uma das principais personalidades na assembléia era Alexandre Hamilton, que representava os poderosos interesses comerciais da cidade de Nova Iorque. Esse homem elegante e brilhante, filho ilegítimo de um fazendeiro da Índia Ocidental, elevara-se rapidamente entre os oficiais de Washington, durante a guerra. Ingressara na sociedade de Nova Iorque e casara-se bem. Entendia que a classe governante, na qual entrara por suas próprias aptidões, devia continuar governando e tornou-se então o líder reconhecido daqueles que reclamavam um governo central capaz e a limitação dos poderes dos Estados. A noção de uma crise pendente na Europa e dos perigos da democracia orientava esses homens em seus trabalhos e os debates na Convenção foram acalorados. A maioria dos delegados era favorável a um Governo Federal, mas os métodos e pormenores foram objeto de renhidas discussões. Muitas divisões se formaram no decorrer das discussões. Os Estados pequenos estavam ansiosos por preservar sua igualdade na grande comunidade dos Treze e opunham-se veementemente a qualquer plano de representação num Governo Federal com simples base na proporção numérica.

Todos os delegados provinham de centros há muito estabelecidos no litoral do Atlântico, mas percebiam com inquietação que seu poder e sua influência logo seriam ameaçados pela crescente população do Oeste. Lá, além do Ohio e dos Alleghanies, estendiam-se vastos territórios que o Congresso ordenara fossem admitidos na União em pé de igualdade com os Estados originais, logo que qualquer deles contivesse mais de sessenta mil habitantes livres. Sua população já se estava expandindo e era apenas questão de tempo para que reivindicasse os seus direitos. Que aconteceria então aos famosos Treze Estados? Eles é que haviam expulso os britânicos e sentiam, com certa razão, que sabiam mais de política e dos verdadeiros interesses da União do que os arrivistas daquelas regiões remotas e semicolonizadas. Como disse Gouverneur Morris, da Pensilvânia, que devia seu extraordinário nome de batismo à sua mãe, que fora uma "Miss Gouverneur": "As movimentadas habitações de homens, e não o deserto remoto, são a escola adequada aos talentos políticos. Se a gente do oeste tomar o poder em suas mãos arruinará os interesses atlânticos". Ambos os princípios estavam certos. As comunidades atlânticas tinham a riqueza e a experiência, mas as novas terras tinham pleno direito de ingressar na União e, para perpétuo crédito dos delegados de Filadélfia, nenhuma providência foi tomada no sentido de impedir que o fizessem. Um dia, porém, o choque ocorreria. O poder e o futuro estavam com o oeste e foi com dúvidas e ansiedades que a Convenção se entregou ao trabalho de elaborar a Constituição dos Estados Unidos.

Foi um documento conciso, definindo os poderes do novo governo central. Nele se criava um único Executivo: um presidente, nomeado indiretamente por eleitores escolhidos da maneira que os legislativos estaduais decidissem e para mandato de quatro anos, com o direito de veto aos atos do Congresso, mas sujeito a impedimento; chefe do Exército e da Administração, responsável somente perante o povo e absolutamente independente do Poder Legislativo. A Câmara Baixa, ou Câmara dos Representantes, como foi chamada, seria eleita por dois anos, com base na população. Todavia, esta concessão ao princípio democrático foi temperada pela criação de um Senado, eleito por seis anos pelos legislativos estaduais. O Senado restringiria qualquer demagogia da Câmara Baixa, defenderia os interesses da propriedade contra o peso de uma Câmara Baixa escolhida pelo princípio numérico e, por sua participação nos poderes de nomeação e estabelecimento de tratados, atribuídos ao presidente, controlaria esse poderoso funcionário. No ápice do edifício constitucional erguia-se uma Suprema Corte, constituída de juízes nomeados vitaliciamente pelo presidente, sujeito à ratificação do Senado. A esse tribunal caberia a tarefa de revisão judicial — isto é, uma supervisão coercitiva das leis, não apenas do Congresso, mas também dos legislativos estaduais, para assegurar sua conformidade com a Constituição.

Tal foi o mecanismo federal idealizado em Filadélfia em setembro de 1787. Ficou criada uma autoridade nacional, soberana em sua esfera. Esta esfera, porém, foi estritamente definida e limitada; todos os poderes que a Constituição não delegou ao governo federal ficariam com os Estados. Não haveria "tirania" central da espécie que os ministros do rei Jorge, em Westminster, tinham tentado exercer. A nova nação, que lutara com dificuldade para nascer, seria daí por diante fortalecida por algo de que ainda não se ouvira falar no mundo existente: uma Constituição escrita. À primeira vista, esse autorizado documento apresenta chocante contraste com o conjunto de tradições e precedentes que formam a Constituição não escrita da Grã-Bretanha. Todavia, não existe em seu fundo nenhuma teoria revolucionária. Foi baseado, não nos desafiadores escritos dos filósofos franceses que logo iriam deixar a Europa em chamas, mas na velha doutrina inglesa, formulada de novo para atender a uma urgente necessidade americana. A Constituição foi uma reafirmação de fé nos princípios penosamente desenvolvidos através dos séculos pelos povos de língua inglesa. Incorporou velhas idéias inglesas de justiça e liberdade, que daí por diante seriam consideradas do outro lado do Atlântico como basicamente americanas.

Naturalmente, uma constituição escrita oferece o perigo de uma rigidez paralisadora. Que corpo de homens, por maior que fosse a sua visão, poderia estabelecer preceitos antecipadamente para resolver os problemas das gerações futuras? Os delegados em Filadélfia tinham plena consciência disso. Estabeleceram provisões para emenda e o documento por eles elaborado era na prática suficientemente adaptável para permitir modificações na Constituição. Contudo, precisaria ficar provado em discussões e debates, e admitido de maneira geral em todo o território, que as modificações propostas seguiam as idéias orientadoras dos Pais Fundadores. O objetivo primordial da Constituição era ser conservadora; cabia-lhe proteger os princípios e o mecanismo do Estado contra alterações caprichosas e mal pensadas. Em sua doutrina fundamental, o povo americano adquiriu uma instituição que gozaria do mesmo respeito e lealdade atribuídos, na Inglaterra, ao Parlamento e à Coroa.

* * *

Restava agora submeter o plano ao povo. Os delegados previam que os legislativos estaduais, democráticos e isolacionistas, provavelmente o rejeitariam e, por isso, recomendaram que fossem eleitas convenções locais para votar o novo projeto de governo. Hamilton e Roberto Morris, cujo forte e bem organizado grupo se tornara conhecido como Partido Federalista, esperavam que todos os homens que tivessem algo em jogo no país, que provavelmente não desejavam ter assento nos órgãos revolucionários formados durante a guerra para a administração dos diferentes Estados, compreenderiam o valor e a razão da nova Constituição e limitariam a influência dos elementos mais extremados.

Para os líderes da democracia agrária, para os desbravadores das terras, para os pequenos fazendeiros, o projeto parecia uma traição à Revolução. Eles haviam derrubado o Executivo inglês. Eles haviam conquistado a sua liberdade local. Agora lhes pediam que criassem outro instrumento não menos poderoso e coercitivo. Haviam-lhes dito que estavam lutando pelos Direitos do Homem e pela igualdade do indivíduo. Viam na Constituição um instrumento para a defesa da propriedade contra a igualdade. Sentiam em sua vida cotidiana a mão pesada dos poderosos interesses existentes por trás dos contratos e dívidas que os oprimiam. Mas estavam sem líderes. Ainda assim, na Virgínia, em Nova Iorque e em outras partes houve feroz e renhida disputa para a aprovação da Constituição. Jefferson, em seu exílio diplomático, em Paris, meditava com dúvidas no novo regime. Entretanto, o partido de Hamilton e Morris, com sua brilhante propaganda, em uma série de cartas públicas intituladas "The Federalist", era o senhor do dia.

As cartas " The Federalist" se incluem entre os clássicos da literatura americana. Sua sabedoria prática ergue-se destacadamente entre o fluxo de controvertidos escritos da época. Seus autores preocupavam-se, não com abstratos argumentos sobre política teórica, mas com os verdadeiros perigos que ameaçavam a América, a evidente fraqueza da Confederação existente e as discutíveis vantagens de várias disposições da nova Constituição. Hamilton, Jay e Madison eram os principais colaboradores. Os dois primeiros eram de Nova Iorque e Madison de Virgínia; nenhum provinha da Nova Inglaterra, que estava perdendo sua antiga predominância na vida da nação. Diferiam amplamente quanto à personalidade e o modo de encarar as coisas, mas todos concordavam em um ponto: a importância de criar uma fé coletiva na Constituição, como encarnação do ideal americano. Somente assim seria possível harmonizar as numerosas vozes discordantes dos Treze Estados. Os cento e setenta e cinco anos transcorridos desde quando as escreveram testemunham como tiveram êxito e quão duradouro foi o seu êxito. A fé despertada pelo "The Federalist" sustentou e manteve a lealdade do povo americano até nossos dias.

A liberdade, argumentava "The Federalist", pode degenerar em licença. Ordem, segurança e governo eficiente precisam ser estabelecidos antes que o desastre domine a América. Em um artigo dessa grande série política, um dos Federalistas expõe o eterno problema com largueza de vistas e força de expressão.

"A diversidade das faculdades dos homens, da qual se originam os direitos de propriedade, e... um obstáculo insuperável a uma uniformidade de interesses. A proteção dessas faculdades é o primeiro objetivo do governo. Da proteção a diferentes e desiguais faculdades de adquirir propriedade resulta imediatamente a posse de diferentes graus e espécies de propriedade; e da influência desta sobre os sentimentos e opiniões dos respectivos proprietários resulta uma divisão da sociedade em diferentes interesses e partidos.

"As causas latentes da facção estão assim semeadas na natureza do homem; e nós os vemos por toda parte levados a diferentes graus de atividade, de acordo com as diferentes circunstâncias da sociedade civil. Um zelo pelas diferentes opiniões... dividiu a humanidade em partidos, inflamou-os com animosidade mútua e tornou-os muito mais dispostos a se molestarem e oprimirem mutuamente do que a cooperarem pelo seu bem comum... Entretanto, a mais comum e duradoura fonte das facções tem sido a variada e desigual distribuição da propriedade. Aqueles que possuem e aqueles que não possuem propriedade sempre formaram interesses distintos na sociedade. Aqueles que são credores e aqueles que são devedores recaem na mesma discriminação. Um interesse territorial, um manufatureiro, um interesse mercantil, um interesse financeiro, com muitos outros interesses menores, surgem necessariamente nas nações civilizadas e as dividem em diferentes classes movidas por sentimentos e opiniões diferentes. A ordenação desses interesses variados e interferentes constitui a principal tarefa da legislação moderna e envolve o espírito de partido e de facção nas atividades necessárias e ordinárias do governo."

Foi em vão que seus adversários contra-atacaram pela imprensa. "Porque abusamos às vezes da democracia, eu não me incluo entre aqueles que pensam que um ramo democrático é um inconveniente", escreveu Ricardo Henrique Lee, de Virgínia. "Todo homem de reflexão deve perceber que a modificação agora proposta é uma transferência de poder dos muitos para os poucos". Em meio a lutas de facções e a conflitos entre multidões federalistas e radicais, a Constituição foi ratificada por onze Estados em dezoito meses. Rhode Island e a Carolina do Norte ficaram de lado durante mais algum tempo. A desconfiança na revolução social calara fundo no Novo Mundo e a brecha entre os dois elementos que compunham sua sociedade permaneceu aberta. Os homens que acreditavam nos Direitos do Homem foram obrigados a ceder. Aqueles, como Hamilton, que temiam a multidão na política e percebiam a urgente necessidade de estabilização, ordem e proteção para os interesses das propriedades dos Estados litorâneos triunfaram.

Em março de 1789, realizaram-se eleições para os novos órgãos federais. Os adversários da Constituição exultavam com as dificuldades para reunir "quorum" nas Câmaras Alta e Baixa. Parecia haver pouco vigor e entusiasmo no novo regime. Contudo, no fim do mês, número suficiente de pessoas havia chegado a Nova Iorque, onde deveria reunir-se o governo. O primeiro passo era eleger um presidente e o general Washington, comandante da Revolução, foi o alvo evidente da escolha. Desinteressado e corajoso, homem de visão e paciente, reservado mas de maneiras francas, inflexível depois de haver tomado uma decisão, Washington possuía os dotes de caráter que a situação exigia. Sentia-se relutante em aceitar o cargo. Nada lhe agradaria mais do que permanecer em sossegado, mas ativo afastamento em Mount Vernon, melhorando a administração de sua propriedade. Como sempre, porém, atendeu à convocação do dever. O governador Morris tinha razão quando lhe escreveu enfaticamente: "O exercício da autoridade depende do caráter pessoal. Seu temperamento frio e firme é *indispensavelmente necessário* para dar um tom firme e viril ao novo governo".

Havia muita confusão e discussão em torno de títulos e precedentes, o que provocava risos escarnecedores dos críticos. Entretanto, o prestígio de Washington emprestava dignidade ao cargo novo e ainda não experimentado. Em 30 de abril de 1789, no recém-inaugurado Federal Hall, em Nova Iorque, Washington foi solenemente empossado como primeiro presidente dos Estados Unidos. Uma semana mais tarde, os Estados Gerais franceses reuniam-se em Versalhes. Outra grande revolução estava para irromper diante de um mundo desnorteado. O frágil e ainda não experimentado tecido da unidade e ordem americanas fora confeccionado exatamente a tempo.

* * *

Muitos pormenores ainda precisavam ser cuidados. O primeiro passo era a aprovação da Carta de Direitos. A falta dessas afirmações fundamentais na Constituição havia sido o principal motivo de queixa dos críticos. Foram elas então incorporadas em dez Emendas. Em seguida, a Lei Judiciária de 1789 fez da Suprema Corte a parte mais formidável do mecanismo federal. "Com caprichado detalhe", escreveram os historiadores Charles e Mary Beard, "a lei estabeleceu uma Suprema Corte composta de um juiz presidente e cinco auxiliares, e uma Corte Distrital Federal para cada Estado, com seu próprio procurador, "marshal" e adequado número de delegados. Tais foram os órgãos de poder criados para fazer da vontade do governo nacional uma força viva em toda comunidade, desde New Hampshire até Geórgia, desde o litoral até a fronteira... Depois de criar um engenhoso sistema de apelação para levar as causas até a Suprema Corte, os elaboradores da Lei Judiciária idealizaram um processo pelo qual as medidas dos governos locais poderiam ser anuladas sempre que entrassem em conflito com a Constituição Federal... Em uma palavra, algo semelhante ao antigo controle imperial britânico sobre os legislativos provinciais foi restabelecido, subordinado a órgãos judiciais, escolhidos indireta e vitaliciamente, dentro das fronteiras dos Estados Unidos".[12]

Não havia ainda departamentos administrativos. Estes foram rapidamente criados: Tesouro, Estado e Guerra. O êxito do novo governo federal dependia em grande parte dos homens escolhidos para ocupar esses postos-chaves: Alexandre Hamilton, o grande federalista de Nova Iorque; Tomás Jefferson, o democrata de Virgínia, que já regressara de Paris; e, em menor escala, o general Knox, de Massachusetts.

De 1789 até a data de sua resignação, seis anos mais tarde, Hamilton utilizou suas brilhantes qualidades para fortalecer a Constituição e ligar interesses econômicos dos grandes comerciantes da América ao novo sistema. Era preciso criar uma classe governante e Hamilton propôs-se demonstrar que o governo federal significava uma forte economia nacional.

---

[12] Charles A. Beard e Mary R. Beard – "The Rise of American Civilization" (1930), vol. I.

Por sua inspiração, seguiu-se uma série de grandes medidas. Em Janeiro de 1790, seu "Primeiro Relatório sobre Crédito Público" foi submetido à Câmara dos Representantes. As dívidas dos Estados seriam encampadas pelo Congresso; o crédito público deveria depender da encampação das obrigações passadas. As dívidas de guerra dos Estados seriam encampadas pelo governo federal, a fim de atrair para o interesse nacional grande classe dos credores. Toda a dívida seria consolidada; todos os antigos bônus e certificados que haviam sido corroídos pela especulação seriam recolhidos e novos títulos seriam emitidos. Seria criado um Fundo de Amortização e fundado um banco nacional.

Os interesses financeiros rejubilaram-se com esse programa, mas houve renhida oposição por parte daqueles que percebiam que o novo governo estava utilizando o poder de tributação para pagar juros aos portadores especuladores dos títulos da dívida do Estado agora encampada pelo Congresso. O choque entre as classes capitalista e agrária tornava-se novamente iminente. Os comerciantes da Nova Inglaterra haviam empregado a maior parte de seus lucros do tempo de guerra em bônus, que agora aumentavam enormemente de valor. Massachusetts, que era o Estado com maior dívida, foi quem mais se aproveitou. A massa da dívida pública estava concentrada nas mãos de pequenos grupos em Filadélfia, Nova Iorque e Boston. A nação foi sujeita a tributos para que fosse pago a esses grupos, ao par, o que eles haviam adquirido com enorme desconto. Em Virgínia, houve feroz revolta contra o plano de Hamilton. Os fazendeiros desconfiavam de toda a idéia de finança pública. Previam que os piores elementos da plutocracia "whig" dominariam o novo governo. "Eles percebem", escreveu Patrício Henry, "uma impressionante semelhança entre este sistema e o que foi introduzido na Inglaterra por ocasião da Revolução (de 1688), um sistema que perpetuou sobre aquela nação uma enorme dívida e, além disso, introduziu nas mãos do executivo uma influência ilimitada, que, penetrando em todos os ramos do governo, elimina toda oposição e ameaça diariamente de destruição tudo quanto pertence à liberdade inglesa. As mesmas causas produzem os mesmos efeitos. Em um país agrícola como este, portanto, criar, concentrar e perpetuar um grande interesse financeiro é uma medida que... deve no decurso dos acontecimentos humanos produzir um ou outro de dois males, a prostração da agricultura aos pés do comércio ou uma mudança na atual forma de governo federal, fatal à existência da liberdade americana... vossos memorialistas não podem encontrar na Constituição cláusula alguma que autorize o Congresso a encampar as dívidas dos Estados".

Esta divisão é de duradoura importância na história da América. Podem ser discernidos os princípios dos grandes partidos políticos, que logo encontrariam seus primeiros líderes. Hamilton foi prontamente reconhecido como chefe do interesse financeiro e mercantil centralizado no Norte e seu adversário não foi outro senão Jefferson, o secretário de Estado. Os dois homens haviam trabalhado juntos durante os primeiros meses do novo governo. Com efeito, Hamilton conseguira votos suficientes para a aprovação de suas propostas sobre as dívidas dos Estados conquistando o apoio de Jefferson. Para consegui-lo concordara em que a nova capital, na qual teriam sede o Congresso e o governo, seria situada sobre o rio Potomac, do outro lado da fronteira de Virgínia. Entrementes, Filadélfia substituiria Nova Iorque como capital provisória. Todavia, uma onda de especulação que se seguiu às medidas financeiras de Hamilton motivou então a oposição do secretário de Estado. Os dois líderes desentendiam-se fundamentalmente. Washington, impressionado pela necessidade de estabilizar a nova Constituição, aplicou sua poderosa influência para evitar um rompimento declarado. Em 1791, porém, Jefferson e seus fazendeiros da Virgínia procuravam uma aliança com os descontentes do partido de Hamilton em Nova Iorque e no Norte.

Antes de ocorrer o rompimento, Hamilton apresentou seu "Relatório sobre Manufaturas", que seria a base da futura teoria protecionista americana. Direitos alfandegários protetores e subsídios seriam introduzidos para encorajar as indústrias nacionais. A visão de uma sociedade próspera e industrial no Novo Mundo, semelhante à que se estava desenvolvendo rapidamente na Inglaterra, erguia-se diante dos olhos dos americanos.

A unidade exterior da administração federal foi preservada por alguns meses pela reeleição de Washington para a presidência. Todavia, o conflito entre Jefferson e Hamilton não se limitava à economia. Separavam-nos pontos de vista profundamente antagônicos sobre política. Sustentavam opiniões radicalmente opostas quanto à natureza humana. Hamilton, financista soberbamente bem sucedido, acreditava que os homens eram orientados por suas paixões e seus interesses, e que seus motivos, a menos que rigidamente controlados, eram um mal. "O povo!"

teria ele dito. "O povo é uma grande besta." O domínio da maioria e o governo pela contagem de cabeças eram-lhe odiosos. Deveria haver um governo central forte e um poderoso círculo governamental, e Hamilton via nas instituições federais, apoiadas por uma classe comercial governante, a esperança e o futuro da América. A sociedade em desenvolvimento na Inglaterra era o ideal para o Novo Mundo e isso ele esperava criar do outro lado do Atlântico com seus esforços no Departamento do Tesouro. Hamilton representa e simboliza um aspecto do desenvolvimento americano, o bem sucedido e autoconfiante mundo comercial, com sua desconfiança do homem comum coletivo, do que o próprio Hamilton, com outra disposição, chamava de "a majestade da multidão". Contudo, nesse evangelho de êxito material não havia traço daquele idealismo político que caracteriza e eleva o povo americano. "Muito grande homem", diria dele o presidente Woodrow Wilson, " mas não um grande americano".

Tomás Jefferson era o produto de condições completamente diferentes e o profeta de uma idéia política contrária. Provinha da fronteira da Virgínia, terra do inflexível individualismo e da fé na humanidade comum, núcleo da resistência contra a hierarquia centralizadora do domínio britânico. Jefferson fora o principal autor da Declaração da Independência e líder dos democratas agrários na Revolução Americana. Era muito lido; dedicava-se a muitos interesses científicos e era um bem dotado arquiteto amador. Sua graciosa casa clássica, Monticello, foi construída de acordo com seus próprios desenhos. Estava em contato com os círculos esquerdistas elegantes da filosofia política na Europa e, como a escola francesa de economistas conhecida pelo nome de fisiocratas, acreditava numa sociedade de fazendeiros abastados. Temia um proletariado industrial, tanto quanto sentia aversão pelo princípio da aristocracia. O desenvolvimento industrial e capitalista aterrorizava-o. Desprezava e desconfiava de todo o mecanismo de bancos, tarifas, manipulação de crédito e de todos os órgãos do capitalismo que o nova-iorquino Hamilton estava habilmente introduzindo nos Estados Unidos. Percebia os perigos que poderiam resultar, para a liberdade individual, dos poderes centralizadores de um governo federal. Com relutância voltou de Paris para a pátria a fim de servir ao novo sistema. O passar do tempo e a pressão das guerras napoleônicas modificaria sua aversão ao industrialismo, mas no fundo do coração acreditava que o governo democrático só era possível entre lavradores livres. Não lhe foi dado prever que os Estados Unidos futuramente se tornariam a maior democracia industrial do mundo.

"Os economistas políticos da Europa estabeleceram como princípio", declarou Jefferson, "que cada Estado deve esforçar-se por manufaturar para si próprio; e esse princípio, como muitos outros, nós transferimos para a América... Entretanto, nós temos uma imensidão de terras à procura da indústria do lavrador. Então, é melhor que todos os nossos cidadãos sejam empregados no seu aproveitamento ou que metade seja afastada disso para dedicar-se a manufaturas ou artes manuais para outros? A corrupção da moral na massa de cultivadores é um fenômeno de que nenhuma idade ou nação ofereceu exemplo. É a marca imposta àqueles que, não olhando para o céu, para seu próprio solo e sua própria indústria, como faz o lavrador, para garantir sua subsistência, dependem para isso dos acasos e caprichos de fregueses. A dependência gera subserviência e venalidade, sufoca o germe da virtude e prepara instrumentos adequados para os desígnios da ambição... Enquanto tivermos terra para trabalhar, não desejamos, portanto, ver nossos cidadãos ocupados em um banco de oficina ou girando uma roca... *Para as operações de manufatura em geral deixemos que nossas oficinas permaneçam na Europa. É melhor levar provisões e materiais até os operários lá do que trazê-los até as provisões e materiais, e com eles as suas maneiras e princípios*"[13] ... As multidões das grandes cidades contribuem para a manutenção do governo puro tanto quanto as feridas para o vigor do corpo humano. São as maneiras e o espírito de um povo que conservam uma república com vigor. A degeneração deles é um cancro que logo come a coração de suas leis e Constituição".

Jefferson sustentava a concepção virginiana de sociedade, simples e não afetada pela complexidade, pelos perigos e pelo desafio do industrialismo. Na França, ele vira, ou julgara ver, a concretização de seus ideais políticos — a destruição da aristocracia gasta e uma afirmação dos direitos do homem que lavra a terra. Hamilton, por outro lado, encarava a Inglaterra do jovem Pitt como a encarnação de suas esperanças

---

[13] Grifo do autor – W.S.C.

para a América. A eclosão da guerra entre a Inglaterra e a França levaria ao clímax a rivalidade e o conflito fundamentais entre Hamilton e Jefferson, e assinalaria o nascimento dos grandes partidos americanos. Federalistas e Republicano. Ambos se cindiriam, decairiam e mudariam de nome, mas a partir deles pode ser traçada a linhagem dos partidos Republicano e Democrático de hoje.

C
A
P
Í
T
U
L
O

III

A REVOLUÇÃO FRANCESA

A convulsão que abalou a França em 1789 foi inteiramente diferente das revoluções que o mundo conhecera antes. A Inglaterra do século XVII assistira a uma violenta transferência de poder entre a Coroa e o povo; mas as instituições básicas do Estado haviam permanecido intactas ou, em qualquer caso, logo tinham sido restauradas. Nem houvera ainda na Inglaterra qualquer ampliação da soberania popular na direção do sufrágio universal. As liberdades do inglês comum eram bem compreendidas e com freqüência haviam sido afirmadas. Ele não podia reivindicar igualdade. Essa falta não era sentida como um agravo muito sério, pois as classes se misturavam e a passagem de uma classe para outra era, se não fácil, pelo menos possível e com freqüência ocorria. A América , em sua Revolução, proclamara os direitos mais amplos da humanidade. Do outro lado do Atlântico brilhava um nobre exemplo de liberdade que, no final, exerceria uma formidável influência sobre o mundo. Em fins do século XVIII, porém, o futuro dominador da América mal era previsto, mesmo por seus próprios estadistas. Na Europa, o impulso em direção à liberdade, igualdade e soberania popular deveria provir de outra parte. Proveio da França. A Revolução Inglesa fora uma questão inteiramente interna. Também o fora, de maneira geral, a Revolução Americana. A Revolução Francesa, porém, difundir-se-ia de Paris através de todo o Continente. Deu origem a uma geração de guerras e seus ecos reverberaram pelo século XIX e ainda posteriormente. Todo grande movimento popular e nacional, até quando os bolchevistas deram um novo rumo aos acontecimentos em 1917, invocaria os princípios lançados em Versalhes em 1789.

A França, no reinado de Luis XVI, não era de maneira alguma o país mais opressivamente governado, embora isso tenha sido com freqüência sustentado. Era uma nação rica e grande parte de sua população prosperava. Então, por que irrompeu a revolução? Volumes já foram escritos sobre esse tema, mas um fato é claro. O mecanismo político francês não expressava em sentido algum a vontade do povo. Não combinava com os tempos e não poderia avançar com eles. Recebera sua forma e modelo de Luís XIV, sob cujas mãos majestosas a máquina funcionara, quase até o fim. Seus sucessores herdaram toda a sua panóplia de poder, mas nada da sua capacidade. Não podiam fazer funcionar a máquina, nem modificá-la. Ao mesmo tempo, as crescentes classes médias da França estavam avançando em direção ao poder que lhes era negado. Sentiam que deveriam ter uma influência sobre a maneira como eram governadas. Enchia a terra um fermento intelectual, a que se negava um meio político de vazão. Uma explosão era inevitável e vinha sendo esperada há muito tempo por todos os espíritos curiosos. Como anunciou um funcionário britânico procedente de Paris, o povo francês estava "imbuído de um espírito de discussões das questões públicas que não existia antes". Em algum momento, as gerais frustrações dos franceses teriam fatalmente de procurar expressão ativa. Precisavam apenas de uma faísca que lhes ateasse fogo. E esta foi oferecida pelo incorrigível sistema de finanças deficientes do governo real.

O governo da França estava há muito tempo falido. Luis XIV esgotara a nação através de uma sucessão de guerras que duraram trinta anos e, quando morreu, em 1715, a dívida pública era dezesseis vezes maior do que a receita anual. Muitos homens haviam labutado, mas sem êxito, para tornar a França solvente. Os obstáculos eram gigantescos. Parcela substancial da população, que incluía os cidadãos mais proeminentes da França, embora nem sempre os mais poderosos, estava em grande parte isenta de tributação. Desses, a nobreza representava cerca de quatrocentos mil. Seus privilégios poderiam ter sido outrora justificáveis pelos serviços que haviam prestado à comunidade como proprietários rurais e líderes militares. Mas isso não era mais verdadeiro. Na Inglaterra, a aristocracia armada destruíra-se a si própria nas guerras civis dinásticas do século XV. A França fora menos bem servida por sua história e a monarquia francesa sofria há muito tempo os assaltos e insurreições, tanto efetivos como em ameaça, de uma nobreza guerreira, viril e ambiciosa. Sucessivos reis franceses e seus ministros foram levados a políticas que com o passar do tempo se mostraram danosas. Se os nobres pudessem viver em suas propriedades se revoltariam, mas se fossem levados a viver na Corte poderiam ser fiscalizados. O ócio e o luxo eram métodos eficazes de desarmamento. Ambos podiam ser oferecidos em Versalhes, em grande parte às custas das vítimas, e em Versalhes a maioria dos nobres foi forçada ou convencida a viver. No resplendor da grande Corte, que em certa época incluía cerca de duzentas mil pessoas, eles podiam desperdiçar tempo e seu dinheiro, e a arma mais poderosa de que precisavam era a espada de duelo. Surgiu assim uma classe de proprietários rurais ausentes, proibidos de interferir em política, afastados de suas propriedades, mal queridos por seus arrendatários, sem prestar serviço algum à terra ou ao Estado e tirando das terras que não mais cultivavam lucros gordos e em geral não tributados.

Os privilégios do clero não eram menos notáveis. A Igreja possuía cerca de um quinto das terras da França, com muitos valiosos edifícios sobre elas. Dessas fontes, as autoridades eclesiásticas recebiam uma renda anual de talvez 45 milhões de esterlinos. A isso se juntava importância quase igual em dízimos. Não obstante, durante três gerações cerca de 140.000 padres, monges e freiras não pagaram imposto algum sobre suas propriedades ou suas fortunas. Sua santidade era tão desigual quanto sua participação na riqueza nacional. A maioria dos religiosos inferiores era constituída de devotos, desprendidos e corretos, mas uma crosta de prelados politicamente ambiciosos, mundanos e cínicos enfraquecera e degradara a dignidade e a influência do Cristianismo organizado. A Igreja

Católica na França era impotente contra as forças da anarquia e do ateísmo, que, no Estado mais culto da Europa, estavam fervendo e crescendo.

A mais pesada carga fiscal recaía sobre os camponeses. Sua situação não deve ser exagerada. Desde o início do século, eles vinham adquirindo terras e, na véspera da explosão que abalaria a estabilidade da Europa e durante uma geração lançaria seu povo numa luta mortal, possuíam um terço do solo da França. Apesar disso, suas queixas eram substanciais. O imposto sobre a terra "camponesa" era quase cinco vezes maior do que a terra "nobre". Eles e só eles pagavam o mais odiado de todos impostos, o "taille", cinqüenta e três libras em cada cem, objeto de muitos abusos e perversões pela tributação da agricultura a que fora forçado o esgotado governo. Uma multidão de impostos indiretos e imposições juntavam seu peso de miséria. O inverno de 1788 foi muito severo. Muita gente morreu de inanição. Contudo, já se disse com razão que as revoluções não são feitas por gente faminta. Os camponeses não estavam em pior situação do que um século antes e provavelmente gozavam de maior conforto. A maior parte deles não se interessava por política. Desejava apenas ficar livre dos proprietários rurais opressores e dos impostos antiquados. O impulso revolucionário veio de outra parte. Os nobres haviam perdido sua energia e sua fé em si próprios. O clero estava dividido. O Exército não merecia confiança. O rei e sua Corte ressentiam-se da falta de vontade e de capacidade para governar. Somente os "bourgeois" possuíam apetite pelo poder e a determinação e autoconfiança necessárias para conquistá-lo.

Os "bourgeois" não eram democratas, no sentido que damos hoje à palavra. Desconfiavam das massas, da multidão, da populaça, e com certa razão, mas apesar disso estavam dispostos a incitá-la e utilizá-la contra a nobreza "privilegiada" e, se necessário, para a afirmação de sua própria posição, até mesmo contra a monarquia. Rousseau em seu famoso "Contrato Social" e em outros ensaios pregava o tema da igualdade. Todo homem, por mais humilde que fosse, nascera com o direito de desempenhar seu papel no governo do Estado. Essa é uma doutrina desde então reconhecida por todas as democracias, mas Rousseau foi o primeiro a formulá-la em termos amplos e penetrantes. Voltaire e o grupo de eruditos e publicistas que colaboraram na "Enciclopédia" de Diderot desde muito tempo antes vinham pondo em dúvida todos os valores aceitos, religiosos e sociais. O domínio da razão e a procura do conhecimento pelo simples amor ao conhecimento eram os objetivos que os enciclopedistas erguiam diante dos franceses. No apertado mundo político do velho Regime, essas idéias funcionavam como um poderoso fermento. Ninguém seria capaz de dizer, no reinado de Luis XVI, até onde elas poderiam levar as classes médias em sua busca do poder.

Infelizmente não era fácil apreender ou mesmo descobrir a sede do poder na França do século XVIII. O país era administrado por uma multidão de funcionários civis, alguns pagos pelo governo, outros subsistindo com as comissões e lucros de seus cargos e ainda outros contratados por particulares. O sistema entrara há muito tempo em decadência e ineficiência. Floresciam os papelórios e complicações. Um historiador francês, escrevendo logo depois do acontecimento, relata como foram necessários quarenta anos de correspondência para consertar uma telha quebrada no teto de uma igreja. A confusão, não o despotismo, oprimia a nação, e na véspera da Revolução um ministro comunicou ao rei que o país era "impossível de governar".

* * *

Houve muitas tentativas de reformar essa dispendiosa confusão e muitas mais de encontrar dinheiro para pagar por ela. Durante o longo reinado de Luis XV a dívida pública fora muito reduzida. Quando subiu ao trono em 1774, confusamente imbuído de boas intenções, Luís XVI nomeou o competente e correto Turgot para controlador-geral das Finanças. Os planos de Turgot eram simples e bem poderiam ter sido eficazes se lhe tivessem permitido executá-los. Propunha ele eliminar o déficit nacional por meio de severa economia no serviço civil e na Corte. O "corvée", ou trabalho compulsório de camponeses nas estradas, seria abolido, juntamente com sinecuras e direitos alfandegários locais. A riqueza e a iniciativa seriam estimuladas pela supressão das ligas de "corporations" e pela promoção do livre comércio interno de trigo. Entretanto, o livre comércio interno de trigo levou à especulação, ao repentino aumento no preço do pão e a distúrbios. A nobreza sentiu-se afrontada pelo ataque de Turgot contra seus privilégios. Chefiada pela rainha, Maria Antonieta, a Corte denunciou-o como revolucionário e após quatro anos ele foi demitido. Quase todas as suas reformas foram postas de lado. A necessidade delas era evidente. Era também evidente para a nação que o seu rei seria incapaz de executá-las.

Turgot caiu em 1778 e no mesmo ano a França aliou-se com as colônias americanas em guerra. O afastamento de Turgot não resolveu nada. Mais dinheiro era necessário para a guerra contra a Grã-Bretanha. O déficit nacional era de quinhentos milhões de "livres", ou cerca de vinte e cinco milhões de esterlinos. Mesmo naquela época essa não era uma soma espantosa. Um sistema racional de tributação poderia ter resolvido o problema. Mas onde encontrar razão em Versalhes? Em desespero, Luis XVI fez de Necker, um protestante suíço, "diretor-geral das Finanças". Necker compreendeu a significação do destino de Turgot. Percebeu que era impossível tocar nos privilégios da nobreza. Por isso, voltou suas energias para a reforma das prisões e hospitais, e para a abolição da tortura como meio de arrancar confissões de suspeitos de crimes. Fez ainda mais. Estabeleceu assembléias provinciais para desafogar e animar o trabalho do governo local. Todavia, as assembléias estavam impregnadas de idéias novas e nada práticas, bem como de cego ódio pelo governo central. Afundaram em meio a tumultos e poucas sobreviveram. Contrariado e desapontado, Necker resignou em maio de 1781.

O nascimento da República americana não deixara de inspirar à massa de franceses um novo gosto pela liberdade. Se os Estados Unidos podiam consegui-la, por que não poderiam eles? Voluntários franceses, sob o comando de Lafayette, e um exército real sob o comando de Rochambeau haviam desempenhado seu papel na luta. Por que deveria o "Ancien Régime" sufocar o orgulho e a energia da França? Entretanto, a Corte permanecia extravagante, a administração caótica e o tesouro vazio. Luís XVI, sem Turgot, sem Necker e sem gosto pelo mando, nem paixões outras que não as de caçar, fazer relógios e comer, foi deixado com um único expediente: tomar emprestado. Em 1785, o crédito do governo estava esgotado. No ano seguinte, uma Assembléia de Notáveis foi solicitada a concordar com um imposto sobre todas as propriedades igualmente e a abolição dos privilégios fiscais. A Assembléia recusou. Os notáveis recusavam pagar impostos até conhecerem as causas do desastre. O clero era contrário. E todos voltaram para casa. O colapso da administração pública era iminente. Paris estava em revolta. A rainha e o principal ministro eram queimados em efígie. O governo não podia mais levantar empréstimos, a não ser com a promessa de convocar a reunião dos Estados Gerais. Luís curvou-se diante da tempestade. Em 1788, Necker foi chamado de volta em meio a aclamações. Enfrentou a urgente situação financeira e os Estados Gerais foram convocados. Um membro do Parlamento britânico, visitando a França nessa época, escreveu profeticamente: "Tanta perturbação e calor não se acalmarão facilmente... Todo o reino parece maduro para uma revolução."

* * *

Os Estados Gerais eram o Parlamento da França. Haviam sido convocados para orientar a nação e sustentar a Coroa em todas as grandes crises da história francesa. Contudo, fazia cento e setenta e cinco anos que não se reuniam. Não havia tradição viva para orientar a direção dos trabalhos. O que poderia agora realizar e onde cessavam seus poderes eram questões de conjetura. Os ministros do rei não haviam estabelecido uma política em torno da qual se centralizassem suas deliberações. Diante dos deputados reunidos em Versalhes havia oportunidades ilimitadas para decisão, fosse para sabedoria fosse para loucura. Poderiam pôr-se a reformar e regenerar a França ou, através de lutas de facção pela conquista do poder, mergulhar o país na anarquia e na guerra. Tal como se desenvolveram os acontecimentos, em menos de três anos os Estados Gerais e seus sucessores realizaram uma radical revolução e iniciaram um momentoso conflito europeu. Ninguém poderia, porém, prever naquele dia primaveril de 5 de maio de 1789 até onde e com que rapidez as paixões políticas impulsionariam os corações dos homens. Parecia haver toda probabilidade de que o velho corpo representativo da França entrasse em acordo com a monarquia, que nessa fase dificilmente haveria um fanático sonhando em derrubar. A esperança era de que cada instituição sustentasse a outra num propósito comum e que a França logo ocupasse seu lugar entre o crescente número de estados constitucionais no mundo. Quando os deputados foram à missa em Notre Dame, em 4 de maio, ninguém sonhava que seu trabalho conduziria à primeira das impiedosas ditaduras da Europa moderna, que conquistaria sem cavilação o nome de "Terror". Nem imaginaria que suas incapacidades preparariam o caminho para o domínio do maior homem de ação na Europa nascido depois de Júlio Cesar.

Cerca de mil e quinhentos deputados foram eleitos por cinco milhões de votantes dentro do mais amplo direito de voto jamais gozado por qualquer país europeu. O clero e os nobres fizeram sua escolha separadamente. O Terceiro Estado, que representava metade do número total da Assembléia, incluía proprietários de terras, homens de negócios, numerosos advogados, médicos, administradores e membros de outras profissões. Chegaram a Versalhes armados com as queixas de suas circunscrições. Seus sentimentos poderiam ser sintetizados em conhecidos termos ingleses: reparação dos agravos antes de votarem suprimentos para a Coroa. Representavam a classe média; sua propriedade, sua educação e seus talentos faziam com que tivessem algo em jogo no reino, pelo que reclamava agora o direito de participar das decisões. Eram discípulos do Iluminismo; alguns deles haviam lido Voltaire, Rousseau e os escritos dos enciclopedistas. Todos estavam bastante familiarizados com os raciocínios abstratos sobre a liberdade e a igualdade; dentro de suas esferas práticas, estavam dispostos a aplicá-los. Alguns tiravam inspiração da grande experiência de democracia que tomava forma do outro lado do Oceano Atlântico. Todos estavam decididos a afirmar seus direitos, não apenas de ser ouvidos, mas de tomar no governo a parte devida, que há tanto tempo lhes era negada. As opiniões do Terceiro Estado eram partilhadas por muitos dos elementos mais humildes do clero e por uma minoria de nobres de mentalidade liberal.

A questão inicial a ser decidida pelos Estados Gerais era como votar. O Terceiro Estado viu imediatamente que, se todas as três câmaras se reunissem e votassem juntas, ele contaria com uma maioria substancial para a reforma. A Corte, porém, percebia agora os perigos que provocara. Forçando os Estados a votar separadamente, poderia conservar o poder e jogar os dois privilegiados contra o Terceiro. Incentivado por sua exigente rainha, Luís XVI entrou em ação. Convocou tropas, fechou as portas da Câmara do Parlamento aos membros do Terceiro Estado e ameaçou dissolvê-lo. Com essas medidas, criou o primeiro ponto decisivo na Revolução. Os Comuns mantiveram-se impávidos. Já haviam modificado seu nome e se proclamado como Assembléia Nacional. Diante das portas fechadas, retiraram-se para uma quadra de tênis próxima e lá, em 20 de

junho, prestaram o famoso juramento de jamais suspender suas deliberações e "continuar a reunir-se sempre que as circunstâncias o imponham,
até que a constituição do reino esteja estabelecida e consolidada sobre
firmes alicerces". Surgiu assim uma única Assembléia Constituinte, logo
fortalecida pelos seus simpatizantes entre os nobres e no clero. Daí por
diante, os outros dois Estados deixaram de existir.

Nesta crise, o rei vacilou. Teria gostado de empregar a força, mas
hesitava em derramar sangue. Sua irresolução era composta de natural
letargia e genuína boa vontade. Tentou dar uma severa lição aos deputados.
De nada adiantou. "Ninguém", disse-lhe firmemente o presidente, "pode
dar ordens à nação reunida em assembléia". Não foi essa ainda a última
vez em que Luís cedeu. Um comentador inglês desses acontecimentos
expressou com precisão a opinião formada pelo mundo. Foi ele Artur
Young, fazendeiro e estudante de agricultura, que realizou então uma
excursão pela França. "De um golpe", escreveu ele a respeito da Assembléia, "eles se transformaram no Longo Parlamento de Carlos I". Foi uma
observação profética. No entanto, na França, a história marcharia com
mais rapidez do que o fizera na Inglaterra do século XVII. O rei Luís
tinha apenas três anos para viver.

A cena transfere-se agora para Paris. Esta grande metrópole, com
seiscentos mil habitantes, fora durante meio século a movimentada capital
da nação. Lá, e não entre as rígidas cerimônias de Versalhes, se focalizavam
as esperanças, as idéias e as ambições do povo francês. Paris estava
alarmada pela concentração de tropas reais ao seu redor. Espontanea-
mente, em todos os seus sessenta distritos, uma milícia de cidadãos
começou a recrutar gente. "Aux armes!" era o clamor. Havia voluntários
em abundância, mas poucas armas. Uma solução foi rapidamente encontrada. Nas primeiras horas da manhã de 14 de julho, uma multidão abriu
caminho até os Inválidos e capturou um grande estoque de mosquetes e
alguns canhões. As armas foram distribuídas. Agora, era preciso arranjar
pólvora e balas. O principal depósito de pólvora da capital estava locali-
zado na Bastilha, uma sombria fortaleza medieval, desde muito tempo
antes usada como prisão real. Durante toda a manhã, até depois do
meio-dia, verificaram-se negociações com seu governador, de Launey.
Ninguém sabe como teve início o tiroteio. Por traição ou engano, de
Launey disparou contra a multidão que se encontrava fora, cujos líderes

portavam bandeiras brancas. Sua ação foi o sinal para o assalto geral. Os canhões foram trazidos; houve canhoneio, a milícia de cidadãos lutou com temerário valor e, depois de duas horas de luta, a fortaleza rendeu-se. Foi imediatamente saqueada e, pedra por pedra, começou a sua demolição. De Launey foi assassinado e sua cabeça ensangüentada foi erguida na ponta de um chuço, como um presságio das atrocidades do porvir.

Assim, caiu o maior símbolo da autoridade real. A Bastilha tinha apenas sete prisioneiros, um dos quais era louco. No entanto, a libertação deles foi aplaudida em toda a França. Luís XVI, o mais benevolente dos Bourbons, não havia até então emitido mais do que catorze mil "lettres de cachet", mandando seus súditos à prisão, muitas vezes com boas razões, mas sempre sem julgamento. A queda da Bastilha assinalou o fim desse absolutismo real. Foi um triunfo da causa da liberdade e da populaça de Paris. Com esta vitória da violência, a Revolução dava passo à frente.

* * *

Para o mundo exterior, no verão de 1789, e para os estrangeiros que se encontravam na França, a Revolução parecia ter atingido seus objetivos. Tudo estava terminado, pensava-se: o privilégio fora derrubado; os direitos do povo haviam sido afirmados; o rei e a Assembléia Nacional acomodar-se-iam para preparar um novo futuro para o seu país. O embaixador britânico em Paris expôs uma opinião comum quando informou que "a maior revolução de que temos conhecimento efetuou-se com a perda de muito poucas vidas; deste momento em diante, podemos considerar a França como um país livre". Burke, meditando na Inglaterra, teve muito maior visão. Em suas "Reflections on the French Revolution", que logo mais seriam publicadas, ele discerniu a forma das coisas a sobrevirem. A convulsão na França, como ele acentuou eloqüentemente, não era uma modificação digna e ordeira, executada com o devido respeito pela tradição, como a Revolução Inglesa de 1688. Tinha havido um completo rompimento com o passado. Durante dois anos ainda a monarquia sobreviveria, enquanto a Assembléia deliberava sobre a constituição ideal de acordo com a qual vinte e cinco milhões de homens e mulheres franceses poderiam cuidar livremente de seus negócios. Todavia, em nome da razão, foram soltas forças irracionais, que não poderiam ser refreadas facilmente. A França estava destinada a sofrer todas as formas de experiência revolucionária. O padrão repetir-se-ia em outros países, em épocas posteriores, mas com resultados não muito diferentes. A França foi o tubo de ensaio no qual foram postos à prova pela primeira vez todos os elementos modernos de Revolução.

O rei, em Versalhes, não se perturbou excessivamente com a queda da Bastilha. Para seu irmão mais jovem, o conde d'Artois, que muito mais tarde, como rei Carlos X, seria vítima de outra Revolução, a significação do acontecimento foi clara. Artois e um séquito de nobres recalcitrantes fugiram do país. Ocorreu então a primeira emigração de reacionários. Consta que cerca de duzentos mil membros da nobreza e seus dependentes pediram passaportes nos três meses seguintes. Esses "émigrés", como eram chamados, refugiaram-se na Alemanha e na Itália muitos em Coblenz e em Turim. Do outro lado da fronteira, passaram a intrigar atarefadamente contra a nova ordem na França. Com eles o rei, a rainha e a Corte mantinham correspondência clandestina. A Assembléia Nacional e as multidões de Paris permaneciam no constante temor de que seu rei, recém-feito constitucional, as traísse juntando-se aos "émigrés" e, apoiado por auxílio estrangeiro, impusesse de novo o velho Regime. Não deixava de haver razões para esses temores. Como Carlos I, da Inglaterra, o rei considerava a duplicidade uma prerrogativa real. Nada via de errado no fato de aceitar exteriormente muitas reformas desagradáveis, enquanto secretamente, por instigação da rainha, trabalhava para derrubá-las.

Paris não demorou a perceber isso. Seus líderes municipais estavam agora dominando a situação. Em outubro, resolveram chamar o rei de Versalhes e conservá-lo, bem como a Assembléia, sob sua vigilância e em seu meio. Nesse meio tempo, a milícia de cidadãos se transformara na Guarda Nacional. Seu comandante era Lafayette, o herói da Guerra da Independência dos Estados Unidos. Era um soldado de elevados ideais que agora se colocava na posição de juiz da Revolução. Tratava-se, porém, de um jogo em que não havia regras a observar. No dia 5, uma procissão de mulheres parisienses partiu para Versalhes a fim de protestar contra os altos preços do pão. A Guarda Nacional, que incluía muitos dos seus maridos, decidiu acompanhá-las. Por que não o fariam? Seria um passeio de família. Lafayette seguia relutantemente à sua frente. À meia-noite chegaram ao palácio. Lá ocorreram cenas de desordem e o rei e a rainha foram obrigados a defrontar-se com a populaça. Portaram-se com dignidade. Lafayette deu-lhes pessoalmente sua palavra de que se Luís fosse para Paris ele lhe garantiria a segurança. O rei acedeu e no dia seguinte foi alegremente recebido em sua capital. Paris conquistara outra vitória e em Versalhes as janelas foram fechadas pela primeira vez desde o reinado de Luís XIV.

* * *

A Assembléia acompanhou o rei em sua volta a Paris. Mas não antes que cerca de trezentos de seus membros tivessem renunciado ou pedido licença. Alarmados pela rapidez dos acontecimentos e temerosos por sua segurança na capital, retiraram-se para as províncias ou seguiram para o exílio. A Assembléia já havia decretado o fim do feudalismo e elaborado uma Declaração dos Direitos do Homem, proclamando a cidadania igual para todos. Abolira depois os títulos hereditários e nacionalizara as terras que desde tempos imemoriais pertenciam à Igreja. Essas terras eram agora livremente vendidas e distribuídas. Surgiu assim uma nova e sólida classe de proprietários camponeses que deviam à Revolução tudo quanto tinham. Eles é que formariam a espinha dorsal dos exércitos da Revolução e do Império de Napoleão.

O zelo dos deputados não parou aí. Reformaram a administração da justiça, transformaram os membros do clero, pelo menos os que aceitaram a modificação, em servidores pagos pelo Estado; apagaram do mapa as antigas e orgulhosas províncias francesas e dividiram o país nos oitenta e seis departamentos que existem até hoje. O velho Regime foi arrancado pelas raízes e em seu lugar plantada uma nova ordem. A conciliação era desconhecida dos homens de 89, que não permitiriam nenhum intervalo de frutífera assimilação. A Europa estava espantada e cada vez mais alarmada pela temerária rota seguida em Paris. Em breve os princípios da Revolução sairiam da França e seriam impostos pela força aos mais antigos estados do continente. Os líderes revolucionários franceses começaram a sonhar em difundir o evangelho da fraternidade do homem através do recurso às armas.

Uma figura poderia talvez ter controlado o rumo dos acontecimentos, se lhe tivessem concedido o poder. O conde de Mirabeau era um homem feio de vida dissoluta, que apesar disso tinha dentro de si um verdadeiro tino para os negócios. Macauley descreveu-o bem com estas palavras: "Assemelhando-se a Wilkes nas partes mais baixas e mais grosseiras de seu caráter, ele tinha em suas mais altas qualidades certa afinidade com Chatham". Mirabeau erguia-se acima de seus colegas deputados pela habilidade, eloqüência e discernimento. Por esse motivo, despertava gerais ciúmes e desconfiança. A Corte também não o ouvia, nem aceitava seus conselhos com freqüência oferecidos. Em abril de 1791, Mirabeau morreu, sem ter concretizado suas prodigiosas ambições. Nele, a França perdeu um homem quase da estatura de Cromwell.

A liderança na Assembléia passou então para os demagogos e extremistas: primeiro, os girondinos, assim chamados porque seus principais elementos provinham de Gironda, província ao redor de Bordéus; em seguida, os jacobinos, que tomavam seu nome do ex-mosteiro situado nas proximidades das Tulherias e que agora lhes oferecia as comodidades de um clube político.

A todos os atos desses fanáticos o rei até então assentira. Fingia aceitar a posição que lhe impunham. Mas embora dissesse "sim" em público, "não" era a palavra que tinha no coração. A seu lado permanecia sua dominadora rainha habsburgo, sempre convencida de que poderia alterar e alteraria a marcha da História. Durante muito tempo, o rei fora secretamente aconselhado a deixar Paris e, em algum centro provincial, reunir ao seu redor os elementos conservadores da nação. Reis de França já haviam feito isso com êxito antes, quando Paris se tornara muito para eles. Luís decidiu-se por uma desesperada aventura. Escaparia a seu cativeiro e seguiria para a fronteira nordeste. Lá se colocaria à frente dos "émigrés" e, com o apoio dos exércitos austríacos, restabeleceria a autoridade real. Disfarçado de criado, saiu sorrateiramente do palácio à meia-noite de 20 de junho. A ele se uniram a rainha, vestida de governante, e as crianças reais. Juntos, numa veloz carruagem de quatro cavalos, viajaram durante toda a noite e todo o dia seguinte de verão. Foi o mais comprido dia do ano. À noite, na cidade de Varennes, a cento e quarenta milhas de Paris e apenas trinta milhas da fronteira, por uma série de acidentes, desencontraram-se da leal escolta que os aguardava. Enquanto os cavalos estavam sendo mudados, Luís mostrou-se na janela da carruagem, para tomar um pouco de ar. Foi reconhecido por um agente postal, ardoroso revolucionário, que o identificou pela cabeça real estampada nas cédulas de papel-moeda com que era pago. O rei, a rainha e as crianças foram obrigados a desembarcar, postos sob guarda e, no dia seguinte, ignominiosameute conduzidos de volta a Paris. A fuga malograra e com seu malogro selara o destino da monarquia. Aos olhos dos revolucionários, o chefe do Estado tentara trair a confiança que nele haviam depositado. Nada agora poderia salvá-lo Luís tinha ainda à sua frente dezoito meses de vida inquieta. Todos os seus atos eram cuidadosamente vigiados. Multidões invadiam as Tulherias e insultavam-no frente a frente. Pouco tempo depois, era aprisionado, oficialmente deposto, submetido a julgamento como Cidadão Capeto e, no dia 21 de Janeiro de 1793, executado pela máquina de morte que o dr. Guillotin inventara recentemente. A coragem e a dignidade acompanharam-no até o fim; mas quando sua cabeça cortada caiu, a República triunfou.

A essa altura, a Europa estava em guerra. Em abril do ano anterior, iniciara-se um conflito que terminaria vinte e três anos mais tarde nos campos de Waterloo. Os aflitos ministros girondinos, olhando perpetuamente para trás com medo dos fanáticos jacobinos que os iriam suplantar, haviam declarado guerra à Áustria. Esperavam sustentar seu vacilante governo com uma cruzada de libertação. Do outro lado do Reno, exércitos austríacos, prussianos e "émigrés" vinham sendo concentrados desde algum tempo antes. Suas sonoras proclamações ameaçavam de extinção a França revolucionária. Transcorreram alguns meses de calma, enquanto os monarcas austríaco e prussiano desmembravam a Polônia e, dos territórios daquela infeliz república, engoliam mais do que poderiam digerir rapidamente. No outono, começou a invasão da França. Para o mundo parecia evidente que os exércitos de cidadãos franceses, apressadamente reunidos, jamais resistiriam ao poderio profissional da Prússia e da Áustria. No entanto, a França estava-se transformando rapidamente numa nação em armas. Todo o país se sentiu inspirado quando o general Dumouriez repeliu inesperadamente os prussianos pelo canhoneio de Valmy. Dumouriez avançou depois para invadir e ocupar as províncias austríacas da Holanda. De um só golpe, a república revolucionária invadira as terras pelas quais Luís XIV lutara em vão durante quarenta anos. Pela primeira vez na História, todo o potencial humano e todos os recursos de um Estado estavam sendo concentrados para a guerra total. Novas figuras se ergueram para encabeçar e dirigir as forças da França. Entre elas se incluiam Danton, uma figura de força tumultuosa e dedicada energia; Robespierre, um tirano cruel e incorruptível; Marat, um venenoso e genial agitador; e Carnot, que sobreviveu a todos eles e foi o ministro da Guerra e o organizador da vitória. No exército de Dumouriez podiam ser encontrados jovens e entusiásticos oficiais e sargentos cujos nomes se tornariam lendários: Ney, Soult, Murat, Lannes, Davout, Marmont, Masséna, Victor, Junot e Bernadotte. Para a França estava-se abrindo a época de sua maior glória. Diante do resto da Europa estendia-se um longo período de provações.

CAPÍTULO IV

A França é enfrentada

Na Inglaterra, os "whigs" e, especialmente, os reformadores e radicais tinham, a princípio, aplaudido a Revolução Francesa. Logo, porém, foram afastados por seus excessos. A Londres do século XVIII não deixava de ter experiência de levantes populares. Todavia, nas agitações de Wilkes e nos distúrbios de 1780, líderados por lorde Jorge Gordon, a lei sempre se impusera à multidão. Agora, a França dava uma aterrorizadora demonstração do que acontece quando as forças sociais desencadeadas pelos reformadores ficam livres de todo controle. A maioria dos ingleses encolheu-se horrorizada. Na Câmara dos Comuns, só Fox no largo otimismo de seu espírito, continuou falando em favor da Revolução enquanto o pôde conscienciosamente fazer. Por esse motivo foi veementemente atacado por seu antigo amigo e aliado, Burke, e o número de seus fiéis adeptos entre a oposição diminuiu. No interior do país prevaleciam sentimentos semelhantes. Jovens amantes da liberdade haviam aplaudido entusiasticamente os acontecimentos de 1789. "Bliss was it in that dawn to be alive", escreveu Wordsworth. Outros poetas e escritores do novo e fértil movimento romântico partilhavam de suas opiniões. Poucos anos mais tarde a maioria deles estava desiludida. Alguns grupos de cientistas e pensadores políticos de opiniões progressistas também deram seu apoio, como o fizeram em nossos próprios tempos, a idéias revolucionárias estrangeiras. Nas reuniões de suas sociedades, brindavam ao Catorze de Julho e à Constituição Francesa. Eram, porém, apenas um pequeno fermento na sólida massa conservadora inglesa. Mais perigosos eram os clubes de operários radicais que estavam surgindo nas principais cidades, geralmente sob liderança da classe média. Eles mantinham constante correspondência com os jacobinos em Paris e delegados fraternais eram enviados à Assembléia Nacional e à sua sucessora, a Convenção. Estes agitadores formavam uma pequena mas ruidosa minoria do público britânico e posteriormente o governo adotou contra eles medidas drásticas.

Tal era a cena na Grã-Bretanha, enquanto a idéia de revolução mundial adquiria força em Paris. O massacre não provocado de prisioneiros políticos pelos novos governantes da França, em 1792, foi outro choque para a fé dos numerosos pretensos revolucionários no Reino Unido. A execução do rei francês em janeiro de 1793 foi um supremo ato de desafio. Em seu célebre discurso, Danton sintetizou a atitude revolucionária francesa: "Os reis aliados ameaçam-nos, e nos lançamos a seus pés, como um desafio de batalha, a cabeça de um rei". Marat gritou: "Devemos estabelecer o despotismo da liberdade para esmagar o despotismo dos reis". Os exércitos republicanos franceses eram uma ameaça, não apenas para o inimigo austríaco e prussiano, mas também para o seu próprio governo. Era essencial que eles fossem mantidos no campo de batalha. Como disse francamente um ministro girondino: "A paz está fora de questão. Temos trezentos mil homens em armas. Devemos fazê-los marchar até onde suas pernas os levarem ou eles voltarão e cortarão nossos pescoços".

Em seu discurso do Orçamento de 1792, Pitt anunciou que acreditava em quinze anos de paz na Europa. A não-intervenção era a sua política. Algo mais vital para a Grã-Bretanha do que o massacre de aristocratas ou um discurso na Convenção, algo mais concreto do que uma ameaça de revolução mundial, precisava acontecer para que ele encarasse a questão da guerra. A faísca, como tem acontecido com freqüência na história da Inglaterra, partiu da Holanda. Em novembro, o decreto francês, dando instruções a seus generais para que perseguissem os austríacos em retirada em qualquer país onde se refugiassem, foi uma clara ameaça à neutralidade da Holanda. Um segundo pronunciamento declarou aberta a navegação do Scheldt entre Antuérpia e o mar. Uma semana mais tarde, belonaves francesas estavam bombardeando a cidadela de Antuérpia e, em 28 de novembro, a cidade caiu em poder dos franceses. Todo o delicado equilíbrio da política internacional do século XVIII estava perturbado.

Em uma nota ao embaixador francês, em 31 de dezembro, lorde Grenville, secretário do Exterior, declarou a posição do Governo de Sua Majestade em termos que foram desde então aceitos como uma exposição clássica da política exterior inglesa:

"A Inglaterra jamais consentirá que a França se arrogue o poder de anular a seu bel-prazer e sob o pretexto de um pretenso direito natural, do qual ela se faz o único juiz, o sistema político, estabelecido por solenes tratados e garantido pelo consentimento de todas as potências. Este governo, obedecendo as máximas que seguiu durante mais de um século, também jamais verá com indiferença a França fazer-se, direta ou indiretamente, soberana dos Países Baixos ou árbitro dos direitos e liberdades da Europa. Se a França está realmente desejosa de manter amizade e paz com a Inglaterra, deve mostrar-se disposta a renunciar a suas opiniões de agressão e engrandecimento, e confinar-se dentro de seu próprio território, sem insultar outros governos, sem perturbar a sua tranqüilidade, sem violar os seus direitos".

No último dia de janeiro de 1793, a Convenção Francesa, tendo nos ouvidos o desafiador discurso de Danton, decretou a anexação da Holanda Austríaca à República Francesa. No dia seguinte, a França declarou guerra à Grã-Bretanha e Holanda, firme na crença de que estava iminente uma revolução interna na Inglaterra. Pitt não teve outra alternativa. A segurança inglesa estava ameaçada pela ocupação do litoral flamengo, particularmente do estuário do Scheldt, pelos franceses. Não fosse essa deliberada provocação de Paris, Pitt poderia ter evitado a questão por mais algum tempo. Agora, porém, com a Holanda Meridional nas mãos dos franceses e com uma revolução mundial à vista, a ameaça era direta e indisfarçável.

Em discurso proferido na Câmara dos Comuns, em março, Pitt pesarosamente apresentou suas primeiras propostas de finanças de guerra e esboçou as causas do conflito:

"Muitos são os motivos que nos induzem a entrar em guerra. Já ouvi falar em guerras de honra; e há também as consideradas guerras de prudência e política. Na ocasião presente, tudo quanto pode levantar sentimentos e animar os esforços de um povo concorre para levar-nos à disputa. O desprezo que os franceses demonstraram pela neutralidade estritamente observada de nossa parte; as violações de sua palavra solenemente empenhada; suas presunçosas tentativas de interferir no governo deste país e de armar nossos súditos contra nos próprios; de vilipendiar um monarca, objeto de nossa gratidão, reverência e afeição; de separar a Corte do povo, apresentando-os como influenciados por motivos diferentes e agindo por interesses diferentes. Depois de provocação tão desenfreada, com tanta freqüência repetida e tão altamente agravada, não se torna esta, de nossa parte, uma guerra de honra, uma guerra necessária para afirmar o espírito da nação e a dignidade do nome britânico? Ouvi falar em guerras empreendidas pela segurança geral da Europa; esteve ela jamais tão ameaçada como pelo progresso das armas dos franceses e pelo sistema de ambição e engrandecimento que eles descobriram? Ouvi falar em guerras pela defesa da religião protestante: nossos inimigos neste caso são igualmente inimigos de toda religião — do luteranismo, do calvinismo; e desejosos de propagar por toda parte, pela força de suas armas, aquele sistema de infidelidade que eles declaram em seus princípios. Ouvi falar em guerras empreendidas em defesa da sucessão legítima; mas agora nós lutamos em defesa de nossa monarquia hereditária. Estamos em guerra contra aqueles que destruiriam todo o tecido da nossa Constituição. Quando olho para essas coisas, elas me proporcionam encorajamento e consolo e apoiam-me no desempenho da penosa tarefa a que sou agora chamado por meu dever. A recordação daquela florescente situação em que nos encontrávamos antes desta guerra deve ensinar-nos a conhecer o valor da atual ordem de coisas e a resistir às malignas e invejosas tentativas daqueles que nos privariam da felicidade que se desesperam por alcançar. Devemos lembrar-nos de que exatamente aquela situação próspera, na crise atual, fornece-nos os recursos e oferece-nos os meios que nossas exigências reclamam. Em uma causa como esta em que estamos agora empenhados, confio em que nossos esforços só terminarão com nossas vidas. Por este motivo, apresentei as resoluções que estou agora propondo; e por este motivo confio em vosso apoio".

A Grã-Bretanha iria permanecer em guerra durante mais vinte anos e defrontava-se agora com a tarefa de realizar um grande esforço de guerra, com suas forças armadas mais estropiadas, talvez, do que em qualquer outra época anterior, pela falta de equipamento, de líderes e de homens. As condições de serviço e a administração do Exército e da Marinha eram tão espantosas que é de admirar-se que alguma coisa tenha sido realizada. O próprio Pitt nada sabia de guerra ou estratégia e a direção das questões militares coube principalmente a Henrique Dundas que era antes e acima de tudo um homem de negócios. De acordo com a velha tradição do século XVIII, ele propugnou uma guerra colonial comercial, que seria popular entre as classes mercantis e produziria alguns lucros comerciais. Durante vários anos, os recursos britânicos foram malbaratados em mal organizadas e mal planejadas expedições às Índias Ocidentais. Só com a maior dificuldade seria possível reunir homens para esses errôneos empreendimentos.

Se a Grã-Bretanha possuísse um exército efetivo, ainda que pequeno, não teria sido difícil, em conjunto com os aliados, avançando do Reno, investir do litoral francês até Paris e derrubar o governo responsável pela provocação do conflito. Pitt, porém, mal foi capaz de enviar cinco mil homens para ajudar os aliados holandeses a protegerem contra invasão as suas fronteiras. A campanha que se seguiu não foi motivo de orgulho para as armas britânicas. Uma tentativa de capturar Dunquerque falhou lamentavelmente. Em 1795, as forças britânicas no Continente viram-se obrigadas a recuar para a embocadura do Ems, na fronteira alemã, de onde foram evacuadas para a Inglaterra. Em Londres, depositavam-se grandes esperanças nos realistas franceses, que lançaram ousados planos para deter a Revolução através da guerra civil na França. Em 1793, eles capturaram Toulon e, não fosse já ter Dundas destacado todas as tropas disponíveis para as Índias Ocidentais, uma base vital para invasão futura poderia ter sido assegurada.

* * *

Uma outra coisa aconteceu em Toulon. Um jovem tenente do Exército Francês, oriundo de importante família corsa, bem versado, em artilharia e outras matérias militares, que por acaso se achava licenciado de seu regimento, inspecionou o campo do general Dugommier, que comandava o exército jacobino sitiante. Caminhou ao longo das linhas de baterias e observou que seus tiros não atingiriam a metade da distância. Esse erro foi corrigido e o especializado tenente começou a ter influência naquele incompetente quartel-general. Chegaram então ordens de Paris determinando o método de sítio, de acordo com as formas costumeiras, para o que faltavam porém os recursos materiais necessários. Ninguém ousava discutir as instruções do terrível Comitê de Salvação Pública, que então à testa do governo francês. Ainda assim, no conselho de guerra, realizado à luz do dia, em terreno nu, o especializado tenente ergueu sua voz. As ordens, disse ele — ou assim ele contou mais tarde — eram tolas e todos sabiam disso. Havia, contudo, um meio de tomar Toulon. Colocou o seu dedo sobre o mapa, no lugar onde o forte L 'Aiguillette, sobre seu promontório, dominava a entrada da baía. "Aí está Toulon", disse ele e todos, depondo as suas vidas em suas mãos, o obedeceram. Ele organizou e dirigiu o assalto ao forte L'Aiguillete. Depois de renhida luta, o forte caiu. Toda a ampla frente das defesas de Toulon, guarnecida por milhares de realistas, permaneceu intacta e as frágeis linhas dos sitiantes ficavam a uma distância segura. Entretanto, na manhã seguinte à queda do forte de L'Aiguillette, a Esquadra Britânica foi vista deixando a baía. O tenente compreendera não apenas a significação militar do forte capturado, mas todo o conjunto de forças morais e políticas de que dependia a resistência realista de Toulon. Uma vez partida a Esquadra Britânica, desapareceu toda a capacidade de resistência. Houve uma corrida para fugir nos navios que restavam. A cidade rendeu-se e horrível vingança foi tomada sobre milhares de prisioneiros indefesos, que poderiam ter sido a vanguarda da contra-revolução. Quando receberam notícia desses acontecimentos, em Paris, Robespierre e seu irmão, bem como o Comitê, acharam que gostariam de saber mais coisas a respeito do competente e aparentemente bem disposto tenente. Seu nome era Napoleão Bonaparte; e, afinal de contas, ele havia tomado Toulon.

Enquanto isso, o Terror atingia seu auge e no frenesi político de Paris ninguém sabia quando soaria sua hora. Homens e mulheres eram diariamente enviados aos quarenta ou cinqüenta para a guilhotina. Como autodefesa, políticos e povo combinaram-se contra Robespierre. Foi em 27 de julho de 1794, ou pela nova marcação francesa, 9 de Termidor do ano II, pois os revolucionários haviam decidido rasgar o calendário de Júlio Cesar e do papa Gregório, para começar de novo. Naquele dia, numa furiosa convulsão, Robespierre foi derrubado e mandado para onde ele teria enviado os demais. A fama de nosso tenente de Toulon recuou com esse acontecimento. Ele estava ligado aos Robespierre. Era o seu "fazedor de planos". Com um pouco menos de sorte, poderia ter seguido os Robespierre ao mundo das sombras. Todavia, o extremismo do Terror morrera com Robespierre e o Diretório que sobreveio logo iria precisar dele. Em 1795, um forte movimento em prol do estabelecimento de um governo respeitável motivou um levante armado nos bairros elegantes de Paris. Um dos membros do Diretório, Barras, vendo tudo em grande perigo, lembrou-se do tenente que havia tomado Toulon. Colocado no comando das forças militares, Bonaparte plantou seus canhões ao redor do Legislativo e dispersou os cidadãos que diziam estar procurando uma eleição livre e leal de acordo com a vontade pública. Esse canhoneio de Vendemiário (4 de outubro) foi o segundo salto de Napoleão para o alto. Em seguida, ele reivindicou o comando do Exército Francês contra os austríacos no norte da Itália. Animou suas esfarrapadas e famintas tropas com as esperanças de glória e botim. Dirigiu-as em 1796 através dos passos dos Alpes, até uma terra sorridente, fértil e ainda não devastada. Numa série de perigosas batalhas pequenas, vencidas com muitas dificuldades, derrotou os comandantes austríacos e conquistou larga base da Península Italiana. Com essas vitórias superou todos os rivais no terreno militar e tornou-se a espada da Revolução, que estava decidido a explorar e destruir. Essa foi a terceira fase. Corso, jacobino, general eram marcos que havia deixado para trás. Via agora, como seu próximo passo, nada menos que a conquista do Oriente, à moda de Alexandre, o Grande. Planejou a invasão do Egito, como preliminar para a captura de Constantinopla e de tudo quanto havia na Ásia.

* * *

Na Inglaterra, o governo fora forçado a tomar medidas de represália e severidade desconhecida há gerações. Pregadores republicanos foram lançados à prisão. O Ato de Habeas Corpus foi suspenso. Distintos escritores foram submetidos a julgamento por traição; mas não era possível convencer os júris a condená-los. A mais suave crítica à Constituição colocava o orador sob ameaça de um novo Ato de Traição. A Irlanda, governada desde 1782 por um Parlamento protestante, independente de Westminster, estava agora na iminência de rebelião declarada, que, como percebia Pitt, só poderia ser evitada por meio de liberais concessões aos católicos irlandeses. Henrique Grattan, o eloqüente líder irlandês, que tanto fizera para conquistar mais liberdade para sua terra, encareceu que deviam ser dados aos católicos tanto o direito de voto como o direito de ter assento no Parlamento e ocupar cargos. Obtiveram o direito de voto, mas o assento no Parlamento ainda lhes foi negado.

Poucas vitórias iluminaram aqueles anos sombrios. Em 1794, a Esquadra Francesa do Canal, mal equipada e com maus oficiais, foi enfrentada com certo ardor pelo almirante Howe. Três anos mais tarde, ao largo do cabo St. Vincent, a Esquadra Espanhola — estando então a Espanha aliada à França — foi solidamente derrotada por Jervis e Nélson. Todavia, as condições de serviço na Marinha haviam sido tão negligenciadas que os navios em Spithead recusaram-se a sair para o mar. O movimento estendeu-se ao Norte e, durante algumas semanas, Londres permaneceu realmente bloqueada pela Esquadra Britânica, enquanto um esquadrão francês estava em alto mar navegando em direção à Irlanda numa inútil aventura. Os homens eram inteiramente leais; com efeito, por ocasião do aniversário do rei, a salva que dispararam foi tão forte e os canhões estavam tão bem carregados que as fortificações de Sheerness ruíram. Algumas ligeiras concessões satisfizeram os amotinados, que restauraram sua honra numa bela vitória ao largo de Camperdown sobre os holandeses, que eram agora satélites da França. Entrementes, o Banco da Inglaterra suspendera os pagamentos em dinheiro.

No Continente, os franceses estavam então vitoriosos por toda a parte. Bonaparte, tendo dominado o norte da Itália, estava se preparando para atacar a Áustria, através dos passos alpinos. Em abril de 1797, assinou com ela os preliminares de Leoben, transformados alguns meses mais tarde no Tratado de Campo Formio. A Bélgica foi anexada à França; a República de Veneza, com uma história gloriosa que se estendia até a Idade Média, tornou-se uma província austríaca. Milão, Piemonte e os pequenos principados do norte da Itália foram fundidos numa nova República Cisalpina. A França, dominando na Europa Ocidental, firmemente estabelecida no Mediterrâneo, protegida contra ataque da Alemanha por um secreto entendimento com a Áustria, tinha a pensar apenas no que conquistaria em seguida. Um sóbrio julgamento poderia ter indicado a Inglaterra, através da Irlanda. Napoleão pensou ver seu destino num campo mais amplo. Na primavera de 1798, embarcou para o Egito. Nélson embarcou depois dele.

Durante a tarde de 1º de agosto, um navio de patrulha da frota de Nélson sinalizou que diversas belonaves francesas estavam ancoradas na baía de Aboukir, a leste de Alexandria. Em uma linha de quase duas milhas de comprimento, os treze "setenta e quatro" franceses estavam unidos nas águas rasas, voltados para oeste, com perigosos baixios na direção do porto. O almirante francês Brueys estava convencido de que nem mesmo um almirante inglês arriscaria entrar com seu navio entre os baixios e a linha francesa. Nélson, porém, conhecia seus capitães. Quando começou a cair a tarde, o "Goliath", seguido pelo "Zealous", avançou cautelosamente pelo lado de terra da vanguarda francesa e entrou em ação alguns minutos antes do pôr-do-sol. Cinco navios britânicos passaram sucessivamente pelo lado de terra do inimigo, enquanto Nélson no "Vanguard", levava o resto de sua frota para postar-se a estibordo da linha francesa.

Muitos dos marinheiros franceses encontravam-se em terra e as cobertas de seus navios estavam obstruídas por adriças. Não haviam julgado necessário limpar os canhões do lado que se voltava para terra. Nas trevas que caíram rapidamente, a confusão dominou sua esquadra. Incansavelmente, os navios ingleses, que se distinguiam por quatro lanternas hasteadas em padrão horizontal, martelaram a vanguarda do inimigo, passando de uma unidade posta fora de ação para a seguinte na linha. Às 10 horas, o navio-capitânea de Brueys, "Orient", explodiu. Os cinco navios à sua frente já se haviam rendido; os demais, com seus cabos cortados por balas ou tentando freneticamente fugir ao inferno do "Orient" em chamas, vogavam impotentes. Nas horas da manhã, três deles encalharam e renderam-se, e um quarto foi incendiado por seus oficiais. Da grande frota que comboiara o exército de Napoleão para a aventura no Egito, escaparam apenas dois navios de linha e duas fragatas.

A vitória de Nélson no Nilo cortou as comunicações de Napoleão com a França e liquidou suas esperanças de vastas conquistas no Oriente. Bonaparte lançou uma campanha contra os turcos na Síria, mas foi detido em Acre, onde a defesa era dirigida por Sir Sydney Smith e uma força de marinheiros ingleses. Em 1799, escapou de volta para a França, deixando para trás o seu exército. A Esquadra Britânica estava mais uma vez suprema no mar Mediterrâneo. Esse foi um ponto decisivo. Com a captura de Malta, em 1800, depois de prolongado cerco, a Grã-Bretanha garantiu-se uma poderosa base naval no Mediterrâneo e não houve mais necessidade de trazer esquadrões da pátria para o inverno, como acontecera na primeira parte da guerra.

Entretanto, o governo britânico ainda não podia conceber nenhum plano militar coordenado na escala exigida pela estratégia européia. Seus recursos próprios eram poucos e raramente podia depender de seus aliados. Pequenas expedições foram enviadas para pontos situados ao redor da circunferência do Continente. Desembarques foram efetuados na Bretanha, na Espanha e, mais tarde, no sul da Itália. Essas ações fustigavam os comandantes inimigos locais, mas dificilmente afetavam a mais ampla conduta da guerra. Enquanto isso, Napoleão assumia novamente o comando dos exércitos franceses na Itália. Em junho de 1800, derrotou os austríacos em Marengo, no Piemonte, e a França tornou-se mais uma vez senhora da Europa. A principal contribuição da Ilha para a guerra nessa época foi a vigilância de suas esquadras e o pagamento de subsídios aos aliados. A alusão escarnecedora de Napoleão a "uma nação de lojistas" tinha certo fundamento. Não chegara ainda o tempo em que as tropas britânicas se distinguiriam, sem ser por operações de fustigamento. O general Sir Ralph Abercromby observou amargamente: "Há na guerra britânica riscos desconhecidos por qualquer outro exército". Logo ele iria desmentir a pecha que assim lançara sobre suas tropas, desembarcando no Egito e forçando os franceses à capitulação. Sua vitória em Alexandria, em 1801, na qual ficou mortalmente ferido, propiciou a primeira luz da madrugada. Os franceses haviam sido expulsos do Oriente.

* * *

Em 1800, a situação política na Grã-Bretanha foi dominada pela aprovação do Ato de União com a Irlanda. Os choques e alarmas dos anos anteriores fizeram com que Pitt se decidisse a tentar uma solução final naquela convulsionada ilha. As concessões já obtidas pelos irlandeses de governos britânicos em dificuldade aguçaram seu apetite por mais. Ao mesmo tempo, católicos e protestantes irlandeses estavam se engalfinhando. No Ulster, os protestantes fundaram uma Sociedade de Orange para a defesa de sua religião. No Sul, o partido dos Irlandeses Unidos, sob a direção de Wolfe Tone, em seu desespero, voltava-se cada vez mais para a França. Rebelião, tentativas francesas de invasão e brutal guerra civil escureciam a cena. As esperanças em certa época depositadas no parlamento independente de Dublin desvaneceram-se. Mesmo pelos padrões do século XVIII, esse organismo era impressionantemente corrupto. Pitt decidiu que a união completa entre os dois reinos era a única solução. A União com a Escócia fora um sucesso. Por que não o seria também com a Irlanda? Entretanto, o principal requisito para qualquer acordo devia ser a emancipação dos católicos irlandeses das incompetências das leis penais. Aqui Pitt iria chocar-se com o rochedo da consciência de um monarca então quase demente. Influências domésticas inescrupulosas e falsos colegas dentro do Conselho do Gabinete fizeram pressão sobre Jorge III para que cumprisse o juramento de sua coroação, que lhe assegurava estar envolvido no caso. Pitt comprometera-se em favor da causa da liberdade católica sem exigir uma declaração escrita do rei. Quando Jorge recusou seu assentimento, em 14 de março de 1801, Pitt sentiu-se obrigado a renunciar. A emancipação católica foi retardada em quase trinta anos. O Ato de União foi, entrementes, aprovado no Parlamento Irlandês, por meio de vultosa concessão de favores e subornos, contra veemente oposição. Grattan fez o maior discurso de sua carreira contra a União, mas inutilmente. Westminster absorveu os parlamentares irlandeses. Frutos amargos daí resultariam em épocas posteriores no século XIX.

Pitt estava esgotado e aborrecido, além de aturdido pela antipática tarefa de organizar a Inglaterra para a guerra. Foi culpado por historiadores posteriores por sua incapacidade de dirigir uma guerra ampla por seus métodos de finanças, nos quais preferia empréstimos a aumento de impostos, sobrecarregando assim a posteridade, como outros fizeram desde então. Preferia contrair dívidas gigantescas e lutar desnorteadamente durante cada ano até o sombrio encerramento do período de campanha, vivendo de dia para dia e esperando pelo melhor. Todavia, se Pitt foi um ministro da Guerra indiferente, seus sucessores não foram melhores.

De fato, com todos os seus defeitos, Guilherme Pitt ficou muito acima de seus contemporâneos. Sem dúvida, gozava de maior confiança popular do que qualquer outro homem. Tinha perseverança e coragem, e jamais vacilou diante da crítica. Em tons sonoros e bem torneada oratória, respondia a seus adversários.

"Ele (Fox) me desafia a declarar, em uma única sentença, qual é o objetivo da guerra. Não sei se o posso fazer numa única sentença, mas posso em uma única palavra, que é "segurança"; segurança contra um perigo, o maior que já ameaçou o mundo. É segurança contra um perigo que jamais existiu em qualquer período passado da sociedade. É segurança contra um perigo em escala e extensão jamais igualadas; contra um perigo que ameaçou todas as nações da terra; contra um perigo a que opuseram resistência todas as nações da Europa e a que ninguém resistiu com tanto êxito quanto esta nação, porque em ninguém encontrou resistência tão uniforme e com tanta energia".

Pitt foi substituído por uma artificial coligação de amigos do rei e rebeldes de seu próprio partido. Disfarçada como governo de união nacional, essa coligação cometeu erros durante mais de três anos. Seu líder era Henrique Addington, um afável ex-presidente da Câmara dos Comuns, que ninguém considerava como estadista. Como o jovem George Canning, uma crescente esperança dos "tories", expressou em jocosos versos:

> "As London is to Paddington
> So is Pitt to Addington."

As condições de tempo de guerra exigiam alguma espécie de governo de coligação. A oposição "whig", mesmo que fosse apenas por sua falta de experiência administrativa, era considerada inadequada. Em 1800, foi reduzida à impotência pela transformação da guerra de uma guerra contra a revolução mundial para uma guerra contra o cesarismo mundial.

Até a ascensão de Bonaparte, havia pugnado firmemente pela paz e entendimento com os revolucionários. Agora, estava reduzida a questões de estratégia e pormenores militares, nos quais não tinha autoridade alguma. A noção de que era o único líder nacional possível parece ter afetado notavelmente pouco os atos de Pitt. Jovens como Canning e lord Castlereagh foram treinados no poder sob ele. E permaneciam leais ao seu chefe. Como escreveu Canning: "Se Pitt nos salvará é coisa que não sei, mas certamente ele é o único homem que o pode".

Em março de 1802, o governo de Addington chegou a acordo com Napoleão pelo Tratado de Amiens e durante algum tempo houve trégua na luta. Pitt apoiou o governo na paz apesar dos argumentos de alguns de seus próprios adeptos. Afluíram a Europa turistas ingleses, entre os quais Fox, todos ansiosos por apreciar as cenas da Revolução e ver com os próprios olhos o formidável Primeiro Cônsul, como era então chamado. Todavia, a temporada de turismo foi curta. Em maio do ano seguinte, a guerra foi reiniciada e ainda uma vez mal administrada. A administração falhara completamente em aproveitar o intervalo de paz para melhorar as defesas. Napoleão estava agora concentrando suas forças em Boulogne, disposto à invasão da Inglaterra. Pitt repousava em Walmer, em Kent. A tensão dos anos anteriores havia abalado sua saúde. Estava prematuramente envelhecido. Levava uma vida solitária e artificial alegrada por poucas amizades. A única ocasião em que esteve em contacto com pessoas foi durante o breve intervalo fora do governo, quando, como Guarda dos Cinque Ports, organizou a milícia local contra a ameaça de invasão. Poucas coisas na história da Inglaterra são mais notáveis do que esse quadro de um ex-primeiro ministro, dirigindo seu cavalo à frente de uma variegada companhia de camponeses, exercitando-se nos campos da Costa do Sul, enquanto a umas vinte milhas, do outro lado do canal, o grande Exército de Napoleão esperava apenas por vento bom e tempo limpo.

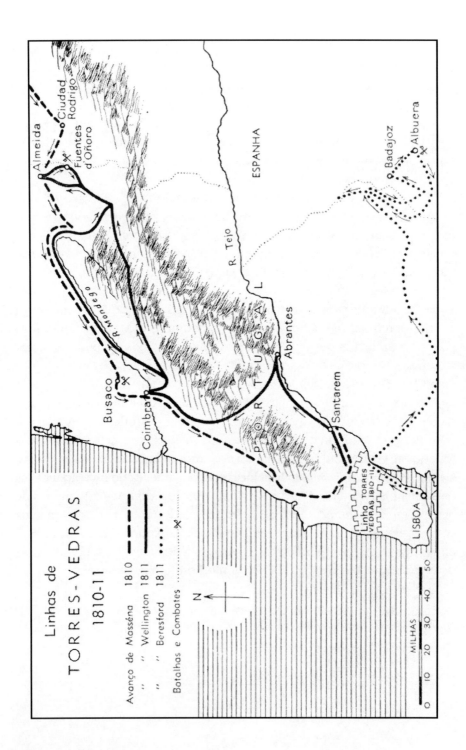

C
A
P
Í
T
U
L
O

V

TRAFALGAR

Em 1804 Pitt foi chamado de volta ao poder. Febrilmente, entregou-se ao trabalho de reorganizar o esforço de guerra da Inglaterra. Desde o início da guerra, a Grã-Bretanha encontrava-se sozinha contra Napoleão e durante dois anos sustentou a luta isoladamente num dos mais críticos períodos de sua história. Os esforços de Pitt resultaram oportunamente na criação de outra coligação com a Áustria e a Rússia. Mas isso levou tempo. Os franceses haviam reduzido o Continente, no momento, a uma passiva aceitação de seu domínio. Tinham agora a oportunidade de concentrar todo o peso das forças armadas da França contra os obstinados ilhéus. Planos cuidadosos foram elaborados para promover a sua subjugação. Um enorme exército foi organizado e concentrado nos portos do Canal para a invasão da Inglaterra. Uma frota de barcos de fundo chato foi construída para levar duzentos mil homens através do Canal, para o que parecia um êxito inevitável. No auge de suas esperanças, Napoleão fez-se coroar pelo papa como Imperador dos franceses. Só uma coisa estava faltando para completar seus desígnios — o domínio do mar. Era essencial obter o controle naval do Canal antes de empenhar-se em tal empreendimento. Como antes e depois em sua história, a Marinha Real parecia ser a única coisa existente entre a Ilha e a destruição nacional. Sua tarefa era múltipla. Dia após dia, inverno e verão, frotas britânicas mantinham o bloqueio das bases navais francesas de Brest e Rochefort, no litoral do Atlântico, e Toulon, no mediterrâneo. Era preciso impedir a todo custo uma junção das principais esquadras francesas. Os mares deviam ser conservados livres para o transporte e o comércio, de que dependia o poderio britânico. Os esquadrões franceses que ocasional- mente escapavam precisavam ser perseguidos, afundados ou obrigados a voltar ao porto. Os acessos ocidentais ao Canal Inglês deviam infalivel- mente ser protegidos contra a interferência francesa. Ali era o ponto de concentração das vastas frotas britânicas quando o perigo de invasão ameaçava a Ilha e ali permanecia a principal força, sob o comando do almirante Cornwallis. Como disse o historiador americano almirante Mahan: "Foram esses distantes navios batidos pelas tempestades, para os quais o Grande Exército nunca olhou, que permaneceram entre ele e o domínio do mundo".

Em maio de 1803, Nélson voltou ao Mediterrâneo para reassumir o comando de sua frota. Ali poderia ser decidido o destino de sua pátria. Sua tarefa era conter a Esquadra Francesa em Toulon e impedir que ela realizasse incursões à Sicília e ao Mediterrâneo Oriental ou navegasse para o Atlântico, de onde poderia romper o bloqueio de Rochefort e Brest, forçar a passagem pelo Canal e cooperar com a armada de Boulogne. Nélson estava bem consciente da sombria significação do momento e todo seu brilho como comandante foi empregado em criar uma máquina de primeira categoria. As tripulações foram reorganizadas, os navios reparados em circunstâncias perigosas e difíceis. Nélson não tinha uma base segura de onde vigiar Toulon. Gibraltar e Malta estavam muito distantes e Minorca fora devolvida à Espanha pelo Tratado de Amiens. As provisões precisavam ser levadas das cidades costeiras da Sardenha e da Espanha, e quando acabava a água era sempre forçado a levantar o bloqueio e levar toda a sua força para baías da Sardenha. Não tinha sequer força numérica superior à da principal frota francesa abrigada na baía de Toulon. Em tais circunstâncias, era impossível um cerco completo dos franceses. O ardente desejo de Nélson era atraí-los para fora e dar-lhes combate. O aniquilamento era a sua política. Conservava uma cortina de fragatas vigiando Toulon e permanecia, com suas belonaves, ao largo da Sardenha, alerta para a interceptação. Por duas vezes no decorrer de dois anos, os franceses tentaram uma surtida, mas recuaram. Durante todo esse tempo, Nélson nunca pôs os pés em terra. O constante pesadelo em sua mente girava em torno da direção que tomariam os franceses. Para a Sicília ou para o Egito? Para a Espanha ou para o Atlântico? Ele precisava fechar todos os caminhos de fuga.

No centro da teia, sentava-se Napoleão, e o caprichoso plano para o golpe final contra a Inglaterra estava sendo vagarosamente tecido. Entretanto, o instrumento vital em suas mãos era frágil. A Marinha Francesa sofrera um golpe esmagador nos dias da Revolução. Com a quebra das finanças, os navios existentes haviam ficado sem conserto e durante algum tempo nenhum acréscimo foi feito à Esquadra. A classe de oficiais fora quase aniquilada na guilhotina. Todavia, extenuantes esforços de recuperação estavam sendo feitos pelo ministro da Marinha de Napoleão. Novos comandantes franceses distinguiam-se em incursões comerciais pelos oceanos. Em maio de 1804, o imperador confiou a Esquadra de Toulon ao almirante Villeneuve, excelente marinheiro, que percebeu que seus navios, a não ser por um golpe de sorte, só poderiam desempenhar um papel defensivo. Napoleão não admitia obstáculos e uma complicada séries de simulações foi elaborada para iludir os agentes britânicos que acorriam em grande número à França a fim de obter toda informação que pudessem. A Espanha foi incluída em seus planos, sendo sua Esquadra um acessório necessário ao plano principal. Nos primeiros meses de 1805, Napoleão fez seus arranjos finais. Mais de noventa mil homens de tropas de assalto, escolhidos e treinados, permaneciam em acampamentos ao redor de Boulogne. Os portos franceses do Canal não eram construídos para acolher navios de guerra e as esquadras francesas que se encontravam em baías do Atlântico e do Mediterrâneo precisariam concentrar-se em outra parte para conquistar o domínio do Canal. O imperador resolveu-se pelas Índias Ocidentais. Seus navios receberam ordem para lá se reunirem, depois de romper o bloqueio do Mediterrâneo e do Atlântico, e arrastar a Esquadra Britânica, segundo ele pensava, para as águas do Atlântico Ocidental. As esquadras combinadas francesas e espanholas unir-se-iam então a Ganteaume, o almirante do esquadrão de Brest, voltariam para a Europa, subiriam o Canal e garantiriam a travessia a partir de Boulogne. O plano era brilhante no papel, mas não levava em consideração o estado dos navios e ignorava a vital estratégia de concentração sempre seguida pelos almirantes britânicos quando o inimigo estava ao largo.

Nélson permanecia esperando ao largo do litoral da Sardenha, em abril de 1805, quando recebeu a notícia de que Villeneuve estava em altomar, tendo saído às ocultas de Toulon na escura noite de 30 de março. Navegava, embora Nélson ainda não o soubesse, em direção a oeste, com onze navios de linha e oito fragatas. A raposa estava fora da toca e a caçada começava. A sorte pareceu colocar-se contra Nélson. Suas fragatas perderam contato com Villeneuve e ele procurou primeiro assegurar-se de que os franceses não estavam navegando para a Sicília e o Oriente Próximo. Feito isso, tomou o rumo de Gibraltar. Violentos ventos do oeste impediram que chegasse aos Estreitos antes de 4 de maio, quando soube que Villeneuve passara por Cadiz mais de três semanas antes, quando seis belonaves espanholas juntaram-se a ele. Teve então início a longa viagem através do Atlântico. Nélson, reunindo informações dispersas obtidas por fragatas e navios mercantes, percebeu o desígnio francês. Todas as suas qualidades manifestavam-se agora plenamente. Através de informações embaraçosas, obscuras e contraditórias, ele recompôs o plano francês. Não havia evidência de que Villeneuve tivesse ido para o norte e dificilmente haveria razão para que houvesse navegado rumo ao sul, ao longo da costa da África Ocidental. Assim, em 11 de maio, Nélson tomou a momentosa decisão de navegar também para oeste. Dispunha de dez navios de linha para perseguir dezessete do inimigo. A travessia foi calma. Em solene procissão, numa velocidade média de cinco nós e meio, os ingleses perseguiram sua presa e seguiu-se um jogo de esconde-esconde entre as ilhas das Índias Ocidentais. Villeneuve e seus aliados espanhóis chegaram a Martinica em 14 de maio. Nélson avistou terra em Barbados em 4 de junho. Falsas informações levaram-no a perder Villeneuve no mar das Caraíbas. Entrementes, a notícia de sua chegada alarmou o almirante francês, que prontamente saiu de novo para o Atlântico, em 8 de junho, tomando o rumo do leste. Em 12 de maio, Nélson ancorou diante de Antígua, onde Villeneuve estivera apenas quatro dias antes. O almirante britânico teve então de tomar outra decisão crucial. Estaria certo ao acreditar que os franceses navegavam para a Europa? Como ele próprio escreveu num despacho: "Longe de ser infalível, como o papa, acredito que minhas opiniões são muito falíveis, e portanto posso estar enganado ao pensar que a frota do inimigo foi para a Europa; contudo, não posso pensar de outro modo, não obstante a variedade de opiniões formada por diversas pessoas de bem".

Antes de deixar as ilhas, Nélson enviou uma veloz chalupa de volta à Europa com despachos e, em 19 de junho, esse barco passou à frente da esquadra de Villeneuve, anotando sua rota e posição. O comandante da chalupa verificou que Villeneuve rumava para noroeste, em direção à baía de Biscaia, e dirigiu-se às pressas para a Inglaterra, chegando a Plymouth em 8 de julho. Lorde Barham, o novo Primeiro Lorde do Almirantado, com a idade de setenta e cinco anos e uma vida de experiência naval, percebeu imediatamente o que estava acontecendo. Nélson navegava rapidamente para leste atrás de Villeneuve, acreditando que o alcançaria em Cadiz e o afastaria dos Estreitos, enquanto a Esquadra Francesa seguia firmemente uma rota mais ao norte, na direção do Cabo Finisterra. Villeneuve pretendia libertar o esquadrão franco-espanhol bloqueado em Ferrol e, com esse reforço, juntar-se a Ganteaume, que partiria de Brest. No entanto, Ganteaume, apesar das ordens peremptórias de Napoleão, não se pôs ao mar. A frota do almirante Cornwallis, nos acessos ocidentais, mantinha-o retido no porto. Entrementes, por ordem de Barham no Almirantado, o almirante Calder interceptava Villeneuve ao largo de Finisterra. Ali, em fins de julho, teve início a campanha de Trafalgar. A ação de Calder não foi decisiva e os franceses refugiaram-se em Ferrol.

Enquanto isso, Nélson chegava a Cadiz em 18 de julho. Lá encontrou Collingwood de guarda, mas nenhum sinal do inimigo. Percebendo que Villeneuve deveria ter seguido para o norte, Nélson reabasteceu sua frota no Marrocos e partiu para as águas inglesas no dia 23. No mesmo dia, Napoleão chegava a Boulogne. A crise estava iminente e os esquadrões exteriores da Marinha Real instintivamente se concentraram na embocadura do Canal para a defesa da Ilha. Calder juntou-se a Cornwallis ao largo de Brest em 14 de agosto e, no dia seguinte, Nélson chegou com mais doze unidades, elevando o total da esquadra a quase quarenta navios de linha. Assim estava a barreira marítima concentrada contra os franceses. Nélson seguiu sozinho com seu navio capitânea, o "Victory"

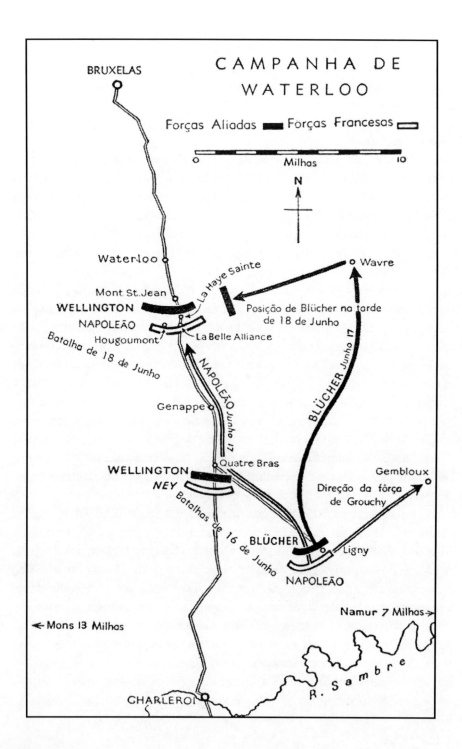

para Portsmouth. Nos dias subseqüentes, a campanha atingiu seu clímax. Villeneuve saiu novamente de Ferrol em 13 de agosto, numa tentativa de juntar-se a Ganteaume e penetrar no Canal Inglês, pois Napoleão ainda acreditava que as frotas britânicas estavam dispersas e que chegara o momento da invasão. Em 21 de agosto, Ganteaume foi observado quando deixava a baía, mas Cornwallis avançou com toda a sua força e os franceses recuaram. Entrementes, Villeneuve, tendo saído para o Atlântico, mudou de idéia. Cônscio das desvantagens de sua mal treinada frota, com desesperadora escassez de suprimentos e muitos doentes a bordo, abandonou a grande aventura em 15 de agosto e já navegava veloz para o sul, rumo a Cadiz. A ameaça de invasão estava afastada.

Em princípios de setembro chegaram a Londres despachos dizendo que Villeneuve rumara para o sul. Nélson, chamado em sua casa em Merton, recebeu imediatamente ordens para reassumir seu comando. "Mantenho-me pronto para ir aonde me desejarem", escreveu ele, "embora Deus saiba que preciso de repouso". Em meio a cenas de entusiasmo, ele regressou ao "Victory", em Portsmouth, e partiu em 15 de setembro. Toda a Inglaterra percebia que seu destino estava agora nas mãos desse frágil homem. Uma quinzena mais tarde, ele se reuniu à frota ao largo de Cadiz, composta então de vinte e sete navios de linha. "Temos apenas um grande objetivo em vista", escreveu a Collingwood, "o de aniquilar nossos inimigos". Seu objetivo era levar a fome à esquadra inimiga, agora concentrada na baía de Cadiz, e obrigá-la a sair para o mar alto e aceitar combate. Para isso era necessário patrulhar todo o litoral adjacente. Nélson organizou seus próprios navios em esquadrões de bloqueio. Sua energia e inspiração elevaram ao máximo o espírito de seus capitães. Para eles, Nélson esboçou um novo e ousado plano de batalha. Pretendia ignorar as "Instruções de Combate" do Almirantado. Para obter uma vitória decisiva, estava decidido a abandonar a velha e formal linha de batalha, de estender-se paralelamente à esquadra inimiga. Romperia a linha de Villeneuve, quando este saísse do porto, navegando ousadamente através dela em ângulos retos com duas divisões principais. Enquanto o inimigo estivesse assim dividido e sem contacto, o seu centro e sua retaguarda seriam destruídos. Depois da conferência com seus capitães, Nélson escreveu: "Tudo aprovado. Era novo, era singular, simples. Deve dar resultado". Com uma disposição de intenso entusiasmo, a esquadra preparou-se para as provações a enfrentar. Enquanto isso, Villeneuve recebera ordens de navegar para Nápoles em apoio dos novos planos militares de Napoleão. Após saber que estava na iminência de ser substituído, resolveu obedecer antes que chegasse o seu sucessor. Na manhã de 19 de outubro, uma fragata deu sinal para o navio-capitânea de Nélson: "O inimigo está com sua verga de gávea erguida". E pouco tempo depois: "Navios inimigos estão saindo do porto. Recebendo essas mensagens, Nélson conduziu sua frota para sudeste, a fim de afastar o inimigo dos Estreitos e obrigá-lo a lutar em mar alto. Ao amanhecer do dia 21, viu do tombadilho do "Victory" a linha de batalha do inimigo, constituída de um esquadrão avançado de doze navios espanhóis, sob o comando do almirante Gravina, e vinte e um navios franceses de linha, sob o comando de Villeneuve. Sete meses haviam transcorrido desde a fuga de Toulon e era essa a primeira vez em que Nélson via seus inimigos desde o reinício da guerra em 1803.

A Esquadra Britânica postou-se cerca de dez milhas a oeste do inimigo a barlavento, e às seis horas da manhã Nélson fez sinais a seus navios para que tomassem a rota leste-norte-leste, para o ataque nas duas colunas que havia planejado. O inimigo virou-se para norte ao ver os esquadrões que avançavam e Nélson investiu com todas as velas ao vento. A tosca mareação de seus homens convenceu Villeneuve de que a fuga era impossível e levou-o a estender seus barcos numa longa linha curva para esperar o ataque de Nélson. O almirante inglês voltou-se para um de oficiais: "Eles apresentaram uma boa cara, mas eu lhes vou fazer uma arrumação no rosto como nunca receberam antes". Nélson fez sinal a Collingwood, que estava à testa da coluna meridional no "Roval Sovereign": "Pretendo passar através da vanguarda da linha do inimigo a fim de impedir que ele entre em Cadiz". Nélson desceu para sua cabina, a fim de compor uma oração. " Que o grande Deus a quem adoro possa conceder a meu país, e para benefício da Europa em geral, uma grande e gloriosa vitória... Quanto a mim, entrego minha vida a Ele que me fez e que suas bênçãos iluminem meus esforços para servir fielmente meu país". As esquadras estavam cada vez mais próximas. Outro sinal apareceu no "Victory": "A Inglaterra espera que cada homem cumpra o seu dever". Quando Collingwood viu o sinal, observou de mau humor: "Gostaria que Nélson parasse de fazer sinais, pois todos nós sabemos muito bem o que temos a fazer". Todavia, quando a mensagem lhe foi comunicada, estrugiram aplausos nos navios de sua linha. Um silêncio mortal caiu sobre a esquadra, enquanto os navios aproximavam mais. Cada capitão marcou seu adversário e, alguns minutos depois, as duas colunas britânicas entravam trovejando em ação. O troar dos canhões, o ruído dos mastros quebrando-se, o estampido dos mosquetes disparados à queima-roupa enchiam o ar. O "Victory" penetrou esmagando-se entre o navio capitânea de Villeneuve, o "Bucentaure", e o "Redoutable". As três belonaves ficaram grudadas, alvejando-se seus canhões. Nélson caminhava de um lado para outro, como em um desfile, em seu tombadilho, quando, às 1h15 da tarde foi atingido no ombro por uma bala disparada do tope do "Redoutable". Teve a espinha dorsal quebrada e foi levado para baixo entre o troar dos canhões do "Victory". A batalha ainda prosseguia com fúria. Na tarde de 21 de outubro de 1805, dezoito dos navios inimigos se renderam e os restantes estavam em plena retirada. Onze entraram em Cadiz, mas quatro outros foram capturados ao largo das costas da Espanha. No livro de bordo do "Victory" consta este tópico: "O tiroteio parcial ainda continuou até às 4h30, quando uma vitória foi comunicada ao Right Hon. Visconde Nélson, K.B. e comandante-chefe, que então morreu de seus ferimentos".

A vitória foi completa e decisiva. A Esquadra Britânica, sob seu mais soberbo comandante, como ele cumpriu o seu dever.

* * *

Entrementes, Napoleão era atraído para outros setores. Quando, naquele verão, Villeneuve falhou em sua tentativa de irromper através do Canal, o Imperador mudou repentinamente seu plano. Decidiu atacar a coligação européia erguida contra ele pela diplomacia e pelos subsídios de Pitt. Em agosto de 1805, o acampamento de Boulogne foi levantado e as tropas francesas iniciaram sua longa marcha para o Danúbio.

A campanha que se seguiu destruiu as esperanças e os planos de Pitt. No mês de Trafalgar, o general austríaco Mack rendeu-se em Ulm. A Áustria e a Rússia foram derrotadas na batalha de Austerlitz. A estrela de Napoleão mais uma vez triunfara e para a Inglaterra tudo estava novamente por ser feito. Mais ou menos nessa época, o primeiro-ministro recebeu em audiência um jovem general que voltava da Índia. Em termos francos, esse oficial anotou sua opinião sobre Pitt. "O defeito de seu caráter", escreveu ele, "está em ser muito sangüíneo... Ele concebe um projeto e, em seguida, imagina que está realizado". Este julgamento severo, mas não inexato, foi formado por alguém que teve muitos contatos com os exércitos do Imperador dos Franceses. Seu nome era Artur Wellesley, mais tarde duque de Wellington.

Uma tristeza pessoal enegreceu então a vida de Pitt. A Câmara dos Comuns, pelo voto de desempate do presidente, decidiu declarar o impedimento de seu íntimo colega e companheiro de toda a vida, Henrique Dundas agora lorde Melville, acusado de má administração no Almirantado e peculato praticado por alguns de seus subordinados. O discurso decisivo contra Dundas foi pronunciado exatamente por Wilberforce. A cena na Câmara dos Comuns era pungente. Os olhos de Pitt enchiam-se de lágrimas ao ouvir Wilberforce atacar o seu outro maior amigo. Depois da decisão adversa, a oposição reuniu-se ao seu redor "para ver como Pitt reagia". Entretanto, cercado por seus adeptos, ele foi levado para fora da Câmara. Foi essa desgraça, mais do que a notícia de Austerlitz, que abateu finalmente o espírito e a energia do primeiro-ministro. Em janeiro de 1806, Pitt morreu. Wilberforce escreveu um discurso de despedida a seu amigo:

"O tempo e as circunstâncias de sua morte foram particularmente comovedores. Nunca me lembro, realmente, de qualquer acontecimento que tivesse produzido tanto sentimento aparente... Por uma clara e compreensiva visão do mais complicado assunto em todas as suas relações; pela lealdade de espírito que dispõe um homem a procurar e, ao alcançá-la, a reconhecer a verdade; pela magnanimidade que o tornava pronto a modificar suas medidas quando pensava que o bem do país o exigia, embora soubesse que seria acusado de inconsistência devido à mudança; pela disposição de dar ouvidos a tudo quanto podia ser erguido contra suas opiniões e de ouvir as sugestões de homens cuja compreensão ele sabia ser inferior à sua própria; pela pureza pessoal, desinteresse, integridade e amor ao seu país, eu nunca conheci ninguém que o igualasse".

"Numa idade", diz a inscrição em seu monumento no Guildhall, "em que o contágio de ideais ameaçava dissolver as formas de sociedade civil, ele reuniu os leais, os moderados e os bons em torno da venerável estrutura da monarquia inglesa". É um epitáfio justo.

C
A
P
Í
T
U
L
O

VI

O IMPERADOR DOS FRANCESES

Os sucessores de William Pitt mostraram-se firmes no prosseguimento da guerra, mas ainda menos favoráveis a ela do que o ex-primeiro ministro. Os três anos transcorridos entre a morte de Pitt, em janeiro de 1806, e a ascensão de Wellington, em 1809, não foram favorecidos pela fortuna. O poderio militar da Inglaterra foi desperdiçado em infrutíferas expedições às orlas da linha costeira do Mediterrâneo. Uma pequena vitória foi conquistada em Maida, no reino de Nápoles. Lá o ímpeto do ataque francês foi pela primeira vez contido pela firme Infantaria Britânica. Relatos sobre a batalha chegaram ao conhecimento de Sir Artur Wellesley, na Inglaterra, e reforçaram suas opiniões sobre a maneira de enfrentar os franceses no campo de luta. Entretanto, Maida não teve conseqüência estratégica. Um plano ambicioso para a conquista de uma posição permanente nas colônias espanholas da América do Sul levou à ocupação temporária de Buenos Aires e, finalmente, à perda de valiosas forças. Graças à Esquadra, os caminhos marítimos do mundo permaneciam abertos e, na Europa, as importantes ilhas da Sicília e Sardenha eram mantidas distantes das garras de Napoleão.

Em 1806 e 1807, houve um curto Ministério de "Todos os Talentos", sob a chefia de lorde Grenville. O talento era oferecido em grande parte pelos "whigs", então no poder pela primeira vez desde 1783 e pela última até 1830. Mais de vinte anos de afastamento do poder haviam tido um efeito insidioso e deprimente sobre o partido. Sua organização e seu programa dissolveram-se nas confusas altercações de seus líderes. O reinício do conflito europeu dissipara as esperanças de Reforma Parlamentar, em torno da qual haviam firmado sua posição em princípios da década de 1790. A ascensão de Napoleão destruiu sua oportunidade de efetiva oposição à guerra. Os "whigs" haviam mantido uma desorientada e fútil luta contra as propostas estratégicas do governo. Esperavam agora levantar algumas das restrições sobre os católicos romanos, pois se sentia muito oprimidos pelo problema da Irlanda. Nisso, porém, falharam. O secretário de Estado para a Guerra, Guilherme Windham, apresentou no papel admiráveis reformas do Exército. Recomendou períodos curtos de serviço, com aumento de soldo. Abolindo a milícia local, fez aprovar um Ato de Treinamento, que tornava universal e compulsório o serviço militar. Os homens da Inglaterra seriam convocados para as forças armadas em grupos de duzentos mil de cada vez. Era uma impressionante peça de legislação. Na administração prática, porém, Windham foi menos sucedido. "Ele é um miserável homem de negócios", observou Wilberforce. "Nenhuma precisão ou conhecimento de detalhes nem mesmo em suas próprias medidas". O período de mandato do governo foi redimido pela abolição do comércio de escravos, por iniciativa de Fox, medida que se inclui entre as maiores realizações britânicas. Foi o último esforço de Fox. Durante quarenta anos, sua calorosa eloqüência inspirara os "whigs". Quase toda a sua vida parlamentar foi gasta na oposição. Morreu como secretário de Estado, nove meses após o seu grande rival, Pitt, ter ido para o túmulo.

Em 1807, os "whigs" caíram. Foram substituídos por um governo misto de caráter "tory", sob a liderança nominal do duque de Portland. Seu objetivo era reunir as lealdades da maior parte da nação que fosse possível dominar. Nesse sentido, obteve notável êxito. Novas figuras estavam aparecendo nas fileiras "tories", treinadas por Pitt na atividade cotidiana de governo. Jorge Canning, Spencer Perceval, o visconde de Castlereagh, estavam chegando ao poder. A política girava em torno da direção do Ministério da Guerra e da inimizade e rivalidade pessoais entre Canning e Castlereagh. Esses espíritos inquietos logo levaram o governo a abandonar as estratégias de Guilherme Pitt. A participação ativa na luta militar e naval da Europa tornou-se a ordem do dia.

* * *

A rapidez era essencial, pois Napoleão estava atingindo o apogeu de sua carreira. Em Austerlitz, abatera a Rússia e a Áustria. Já era senhor da Holanda, da Itália e dos Estados do Reno. Em Jena, um ano mais tarde, derrotou a Prússia. Tornou-se senhor de todo o país. Durante os sete anos seguintes, guarnições francesas ocuparam Berlim e todas as localidades prussianas importantes. O Czar ainda estava em campo, mas em junho de 1807 o exército russo foi derrotado sobre o rio Eylau. Seguiu-se a reconciliação entre Napoleão e Alexandre. Numa balsa sobre o Niemen, com seus exércitos reunidos em ambas as margens, os dois imperadores encontraram-se e abraçaram-se. Entre eles foi feita a paz. E não apenas paz, mas também aliança. Alexandre, afastado da Inglaterra pelo mesquinho apoio que recebera, cedeu ao encanto de Napoleão. Os dois potentados planejaram a Europa de acordo com seus interesses comuns. Alexandre teve seus momentos de revolta. Quando passava em revista o Exército Francês e, ao lado de Napoleão, observava a Velha Guarda marchar diante dele, ficou impressionado pelas feridas e cicatrizes que ostentavam muitos desses veteranos. "E onde estão os soldados que infligiram esses ferimentos?" exclamou, dirigindo-se a Ney. "Sire, eles estão mortos".

A aliança franco-russa, assinada em Tilsit, em 7 de julho, foi a culminação do poderio de Napoleão. Ele dominava a Europa inteira. O imperador da Áustria era um satélite acovardado e obsequioso. O rei da Prússia e sua bela rainha eram mendigos, e quase cativos em seu cortejo. Os irmãos de Napoleão reinavam como reis em Haia, em Nápole e na Westphalia. Seu enteado governava o norte da Itália em seu nome. A Espanha entregou-se a seu sistema, confiando em que nada pudesse acontecer. A Dinamarca e a Escandinávia apressaram-se em obedecer. A Rússia, o grande contrapeso, pendera para o seu lado. Somente a

Grã-Bretanha permanecia irreconciliada, inconquistada, implacável. Lá estava ela em sua Ilha, senhora dos mares e oceanos, governada por sua orgulhosa e obstinada aristocracia, enfrentando essa imensa coligação sozinha, taciturna, furiosa e quase imperturbada. Alguns comerciantes e fabricantes ansiosos queixavam-se do bloqueio britânico, que afetava materialmente os seus interesses. Incentivaram políticos "whigs" a denunciá-lo. Mas o governo fundava-se na terra, não no comércio, e não lhes deu ouvidos. Apesar disso, a Grã-Bretanha devia à sua crescente supremacia industrial grande parte do poderio que lhe daria a vitória. A indústria sabia disso. Eram agora lançadas as sementes para uma colheita de perturbações de pós-guerra, nas quais a indústria iria exigir maior participação nos conselhos da nação. No momento, porém, o patriotismo remediava tudo, ou quase tudo. Foi contra essa intratável nação, que prejudicava e escarnecia da unidade da Europa e desafiava a paz francesa, que Napoleão dirigiu então todo o seu poderio. Aventurar-se sobre água salgada, exceto em incursões contra o comércio, era ser afundado ou capturado. O bloqueio britânico envolvia o Império Francês e a Europa de Napoleão numa viscosa mortalha. Nada de comércio, nada de café, nada de açúcar, nenhum contato com o Oriente ou com os americanos! E nenhum meio de por fim ao impasse! Napoleão acreditara que reunindo toda a Europa sob suas mãos forçaria a Inglaterra a chegar a acordo. Contudo, nenhuma resposta vinha da Ilha, que prosperava com o comércio marítimo e cujas classes governantes pareciam interessar-se muito mais pelas lutas de boxe e pela caça à raposa do que pela crise mundial.

Da balsa onde os dois imperadores se reuniram sobre o rio Niemen, graves e ameaçadoras notícias foram transmitidas para Londres. Um agente secreto inglês comunicou que fora firmado um acordo pelo qual Napoleão deveria apreender a Esquadra dinamarquesa e obter controle da entrada do Báltico. Essa era uma medida preliminar para a invasão conjunta da Inglaterra, com o auxílio dos russos. O Gabinete agiu com louvável decisão. O almirante Gambier recebeu imediatamente ordem de penetrar no Báltico com vinte navios de linha e conseguir, pela força se necessário, a rendição da Esquadra Dinamarquesa. Depois de violenta ação na baía de Copenhague, os dinamarqueses cederam a essa humilhação. Esse ato de agressão contra um Estado neutro provocou uma tempestade contra o governo nos círculos políticos e literários "whigs". Os acontecimentos justificaram, porém, a prontidão do governo e desculparam a violência de sua ação. Dois dias depois que a Esquadra britânica deixou as águas territoriais, Napoleão informou ao ministro dinamarquês em Paris que, se a Inglaterra recusasse a mediação russa na grande Guerra, a Dinamarca seria obrigada a definir-se por um dos lados. Não houvesse o governo inglês agido com rapidez e os franceses teriam estado algumas semanas depois na posse da Marinha dinamarquesa.

No Ministério da Guerra, Castlereagh tentava atarefadamente reorganizar o Exército Regular. Isso foi feito por meio de drástica e urgente legislação. Trinta mil homens foram retirados da milícia local, que fora restaurada, e organizados em regimentos regulares. Adotaram-se providências para a convocação de quarenta e quatro mil recrutas para a milícia, a fim de substituí-los na defesa do país.

Garantido em todo o resto da Europa, Napoleão voltou sua atenção para a Península Espanhola. Impotente no mar, percebeu que para destruir sua única rival importante deveria voltar o bloqueio contra a Ilha. As mercadorias inglesas deveriam ser mantidas fora dos mercados da Europa por um férreo anel de guardas alfandegários que se estendesse desde as fronteiras da Rússia, ao longo das costas da Europa Setentrional e da França Ocidental, fechando todo o litoral Mediterrâneo até os Dardanelos. Napoleão proclamou essa política em Berlim. Era o bloqueio terrestre do poderio marítimo. O elo mais fraco na imensa barreira de tropas e oficiais alfandegários franceses estava na Península da Espanha. Para completar esse plano espantoso era essencial controlar não apenas a Espanha, mas também Portugal, tradicional aliado da Grã-Bretanha, e cuja capital, Lisboa, era uma importante base potencial da Esquadra Britânica.

O ponto crucial estava, portanto, na Península. Lentamente, a atenção dos ministros ingleses voltou-se para esse teatro de guerra próxima. Napoleão estava decidido a atacar Lisboa, através da Espanha, antes que Esquadra britânica pudesse navegar para o sul. Canning, responsável pelo Ministério do Exterior, demonstrou a energia da juventude. Um esquadrão inglês navegou para o Tejo, reuniu os navios portugueses e transportou a família real, o governo e a sociedade de Portugal para a segurança no Brasil. Alguns dias mais tarde, o marechal Junot entrava na capital portuguesa e, no dia seguinte, Napoleão declarava guerra ao país que acabara de ocupar.

A França e a Grã-Bretanha estavam empenhadas em sua luta mais mortal. Em resposta ao Sistema Continental de Napoleão, o governo britânico baixou uma ordem em conselho declarando o bloqueio marítimo de todos os portos franceses e aliados dos franceses — em outras palavras, quase toda a Europa. Os decretos de Napoleão e as ordens inglesas atingiram a navegação mercante dos países neutros. Os resultados dessa guerra de transporte tiveram efeito profundo em ambos os lados. O comércio da Europa paralisou-se e as nações agitaram-se sob o jugo francês. A interferência de navios britânicos em embarcações neutras levantou com os Estados Unidos a questão da liberdade dos mares. Era uma disputa séria, que não seria resolvida sem o recurso à guerra.

Napoleão, insaciável de poder, e procurando sempre abater a Inglaterra e seu intangível bloqueio, resolveu apoderar-se da Coroa espanhola. Atraiu o rei Carlos IV, da Espanha, e seu filho Ferdinando a uma cilada em Bayonne e, sob a ameaça de um pelotão de fuzilamento, obrigou-os a assinar documentos de abdicação. Colocou o seu próprio irmão José no trono da Espanha, como vassalo do Império Francês. Rejubilou-se com o êxito dessa violência. "A opinião espanhola curva-se à minha vontade. A tranqüilidade foi restabelecida em toda parte", escreveu a Cambacérès; e ao secretário do Exterior, Talleyrand, em 16 de maio de 1807: "A questão espanhola vai bem e em breve estará inteiramente resolvida". Felizmente, porém, para a liberdade humana, as coisas não foram assim tão fáceis. Logo que os espanhóis perceberam o que acontecera e que seu país estava praticamente anexado à França, ergueram-se por toda parte em espontânea revolta. Entre 24 e 30 de maio, em toda povoação e aldeia da Península, eles apanharam as armas que puderam encontrar e seguiram para a capital da província ou seu centro local, onde o mesmo processo já estava em andamento em escala mais ampla. Jamais se vira antes algo como este levante universal de uma numerosa e antiga raça e nação, toda animada por um único pensamento. A minúscula província das Astúrias, no litoral da Biscaia, separado do resto da Espanha pelas montanhas, sem nada saber do que o resto estava fazendo, expulsou o governador francês, capturou o arsenal com botim de cem mil mosquetes, constituiu um governo independente, declarou guerra a Napoleão no auge de sua grandeza e mandou seus enviados à Inglaterra para solicitar aliança e ajuda. Os enviados desembarcaram em Falmouth na noite de 6 de junho e foram levados à presença de Canning, no Almirantado. Canning compreendeu. A partir daquele momento, começou a Guerra Peninsular. Pela primeira vez, as forças desencadeadas pela Revolução Francesa, que Napoleão disciplinara e dirigira, enfrentavam, não reis ou hierarquias do Velho Mundo, mas toda uma população inspirada pela religião e pelo patriotismo que Joana D'Arc tentara em vão ensinar à França e que agora a Espanha ensinaria à Europa.

O caráter da guerra tornou-se sombrio. Na Alemanha, na Itália e em outras partes, houvera pilhagens e violências, mas os exércitos tinham dado quartel e os habitantes permaneciam como espectadores. Agora, na Espanha, as tropas francesas, à medida que marchavam, encontravam cadáveres de seus soldados extraviados e feridos, muitas vezes horrivelmente mutilados e às vezes ostentando sinais de tortura. Foi com calafrios que os franceses perceberam que estavam em luta contra um inimigo que, embora incompetente numa batalha ordinária, nunca dava nem pedia mercê. Além disso, o inimigo estava por toda parte. Em julho, o rei José escreveu de Madri para Napoleão: "Ninguém me disse a verdade até agora. O fato é que não há um único espanhol que esteja a meu favor, exceto os poucos que para cá vieram comigo. Todos estão aterrorizados pelos unânimes sentimentos de seus compatriotas". E pedia "abundância de tropas e dinheiro". O imperador demorou muito para avaliar a força da revolta espanhola. Estava guerreando na Europa há quinze anos e pensava compreender a espécie de coisas que acontecia e os seus valores. Imaginava-se um libertador, como de fato o fora em partes do Continente. Não podia compreender um povo que preferia um mau governo de sua própria formação ao domínio racional do exterior. Agora, em fins de julho, chegava-lhe nas Tulherias a notícia de um acontecimento ocorrido na Espanha, grave em si próprio e ameaçador para toda a estrutura do seu poder.

O general Dupont, retirando-se de Madri para Córdova, ficara entalado e fora obrigado a imobilizar-se em Baylen, na Andaluzia. No ardente verão, teve de lutar para obter água e, não a obtendo, rendeu-se aos insurretos espanhóis com vinte e dois mil soldados franceses. Este foi um acontecimento novo na Europa desde quando começaram as guerras revolucionárias. Napoleão sentiu-se ferido de maneira mortal em seu sistema. A capitulação de Baylen tornou necessária a evacuação de Madri.

O Exército Francês, levando consigo o rei José, retirou-se para o nordeste, por trás do Ebro. Em Portugal, cuja população igualmente se havia atado em massa, o marechal Junot estava isolado por centenas de milhas de território hostil e pelas águas salgadas onde a Grã-Bretanha dominava e de onde poderia atacar. Napoleão sentiu em todos os nervos e fibras o tremor que corria pela Europa e abalava os fundamentos do seu trono imperial. Naquele momento, era suficientemente poderoso abandonar a Espanha; seu poderio continuaria ainda enorme; mas temeu retirar-se de uma posição falsa e perigosa. Precisava avançar, como todos os ditadores, de um triunfo para outro. Este país, que ele esperara incorporar ao seu Império por um arranjo pessoal com um governo fraco, por um truque, por uma cilada, sem derramamento de sangue ou despesas, tornou-se repentinamente o seu maior problema militar. Napoleão resolveu conquistar. Voltou-se para a Alemanha e transferiu a flor de seus exércitos para o sul. Preparou-se para substituí-los antecipando a conscrição do ano de 1809 e movimentando cento e sessenta mil recrutas de seus centros de treinamento para a frente, gradualmente, até seus postos na Alemanha e na Áustria, sobre cuja atitude já sentia suspeitas. Os veteranos marcharam para a Espanha, através da França. Sua viagem foi agradável. Eram oficialmente homenageados e festejados em todas as cidades francesas por onde passavam. Os soldados eram animados pela bondade do povo. O povo era impressionado pelo espetáculo do glorioso exército do imperador.

Entrementes, porém, os ingleses desfecharam um astucioso golpe. Canning e seus colegas decidiram enviar um exército para a Península a fim de ajudar os insurretos espanhóis. Entretanto, como as Juntas da Galícia e Andaluzia não estavam ainda dispostas a aceitar tropas estrangeiras, a expedição foi enviada a Portugal e, em julho de 1808, desembarcou ao norte de Lisboa, no rio Mondego. Esse pequeno Exército Inglês era formado de trinta mil homens bem equipados. À frente das primeiras tropas que desembarcaram aparecia Sir Artur Wellesley, que se distinguira na direção da guerra Mahratta, na Índia. Sir Arthur vencera a batalha de Assaye. Era irmão mais jovem do governador-geral da Índia. Era membro do Parlamento e da administração "tory", e nessa época ocupava efetivamente cargo no governo, como secretário-chefe do lorde-tenente da Irlanda. Não esperou pelo resto do exército,

314

mas pôs-se imediatamente em campo. No combate de Roliça, Junot foi duramente repelido. Em Vimiero, repetiu-se o mesmo em maior escala. As colunas de assalto francesas foram rompidas pelo fogo cauteloso da "fina linha vermelha", que começava então a despertar atenção. Junot retirou-se para Lisboa.

Sir Arthur Wellesley foi substituído no momento da vitória, com a chegada de Sir Harry Burrard, que no mesmo dia passou seu comando a Sir Hew Dalrymple. O desejo de Wellesley de capturar o passo de Torres Vedras e, assim, cortar a linha de retirada de Junot foi frustrado por seus superiores. Entretanto, o comandante francês enviou Kellerman ao campo britânico para negociar. Prontificava-se a evacuar Portugal, se os britânicos o levassem de volta à França. A Convenção de Sintra foi assinada e escrupulosamente executada pelos britânicos. Junot e vinte e seis mil franceses foram desembarcados de transportes britânicos em Rochefort. Wellesley ressentido observou a seus oficiais: "Agora podemos ir caçar perdizes de perna vermelha". Na Inglaterra, houve alto e natural clamor contra a libertação de Junot. Uma corte militar de inquérito, instalada em Londres, absolveu os três comandantes, mas somente um deles voltou a ser um dia empregado. Era o único que importava:

> Sir Arthur and Sir Harry,
> Sir Harry and Sir Hew,
> Sing cock-a-doodle doodle,
> doodle-doodle-doo.
>
> Sir Arthur was a fighting cock,
> But of the other two
> Sing doodle-doodle-doodle,
> doodle-doodle-doo.

Napoleão pretendia submeter Junot a corte marcial, mas como os ingleses estavam julgando seus próprios generais declarou-se satisfeito por não ter processado seu velho amigo. A história endossou o verso de Byron: "Britannia sickens, Sintra! at thy name".

Napoleão transferiu então para a Espanha um quarto de milhão de suas melhores tropas. Enquanto o grande Exército se reunia por trás do

Ebro, o imperador organizou uma impressionante exibição. Em Erfurt, foi convocada uma imponente reunião de todos os seus tributários e aliados. Trinta e oito príncipes e governantes reuniram-se a chamado do imperador. Quando o Czar chegou, Napoleão procurou inflamar sua mente com planos de uma marcha franco-russa até Constantinopla e mais além, ao longo da histórica rota da Índia. Alexandre ainda se sentia fascinado pela personalidade de Napoleão. Gostava de sonhar em conquista do mundo com ele. Todavia, estava também aborrecido pelas grandes guarnições que Napoleão conservava no Oder. Talleyrand, por meio de sutis sussurros, traía o interesse de Napoleão, concitando o Czar a unir-se com a França, e não com seu imperador. Tudo transcorreu entre pompa e esplendor. Alexandre e Napoleão beijaram-se diante do augusto círculo. No entanto, Erfurt era apenas um eco oco de Tilsit.

Chegara o momento de Napoleão assumir o comando no Ebro. Uma avalancha de fogo e aço caiu sobre as Juntas Espanholas, que, com noventa mil inexperientes mas ardorosos voluntários, abrigavam uma passageira ilusão de liberdade reconquistada. O imperador avançou sobre Madri, expulsando o Exército Espanhol à sua frente numa série de derrotas, nas quais a Cavalaria Francesa tomava impiedosa vingança. Espantou o seu próprio pessoal pela sua violenta energia. Sempre com tropas avançadas, forçando a luta, mesmo em Somo Sierra, fazendo sua própria guarda pessoal carregar as baterias, indiferente às perdas. Em dezembro, entrou em Madri e recolocou José, que até então seguira com o trem de bagagem, sobre o trono roubado. O povo espanhol, porém, conservou-se impávido e ao redor de todos os acampamentos dos vitoriosos acendeu-se uma horrível guerrilha.

* * *

Um novo general inglês de alta qualidade substituíra os comandantes envolvidos na Convenção de Sintra. Sir João Moore avançou de Lisboa para Valladolid, através de Salamanca. Fora atraído pelas promessas de poderosa ajuda espanhola e tentara, correndo grandes riscos, transformar em realidade as esperanças espanholas. Sua ousada investida cortou ou ameaçou as comunicações de todos os exércitos franceses e imediatamente impediu qualquer ação francesa no sul da Espanha ou contra

Portugal. Contudo, Napoleão, vigiando de Madri, viu nele uma presa. No Natal de 1808, com cinqüenta mil homens, com Ney, Soult e a Velha Guarda, marchou para interceptá-lo e destruí-lo. A pé com seus soldados, Napoleão avançou através das neves do Guadarrama. Movimentou-se com espantosa rapidez. Moore, advertido a tempo e recorrendo a poderio anfíbio, abandonou suas comunicações com Portugal e ordenou a seus transportes que o encontrassem em Coruña, na extremidade noroeste da Espanha. Foi uma corrida; mas quando a Cavalaria Francesa atravessou o rio Seco, foi repelida, e seu general capturado, pela cavalaria da retaguarda inglesa. Moore já passara Astorga e estava a meio caminho de seu abrigo.

Em Astorga, o imperador sentou-se no parapeito de uma ponte para ler despachos trazidos às pressas da capital. Depois de alguns momentos, ergueu-se e permaneceu absorto em pensamentos. Em seguida, pedindo seu coche de viagem, confiou a perseguição dos britânicos a Soult e, sem apresentar qualquer explicação a seus oficiais, partiu para Valladolid e Paris. Ele já sabia desde alguns meses antes que os exércitos austríacos se estavam concentrando e que devia esperar uma declaração de guerra da Áustria, mas o motivo de ser chamado à pátria era mais íntimo. Seu irmão, Lucien, e seu enteado, Eugène de Beauharnais, avisavam-no de uma intriga, ou mesmo conspiração, feita contra ele por Talleyrand e Fouché, seu ministro de Polícia. Além disso, não havia agora oportunidade alguma de isolar os britânicos. A perseguição transformara-se numa intensa caçada. Soult e Nery podiam cuidar dela.

A retirada dos britânicos através de terreno montanhoso, acidentado e coberto de neve, foi árdua. Os franceses faziam forte pressão. Cenas de bebedeira em massa nos lugares onde eram encontrados estoques de vinho, pilhagem, soldados extraviados morrendo de frio e fome, e o cofre de ouro do exército lançado a um precipício para evitar sua captura enegreceram a caminhada britânica. Todavia quando, em Lugo, Moore se voltou e ofereceu combate, seu exército mostrou uma disposição tão firme que durante dois dias Soult, embora já numericamente superior, aguardou reforços. Resolveu-se então escapar à noite para Coruña, onde o exército chegou em 14 de Janeiro de 1809. Mas a baía estava vazia. Ventos contrários retardaram a Esquadra e os transportes.

Teria de haver uma batalha, afinal de contas. No dia 16, Soult atacou Moore com 20.000 homens contra 14.000. Por toda parte, foi repelido e, efetivamente, contra-atacado. Quando caíram as trevas, os perseguidores já haviam tido o bastante. Todavia, tanto Sir João Moore como seu subcomandante, Sir David Baird, haviam tombado no campo de batalha. A morte e o sepultamento de Moore foram registrados em famosas obras em prosa e verso.

"Do local onde ele caiu", escreveu Napier, que participou da ação, "o general foi levado para a cidade por um grupo de soldados. O sangue corria abundante e a tortura de seu ferimento aumentava; entretanto, tal era a firmeza inabalável de seu espírito que aqueles que o cercavam, julgando pela resolução de sua fisionomia que o seu ferimento não era mortal, expressavam uma esperança de recuperação. Ouvindo isto, ele olhou firmemente para o ferimento por um momento e em seguida disse: "Não, acho que isso é impossível". Por várias vezes, fez com que seus atendentes parassem e o virassem, para que pudesse observar o campo de batalha, e quando o tiroteio indicou o avanço dos britânicos manifestou sua satisfação e permitiu que os carregadores prosseguissem. Levado aos seus alojamentos, os cirurgiões examinaram seu ferimento, mas não havia esperança; a dor aumentava e ele falava com grande dificuldade. A intervalos, perguntava se os franceses estavam derrotados e, dirigindo-se a seu velho amigo, coronel Anderson, disse: "Você sabe que eu sempre desejei morrer desta maneira". Perguntou de novo se o inimigo estava derrotado e quando lhe disseram que sim observou: "É uma grande satisfação para mim saber que derrotamos os franceses". Seu semblante continuava firme e seus pensamentos claros; uma única vez, quando falou em sua mãe, ficou agitado. Fez perguntas sobre a segurança de seus amigos e dos oficiais de seu Estado-Maior, e nem mesmo nesse momento se esqueceu de recomendar aqueles cujo mérito lhes dera direito à promoção. Suas forças estavam fugindo rapidamente e a vida estava quase extinta quando, com um espírito indomável, como que antecipando a baixeza de seus caluniadores póstumos, exclamou: "Espero que o povo da Inglaterra fique satisfeito. Espero que meu país me faça justiça." A batalha mal estava terminada quando seu corpo, envolto num capote militar, foi sepultado pelos oficiais de seu Estado-Maior na cidadela de Coruña. Os canhões do inimigo prestaram-lhe honras fúnebres e Soult com um nobre sentimento de respeito por seu valor, ergueu um monumento à sua memória.[14]

Os compatriotas de Moore bem lhe podem fazer justiça. Pela ousadia, aptidão e sorte, ele anulou a campanha de inverno de Napoleão e arrastou o imperador e seu melhor exército para a parte menos importante da Espanha, oferecendo assim proteção e tempo para que se desenvolvessem movimentos em todo o resto da Península. Escapou ao espantoso avanço e cerco de Napoleão. Morreu, como Wolfe e Nélson, na hora da vitória. Seu exército reembarcou sem ser molestado. Sua campanha restabeleceu a reputação militar da Grã-Bretanha, que sofrera crescente eclipse desde os dias de Chatham; preparou o caminho para uma nova figura, destinada a conduzir os exércitos da Europa ao campo decisivo.

* * *

O regresso do imperador a Paris fez com que seus servos voltassem à sua traiçoeira lealdade. Ele tinha agora de enfrentar a guerra com a Áustria. Para esse fim, fez aos homens e aos moços da França, já esgotados por tantos anos de glória, exigências que chocaram seus conselheiros. Convocou para as fileiras a classe de 1810; compeliu as principais famílias a mandarem seus filhos para os colégios militares a partir dos dezesseis anos de idade. Trouxe de volta algumas tropas da Espanha e, em abril, tendo um fluxo de vida enchendo suas fileiras ou treinando em sua retaguarda até um número de duzentos e quarenta mil homens, marchou contra a Áustria. Altas autoridades consideram que a fase de abertura da campanha de 1809 no vale do Danúbio se inclui entre os mais belos exemplos do gênio militar. Encontrou seus marechais mal ligados e em desordem. Quando se aproximou da frente, enviou suas ordens aos vários corpos antes de sua chegada. No que foi chamado de Batalha dos Cinco Dias — em Thann, Abensberg, Landshut, Eckmühl e Ratisbon — desenvolveu um único tema de guerra, que em cada fase corrigiu as disposições falhas em que haviam incorrido seus subordinados e foi marcado cada dia por uma nova e proveitosa vitória. O centro da longa

---

[14] Napier — "The Peninsular War", vol. I.

frente austríaca foi perfurado e seus fragmentos retiraram-se com pesadas perdas. Pela segunda vez, Napoleão entrou em Viena à frente de suas tropas.

Contudo, não havia ainda liquidado o exército austríaco. Quando tentou cruzar o Danúbio em Aspern-Essling, uma inesperada elevação do nível do rio destruiu suas pontes e ele escapou por pouco de uma derrota decisiva nas mãos do arquiduque Carlos, o mais combatente dos comandantes austríacos. Na ilha coberta de matas de Lobau permaneceu refugiado durante seis semanas, enquanto reunia recursos de todos os cantos concebíveis de seu Império. Entrementes, o Czar, nominalmente seu aliado, tremia na iminência de investir contra ele. Em 4 de julho, arremeteu-se fora de sua ilha e forçou a passagem do Danúbio na imensa Batalha Wagran. Quase quatrocentos mil homens lutaram nesse campo e quarenta mil tombaram. A Europa ficou estupefata. O Czar Alexandre apressou em enviar-lhe suas congratulações e a Áustria submeteu-se de novo à espada do conquistador.

C
A
P
Í
T
U
L
O

VII

A GUERRA PENINSULAR E A QUEDA DE NAPOLEÃO

Quando os britânicos partiram de Coruña, nenhuma força organizada ficou na Espanha para embaraçar os marechais de Napoleão. Por toda parte, os exércitos espanhóis estavam derrotados e somente a implacável guerrilha continuou. Nos primeiros meses de 1809, os franceses estavam novamente livres para movimentar seus exércitos para onde quisessem na Península. Soult entrou em Portugal e instalou-se no Porto. O que restava da expedição britânica original ocupava ainda Lisboa e, por meio de sucessivos reforços, fora novamente elevado a um efetivo de trinta mil homens. Estes, unidos a igual número de portugueses, organizados sob o comando de um general britânico, Beresford, eram suficientes para conservar Soult inerte por vários meses, durante os quais ele se distraiu com uma intriga para tornar-se rei. O governo, em Londres, estava dividido em suas opiniões sobre o que deveria ser feito. Deveria ser reiniciada uma grande campanha na Península ou desfechado um ataque na Holanda? Os britânicos decidiram dividir seus esforços e fazer

321

uma tentativa em ambos os setores. Uma expedição foi despachada para capturar a ilha holandesa de Walcherem, na embocadura do Scheldt, e ocupar Antuérpia. Foi uma diversão dispendiosa, mas que parecia ser plano promissor. Poucos observadores estavam então convencidos da possibilidade de um sucesso efetivo nas distantes terras de Espanha e Portugal. Dessas dúvidas não partilhava Artur Wellesley, que em abril foi nomeado de novo para assumir o comando em Lisboa. Passaria os cinco anos seguintes na Península e voltaria a Londres em triunfo, através da capital da França.

Wellesley renunciou a sua cadeira no Parlamento e a seu cargo como secretário-chefe, e chegou em Lisboa antes do fim do mês. Poderia escolher entre atacar Soult no Porto ou reingressar na Espanha para empenhar-se em luta com um ou outro dos numerosos marechais franceses cujos corpos estavam amplamente espalhados por toda a Península. Decidiu primeiro limpar Portugal. Por meio de uma marcha rápida e secreta, atingiu o Douro, fez uma divisão atravessá-lo à noite em barcos e barcaças, e surpreendeu Soult e seu exército na cidade. Com perdas muito pequenas, obrigou o marechal, cuja retirada para o sul era também comprometida pelas operações dos portugueses de Beresford, a retirar-se para as regiões montanhosas do norte. Soult foi forçado a abandonar toda a sua artilharia, seus feridos e o grosso de suas bagagens. Chegou a Orense, na Galícia Espanhola, seis dias depois, com um exército desorganizado e exausto, tendo perdido mais de seis mil homens desde quando entrara em Portugal. A travessia do Douro, a surpresa do Porto e a derrota de Soult constituíram uma brilhante realização do novo general britânico e abriram caminho para outras ações.

Wellesley resolveu então penetrar no centro da Espanha, ao longo do vale do Tejo, e juntar-se ao Exército Espanhol sob o comando de Cuesta para enfrentar o marechal Victor. Soult, com suas tropas reorganizadas e reequipadas, movimentava-se para unir-se a Victor, o que lhe daria uma decisiva superioridade. A posição de Wellesley em Talavera, cem milhas a sudoeste de Madri, tornou-se precária e seus soldados quase morreram de fome. O marechal Victor considerou-se suficientemente forte para atacar sem esperar pela chegada de Soult. Na tarde de 27 de julho de 1809, os exércitos empenharam-se em luta. Os franceses tinham uma força de cinqüenta mil homens. Wellesley tinha vinte mil britânicos e vinte quatro mil espanhóis, mas estes últimos, embora bravos, não podiam ser levados em conta para atividades sérias em batalha convencional. Sua força residia em operações de fustigamento. Toda a violência da luta foi suportada por dezesseis mil britânicos e trinta mil franceses. Os ataques de Victor, que começaram seriamente no dia 28, foram mal concertados e repelidos com pesadas perdas, depois de feroz combate em massa à baioneta. À tarde, a batalha atingiu sua crise. Os guardas ingleses entusiasmados pela derrota da coluna francesa à sua frente, abandonaram seu lugar na linha, levados pelo ardor da perseguição. O centro britânico ficou aberto e um contra-ataque francês causou ampla desordem. Entretanto, Wellesley havia trazido para o local o 48º Regimento, que, em perfeita ordem e disciplina, avançou através dos soldados em retirada atacando a coluna francesa no flanco, restabeleceu a situação. Uma feroz carga de cavalaria, pelo 23º Light Dragoons, na qual tombou metade do Regimento, cortou profundamente os flancos do inimigo. Ao cair da noite, o marechal Victor aceitou a derrota e retirou-se na direção de Madri. A ferocidade da luta pode ser avaliada pelas perdas britânicas. Quase 6.000 do total de 20.000 homens de Wellesley tombaram, mortos ou feridos; os franceses perderam 7.500 homens e vinte canhões. Os espanhóis afirmaram ter perdido 1.200 homens.

Wellesley não estava em condições de perseguir o inimigo. Na manhã seguinte, o general Roberto Craufurd chegou com sua Brigada Ligeira, que se transformou depois na famosa Divisão Ligeira, tendo coberto sessenta e duas milhas em vinte e seis horas, na mais rápida marcha até então efetuada por soldados a pé. Wellesley, porém, não podia mais depositar confiança na cooperação de seus aliados espanhóis. Estes enfrentavam o inimigo à sua própria maneira, que não era certamente a de Wellesley. Da mesma forma que Sir João Moore anteriormente, Wellesley correra enormes riscos e fora salvo apenas pela mais estreita das margens. Retirou-se sem ser molestado ao longo do Tejo, de volta a Portugal. Não apenas havia firmado sua reputação como general altamente capaz e decidido, mas também a qualidade combatente dos britânicos causara profunda impressão sobre os franceses. Na Inglaterra, houve extraordinária satisfação. Sir Arthur Wellesley foi elevado ao pariato como visconde Wellington e, apesar da oposição "whig", foi recompensado com uma pensão de duas mil libras anuais durante três anos. Nélson havia desaparecido; Pitt havia desaparecido; mas ali estava finalmente alguém para substituí-los.

A íntima relação entre os acontecimentos políticos no país e as fortunas dos generais na frente de batalha constituem um aspecto notável da história desses anos. Cada revés militar motivava uma crise nas relações pessoais dos ministros do Gabinete em Londres. A desgraça da Convenção de Sintra acentuara a rivalidade e a aversão mútua de Canning e Castlereagh. O primeiro estava ansioso por demitir todos os generais envolvidos; o último estava interessado nas carreiras políticas e militares dos irmãos Wellesley. Felizmente, prevaleceu a opinião de Castlereagh. Agora, os dois ministros brigavam devido ao desastre que ameaçava a expedição de Walcheren. Os ânimos exaltavam-se ainda mais por serem mal definidas e entrelaçadas as funções do secretário do Exterior e do secretário da Guerra. O mau estado de saúde do duque de Portland, chefe titular do governo, aumentava a rivalidade dos dois estadistas mais jovens pela sucessão ao cargo de primeiro-ministro. Houve entre eles um duelo, no qual Canning ficou ferido. Ambos renunciaram a seus cargos e o mesmo fez Portland. Spencer Perceval, até então Chanceler do Erário, assumiu o governo. Era uma figura modesta, mas parlamentar hábil na conduta da guerra, homem de considerável resolução. A causa de Wellington na Espanha foi favorecida pela nova administração. Perceval nomeou para secretário do Exterior o marquês de Wellesley, que, no Gabinete, deu firme apoio a seu irmão mais jovem. O novo ministro da Guerra, lorde Liverpool, mostrava-se também bem disposto. O governo fez o máximo possível para atender aos pedidos de Wellington, mas, enfrentando a oposição "whig" e os rebeldes "tories", na Câmara dos Comuns, era continuamente obstruído por pequenas questões. Em 1810, a renovada demência do rei provocou uma nova crise. Perceval habilmente evitou uma mudança no equilíbrio político do poder. Jorge, príncipe de Gales, tornou-se regente, mas não chamou seus antigos amigos, os "whigs" oposicionistas, como estes ansiosamente esperavam. O príncipe regente decidiu confiar nos ministros de seu pai. Isso deve ser levado a seu crédito. Com sóbrias finanças, Perceval conseguiu manter os suprimentos e alimentar as forças armadas. Os três anos de seu governo foram assinalados por calma e crescente eficiência.

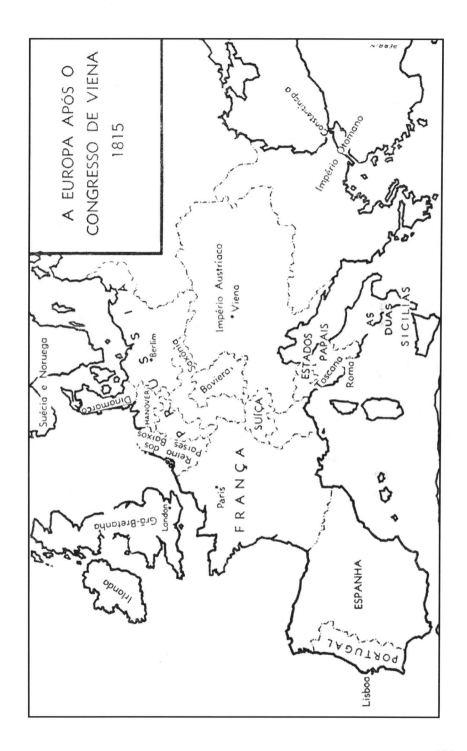

* * *

Esses foram anos de prova para Wellington. Comandava então o único exército britânico restante no continente da Europa. O malogro teria sido desastroso para a Grã-Bretanha e para os patriotas na Espanha e em Portugal; teria também deixado grande número de tropas francesas livres para reforçar as aventuras de Napoleão em outros lugares. Não podemos senão imaginar que outros triunfos o imperador teria conquistado, talvez mesmo na Rússia, se não fosse o firme gasto de seus recursos, causado pela presença de Wellington na Península. Tudo isso não foi perdido pelo comandante inglês. Todavia, no momento, a cautela devia ser a sua política. "Como este é o último exército que a Inglaterra tem", escreveu ele secamente, "devemos ter cuidado com ele". Desde o início das guerras revolucionárias muitas posições britânicas haviam sido estabelecidas no continente europeu, mas nenhuma delas sobrevivera por muito tempo. Os franceses sempre haviam feito todo esforço para expulsar os ingleses para o mar. Em 1810, estavam-se concentrando para uma nova tentativa. Wellington decidira não permitir que o obrigassem a uma evacuação apressada. Durante todo o inverno anterior, fora aperfeiçoando uma série de linhas fortificadas ao redor de Lisboa. Nas elevações de Torres Vedras. Esse iria ser o seu bastião final e para essas defesas foi gradualmente recuando.

O mais capaz dos marechais de Napoleão, Masséna, comandava agora o Exército Francês em Portugal. Tendo dominado a resistência espanhola. Masséna avançou através da fronteira com oitenta mil homens. Os britânicos contavam com cerca de vinte e cinco mil homens e seus aliados portugueses com igual efetivo. Em setembro, houve uma dura batalha em Busaco. Sessenta mil franceses enfrentaram cinqüenta mil aliados, dos quais só metade era constituída de britânicos. Contudo, os portugueses estavam agora bem experimentados. Os franceses foram bastante castigados e derrotados. Apesar disso, a retirada de Wellington continuou. Repentinamente, o fluxo avançado francês parou. À sua frente, erguiam-se as formidáveis linhas de Torres Vedras, guarnecidas pelos britânicos não derrotados, e ao redor se estendiam campos deliberadamente desertos. Masséna viu à sua frente a perspectiva de meses de frio e fome, sem esperança alguma de um ataque bem sucedido.

Esse era o ponto em torno do qual girava toda a campanha. Os franceses detiveram-se e entraram em quartéis de inverno. Wellington rondava em torno deles decidido, como declarou, a "forçá-los a sair de Portugal pelas misérias que sofrerão". E assim aconteceu. Na primavera seguinte, Masséna desistiu. Retirou-se para a Espanha, deixando para trás dezessete mil mortos e oito mil prisioneiros.

Portugal estava livre e os êxitos de Wellington fortaleceram a posição do governo na Inglaterra. As manifestações de júbilo em Londres e Lisboa misturavam-se, porém, com certa impaciência. O comandante britânico tinha, mesmo em seu próprio exército, animados críticos, que não podiam apreciar a sabedoria de sua estratégia em firme desenvolvimento. Wellington, porém, não se deixava perturbar pelos clamores em favor de pressa. Nada podia abalá-lo e ele mantinha suas próprias opiniões. Estava decidido a garantir na sua retaguarda uma base ampla e comunicações seguras antes de aventurar-se até os recessos da Espanha. Precisava ter em suas mãos as fortalezas fronteiriças de Badajoz e Ciudad Rodrigo, que guardavam as estradas para Madri. Dois exércitos franceses estavam à sua frente. Masséna, depois substituído por Marmont, mantinha-se na frente norte, na província de Leon. Soult estava ao sul, na Andaluzia. Eles e seus colegas marechais espalhados por toda parte na Espanha comandavam cerca de um quarto de milhão de homens, dos quais cerca de cem mil defrontavam-se com Wellington. Eram muito prejudicados pela incessante guerrilha. Não podiam mais contar com a possibilidade de viver no país, como tinham feito até então os exércitos franceses em toda a Europa; brigavam entre eles; e recebiam constantemente iradas instruções de seu imperador em Paris, baseadas mais na fantasia do que em fatos. Isso porque o gênio de Napoleão, dedicado aos problemas de seu império continental, abandonava-o na direção da distante e impiedosa luta espanhola.

Wellington avaliava com precisão o tamanho e o escopo da tarefa que tinham à sua frente. Uma guerra de manobras desenvolveu-se em 1811 dentro das fronteiras espanholas e os dois exércitos franceses que obstruíram seu avanço foram separadamente enfrentados e derrotados em Fuentes d'Oñoro e Albuera. Foram batalhas violentas. Sobre Fuentes, que fica a oeste de Ciudad Rodrigo, Wellington admitia: "Se "Boney" estivesse lá, nós teríamos sido derrotados". Mas Napoleão não estava lá. Estava enredado na diplomacia e nos preparativos de guerra em outras partes. Além disso, acabava de celebrar seu segundo casamento. A esposa do Corso era uma filha da orgulhosa Casa dos Habsburgos, a arquiduquesa Maria Luísa. Ela lhe deu um filho e herdeiro há muito desejado, mas pouca felicidade.

As batalhas de Fuentes e Albuera, travadas pelo lugar-tenente de Wellington, Beresford, não foram decisivas, mas os britânicos permaneceram senhores do terreno. Como escreveu Wellington a lorde Liverpool: "Sem dúvida, alteramos o curso da guerra na Espanha; tornou-se até certo grau ofensiva de nossa parte". Era uma declaração tipicamente modesta. Na realidade, Wellington já estava fazendo planos para o dia em que obrigaria os franceses a recuarem através dos Pirineus e levaria a guerra ao seu próprio território. Em meio às neves de janeiro de 1812, conseguiu finalmente capturar Ciudad Rodrigo. Quatro meses mais tarde, Badajóz caiu depois de sangrento assalto. O custo em vidas foi grande, mas o caminho estava aberto para a esmagadora investida na Espanha. Wellington e Marmont manobraram um em torno do outro, cada um esperando que o outro cometesse um erro. Foi Marmont quem errou e, em Salamanca, Wellington conquistou sua primeira vitória na ofensiva da Guerra Peninsular. O rei José Bonaparte fugiu de Madri e os britânicos ocuparam a capital em meio ao bimbalhar dos sinos e ao júbilo popular. Mas restava ainda enfrentar Soult. Avançando do sul, o marechal francês girou ao redor do flanco de Wellington. Tinha sobre o comandante britânico uma superioridade numérica de quase dois para um e teve o cuidado de não oferecer oportunidade para qualquer ataque promissor. Wellington recuou mais uma vez para a fronteira portuguesa. Na campanha do ano, havia destruído um Exército Francês e permitido que todo o sul da Espanha se libertasse dos franceses. Entrementes porém, escuras sombras do Oriente estavam caindo sobre o Império de Napoleão. Era o inverno da retirada de Moscou.

* * *

Durante toda a primavera de 1812, o Imperador esteve reunindo forças em escala até então desconhecida na Europa e, quando se aproximou o verão, despachou-as de todos os seus domínios para o leste. Desde dois anos antes, suas relações com a Rússia vinham-se tornando cada vez mais azedas. O Czar gradualmente se convencera de que nenhuma solução geral podia ser obtida na Europa enquanto o imperador francês dominasse a cena. Os dias agradáveis de Tilsit estavam esquecidos e os imperadores que haviam jurado amizade na balsa sobre o rio Niemen eram agora inimigos. Napoleão decidiu desfechar seu golpe primeiro e de maneira esmagadora. Embora seus generais e ministros se mostrassem relutantes e apreensivos, uma espécie de delírio varria as classes militares do Império. A idéia de uma campanha maior do que tudo quando já fora concebido, mais ousada do que os feitos de Alexandre, o grande, e que poderia levar à conquista de toda a Ásia, dominava os homens combatentes. Napoleão reuniu além do Vístula um grupo de exércitos com quase quinhentos mil homens. Seu vice-rei e enteado Eugênio marchou da Itália com cinqüenta mil italianos. A Holanda, a Dinamarca e todos os Estados do Reno enviaram seus contingentes. A Áustria e a Prússia saíram em campo como respeitosos aliados de Napoleão, cada uma delas com trinta mil homens. A Europa devastada pela guerra depois de todos aqueles anos de luta jamais vira tal concentração de forças. Entre esses exércitos que se movimentavam para leste mal havia duzentos mil franceses. Estes formavam a ponta de lança central do ataque, sob o comando direto do Imperador. Assim, o grande drama atingia sua culminância.

Muitas vozes advertiram Napoleão dos sacrifícios e dificuldades de realizar uma campanha na Rússia. Nem ele ignorou seus conselhos. Reuniu o que parecia, para aquele tempo, abundantes transportes e suprimentos, mas que se demonstraram insuficientes para o empreendimento. Em junho de 1812, Napoleão atravessou o Niemen e rumou diretamente para Moscou, cerca de quinhentas milhas a leste. À sua frente, havia dois principais exércitos russos, com um total de duzentos mil homens. Seu plano era esmagá-los separadamente a apossar-se da velha capital russa. Esperava confiantemente que o Czar procuraria então a paz. Todos os outros soberanos da Europa em circunstâncias semelhantes haviam se apressado em curvar o joelho. Com a Rússia, porém, o caso foi diferente. Nesse fatídico mês de junho, o embaixador russo em Londres fez uma profecia espantosamente exata. Refletia as expectativas do Czar e seus conselheiros. "Podemos vencer por meio de persistente defesa e retirada", escreveu ele. "Se o inimigo começar a perseguir-nos, pior para ele; pois, quanto mais avançar para longe de suas bases de suprimento, num território sem estradas e sem alimentos, faminto e cercado por um exército de cossacos, mais e mais perigosa se tornará sua posição. Acabará por ser dizimado pelo inverno, que sempre foi nosso mais fiel aliado". Defesa, retirada e inverno — com esses recursos contava o alto-comando russo. Napoleão havia estudado as espantosas campanhas russas do grande sueco, o rei Carlos XII. Acreditava ter tirado proveito de sua leitura. No século XX, outro ditador, ainda mais cruel, estudaria os erros de Napoleão. Ele também pensaria que havia aprendido a lição. A Rússia desenganou a ambos.

Diante de Napoleão, os exércitos russos recuaram, evitando as armadilhas que lhes eram preparadas e devastando o terreno por onde teriam de passar os franceses. Em Borodino, cerca de sessenta milhas a oeste da capital, os russos viram-se encurralados. Lá, na mais sangrenta batalha do século XIX, o general Kutusov infligiu terrível castigo a Napoleão. Ambos os exércitos empenhados, cada um com cerca de cento e vinte mil homens, perderam um terço de seu efetivo. Kutusov retirou-se mais uma vez e Moscou caiu em poder dos franceses. No entanto, os russos recusaram pedir a paz. Quando o inverno se aproximou, Napoleão foi forçado a compreender que Moscou, incendiada até reduzir-se a uma simples casca por acaso ou por desígnio, não podia ser mantida por suas tropas famintas. Nada havia a fazer senão retirar-se através da neve amontoada — na mais célebre e desastrosa retirada da história. O inverno agora impunha seu terrível castigo. Ações de retaguarda, embora corajosas, minavam o poderio francês restante. Do enorme grande exército lançado contra a Rússia apenas vinte mil homens voltaram cambaleando até Varsóvia. Dizem que o marechal Ney foi o último francês a deixar o território russo.

Em 5 de dezembro, Napoleão abandonou o remanescente de seus exércitos na fronteira russa e partiu de trenó para Paris. Deixou a cargo de seus marechais salvar o que fosse possível. Quanto a ele, era insensível ao desastre. Ainda confiava em sua estrela. Se malograra em sua tentativa de estender o Império para leste, poderia ainda preservá-lo no oeste. Com enormes esforços, levantaria novas forças e lutaria de novo. Na primavera de 1813, saiu mais uma vez a campo. Metade de seus homens era formada por recrutas inexperientes e a França não o apoiava mais. Apoio relutante era tudo quanto podia conseguir e mesmo seus marechais começavam a vacilar. A Alemanha ergueu-se na hora de sua queda. O espírito de nacionalismo, difundido pelos exércitos franceses, levantou-se para confundir e trair o senhor da Europa. Coligações se formaram, apoiadas pelas finanças da Grã-Bretanha. A Napoleão foi oferecida a oportunidade de uma paz honrosa. Pensando que o destino podia ser modificado pelo gênio na batalha, o imperador rejeitou-a. Um a um, seus hesitantes aliados o abandonaram. A Suécia, governada pelo marechal francês Bernadotte; a Prússia, a Áustria e mesmo a Saxônia e a Baviera, seus próprios Estados dependentes, abandonaram-no. O Czar decidiu-se por uma marcha sobre o Reno. A Europa Central, durante tanto tempo subserviente à França, uniu-se à investida russa. Uma série de gigantescos encontros foi travada na Saxônia e na Silésia. Finalmente, na batalha de três dias, travada em Leipzig, em outubro, todos os inimigos de Napoleão se fecharam sobre ele. Quase meio milhão de homens empenharam-se em luta de cada lado. Nesta Batalha das Nações, Napoleão foi derrotado e forçado a recuar para oeste até as fronteiras da França. Os aliados concentraram-se nas fronteiras de seu inimigo pela primeira vez desde 1793. A grande aventura revolucionária e imperial estava se aproximando do fim.

* * *

Na frente meridional, as realizações de Wellington superaram todas as expectativas. Saindo de seus bastiões da fronteira em maio de 1813, acenou com seu tricórnio. "Adeus, Portugal!" exclamou. "Jamais voltarei a ver-te." E não voltou mesmo. Mais uma vez obrigou o rei José Bonaparte a fugir de Madri. Limpou todo o norte da Espanha e arrebanhou os franceses em retirada no antigo reino montanhoso de Navarra. Na batalha de Vitória, em 21 de junho, derrotou o marechal Jourdan e expulsou suas forças através dos Pirineus. A notícia dessa vitória entusiasmou o Czar e os exércitos aliados da Europa na Saxônia. Pouco mais de um décimo das forças que se concentravam ao redor de Dresden e Leipzig haviam-se empenhado em luta em Vitória. O efeito, porém, foi um sinal. Com exceção da Catalunha, a Espanha estava livre dos franceses. Pela primeira e única vez na história, o êxito das armas britânicas foi saudado por um Te Deum cantado em russo. Tenazmente, Wellington prosseguiu em seu propósito de aniquilar, como dizia, "o poder e a influência do grande perturbador da Europa". Na primavera de 1814, estava em território francês e já havia ocupado Bordéus. Em princípios de abril, provocou e derrotou em Toulouse o seu velho antagonista, Soult.

Para Napoleão o fim já havia chegado. No sul, a frente ruíra; a leste, os prussianos, russos e austríacos estavam atingindo o coração da França. Napoleão nunca foi mais brilhante em manobras do que durante sua breve campanha de 1814. Em fevereiro, derrotou os aliados em Montmirail e Montereau. Rios que correm entre as frentes de exércitos adversários jamais representaram proteção segura. Nesta campanha, Napoleão utilizou-se, com vantagens muito maiores para a defesa, de rios que corriam paralelos às linhas de avanço. Suas manobras foram um modelo de arte militar e, cruzando e recruzando tanto o Aisne como o Marne, obrigou seus superiores adversários a retirarem-se em desordem. Entretanto, o poderio combinado da Europa era demais para Napoleão. As forças de oposição a seu domínio na França ergueram-se declaradamente contra ele. Fouché e Talleyrand somente poderiam salvar-se desertando seu imperador. Em fins de março, o marechal Marmont, que defendia Paris, cedeu e entregou a capital. Em 3 de abril, Napoleão abdicou e retirou-se para a ilha de Elba. As longas e impiedosas marés de guerra baixaram e, no Congresso de Viena, as Potências prepararam-se para a luta diplomática da paz.

* * *

A Grã-Bretanha foi representada em Viena por Castlereagh. Em 1812, o primeiro ministro, Perceval, fora morto a tiro por um demente nos corredores da Câmara dos Comuns. Seu colega, lorde Liverpool, assumiu a administração e permaneceu no poder durante quinze anos. Castlereagh voltou ao governo como secretário do Exterior, cargo que ocuparia até sua morte. Os governos de guerra daqueles anos receberam desagradável tratamento nas mãos dos historiadores "whigs". Entretanto Perceval e Liverpool, Canning e Castlereagh suportaram o peso com coragem e crescente habilidade. Castlereagh iria agora desempenhar influente papel na reconstrução da Europa. Sua voz foi a primeira a propor uma paz justa e honrosa. Em março de 1814, já havia negociado o Tratado de Chaumont entre os principais aliados, que lançaria os alicerces da solução futura. Castlereagh acreditava no Equilíbrio de Poder. Este é um conceito que se tornou impopular no século XX durante o intervalo entre as guerras mundiais. Desde então aprendemos que há necessidade de um equilíbrio quando o grande poder está concentrado nas mãos de duas ou três nações. Na época de Castlereagh, havia cinco grandes Potências na Europa. O objetivo do ministro britânico era combinar os seus interesses. Seria demais esperar harmonia entre elas. Mas pelo menos poder-se-ia arranjar de maneira que os choques da vida internacional não conduzissem inevitavelmente à guerra.

Os principais colegas de Castlereagh em Viena eram Metternich, o chanceler austríaco, e Talleyurand, o porta-voz da França. Metternich era um confirmado crente do velho regime do século XVIII; seu desejo era fazer o relógio recuar aos dias anteriores à Revolução. Em seus últimos anos, privado do poder, sentia-se orgulhoso em declarar que sempre fora um "Rochedo da Ordem". O flexível Talleyrand servira sucessivamente à Revolução, a Napoleão e agora aos Bourbons; seu objetivo era salvar para a França tudo quanto pudesse das ruínas da aventura imperial. Entre eles, Castlereagh levava a vantagem do desinteresse.

O problema mais urgente era o do governo da França. Napoleão fora-se embora, mas quem o substituiria? Foi Talleyrand quem convenceu as Potências a restaurar os Bourbons na pessoa de Luís XVIII, irmão do rei guilhotinado. Depois das glórias da Revolução e dos triunfos de Napoleão, nem mesmo a pena monarquista de Chateaubriand poderia dar à obscura monarquia o prestígio da popularidade. Luís, porém, representava pelo menos uma tradição; um fragmento da fé política da França; acima de tudo, representava a paz. Ele próprio era um homem manso e acomodatício. Os anos de exílio não o haviam amargurado. As principais modificações sociais dos últimos vinte e cinco anos foram tacitamente aceitas; o sistema de governo e administração criado sob Napoleão foi mantido por seus sucessores, com a novidade adicional de uma imprensa parcialmente livre e dos inícios de uma constituição parlamentarista.

Uma moderação política foi demonstrada nos termos oferecidos ao inimigo derrotado; nenhuma indenização, nenhuma ocupação pelas tropas aliadas e nem mesmo a devolução dos tesouros artísticos que haviam sido pilhados das galerias da Europa. Os territórios estrangeiros conquistados pelo imperador foram devolvidos, mas a unidade essencial da França permaneceu indene e o território sobre o qual governou Luís XVIII era ligeiramente maior do que o de Luís XVI. A razão dessa moderação não é difícil de compreender. Desmembrar a França daria muita força a uma ou outra das Potências Continentais. Além disso, acenderia uma chama de vingança no coração de todos os franceses.

Os britânicos preocuparam-se principalmente com a solução dos problemas coloniais. Muitos territórios conquistados foram devolvidos, mas apesar disso a Paz de Paris, que foi o resultado do Congresso, assinalou outra fase no estabelecimento do novo Império que estava substituindo as colônias americanas perdidas. As colônias francesas capturadas foram devolvidas, com exceção de Mauritius, Tobago e St. Lúcia. Os holandeses recuperaram suas possessões nas Índias Orientais. Sir Stamford Raffles, que governara com singular êxito a rica ilha de Java, viu essa presa britânica ser devolvida a seus antigos donos. Não foi senão alguns anos mais tarde que ele fundou o núcleo comercial que é hoje a cidade de Singapura. Pelo preço de três milhões de esterlinos, a Grã-Bretanha adquiriu dos holandeses parte da Guiana. O governo, porém, estava mais interessado pelas possessões que tinham valor estratégico como portos de escala. Por esse motivo, reteve Malta e a chave da rota da Índia, o Cabo da Boa Esperança. Dessa aquisição na África do Sul iria desenvolver-se uma perturbadora saga. O Ceilão holandês foi conservado, bem como a Heligoland dinamarquesa, que se demonstrara magnífica base para rompimento do Sistema Continental e contrabando de mercadorias para a Alemanha. Esses ganhos foram dispersos e fragmentários, mas, tornados em conjunto, representaram uma poderosa consolidação da estrutura imperial.

No Continente, a principal preocupação das Potências foi estender um "cordon sanitaire" ao redor da França para proteger a Europa Central das infecções e perigos da Revolução. No norte, foi estabelecida uma precária e inquieta união da Holanda calvinista e Bélgica Católica no Reino da Nederlândia — união que durou apenas até 1830. A Renânia, principalmente a instâncias do governo britânico, foi atribuída à Prússia. No sul, o rei da Sardenha recuperou Piemonte e Savóia, com a antiga República de Gênova como presente adicional. Em todo o resto da Itália, a autoridade da Áustria estendeu-se de maneira indiscutível. A Lombárdia e Veneza,

334

Trieste e a Dalmácia foram colocadas sob o domínio austríaco direto. Arquiduques austríacos reinavam em Florença e Modena. A imperatriz Maria Luísa recebeu o ducado de Parma, mais por ser uma Habsburgo do que por ser esposa de Napoleão. Ficou estabelecido que seu filho não a sucederia. O sangue de Bonaparte devia ser afastado dos tronos. Em Nápoles, o marechal Murat foi deixado durante algum tempo na posse de seu reino roubado. Mas não por muito tempo. Logo os Bourbons foram restaurados e sobre eles a influência austríaca também reinou soberana.

Isso quanto à Europa Ocidental. A raiz das dificuldades estava no leste. A Rússia desejava a Polônia e a Prússia queria a Saxônia. Deixadas por sua conta, cada uma teria aceito as exigências da outra, mas isso estava longe de agradar à França ou à Áustria. Castlereagh tão temeroso da expansão da Rússia quanto Metternich da Prússia colocou-se contra tão vasta solução. Uma aliança entre a Grã-Bretanha, França e Áustria foi formada para resistir a essas pretensões, se necessário pela guerra. A guerra não chegou a ser necessária. A Rússia consentiu em engolir a maior parte da Polônia, com muitas declarações do Czar de que os direitos e liberdades poloneses seriam respeitados. Ele não cumpriu suas promessas. A Prússia, resmungando, aceitou dois quintos da Saxônia, assim como a Renânia. Essa solução conciliatória foi encontrada exatamente a tempo. Enquanto o Congresso dançava em Viena e os estadistas da Europa reformavam o mapa, Napoleão estava meditando e planejando em seu novo retiro na ilha de Elba. Muito antes que tivessem cessado as disputas entre as Potências, ele irromperia de novo em cena.

CAPÍTULO VIII

WASHINGTON, ADAMS E JEFFERSON

As confusas e tumultuosas questões da política européia chegavam à América em preto e branco. Debates sobre a Revolução Francesa travavam-se por todo o país. Sociedades de correspondentes, segundo o modelo revolucionário, nasciam por toda parte onde eram sustentados os princípios jeffersonianos, enquanto a imprensa federalista trovejava contra os jacobinos do Novo Mundo e, da mesma forma que Burke na Inglaterra, denunciava-os como destruidores da sociedade.

A controvérsia tornou-se menos teórica e muito mais veemente, assim os interesses comerciais americanos foram afetados. Os ânimos exaltaram-se quando navios e mercadorias americanos sofreram as incursões comerciais e a ação dos corsários da França e da Grã-Bretanha. Ambos os lados exigiam a guerra — os federalistas contra a França e jeffersonianos contra a Inglaterra. O presidente Washington estava decidido a manter a república infante em paz. Sua tarefa foi facilitada pelas excentricidades do enviado revolucionário francês aos Estados Unidos, o

337

cidadão Genêt, que julgando o governo relutante em cumprir a aliança franco-americana de 1778, se intrometeu na política americana, tentou reunir tropas e embaraçou grandemente seus aliados políticos. Em agosto de 1793, Washington pediu sua retirada. Contudo, sabendo da intensa atividade da guilhotina na França, Genêt prudentemente se casou com uma herdeira americana e fixou-se pacificamente no Novo Mundo.

Washington prevaleceu e foi ele quem enunciou o primeiro princípio da tradicional política exterior americana. Em abril de 1793, sua famosa proclamação de neutralidade declarava que era "disposição dos Estados Unidos manter uma conduta amistosa e imparcial para com as Potências beligerantes". As infrações tornariam os cidadãos americanos passíveis de processo nos tribunais federais. No entanto, as relações com a Grã-Bretanha estavam obscurecidas por questões não resolvidas. O Partido Federalista de Hamilton estava profundamente empenhado em manter um comércio amistoso com a Grã-Bretanha. O comércio exterior da Nova Inglaterra era em grande parte financiado por banqueiros de Londres. O comércio entre os dois países proporcionava grande lucro aos proprietários de navios dos Estados orientais e estes se opunham vigorosamente a qualquer sugestão de guerra ao lado da França Revolucionária. Os fazendeiros e pioneiros da fronteira sentiam diferentemente. Para eles a Grã-Bretanha era o inimigo, que recusara cumprir o tratado de 1783 pela evacuação dos postos fronteiriços nos limites do Canadá e estava empurrando seu comércio de peles do Canadá para o sul, incitando os índios contra os colonizadores americanos e ameaçando o flanco avanço destes na direção do oeste. Os britânicos, por sua vez, ressentiam-se do malogro do governo americano em liquidar as grandes dívidas ainda não pagas desde antes da Revolução. Entrementes, a interferência britânica com a navegação americana, sob a alegação de que estava ajudando a sustentar a França, exaltou a opinião pública em todos os Estados Unidos.

Washington decidiu que todo o campo das relações anglo-americanas precisava ser revisado e resolvido. Em 1794, nomeou João Jay, presidente da Suprema Corte como enviado extraordinário a Londres. O governo britânico sentia pouca ternura por seus últimos rebeldes. Conhecia a fraqueza militar deles e sabia que Washington necessitava do apoio do partido de Hamilton. Além disso, foi consideravelmente auxiliado pela inépcia de Jay como negociador. Elaborou-se um tratado pelo qual poucas concessões eram feitas à América. Os postos de fronteira foram evacuados e o caminho para oeste ficou assim aberto e livre para os pioneiros americanos, mas nenhuma garantia foi dada quanto às futuras relações dos britânicos com os índios. A Grã-Bretanha pagou algumas compensações por danos causados a navios americanos em alto-mar, mas recusou modificar seu bloqueio ou renunciar ao direito de apreender navios e cargas destinadas à França e seus aliados. Nenhuma satisfação foi obtida quanto ao recrutamento compulsório de marinheiros americanos na Marinha Real. Pior que tudo, Jay foi forçado a ceder na questão das dívidas para com credores britânicos e os Estados Unidos ficaram obrigados a compensar os reclamantes britânicos por perdas pendentes.

O efeito sobre o Partido Federalista foi muito prejudicial. Os Estados Ocidentais encolerizaram-se pelos arranjos incompletos em relação à fronteira canadense. Os sulinos viram-se ameaçados de graves prejuízos pela cláusula das dívidas. O tratado revelava e expunha a superioridade da diplomacia britânica e a fraqueza do novo governo americano. A atmosfera ficou novamente carregada de desconfiança e estavam lançadas as sementes de outra guerra entre a Grã-Bretanha e os Estados Unidos.

O segundo mandato de Washington terminou em fins de 1796 e ele se preparou ansiosamente para seu retiro em Mount Vernon. Seus últimos dias no poder foram atormentados pelos crescentes ataques dos antifederalistas e pelo estardalhaço dos preparativos para a nova eleição presidencial. Washington e muitos de seus associados sentiam-se alarmados pelo desenvolvimento do espírito partidário. Aferravam-se à opinião de que os diversos interesses da nação eram melhor refletidos num governo equilibrado e incluindo todas as tendências. A noção de que dois grandes partidos deviam lutar perpetuamente pelo poder era-lhes estranha e odiosa. Somente Jefferson, que já renunciara à administração, tinha uma visão clara do papel que os partidos deviam desempenhar. Via as vantagens de orientar a luta de facções para canais amplos e de manter diante do país uma oposição organizada, como um possível governo alternativo. No espírito de Washington, porém, os perigos do facciosismo eram soberanos quando em setembro ele lançou sua Oração de Despedida à nação. Este documento é um dos mais célebres da história americana. É um eloqüente apelo à união, uma advertência contra "os funestos efeitos do Espírito de Partido". É também uma exposição da doutrina de isolacionismo como verdadeira política futura americana. "A Europa tem um conjunto de interesses primordiais, que para nós não tem relação alguma ou tem relação muito remota. Daí precisar empenhar-se em freqüentes controvérsias, cujas causas são essencialmente estranhas aos nossos interesses. Assim, portanto, deve ser imprudente para nós envolvermo-nos por laços artificiais nas vicissitudes ordinárias de sua política ou nas combinações e coligações ordinárias de suas amizades e inimizades. Nossa situação afastada e distante convida-nos a seguir uma rota diferente... É nossa verdadeira política evitar alianças permanentes com qualquer porção do mundo estrangeiro... Tendo sempre o cuidado de nos conservarmos nós mesmos, através de providências adequadas, em respeitável posição defensiva, podemos com segurança confiar em alianças temporárias para emergências extraordinárias".

George Washington tem um dos mais soberbos títulos que a história pode conferir. Foi o Pai de sua Nação. Quase sozinho, sua firmeza na Guerra da Independência manteve as colônias americanas em seu propósito comum. Os serviços que prestou depois de conquistada a vitória não foram menores. Sua firmeza e seu exemplo quando primeiro presidente refrearam a violência da facção e adiaram uma cisão nacional por sessenta anos. Seu caráter e sua influência anularam as perigosas tendências dos americanos de tomar partido contra a Grã-Bretanha ou a França. Exerceu seu cargo com dignidade e inspirou sua administração com muito de sua própria sabedoria. A seu período como presidente são devidos a eficiente organização do governo federal, o estabelecimento do crédito nacional e a fundação de uma política exterior. Recusando candidatar-se a um terceiro período, estabeleceu na política americana uma tradição que só foi rompida pelo presidente Franklin Roosevelt na Segunda Guerra Mundial.

Durante dois anos, Washington viveu calmamente em sua propriedade rural às margens do Potomac, percorrendo a cavalo suas plantações, como sempre desejara fazer. Entre as neves dos últimos dias do século XVIII, caiu de cama. Na noitinha de 14 de dezembro de 1799, voltou-se para o médico ao seu lado, murmurando: "Doutor, eu morro com dificuldade mas não tenho medo de partir". Pouco depois, falecia.

* * *

João Adams sucedeu a Washington como chefe do Estado americano. Foi indicado pelo Partido Federalista. O temor do caos e da desordem, uma desconfiança básica na democracia, havia esfriado seu ardor revolucionário e feito dele um adepto de Hamilton. Dotado de espírito independente, era mais um pensador do que um político partidário, mais intelectual do que um líder. Embora concordando com Hamilton quanto à necessidade de um governo forte e da preservação da propriedade, Adams opunha-se ao emprego da máquina federal para beneficio de interesses econômicos particulares e não era de maneira alguma um federalista entusiástico. Em seus julgamentos freqüentemente estava com a razão, mas faltavam-lhe as artes da persuasão. Não era hábil no trato com os homens e sua reputação sofreu com isso. Todavia, foi um dos mais capazes pensadores políticos entre os estadistas americanos.

Nos negócios do exterior, uma nova crise estava à vista. A ascensão de Napoleão Bonaparte afetou a alta consideração dos americanos por sua primeira aliada, a França. Começaram a manifestar-se temores de que os franceses pudessem adquirir da Espanha as províncias de Louisiana e Flórida. Uma vigorosa e ambiciosa potência européia substituiria então uma nação fraca, como barreira entre os Estados Unidos em expansão e o golfo do México. Recebeu-se também notícia de ampla propaganda francesa entre os habitantes de língua inglesa do Canadá. Houve forte reação e, pela última vez, os federalistas conseguiram passar à frente de seus adversários. O histerismo de guerra dominou o país e os federalistas aproveitaram a oportunidade para aprovar legislação que dava ao executivo poderes extraordinários sobre os estrangeiros. O Ato de Naturalização de 1798 estendeu o período qualificador de residência de cinco para catorze anos e o Ato de Estrangeiros deu ao presidente o direito de expulsar estrangeiros do país por decreto. Mais profundo foi o Ato de Sedição, que na realidade impunha uma rígida censura à imprensa e visava especialmente aos jornais da oposição. O resultado foi um intenso conflito constitucional. Foi em vão que Hamilton exortou seus colegas: "Não estabeleçamos a tirania. Energia é coisa muito diferente de violência". Jefferson estava decidido a aceitar o desafio. Elaborou resoluções, que foram aprovadas tanto em Kentucky como na Virgínia, pelas quais um Estado poderia revisar atos do Congresso e anular qualquer medida considerada inconstitucional. Essa fatídica doutrina tem sido invocada desde então na história americana e as resoluções de 1798 transformaram-se numa plataforma dos Direitos dos Estados em anos posteriores.

O ataque dos federalistas à liberdade do indivíduo assinalou o início de sua queda. Hamilton, que havia resignado ao Tesouro alguns anos antes, pensou que podia agora reconquistar o poder, forçando uma guerra contra a França. Concebeu um vasto plano para dividir, de acordo com a Grã-Bretanha, as colônias espanholas no Novo Mundo. Em sua mente tomou forma uma campanha grandiosa, com ele próprio dirigindo o Exército americano para o sul até a embocadura do Mississippi. Todavia, quem destruiu essas esperanças foi o presidente. Embora não fosse um amante das massas, Adams odiava igualmente a plutocracia e o militarismo. Até 1799, não demonstrara nenhum sinal de oposição aos federalistas, mas agora percebia que a guerra estava muito próxima. Seus poderes absolutos sobre os negócios do exterior, como presidente, tornavam-lhe fácil agir com rapidez. Inesperadamente anunciou a nomeação de um enviado à França e, em 1° de outubro de 1800, uma missão americana em Paris concluiu um tratado comercial com os franceses. Nesse mesmo dia, a França comprava secretamente Louisiana da Espanha.

O mandato de Adams estava para esgotar-se e iriam ser realizadas eleições presidenciais. Estas ofereciam um espetáculo complicado, pois havia dramáticas cisões em ambos os lados. Os federalistas não perdoavam Adams por tê-los impedido de promover a guerra contra a França. Apesar disso, ele era o único candidato federalista com possibilidade de êxito e, por isso, conseguiu sua indicação. Entretanto, o poder real no partido ainda estava nas mãos de Hamilton, que, em seu ressentimento, prejudicou Adams por todos os meios que pôde.

Do lado republicano estava Jefferson, ladeado, como candidato à vice-presidência, por Aaron Burr, um corrupto político de Nova Iorque. Por uma curiosidade da Constituição americana daquela época, que logo seria corrigida, o homem que conquistasse o maior número de votos se tornava presidente, enquanto o colocado em segundo lugar era declarado vice-presidente. Assim, era perfeitamente possível ter um presidente e um vice-presidente pertencentes a partidos contrários. Adams foi derrotado por Jefferson e por Burr, mas estes últimos obtiveram cada um número igual de votos. Entre eles havia pouca simpatia. Burr tentou derrubar seu chefe quando o impasse foi submetido à decisão da Câmara dos Representantes. Ali, porém, Hamilton interferiu para frustrar seus esforços. A política local sempre despertou fortes lealdades e antipatias nos Estados Unidos, mais fortes muitas vezes do que as questões federais. Hamilton e Burr estavam lutando pelo poder em Nova Iorque. Hamilton não podia suportar a idéia de Burr transformado em presidente e, na Câmara dos Representantes, lançou todo o seu peso em favor de Jefferson. Assim, por uma notável reviravolta da fortuna, o velho adversário de Hamilton tornou-se o terceiro presidente dos Estados Unidos e o centro da influência mais uma vez se transferiu de Massachusetts para Virgínia. No entanto, a significação da ascensão de Tomás Jefferson — ao poder não deve ser exagerada. A Suprema Corte, presidida por John Marshall, continuava sendo zeloso e imparcial guardião e sustentáculo dos direitos e da autoridade do governo federal. O próprio Jefferson, embora democrata agrário, não era irrealista nem sentimental e os acontecimentos logo o obrigaram a seguir o tema e os métodos de seus predecessores.

* * *

Os Estados Unidos em que Jefferson foi empossado como presidente em 4 de março de 1801 haviam crescido rapidamente durante sua curta existência e ainda estavam crescendo. Nos vinte e cinco anos transcorridos desde a Declaração da Independência, a população quase duplicara e era agora de cerca de cinco milhões e meio de habitantes. Três novos Estados interiores haviam sido criados e admitidos à União: Vermont, no norte, Kentucky e Tennessee, no centro-sul. As confederações de índios pele-vermelha que obstruíam a migração para oeste haviam sido decisivamente derrotadas e suas terras divididas em territórios, que por seu turno se transformariam em Estados. Ohio foi o primeiro a fazer isso em 1803. Por toda parte, a nação avançava a partir do litoral atlântico originário. Seu comércio em alto-mar estendia-se agora desde a China, através do Cabo Horn, até os países da Europa, através de portos em rápido desenvolvimento, como Boston, Baltimore e, sobretudo, Nova Iorque. Filadélfia continuava sendo a maior das cidades americanas, mas estava gradualmente perdendo sua posição como centro de vida da União. Agora deixava de ser a capital política. Jefferson foi o primeiro presidente a prestar o juramento de posse na nova cidade de Washington, para a qual amplos planos haviam sido elaborados. Apenas uma ala do Capitólio, que abrigava o Congresso, havia sido até então construída e a Casa Branca estava incompleta; havia apenas uma única taberna conveniente, algumas hospedarias para senadores e congressistas e pouca coisa mais. Além de lamaçais e terrenos baldios. Jefferson não se deixou atemorizar pelas inconveniências de sua atrasada capital. A idéia da bela cidade que um dia ali se ergueria animava seu idealismo e a vida pioneira de Washington convinha à sua maneira frugal e caseira.

Foi impossível para o presidente ignorar a luta mundial. Os fazendeiros, que Jefferson representava, dependiam dos mercados do Velho Mundo, e os Estados e territórios do oeste precisavam de transporte livre para que seus produtos descessem o Mississippi até o Golfo do México. Na embocadura do grande rio ficava o porto de New Orleans e New Orleans ainda estava em poder dos espanhóis. Rumores sobre a compra secreta de Louisiana pelos franceses começavam a circular e logo adquiriam substância. Bonaparte enviou uma expedição para reprimir um levante de negros chefiados por Toussaint L'Ouverture na ilha colonial francesa de Haiti. Feito isso, a expedição deveria tomar posse de Louisiana em nome do governo francês. Assim, enquanto o Tratado de Amiens impunha uma inquieta paz na Europa, tropas francesas treinadas chegavam mais uma vez ao largo do continente norte-americano e logo, pelo que parecia, seguiriam para o continente. Isto, como a ameaça francesa do Canadá, no século XVIII, uniu as nações de língua inglesa. "No dia em que a França tomar posse de New Orleans..." escreveu Jefferson ao enviado americano em Paris, "devemos unir-nos à Esquadra e à nação britânicas. Devemos voltar toda nossa atenção para uma força marítima e fazer do primeiro tiro de canhão que seja disparado na Europa um sinal para... manter os dois continentes da América em isolamento para os propósitos comuns das nações britânica e americana unidas. Este não é um estado de coisas que tenhamos procurado ou desejado. É o que essa medida (a compra de Louisiana), se adotada pela França, nos impõe". Isso foi um desenvolvimento surpreendente nas opiniões de Jefferson, até então admirador da França e adversário da Grã-Bretanha. Todavia, opiniões teóricas muitas vezes devem ceder lugar aos fatos da política internacional. De qualquer forma, é de sabedoria que o façam, e Jefferson tinha parte de sabedoria prática.

No verão de 1802, a França obrigou os espanhóis a fecharem New Orleans aos produtos americanos. Todo o território ocidental ficou tomado de cólera e alarma. Como Jefferson escreveu a seu enviado em Paris: "Existe no globo um único lugar cujo possessor é nosso inimigo natural e habitual. É New Orleans, através da qual três oitavos de nossos produtos devem passar para chegar ao mercado". Jaime Monroe então enviado em missão especial a Paris para tentar comprar Louisiana, ou pelo menos New Orleans, dos franceses. Enquanto estava a caminho os planos americanos foram inesperadamente favorecidos por acontecimentos ocorridos em outros lugares. A expedição francesa ao Haiti terminou em desastre, com a perda de trinta mil homens. O reinício da guerra entre a França e a Grã-Bretanha, depois da Paz de Amiens, era também iminente. Com dramática rapidez, Napoleão abandonou toda esperança de criar um império americano e, para espanto do enviado dos Estados Unidos, prontificou-se a vender todos os territórios da Louisiana que a Espanha havia cedido à França. Monroe chegou a Paris exatamente a tempo de efetuar a compra, e por quinze milhões de dólares a Louisiana foi transferida para os Estados Unidos.

Por um golpe de pena, os Estados Unidos duplicaram assim o seu território e adquiriram terras em que se formaria mais tarde uma dúzia de Estados. O tempo demonstraria ter sido este o melhor negócio na história americana. Contudo, quando a notícia atravessou o Atlântico, houve veemente clamor. Tinha Napoleão o direito legal de vender essas terras? Não teriam os Estados Unidos pago uma imensa soma apenas para adquirir títulos falsos de propriedade? Além disso, não havia na Constituição cláusula que atribuísse expressamente ao governo federal poder para executar tal ato. Todavia, era necessário confirmá-lo imediatamente, para que Napoleão não mudasse de idéia. O Senado foi convocado a ratificar a cessão e Jefferson sustentou que as negociações eram válidas dentro dos poderes que a Constituição lhe atribuía para assinar tratados. Os federalistas denunciaram em altas vozes a nova aquisição, com seu elevado preço de compra e suas fronteiras indefinidas. Compreendiam que ela provocaria uma vasta transferência de poder na União e um rápido desenvolvimento dos interesses agrícolas do oeste. No entanto, toda a influência e pressão do litoral oriental foram reunidas em vão. Em dezembro de 1803, a bandeira americana foi hasteada sobre os edifícios do governo em New Orleans e os Estados Unidos entraram na posse de novecentas mil milhas quadradas de novo território.

A aquisição de Louisiana criou uma nova inquietação na política americana e um desejo de novos avanços. A Flórida Ocidental, que se estendia ao longo do Golfo do México, ainda pertencia à Espanha, e além das terras recém-adquiridas as planícies do Texas constituíam uma atração. Surgiram disputas entre os Estados e territórios ocidentais e a capital federal. O gênio mau desses anos é Aaron Burr.

Burr, como vimos, perdera uma oportunidade de tornar-se presidente em 1800 principalmente devido à intervenção de Hamilton. Agora, em 1804, a oposição de Hamilton impediu que fosse escolhido para governador de Nova Iorque. Burr desafiou Hamilton para um duelo. Este aceitou, pretendendo salvar a honra disparando para o ar. Aaron Burr atirou para matar e, assim, pôs fim à vida de uma das maiores figuras do ano de fundação da República americana. Desacreditado aos olhos de todos, Burr pôs-se à procura de meios para criar um novo reino americano para si próprio. Procurou mesmo obter um vultoso suborno do governo britânico. Se esperava separar os Estados ocidentais da União ou arrancar uma fatia dos domínios espanhóis é coisa ainda obscura e discutida, mas sua carreira terminou abruptamente com sua prisão e julgamento por traição. Por falta de provas, foi absolvido e partiu voluntariamente para o exílio.

Jefferson foi triunfantemente reeleito presidente em 1804, mas seu segundo período no governo foi menos feliz do que o primeiro. Sob a pressão da expansão para oeste, seu partido no leste estava se dividindo em facções locais. O reinício da guerra européia fazia renascer as velhas e sinistras questões de embargo, bloqueio e recrutamento compulsório. Jefferson defrontava-se com as provocações da Esquadra Britânica, que continuamente apreendia navios e recolhia marinheiros nas proximidades das águas territoriais americanas e, às vezes, até mesmo dentro delas. Os britânicos, pelo costume da época, tinham o direito de recrutar compulsoriamente súditos britânicos que estivessem servindo em navios americanos; mas estabeleceram também a prática de recrutar cidadãos americanos e muitos marinheiros cuja nacionalidade era duvidosa. A essas ofensas veio juntar-se outra. Em represália pelos Decretos de Berlim, de Napoleão, que estabeleciam um bloqueio continental da Grã-Bretanha, foram baixadas em Londres, em 1806, ordens em Conselho que impunham severas restrições a todo comércio neutro com a França e seus aliados. O comércio dos Estados Unidos foi duramente atingido por ambas essas medidas beligerantes. Contudo, como ficou provado na Batalha de Trafalgar, a Marinha Real era muito mais poderosa do que os franceses e foi nas mãos dos britânicos que a navegação americana mais sofreu.

Entre essas dificuldades, Jefferson permaneceu serenamente decidido a preservar a paz. Mas a opinião pública se estava avolumando contra ele. Por sua recomendação, em 1807, o Congresso aprovou um Ato de Embargo, que proibia os navios americanos de navegar em águas estrangeiras. Vedava também todas as exportações da América, por mar ou por terra, e todas as importações de certos produtos manufaturados britânicos. Jefferson esperava que a perda do comércio americano obrigasse os beligerantes a chegar a acordo, mas na realidade sua medida demonstrou-se muito mais prejudicial ao comércio americano do que aos britânicos ou franceses. A economia da Nova Inglaterra, e de todos os portos marítimos do litoral do Atlântico dependia do comércio com a Grã-Bretanha. De todas as partes dos Estados Orientais surgiram protestos, sendo particularmente ruidosos os da Nova Inglaterra. Os federalistas apressaram-se em reunir suas forças e juntar-se aos clamores. O próprio partido de Jefferson, o Republicano, revoltou-se e dividiu-se contra ele. Depois de ter mantido o embargo em vigor durante catorze meses, o presidente foi forçado a revogá-lo. Três dias mais tarde expirou-se o seu mandato e ele se retirou para sua propriedade de Monticello, na Virgínia.

O malogro de suas políticas nos últimos dois anos de sua presidência não obscureceu a posição dominante de Tomás Jefferson na história dos Estados Unidos. Foi o primeiro idealista político entre os estadistas americanos e o verdadeiro fundador da tradição democrática americana. O contato com os perigos da alta política durante a crise da guerra mundial modificou a simplicidade original de suas opiniões, mas sua crença no homem comum jamais foi abalada. Embora sua aversão pelo industrialismo tivesse enfraquecido nos últimos anos, ele conservou até o fim sua fé na íntima relação entre a agricultura e a democracia. Sua força residia nos Estados da fronteira do oeste, que ele tão fielmente representou e serviu durante mais de trinta anos de vida pública.

C
A
P
Í
T
U
L
O

IX

A GUERRA DE 1812

O novo presidente dos Estados Unidos, em março de 1809, era Jaime Madison. Como secretário de Estado de Jefferson, adquirira muita experiência dos negócios públicos e era um teórico político notável. Havia em sua natureza um lado obstinado e sua aptidão prática e seu discernimento nem sempre foram iguais aos de seu predecessor. Madison herdou uma opinião pública inflamada e um delicado estado de relações com a Grã-Bretanha. A princípio, havia grande esperança de uma solução. Madison chegou a um acordo provisório com o ministro britânico em Washington, o qual era muito favorável aos interesses ingleses. Contudo, Canning, secretário do Exterior, repudiou o documento e chamou de volta à Inglaterra o ministro responsável por ele. Em seu trato com a América, Canning jamais foi tão feliz como na Europa. Durante três anos, as relações anglo-americanas tornaram-se cada vez piores. Madison foi iludido pela revogação, por Napoleão, dos Decretos de Berlim, que haviam fechado todos os portos europeus controlados pela França. Tentou então fazer com que a Inglaterra correspondesse anulando suas ordens em Conselho contra o comércio com portos em poder dos franceses. Em vão políticos mais sábios advertiram-no de que o ato de Napoleão era um simples movimento diplomático "para arrastar-nos a uma guerra contra a Inglaterra".

A guerra comercial extra-oficial com os Estados Unidos estava afetando grandemente a Inglaterra. A perda do mercado americano e o duro inverno de 1811-12 causaram amplo desemprego e crise comercial. Petições foram enviadas ao Parlamento implorando que o governo revogasse as ordens em Conselho. Depois de muita hesitação, Castlereagh, agora no Ministério do Exterior, anunciou na Câmara dos Comuns que o governo havia adotado tal medida. Todavia, era muito tarde. A travessia do Atlântico era muito demorada para que as notícias chegassem à América em tempo. Em 18 de junho de 1812, dois dias depois do anúncio de Castlereagh, o Congresso declarou guerra à Grã-Bretanha.

Na semana seguinte, Napoleão iniciou sua longamente planejada invasão da Rússia.

A raiz da disputa, como acentuaram historiadores americanos, não estava nas interpretações contrárias da lei marítima, mas nos problemas da fronteira ocidental. Os estados litorâneos, especialmente a Nova Inglaterra, queriam a paz. Sua principal preocupação era pelo exterior da América, que já estava grandemente reduzido. A guerra com a Grã-Bretanha paralisaria o comércio. Contudo, a política interna americana levara ao poder representantes do oeste e do sudoeste hostis à Grã-Bretanha, e foram eles, não os comerciantes do litoral do Atlântico que forçaram a América a entrar no conflito. Nas fronteiras, e especialmente no noroeste, os homens estavam famintos por terras e estas só podiam ser tomadas dos índios ou do Império Britânico.

As perturbações com os índios vinham fermentando desde algum tempo antes. Os pioneiros do início do século XIX eram homens do mato. Já haviam ocupado as terras florestadas das tribos de pele-vermelha em Illinois e Indiana; cobiçavam agora as florestas do Canadá Britânico, ao redor dos grandes Lagos, com os territórios da Coroa não colonizados e minúscula população de legalistas. À medida que os territórios do oeste da América se povoavam, aumentava a pressão em favor de um movimento mais para noroeste. Em 1811, os índios vermelhos das margens do Ohio uniram-se sob seu último grande líder guerreiro, Tecumseh. Sob suas ordens, as tribos agora se mostravam imunes às tentações da bebida e do comércio. O alarma estendeu-se ao longo da fronteira. O renascimento do poderio índio poria fim à nova expansão. O governador de Indiana, Guilherme Henrique Harrison, que fora em grande parte responsável pela recente investida para oeste, pediu tropas e, em novembro de 1811, a Confederação dos Índios foi derrotada na Batalha de Tippecanoe.

É uma lenda da história americana que a resistência dos índios foi encorajada e organizada no Canadá — uma lenda criada pelo partido belicista de 1812. Uma nova geração estava entrando na política americana, chefiada por Henrique Clay, de Kentucky, e João C. Calhoun, da Carolina do Sul. Esses jovens formavam na Câmara dos Representantes um grupo poderoso que se tornou conhecido pelo nome de "Falcões da Guerra". Não tinham concepção alguma sobre os negócios na Europa; não se preocupavam absolutamente com os desígnios de Napoleão e ainda menos com o destino da Rússia. Seu objetivo e sua finalidade primordiais eram conquistar o Canadá e estabelecer a soberania americana em todo o continente do norte. Através da influência de Clay, o presidente foi con-quistado para uma política de guerra. As cláusulas do conflito foram declaradas nos termos tradicionais: recrutamento compulsório, violação do limite de três milhas, bloqueios e as ordens em Conselho. A opinião pública na América estava claramente dividida e a Nova Inglaterra votou esmagadoramente contra a declaração de guerra, mas os "Falcões da Guerra", com sua ruidosa propaganda, conseguiram vencer. O espírito de fronteira na política americana estava tomando sua vingança e se sentia seguro de si... Além disso, os fazendeiros da fronteira achavam que tinham genuínos motivos de queixa. Ali havia alguns bons funda-mentos para o lema "Comércio Livre e Direitos do Marinheiro", que foi por eles adotado. As restrições britânicas à navegação americana esta-vam impedindo a exportação de seus produtos. Uma rápida expedição de pioneiros acertaria as coisas, julgava-se, e ditaria a paz em Quebec em poucas semanas. O Congresso levantou seus trabalhos, sem ter sequer votado créditos para o Exército ou a Marinha dos Estados Unidos.

* * *

No papel, as forças eram muito desiguais. A população dos Estados Unidos atingia agora sete milhões e um quarto de habitantes, inclusive escravos. No Canadá, havia apenas quinhentas mil pessoas, em sua maioria franceses. Entretanto, havia quase cinco mil soldados britânicos treinados, cerca de quatro mil regulares canadenses e mais ou menos o mesmo número de homens da milícia. Os índios poderiam fornecer de três a quatro mil homens em forças auxiliares.

O exército regular americano tinha menos de sete mil homens e, embora tivessem sido convocados com grande dificuldade mais de quatrocentos mil homens das milícias estaduais, poucos foram empregados na Canadá. Do lado americano, nunca tomaram parte em qualquer encontro mais de sete mil homens e os voluntários destreinados demonstraram-se soldados desanimadores. Mas isso não era tudo. A Guerra dos Sete Anos havia mostrado que o Canadá só podia ser conquistado por uma investida St. Lawrence acima, mas os americanos não tinham Marinha suficiente para tal empreendimento. Foram por isso obrigados a travar uma guerra ofensiva numa fronteira ampla, intransponível em certos lugares, e ficaram expostos às incursões dos índios contra suas colunas. Seus líderes não elaboraram uma estratégia ampla. Se tivessem concentrado tropas no lago Ontário, poderiam ter tido êxito, mas ao invés disso realizaram investidas desanimadas e descoordenadas através das fronteiras.

A primeira expedição americana terminou num desastre. O mais competente comandante britânico, general Isaac Brock, apoiado pela Confederação dos Índios, repeliu-a. Em agosto, os britânicos estavam em Detroit e alguns dias depois Fort Dearborn, onde se ergue hoje Chicago, caiu. A fronteira americana estendia-se mais uma vez numa linha do Ohio ao lago Ontário. O resto do ano foi gasto com movimentos infrutíferos na frente de Niágara e as operações chegaram ao fim sem nenhum resultado conclusivo. Os britânicos no Canadá foram obrigados a permanecer na defensiva enquanto grandes acontecimentos ocorriam na Europa.

A guerra no mar era mais pitoresca e, para os americanos, mais animadora. Os americanos tinham dezesseis navios, dos quais três superavam tudo quanto flutuava sobre os mares. Eram as fragatas de 44 canhões, "Constitution", "United States" e "President". Dispunham de armamento mais pesado que as fragatas britânicas, eram construídas com madeira mais pesada, mas suas linhas lisas sob a água lhes permitiam desenvolver maior velocidade do que qualquer outro navio. Suas tripulações eram voluntárias e seus oficiais altamente treinados. Um jornalista de Londres qualificou-as como "umas poucas fragatas construídas de abeto, tripuladas por um punhado de bastardos e proscritos". Esta frase foi adotada com alegria pelos americanos, que se sentiam envaidecidos de desmentir o insulto. A frota britânica do Atlântico era formada por noventa e sete veleiros, inclusive dezessete navios de linha e trinta e quatro fragatas. Sua tradição naval era antiga e gloriosa, e com suas recordações de Trafalgar e do Nilo os capitães ingleses confiavam que podiam afundar qualquer barco americano. Todavia, quando um navio após outro viu seu armamento superado e foi reduzido a pedaços, a reputação das "fragatas construídas de abeto" firmou-se de maneira surpreendente. O público americano, sofrendo com o desastre do Canadá, ganhou novo ânimo com essas vitórias. Em um ano as fragatas americanas obtiveram mais vitórias sobre os britânicos do que os franceses e espanhóis em duas décadas de guerra. Contudo, a retribuição estava próxima. Em 1º de junho de 1813, a fragata americana "Chesapeake", sob o comando do capitão Laurence, saiu da baía de Boston com uma tripulação inexperiente e amotinada para aceitar um desafio do capitão Broke, do "H.M.S. Shannon". Depois de quinze minutos de luta, a "Chesapeake" rendeu-se. Seguiram-se outras perdas americanas e o domínio do oceano voltou para as mãos dos britânicos. Os corsários americanos, porém, continuaram a fustigar a navegação britânica durante todo o resto da guerra.

Esses episódios navais não tiveram efeito sobre o curso geral da guerra e se o governo britânico tivesse abandonado o recrutamento compulsório uma nova campanha poderia ter sido evitada em 1813. Não o fizeram, porém, e os americanos puseram-se a revisar sua estratégia. A guerra continuava oficialmente apenas em torno da questão do recrutamento compulsório, pois a conquista do Canadá nunca foi anunciada como objetivo de guerra pelos Estados Unidos. No entanto, o Canadá era o principal objetivo. Por terra, os americanos efetuaram diversas incursões na província do Alto Canadá, hoje chamada Ontário. Cidades e aldeias foram saqueadas e incendiadas, inclusive a pequena capital que depois se tornou a grande cidade de Toronto. A guerra estava-se tornando mais renhida. Durante o inverno de 1812-13, os americanos estabeleceram também uma base em Fort Presquile, no lago Erie, e suprimentos foram trabalhosamente transportados através das montanhas para dotar o comandante americano, capitão Oliverio H. Perry, de uma flotilha para luta em água doce. No outono, a pequena armada de Perry partiu para a vitória. Uma estranha batalha anfíbia foi travada em setembro de 1813. Negros, escoteiros da fronteira e milicianos, a bordo de barcos construídos apressadamente com madeira verde, lutaram até o fim sobre as águas paradas do lago. Os barcos americanos eram mais pesados e os britânicos foram derrotados com grandes perdas. "Encontramos o inimigo", comunicou Perry laconicamente, "e ele é nosso".

Harrison, vencedor americano em Tippecanoe, podia agora avançar por Ontário. Em outubro, na Batalha do Thames, destruiu um exército britânico que o derrotara em começo do ano, juntamente com seus aliados índios. A Confederação dos Índios foi derrotada e Tecumseh foi morto. Assim, os Estados Unidos estavam estabelecidos nas margens meridionais dos Grandes Lagos e os índios não podiam mais flanquear sua fronteira. Todavia, a invasão do Alto Canadá por terra malograra e o ano terminou com os canadenses de posse de Fort Niágara.

* * *

Até então os britânicos e canadenses ressentiam-se da falta de meios para ação ofensiva. Na Europa, tropas e navios estavam empenhados na luta mortal contra Napoleão. Além disso, o governo britânico sentia-se ansioso por não irritar os Estados da Nova Inglaterra com uma ameaça partida do norte. Mesmo o bloqueio não foi estendido de maneira a incluir Massachusetts senão em 1814 e, de fato, as forças britânicas eram quase inteiramente abastecidas em portos da Nova Inglaterra. Na primavera de 1814, porém, chegou-se a uma decisão na Europa. Napoleão abdicou em abril e os britânicos puderam finalmente mandar reforços adequados. Seu propósito era atacar partindo de Niágara, de Montreal através do lago Champlain e, no sul, em New Orleans, com incursões navais simultâneas ao litoral americano. A campanha iniciou-se antes que os veteranos de Wellington tivessem podido voltar da Península. O avanço partido de Niágara foi contido numa renhida e selvagem batalha em Lundy's Lane, perto das Cataratas. Mas em fins de agosto uma força de onze mil homens, chegada da Europa, concentrou-se perto de Montreal para avançar pela antiga rota de Burgoyne, descendo o vale do Hudson. Em setembro, sob o comando de Sir Jorge Prevost, essa força se movimentou em Plattsburg e preparou-se para disputar o domínio do lago Champlain. Foi enfrentada por apenas mil e quinhentos soldados regulares americanos, apoiados por alguns milhares de milicianos. Tudo dependia do encontro das flotilhas britânica e americana. Como no lago Erie, os americanos construíram navios melhores para luta em água doce e conquistaram a vitória. Isso impediu o avanço britânico e foi o encontro mais decisivo da guerra. Prevost e suas forças retiraram-se para o Canadá.

No mar, apesar de seus reveses dos anos anteriores, os britânicos eram soberanos. Outros navios chegaram das águas européias. O litoral americano estava indefeso. Em agosto, o general britânico Ross desembarcou na baía de Chesapeake, à frente de quatro mil homens. A milícia americana, com sete mil homens, mas inexperientes e destreinados, retirou-se rapidamente e, no dia 24, as tropas britânicas entraram na capital federal de Washington. O presidente Madison refugiou-se na Virgínia. A retirada americana foi tão apressada que oficiais ingleses se serviram de uma refeição preparada para o presidente e sua família na Casa Branca. A Casa Branca e o Capitólio foram então incendiados, como represália pela conduta dos milicianos americanos no Canadá. A residência de Washington às margens do Potomac foi poupada e severamente guardada pelos britânicos. A campanha terminou com uma tentativa de desembarque em Baltimore, mas ali a milícia estava preparada; o general Ross foi morto e seguiu-se uma retirada para os navios.

Em dezembro, verificou-se a última e mais irresponsável investida britânica, a expedição a New Orleans. Ali, porém, nas terras da fronteira do sudoeste, um líder militar de alta qualidade apareceu na pessoa de André Jackson. Como colonizador pioneiro de Tennessee, ele conquistara reputação na guerra contra os índios. Quando os britânicos tentaram agora dominar e organizar os índios, Jackson perseguiu-os na Flórida Ocidental Espanhola e ocupou sua capital, Pensacola.

Enquanto isso, oito mil soldados britânicos desembarcaram em New Orleans, sob o comando de Sir Eduardo Pakenham, que havia comandado uma divisão em Salamanca. Os pântanos e enseadas na embocadura do Mississippi tornavam extremamente perigosa uma operação anfíbia. Todos os homens e suprimentos precisaram ser transportados por setenta milhas em barcos a remo a partir da esquadra. Jackson voltou apressadamente da Flórida e entrincheirou-se na margem esquerda do rio. Suas forças eram numericamente muito inferiores, mas constituídas de atiradores de grande habilidade. Na manhã de 8 de Janeiro de 1815, Pakenham desfechou um ataque frontal contra as fortificações terrestres americanas — numa das menos inteligentes manobras da história da guerra britânica. Ali ele foi morto e dois mil de seus soldados tombaram mortos ou feridos. O único general sobrevivente retirou o exército para seus transportes. Os americanos perderam setenta homens, dos quais apenas treze mortos. A batalha durou precisamente meia hora.

A paz entre a Inglaterra e a América fora entrementes assinada na véspera do Natal de 1814. Contudo, a Batalha de New Orleans é um acontecimento importante na história americana. Fez a carreira de um futuro presidente, Jackson, motivou a crença de que os americanos haviam vencido decisivamente a guerra e criou a má lenda de que a luta fora uma segunda Guerra de Independência contra a tirania britânica.

* * *

No cenário interno americano os acontecimentos estavam-se desenvolvendo rapidamente. A Nova Inglaterra, que dependia da navegação e do comércio, estava sofrendo muito e seus líderes sentiam-se embaraços. Haviam apoiado o Partido Federalista, agora em desordem; ressentiam-se do predomínio dos Estados e Territórios ocidentais que os haviam levado à guerra e começaram a cogitar de deixar a União. No verão de 1814, Massachusetts havia sido deixado entregue a seus próprios recursos. As tropas britânicas encontravam-se no Maine; os portos estavam bloqueados por navios britânicos. O peso da tributação caía principalmente sobre os Estados da Nova Inglaterra, mas o governo federal parecia incapaz de oferecer sequer uma defesa local. Em outubro, foi convocada uma Convenção de delegados de Massachusetts, Rhode Island e Connecticut. Reuniram-se em Hartford, em dezembro. Desejavam uma paz em separado com a Grã-Bretanha e nenhuma relação mais com o oeste em rápido desenvolvimento. Acreditavam que a expedição britânica a New Orleans obteria êxito e que o oeste, isolado do mar, provavelmente deixaria a União por sua própria iniciativa. Felizmente para os Estados Unidos, os políticos moderados da Nova Inglaterra predominaram em Hartford e a convenção apenas aprovou uma severa acusação à administração de Madison. No momento a secessão foi evitada. "Tentar", declararam os delegados, "por qualquer abuso de poder modificar a Constituição seria perpetuar os males da revolução".

A vitória de André Jackson em New Orleans e o êxito das negociações de paz criaram um clamor contra a deslealdade da Nova Inglaterra e marcaram com um estigma permanente o Partido Federalista. No entanto, a doutrina dos Direitos dos Estados, que era sustentada pelos delegados de Hartford, permaneceria como uma força viva na política americana. A guerra contribuíra muito também para diversificar a economia da Nova Inglaterra. Aos interesses de navegação e comércio, juntaram-se grandes e compensadores desenvolvimentos na manufatura e na indústria.

Negociações de paz vinham sendo tentadas durante toda a guerra, mas não foi senão em janeiro de 1814 que os ingleses concordaram em parlamentar. Os comissários americanos, entre os quais Henrique Clay, chegaram a Ghent em junho. A princípio, os britânicos recusaram discutir os direitos dos neutros ou o recrutamento compulsório, e ainda esperavam criar um estado-tampão índio no noroeste. Foi o senso comum de Wellington que modificou a atmosfera. No mês de novembro anterior, ele havia sido convidado para assumir o comando na América, mas estudara os relatórios da Batalha de Plattsburg e percebera que a vitória dependia de superioridade naval nos lagos. E não via meios de conquistá-la. Sustentava ademais que não era de interesse da Grã-Bretanha exigir território da América na fronteira canadense. Ambos os lados, portanto, concordaram com o "status quo" na longa fronteira do norte. Outros pontos foram deixados indeterminados. As forças navais nos grandes Lagos foram reguladas por uma Comissão em 1817 e a disputa da fronteira do Maine foi igualmente resolvida mais tarde. Na época em que a Marinha britânica voltou a empenhar-se em guerra, o recrutamento compulsório já fora abandonado.

Terminou assim um fútil e desnecessário conflito. O sentimento anti-americano manteve-se intenso na Grã-Bretanha durante vários anos, mas nunca mais foi negado aos Estados Unidos o tratamento adequado como potência independente. O Exército e a Marinha britânicos aprenderam a respeitar suas antigas colônias. Quando a notícia da paz chegou ao Exército Britânico no Novo Mundo, um dos soldados escreveu: "Nós todos estamos muito felizes, pois nós, soldados peninsulares, vimos que nem fama nem qualquer outra distinção militar poderia ser adquirida com este tipo de guerra militar-náutica-guerrilha-pilhagem".

Os resultados da paz foram sólidos e duradouros. A guerra foi um ponto decisivo na história do Canadá. Os canadenses sentiram-se orgulhosos do papel que desempenharam na defesa de seu país e seu crescente sentimento nacional foi fortalecido. Muitos desacordos iriam ainda abalar as relações anglo-americanas. Trinta anos mais tarde, na disputa pela posse de Oregon, vastos territórios estiveram envolvidos e houve uma ameaça de guerra. Entretanto, daí por diante, o mundo veria uma fronteira internacional de três mil milhas entre o Canadá e os Estados Unidos sem ser defendida por homens ou canhões. Nos oceanos, a Marinha Britânica dominou soberanamente durante mais um século e, por trás dessa proteção, os Estados Unidos ficaram livres para realizar o seu destino continental.

CAPÍTULO X

ELBA E WATERLOO

No Ano Novo de 1815, a paz reinava na Europa e na América. Em Paris, um corpulento, idoso e pachorrento Bourbon sentava-se no trono da França, esquecido dos erros cometidos por seus parentes, conselheiros e adeptos. Seus adeptos monarquistas, mais realistas do que o rei, estavam pondo à prova a paciência de seus novos súditos. O povo francês, sonhando ainda com glórias imperiais, estava maduro para outra aventura. Em Viena, as potências da Europa haviam resolvido um de seus mais difíceis problemas. Haviam decidido como distribuir os povos da Saxônia e da Polônia entre os famintos vencedores, Prússia e Rússia. Contudo, não estavam ainda de maneira alguma de acordo quanto a muitos detalhes do mapa da Europa que se haviam reunido para remodelar. Depois dos esforços de vinte anos de guerra, achavam que mereciam ócios suficientes para entregar-se a discussões, barganhas e festejos. Era necessário um choque violento e súbito para fazê-las voltar à sua unidade de propósito. E ele veio de um lugar conhecido.

Napoleão era há nove meses soberano de Elba. O antigo senhor do Continente cuidava agora de um minúsculo domínio insular. Conservava o aparato da dignidade imperial. Aplicava às minas de ferro e às pescarias de atum de seu pequeno reino a mesma penetrante energia que havia outrora posto grandes exércitos em movimento. Ainda possuía um exército, no qual se incluíam quatrocentos membros de sua Velha Guarda, alguns soldados poloneses deslocados e uma milícia local. Tinha também uma Marinha, para a qual imaginou uma insígnia elbana especial. Sua frota consistia num único brigue e alguns cúteres. A esses reduzidos armamentos e ao exíguo orçamento de Elba ele dedicava sua atenção. Dedicar-se-ia daí por diante, disse ao povo de Elba, à tarefa de assegurar a felicidade dele. Para seus dignitários cívicos inventou um uniforme impressionante. Em Porto Ferrajo, sua capital, mobiliou um palácio com grandeza. Jogava cartas com sua mãe e roubava no jogo, de acordo com seu conhecido costume. Entretinha sua irmã favorita e sua fiel amante polonesa. Somente faltava sua esposa, a imperatriz Maria Luísa, e seu filho. O governo austríaco cuidava de conservá-los em Viena. A imperatriz não demonstrava nenhum indício de que desejava quebrar sua palavra. A lealdade à família Habsburgo significava para ela mais do que seu marido.

Um fluxo de visitantes estrangeiros curiosos acorria para ver o imperador caído, muitos deles procedentes da Grã-Bretanha. Um deles registrou, talvez não sem preconceito, que Napoleão mais parecia um padre ladino do que um grande comandante. O Comissário Aliado residente em Elba, Sir Neil Campbell, conhecia melhor as coisas. Com o passar dos meses, os observadores mais próximos ficaram certos de que Napoleão estava esperando sua vez. Mantinha-se vigilante sobre os acontecimentos na França e na Itália. Através de espiões estava em contato com muitas correntes de opinião. Percebia que os Bourbons restaurados não podiam despertar a lealdade dos franceses. Além disso, haviam deixado de pagar-lhe a pensão anual estipulada no tratado de paz. Este ato de mesquinharia convenceu Napoleão de que estava isento de cumprir os termos do tratado. Em fevereiro de 1815, viu, ou julgou ver, que o Congresso de Viena se estava rompendo. Os aliados brigavam e a França descontente, chamava-o. Campbell, o astucioso guarda escocês, estava ausente na Itália. De todo esse conjunto de circunstâncias Napoleão aproveitou-se com a rapidez do relâmpago. Na noite de sábado, 26 de fevereiro, saiu às ocultas da baía em seu brigue, seguido por um cortejo de barcos menores. À frente de mil homens navegou para a França. Em 1º de março, desembarcou perto de Antibes. A banda local, saudando-o, tocou o equivalente francês de "Home Sweet Home."

Iniciara-se o drama dos Cem Dias. Seguiu-se uma marcha sem sangue na direção de Paris. Os exércitos realistas enviados para deter o intruso dispersavam-se ou aderiam a ele. O marechal Ney, "o mais bravo dos bravos", que se havia posto a serviço dos Bourbons, jactava-se de que levaria seu antigo senhor de volta a Paris numa jaula de ferro. Verificou que não podia resistir ao apelo do imperador; uniu-se a Napoleão. Outros marechais que haviam virado casaca reviraram-na agora. Dezoito dias depois de seu desembarque, Napoleão estava instalado na capital. Bourbons correram à procura de proteção e encontraram-na em Ghent. Entrementes, o imperador proclamava suas intenções pacíficas e começava imediatamente a formar seu exército. Pediu apoio prometendo instituições liberais para o povo francês. Na realidade, sonhava em restaurar todas as velhas formas do Império logo que tivesse às suas costas a consolidação da vitória militar. Entretanto, a disposição da França havia mudado desde o apogeu de Austerlitz, Jena e Wagram. Havia entusiasmo, não mais porém com aquele ardor combatente máximo. O Exército e seus chefes não eram mais o que haviam sido. As terríveis perdas da campanha russa e de Leipzig não poderiam ser reparadas. Desde 1805, cento e quarenta e oito generais franceses haviam tombado no campo de batalha. Dos que restavam, somente metade era agora leal a Napoleão. Marechais como Marmont e Victor fugiram para a Bélgica. Em Bruxelas, Victor refugiou-se no Wellington Hotel, cujo nome era uma homenagem ao duque que o derrotara em Talavera. O marechal Berthier, o indispensável chefe do Estado-Maior do imperador, não se juntou a ele e Napoleão teve de confiar, como se queixou mais tarde, "naquele idiota Soult". Revelou toda sua habitual energia. Tinha abundante autoconfiança. Todavia, o instantâneo discernimento militar dos anos anteriores havia-se obscurecido. A úlcera gástrica de que sofria há muito tempo causava-lhe dores intermitentes.

Ainda assim, o imperador continuava sendo uma figura formidável e um desafio à Europa. As potências em Viena agiram com rapidez e unanimidade incomuns. Declararam Napoleão fora da lei. Denunciaram-no como um perturbador da paz mundial, que se tornara passível de julgamento público. As potências puseram-se também a reunir suas forças. O governo britânico, que liderara o país e o mundo contra o Corso, percebia que teria de suportar o peso maior de uma campanha violenta. Levaria tempo para que a Rússia e a Áustria reunissem suas forças. A Prússia era o único aliado principal então de prontidão. Não havia tempo a perder. Wellington recomendou o transporte imediato de um exército até a Holanda, a fim de formar bases para uma marcha sobre Paris e preparar um choque nas fronteiras. Um mês depois da fuga de Elba, Wellington assumiu seu comando em Bruxelas.

O estado de seu exército não agradou ao duque. Muitas de suas melhores tropas na Península haviam seguido para a América, inclusive o chefe de seu Estado-Maior, Sir Jorge Murray. Com grande dificuldade, o governo britânico havia reunido seis regimentos de cavalaria e vinte e cinco batalhões de infantaria, formados em parte com veteranos da Península e em parte com rapazes destreinados. A maior deficiência era na artilharia. Quando da conclusão da Paz de Paris em 1814, o gabinete britânico ordenara a dispensa geral de artilheiros e condutores, e a escassez agora era séria. Havia, porém, como em todas as guerras européias, os aliados e auxiliares continentais. O rei da Grã-Bretanha era ainda rei de Hanover. Tropas hanoverianas, que voltavam para seu país através da Holanda, foram detidas e incluídas no novo exército. Wellington, desesperado por número, tentou convencer os portugueses a enviar alguns batalhões. Havia-lhes ensinado as artes da guerra e sentia-se orgulhoso de seus "galos de briga", como os chamava. Contudo, seus esforços foram vãos. As tropas holandesas e belgas colocadas sob seu comando pelo rei da Holanda pareciam inseguras. Seus países haviam sido durante vinte anos ocupados pelos franceses e os belgas, pelo menos, não haviam recebido mau tratamento sob o domínio francês. As simpatias de suas fileiras provavelmente se inclinavam para Napoleão. Havia também contingentes de Nassau e outras províncias alemãs. Quando se aproximou o verão, Wellington reuniu uma força mista de oitenta e três mil homens, dos quais cerca de um terço era britânico. Praguejou rudemente, como era seu hábito, contra a qualidade de suas tropas inexperientes, ao mesmo tempo que envidava todos os esforços para treiná-las e transformá-las. O principal apoio para sua nova aventura devia ser o marechal Blücher. Os prussianos tinham uma força de cento e treze mil homens, mas quase metade deles era formada por milícia destreinada. Essa força encontrava-se na Bélgica Oriental. Wellington, com seu Estado-Maior, planejou um avanço em grande escala sobre a França. Pretendia assumir a ofensiva. Não era sua intenção esperar mansamente um golpe de Napoleão. Com seus modos calmos e considerados, preparou tudo. Com base em Bruxelas, colocou-se numa linha entre Maubeuge e Beaumont, com os prussianos à sua esquerda, mantendo a posição entre Phillippeville e Givet. Tal como as coisas aconteceram, o imperador assumiu a sua costumeira iniciativa.

* * *

Napoleão não podia arriscar-se a perder um dia. Não o fez. Seus dois principais inimigos postavam-se em sua fronteira nordeste, a alguns dias de marcha de sua capital. Devia atacar imediatamente os inimigos que se reuniam. O valor moral da vitória seria esmagador e o prestígio do governo britânico ficaria abalado. Seus admiradores em Londres, os "whigs" pacifistas, talvez substituíssem os "tories" e propusessem uma paz negociada. Luís XVIII seria colocado em permanente exílio e a Holanda Belga voltaria para o domínio da França. Conseguido isso, poderia enfrentar com serenidade as ameaças da Áustria e da Rússia. Tais eram as suas esperanças, enquanto aplicava sua intensa força de vontade para despertar a nação francesa. A criação de um exército suficiente representava pesada pressão sobre a França esgotada. Cinco corpos de cerca de cento e vinte e cinco mil homens foram organizados na linha das fortalezas da fronteira. A proteção oferecida por essas fortalezas, por trás das quais ele podia organizar-se sossegadamente, deu a Napoleão o impulso nas fases iniciais da campanha. Wellington foi obrigado a acantonar suas tropas sobre uma possível linha de defesa de quarenta milhas e a proteger-se contra um ataque francês no ponto de junção entre os exércitos britânicos e prussianos. Nos primeiros dias de junho a tensão estava aumentando. Era evidente, ou pelo menos previsível que Napoleão tentaria derrotar os exércitos de Wellington e Blücher separadamente e aos poucos. Mas onde desfecharia ele o seu primeiro golpe? Wellington esperava pacientemente em Bruxelas por um indício da intenção do imperador. Ele e seu grande adversário iriam cruzar armas pela primeira vez. Estavam ambos com quarenta e seis anos de idade. Tranqüilamente, em 15 de junho, Napoleão atravessou o Sambre em Charleroi e Marchiennes, empurrando as tropas avançadas prussianas à sua frente até a vinte e cinco milhas de Bruxelas. Havia atacado no eixo dos exércitos aliados. A captura de Bruxelas seria um grande passo à frente. A posse de uma capital sempre representara para ele uma atração e uma fonte de poderio.

A ligação entre os britânicos e os prussianos foi misteriosamente defeituosa e transcorreram horas antes que as notícias chegassem a Wellington. Parecia não haver nenhum plano detalhado de cooperação entre os comandantes aliados. As informações militares, como acontece freqüentemente na maré baixa dos acontecimentos, eram confusas e contraditórias. Não havia tropas britânicas na estrada Waterloo-Charleroi, que era fragilmente mantida por uma divisão holandesa-belga. Na noite de 15 de junho, quando os exércitos franceses se concentravam para destruir os prussianos, a duquesa de Richmond ofereceu um baile em Bruxelas, em honra dos oficiais aliados. Wellington abrilhantou a festa com sua presença. Conhecia o valor de preservar uma fisionomia ousada e tranqüila. Em meio às danças, refletia nas notícias tardias que recebera. A todo custo era preciso manter contato com os prussianos e deter o avanço francês sobre Bruxelas. Wellington resolveu concentrar-se no estratégico ponto de Quatre-Bras. Nas primeiras horas da manhã do dia 16, a brigada de Picton desceu ruidosamente pela estrada de Bruxelas para juntar-se às tropas holandesas que já cobriam esse perigoso terreno aberto entre as concentrações britânicas e prussianas.

Para os franceses, tudo dependia de derrotar os prussianos antes de forçar Wellington para noroeste até o litoral. Napoleão tinha em mente a visão de um derrotado exército britânico esperando sombriamente transporte para a pátria em portos flamengos. Em Coruña e Walcheren tais coisas já haviam acontecido. Deixando Ney com a esquerda francesa, o imperador virou-se com sessenta e três mil homens e noventa e dois canhões para enfrentar o principal exército prussiano, centralizado em Ligny. Todavia, a lentidão e segurança dos movimentos de Wellington enganaram-no. Percebendo que até então apenas uma pequena força ocupava a posição em Quatre-Bras, ordenou a Ney que atacasse e depois fosse encontrar-se com ele à noite em Bruxelas. Às duas horas da tarde do dia 16, os franceses entraram em ação numa frente de duas milhas. Wellington chegou pessoalmente para assumir o comando com uma força de sete mil homens e dezesseis canhões. O peso da batalha recaiu sobre a brigada avançada de Picton. Após ter marchado durante doze horas desde Bruxelas, esses veteranos peninsulares investiram firmemente. Em vão a Cavalaria Francesa girava ao seu redor enquanto a infantaria holandesa e belga dos aliados era afastada do campo. Houve pouca manobra tática na luta feroz que se inclinava para frente e para trás naquela tarde de junho nas encruzilhadas da estrada de Bruxelas. Era uma colisão frontal, na qual o planejamento militar não desempenhava papel algum, embora a liderança o desempenhasse. Wellington manteve sempre seu maior sangue frio nos momentos mais acalorados. Nesta batalha de soldados rasos a potência de fogo da Infantaria Britânica prevaleceu. Dos trinta mil homens que ao anoitecer estavam empenhados em luta do seu lado, os aliados perderam quatro mil e seiscentos; os franceses, um pouco menos. Contudo, Ney não conquistou seu objetivo. Bruxelas não caiu em suas mãos.

Do lado francês, o trabalho de Estado-Maior dificilmente mereceria louvores. D'Erlong, sob as ordens de Napoleão, marchava desorientado de um lado para outro, uma vez na direção de Ligny e outra rumo a Quatre-Bras. Napoleão levara a vantagem da abertura da campanha, mas não pretendera fazer com que ambas as alas de seu exército entrassem em ação imediatamente. Parecia ter-se afastado de seu plano original. Em Ligny, porém, obteve impressionante sucesso. O marechal Blücher foi vencido no planejamento, seu exército foi dividido em dois, martelado pela magnífica Artilharia Francesa e forçado a recuar para o Wavre. Rompeu-se novamente a ligação entre os exércitos aliados. Wellington não teve informação imediata sobre o resultado em Ligny, nem sobre os movimentos subseqüentes dos prussianos. Havia contido a esquerda francesa em Quatre-Bras, mas a vitória dos franceses a leste permitiu-lhes concentrar seu poderio contra Wellington e a estrada de Bruxelas. O corpo principal de Wellington reuniu-se ao redor da aldeia de Quatre-Bras na ocasião em que ele soube da derrota prussiana. Napoleão decidiu, na madrugada do dia 17, mandar o marechal Grouchy com trinta e três mil homens perseguir os prussianos, enquanto ele lançava o seu peso principal contra Wellington. A crise da campanha estava iminente.

Parecia não haver dúvida de que nos dias iniciais Wellington fora surpreendido. Como ele confessou na época, os movimentos de Napoleão "enganaram-no". Anos mais tarde, quando leu os relatos franceses sobre Quatre-Bras, declarou com sua habitual franqueza: "Malditos sejam, eu os derrotei, e se fui surpreendido, se me coloquei numa posição tão tola, eles foram ainda mais tolos por não saber aproveitar-se das minhas faltas". Imediatamente depois da batalha, seu espírito metódico mantinha o pleno domínio da situação. Seu plano era recuar para uma posição preparada em Mont St. Jean, que engenheiros britânicos haviam examinado antes da campanha do ano anterior. Lá aceitaria batalha e tudo quanto pedia aos prussianos era o apoio de um corpo.

O próprio Wellington havia inspecionado a zona rural belga no outono de 1814. Notara as vantagens da cordilheira em Waterloo. O mesmo acontecera com o grande duque de Marlborough um século antes, quando seus aliados holandeses o impediram de enfrentar lá o marechal Villeroi. A batalha que não travara ia agora desenvolver-se. Durante toda a noite de 16 e 17, iniciou-se uma retirada cuidadosamente oculta e, pela manhã, estava ocupada a posição de Waterloo, uma linha de defesa como Wellington já experimentara na Península. Sobre os franceses recairiam os ônus de um ataque frontal. Wellington sabia que o tempo estava jogando contra seu adversário. Resultados rápidos precisavam ser obtidos por Napoleão para poder firmar-se novamente na França. Uma linha de fazendas fortificadas e colinas ondulantes constituía a frente aliada, guarnecida por sessenta e três mil homens e cento e cinqüenta e seis canhões. As tropas francesas não conseguiram prejudicar a retirada. Seu trabalho de Estado-Maior fora novamente confuso. Napoleão não sabia o que acontecera em Quatre-Bras e havia o perigo permanente de os prussianos voltarem e se unir a Wellington. Essa era com efeito a sua intenção. Blücher e o chefe de seu Estado-Maior, Gneisenau, que era o cérebro do Exército Prussiano, estavam-se retirando de Ligny para noroeste na direção de Bruxelas. Grouchy, mal informado e mal orientado, pensou que estivessem avançando para nordeste, na direção de Liège. Manteve-se sem contato e ineficiente. O erro de Grouchy custou caro aos franceses. Enquanto isso, Napoleão, furioso ao saber da hábil retirada de Wellington, corria em sua carruagem pela estrada de Bruxelas com sua guarda avançada numa desesperada tentativa de apanhar numa armadilha a retaguarda britânica. Graças a uma violenta tempestade seu progresso foi retardado. A Cavalaria Inglesa galopou para lugar seguro em meio aos trovões e à chuva torrencial. Houve uma violenta cena no momento do encontro entre Napoleão e Ney, que foi recebido pelo imperador com estas palavras: "Você arruinou a França!" Quando Napoleão atingiu a cordilheira de Waterloo e viu os britânicos já em suas posições, percebeu como fora completa a sua fuga.

* * *

No fim da manhã de 18 de junho, os franceses atacaram ambos os flancos da posição aliada, cujos pontos-chaves eram o castelo fortificado de Hougoumont, à direita, e a fazenda de La Haye Sainte, no centro. Napoleão prometeu a seu Estado-Maior que naquela noite dormiria em Bruxelas. E a Soult, que levantava algumas objeções, ele disse: "Você acha Wellington um grande general porque derrotou você. Digo-lhe isto vai ser um piquenique". Então setenta mil soldados franceses e duzentos e vinte e quatro canhões foram concentrados para o assalto decisivo. Feroz canhoneio foi desfechado contra os postos aliados. A batalha oscilou para trás e para frente sobre as elevações gramadas. Intensa luta centralizou-se na fazenda de La Haye Sainte, que em certo momento caiu nas mãos dos franceses. Em Hougoumont, que resistiu durante o dia inteiro, a luta foi ainda mais violenta. Às primeiras horas da tarde, uma das mais terríveis barragens de artilharia da época foi lançada contra a infantaria de Wellington como preparativo para um grande avanço dos vinte mil cavalarianos comandados por Ney. Sob o fogo dos canhões franceses, Wellington movimentou sua infantaria um pouco para trás, sobre a cordilheira, a fim de proporcionar-lhe mais alguma proteção. Vendo isso, Ney lançou seus esquadrões numa série de ataques. Tudo dependia agora dos mosquetes e baionetas britânicas. Ansiosamente, Wellington olhava para leste à procura de um sinal dos prussianos. Estes estavam a caminho, pois Blücher cumprira sua promessa. Contudo, os couraceiros franceses estavam em cima do duque. Nunca chegaram aos quadrados da infantaria. Como escreveu uma testemunha ocular: "Quanto às supostas cargas, acho que em nenhuma ocasião ocorreu verdadeira colisão. Vi muitas vezes os couraceiros avançarem com ousadia até a umas vinte ou trinta jardas do quadrado, quando, vendo a sólida firmeza de nossos homens, invariavelmente se desviavam e se retiravam. Às vezes, eles se detinham e fitavam a tríplice fileira de baionetas, quando dois ou três bravos oficiais avançavam e se esforçavam por incentivar o ataque, erguendo seus capacetes na ponta de seus sabres; mas tudo em vão, pois nenhum esforço poderia fazer os homens se aproximarem das terríveis baionetas e enfrentarem destruição certa".

Nenhuma decisão visível foi conseguida. Napoleão, olhando através de seus óculos para a terrível "mellé", exclamou: "Será que os ingleses nunca mostrarão suas costas?" "Temo", replicou Soult, "que eles sejam antes reduzidos a pedaços". Wellington também tinha muita coisa a preocupá-lo. Embora os prussianos tivessem sido avistados à distância nas estradas de manhã cedo, estavam demorando muito para fazer sentir sua presença sobre a direita francesa. Às seis horas da tarde, porém, os ataques de Ney haviam malogrado e os prussianos estavam martelando incansavelmente a ala. Desviaram em sua direção catorze mil homens das forças que assaltavam Wellington. Os franceses fizeram um esforço final e desesperada luta sem quartel travou-se novamente ao redor das fazendas. A própria Guarda Imperial, com Ney à frente, avançou morro acima, mas novamente a fúria do fogo da Infantaria Britânica a conteve. Chegara o momento longamente esperado do contra-ataque. Wellington estivera na frente do perigo o dia inteiro. Em seu cavalo castanho, Copenhaguen, galopava por toda parte, dando ordens bruscas, encorajando rudemente os seus homens. Agora, cavalgava ao lado de sua martelada linha e ordenava o avanço. "Vamos, vamos!" gritou. Eles não resistirão!" Sua cavalaria irrompeu da cordilheira e a golpes de sabre transformou o Exército Francês numa desorganizada massa de soldados extraviados. Ney, fora de si pela raiva, com uma espada quebrada na mão, corria gritando em vão de um grupo para outro. Era muito tarde. Wellington confiou a perseguição aos prussianos. Com agonia na alma, Napoleão tomou a estrada de volta a Paris.

* * *

Tarde da noite, Blücher e Wellington encontraram-se e abraçaram-se. *"Mein lieber Kamerad"* disse o velho marechal de campo alemão, que não sabia uma palavra de inglês, *"quelle affaire!"* que era quase todo o francês que conhecia. Este breve cumprimento agradou muito ao gosto lacônico de Wellington. Era uma história que ele sentia prazer em repetir anos mais tarde quando, então Lorde Guarda dos Cinque Ports, recordava memórias em Walmer. O duque cavalgou de volta a Bruxelas. O dia fora excessivo, mesmo para um homem de ferro. Todo o peso da responsabilidade recaíra sobre ele. Somente o poder e o exemplo de sua própria personalidade haviam mantido unida aquela força variada. A tensão fora quase intolerável. "Por Deus!" como disse ele, com razão. "Acho que não teria sido feito se eu não estivesse lá". Quando tomava chá com torradas e lia as listas de baixas abateu-se e chorou.

Nos dias que se seguiram, afluíram para o duque as cartas de congratulações. O príncipe Metternich, chanceler austríaco, manifestou sua apreciação pelo que cautelosamente chamou de "brilhante abertura de campanha". Na realidade, estava tudo terminado. Blücher e seus prussianos marchavam firmemente e sem empecilhos na direção de Paris. Napoleão chegara à sua capital três dias depois da batalha. Teve um acesso momentâneo de esperança. Travaria novamente na França uma campanha como a de 1814. Mas ninguém partilhava de seu otimismo. As grandes autoridades do Império, que lhe deviam suas posições e fortunas, estavam cansadas. Em 22 de junho, o imperador aí retirou-se para Malmaison. O traiçoeiro Fouché chefiou um governo provisório e iniciou as negociações com os aliados e com Luís XVIII. Nada mais havia a fazer. Em 6 de julho, Blücher e Wellington entraram na capital. Uma das primeiras tarefas do duque foi impedir que os prussianos tomassem vingança. Seu exército fora batido pelos franceses em 1806, seu país fora mutilado e suas cidades fortalezas ocupadas. Alimentavam um ódio de que o duque não partilhava. Quando Blücher propôs fazer explodir a ponte de Jena, sobre o Sena, cujo nome lembrava a célebre derrota prussiana, Wellington colocou sentinelas britânicas para impedi-lo. Dois dias depois da chegada dos aliados, Luís XVIII apareceu. Sua segunda restauração foi em grande parte obra de Wellington. A maioria dos franceses e muitos dos aliados teriam preferido uma monarquia sob o duque de Orleans, uma regência para o pequeno filho de Napoleão ou uma república constitucional. Wellington não tinha grande consideração pelos Bourbons, mas estava convencido de que a França sob seu vacilante domínio não teria mais o poder de perturbar a paz da Europa. Luís XVIII não era um "Grand Monarque", nem podia aspirar a isso. Wellington, como muitos outros grandes soldados, depois de completada a vitória, ambicionou um período de tranqüilidade. Lauréis e galardões haviam sido conquistados; era tempo agora de cultivar a oliveira.

* * *

Napoleão deixou Malmaison em fins de junho. Seguiu para Rochefort, no litoral da Biscaia, escapando por pouco, durante a viagem, à captura pelos prussianos de Blücher. Estes, se o tivessem apanhado, o teriam fuzilado. Napoleão tinha a idéia de viajar para a América e encomendou um conjunto de livros de viagem sobre o continente transatlântico. Talvez fosse possível forjar um novo império no México, no Peru ou no Brasil. A alternativa era entregar-se à mercê de seu mais inveterado inimigo. Foi isto o que aconteceu. O capitão Maitland, no "Bellerophon", cruzava ao largo de Rochefort, com ordem de impedir que qualquer navio francês se fizesse ao mar. Com ele Napoleão entrou em negociações. Maitland ofereceu-lhe asilo em seu navio. Não podia prever o que o governo britânico decidiria fazer com seu eminente refém. Nem fez qualquer promessa. Napoleão esperava poder ser mantido em agradável cativeiro em alguma casa de campo inglesa ou algum castelo escocês. O marechal Tallard e outros generais franceses, um século antes, haviam apreciado sua residência forçada na Inglaterra. O ex-imperador escreveu uma carta lisonjeira ao príncipe regente, ao qual se dirigiu como "o mais forte, o mais obstinado e o mais generoso de meus inimigos". Quando essa missiva foi lida pelo príncipe, provavelmente ajudou-o a convencer-se de que fora ele e não seus generais e seus ministros que havia vencido a guerra. Nesse sentido, não precisava de muita coisa para convencer-se. O "Bellerophon" ancorou em Torbay e curiosas multidões do Devonshire reuniam-se para ver o "ogro corso", enquanto lorde Liverpool e o Gabinete deliberavam em Londres. Jornais clamavam que Napoleão devia ser submetido a julgamento. O governo, agindo em nome dos aliados, decidiu exilá-lo em Santa Helena, uma ilha mais ou menos do tamanho de

Jersey, mas muito montanhosa e muito distante. A fuga seria impossível. Em 26 de julho, o imperador partiu para o seu crepúsculo no Atlântico Sul. Nunca permitiu a si próprio compreender o que acontecera em Waterloo. O acontecimento era culpa de todos, menos sua. Tinha à sua frente seis anos de vida no exílio. Passou-os com sua pequena e fiel comitiva criando a lenda napoleônica de invencibilidade que no futuro exerceria tão poderoso efeito sobre a França.

* * *

O Congresso de Viena completara seu trabalho em junho. Restava aos emissários das potências reunirem-se em Paris e comporem a nova paz com a França. A tarefa prolongou-se por três meses. Os prussianos exigiam termos severos. Castlereagh, representando a Grã-Bretanha, viu que a brandura criaria menos agravos e seria melhor garantia contra uma renovação da guerra. Nisso teve o caloroso apoio de Wellington, que exercia agora uma autoridade singular em toda a Europa. O segundo Tratado de Paris, concluído em novembro, foi um pouco mais severo que o de 1814. Além da perda de alguns territórios pequenos, a França deveria pagar uma indenização de setecentos milhões de francos e submeter-se à ocupação por um exército aliado durante três anos. Todavia, não houve humilhações intoleráveis. Na moderação da solução com a França, o tratado teve o seu maior sucesso. Wellington assumiu o comando do exército de ocupação. Durante os três anos seguintes, praticamente foi por si só uma grande potência européia. Castlereagh, com seu sombrio estado de espírito, pensou que o tratado estaria justificado se mantivesse a paz durante sete anos. Ele havia criado coisa melhor pensava. A paz reinou por quarenta anos entre as Grandes Potências e as principais estruturas das soluções de Viena e Paris perduraram ate o século XX.

Os tratados elaborados em 1815 foram as últimas grandes soluções européias até 1919-20. Herbert Fisher, historiador liberal e ministro do Gabinete, assim comparou as duas soluções: "A fórmula de legitimidade de Talleyrand sintetizava o espírito da solução. Foi a legitimidade que restaurou os Bourbons na França, salvou a Saxônia para os Wettins e confirmou o poder da casa da Sardenha. Nenhuma consideração foi dedicada à nacionalidade ou aos desejos das populações interessadas. Em todos os pontos essenciais, portanto, os estadistas que elaboraram a solução de Viena eram francamente opostos, em objetivos e princípios, aos artífices da Europa em que hoje vivemos. Os tratados de paz de 1920 constituíram uma solução democrática, somente tornada possível pela queda daquelas próprias monarquias a que o Congresso de Viena confiara o policiamento da Europa. A solução de 1920 criou novas repúblicas, redistribuiu fronteiras, aceitou a dissolução do antigo Império Austríaco e construiu uma Europa com aquele princípio de autodeterminação que fora pregado pelos revolucionários franceses, mas depois perdido de vista durante muito tempo. Para o Congresso de Viena, os princípios do presidente Wilson teriam sido um anátema. Orientado por Metternich, Talleyrand e Castlereagh, ele sustentou que o bem-estar da Europa seria assegurado, não pelo atendimento dos supostos desejos dos povos interessados, mas apenas pela estrita obediência à autoridade legítima".[15]

Castlereagh poderia ter posto de lado, como "uma sublime peça de misticismo e absurdo", a Santa Aliança que foi então formada entre as três potências autocráticas, Rússia, Prússia e Áustria. Era de fato um produto do imaginativo e nebuloso cérebro do Czar Alexandre. Todavia, pelo amor à estabilidade, Castlereagh estava disposto a ver os Romanovs, Hohenzollerns e Habsburgos restabelecerem sua autoridade reacionária na maior parte da Europa Central e Oriental, num desafio a todos os movimentos populares de nacionalismo e liberdade. Foi esse o preço que a Europa pagou pela queda de Napoleão. Mesmo o princípio da legitimidade foi posto de lado quando entrou em cheque com os interesses de uma das Grandes Potências. A Polônia, ainda independente até 1792, não foi mais considerada legítima em 1814. Parte do reino da Saxônia e dos principados-bispados do Reno foram entregues à Prússia e a República de Veneza e seu litoral adriático foram cedidos à Áustria. A legitimidade não representou obstáculo à expansão territorial.

Assim se fecharam as cortinas sobre uma demorada feitura da paz depois da mais longa das guerras mundiais. O ímpeto da Revolução Francesa fora espalhado pelo gênio de Napoleão nos quatro cantos da

---

[15] H. A. L. Fisher, "History of Europe" (1935).

Europa. Os ideais de liberdade e nacionalismo, nascidos em Paris haviam sido levados a todos os povos europeus. No século XIX, eles iriam entrar ruidosamente em choque contra o mundo ordeiro por que lutara o Congresso de Viena. Se a França foi derrotada e seu imperador caiu, os princípios que a inspiravam continuaram vivos. Iriam desempenhar papel notável na modificação das formas de governo em todos os países europeus, sem exceção da Grã-Bretanha.